Alpenvereinsjahrbuch

BERG 2014

Zeitschrift Band 138

Alpenvereinsjahrbuch

Berg 2014

Zeitschrift Band 138

Herausgeber
Deutscher Alpenverein, München
Oesterreichischer Alpenverein, Innsbruck
Alpenverein Südtirol, Bozen

Redaktion
Anette Köhler, Tyrolia-Verlag · Innsbruck-Wien

Inhalt

BergFokus: Alpen unter Druck

BergWelten: Hochschwab

BergSteigen

BergMenschen

BergWissen

BergKultur

Wer hat die Alpen glattgestrichen?

Zur 138. Ausgabe des Alpenvereinsjahrbuches

>> **Anette Köhler**

In den letzten Jahren hat sich ein Paradigmenwechsel vollzogen: Die jahrzehntelange Forderung von Atomgegnern, Naturschützern und Klimawarnern nach stärkerer Nutzung regenerativer, risikoarmer Energien ist in Folge der 2011 vom japanischen Super-GAU in Fukushima ausgelösten Energiewende politisch in der Mitte der Gesellschaft angekommen und wird in die Tat umgesetzt. Infolgedessen wird die Erschließung und Nutzung von bislang unverfügten Naturräumen durch Wasser- und Windkraftanlagen auch in den Alpen mit neuen Argumenten und einer bisher nicht da gewesenen Vehemenz betrieben, denn schließlich ist unser Energiehunger wachsend geblieben. Gleichzeitig rüstet die alpine (Ski-)Tourismusindustrie im harten Verdrängungswettbewerb und unter dem Diktat des Wachstums immer weiter auf, während die Argumente der Kritiker in diesen wirtschaftlich schwierigen Zeiten zunehmend weniger gehört werden. Wer einmal die Bilder von Lois Hechenblaikner (siehe BergFokus und den Beitrag „Hinsehen oder Wegsehen" in der Rubrik BergKultur) betrachtet hat, versteht, dass die eingangs zitierte Frage des Kölner Liedermachers und Kabarettisten Rainald Grebe eine reale Berechtigung hat.

Fest steht: Der **Erschließungsdruck auf die Alpen** hat eine neue Dimension erreicht. Diese Tatsache, die dem aktuellen **BergFokus** zugrunde liegt, hat den Deutschen Alpenverein überdies dazu veranlasst, diesem Thema ab 13. März 2014 eine große Jahresausstellung im Alpinen Museum in München zu widmen.

In dieser Situation müssen Naturschützer und damit auch die alpinen Vereine ihre Position im Spannungsfeld von Naturnutz und Naturschutz neu finden, *„hin- und hergerissen zwischen dem Verlangen, die Welt zu verbessern oder zu erretten, und dem Wunsch, [sich] ihrer zu erfreuen und sie zu genießen"* (E. B. White). Das eine ist so nötig und legitim wie das andere, sind beide Interessen doch verschiedene Seiten der gleichen Medaille. Höchste Zeit, uns als Teil unserer Mitwelt zu begreifen, auf die wir existenziell – und nicht nur in wirtschaftlicher Hinsicht – bezogen sind.

Vor einigen Jahrzehnten, als das Denken in Grün noch deutlich jünger, die Zukunft aber offensichtlich auch nicht besser war, wurde der (angeblich) alte Indianerspruch vom Geld, das man nicht essen kann, in alternativen Kreisen gern zitiert. Heute, da die Hoffnung auf dem „Green Growth", dem grünen Wachstum liegt, könnten wir uns daran erinnern, dass die klassische Mythologie viel härtere Lehren als der alte Indianer aufgibt: Als Erysichthon im heiligen Hain der Göttin Demeter (in Ovids Metamorphosen ist es die römische Ceres) Holz für den Bau eines Festsaals schlagen will und die Warnung der Mutter der Erde, von diesem Frevel abzulassen, in den Wind schlägt, trifft ihn ihr Zorn: „Gut, baue dein Haus, … in dem du deine Feste feiern wirst – unablässig wirst du deine Feste feiern." Sogleich bekam Erysichthon einen maßlosen, unersättlichen Hunger, der letztlich zur qualvollen Vernichtung seiner selbst führte: *„infelix minuendo corpus alebat"*, heißt es bei Ovid. Der Unglückliche nährt seinen Leib, indem er ihn aufzehrt. Das ist die Höchststrafe: die absolute, gnadenlose Konsequenz des eigenen Tuns.

*

Nun kann und muss niemand allein zwischen Facebook- und E-Mails-Checken mal eben noch die Welt retten. Es geht doch eher darum, sich den Sinn und seine Handlungsspielräume für das zu bewahren, was uns wirklich wichtig ist, und dies im Sinn des „aufgeklärten Menschen", den der Postwachstumsökonom Niko Paech in einem im Folgenden wiedergegebenen Gespräch in die Pflicht nimmt, verantwortlich zu nutzen: wider das globale Egal. Ob das nun im persönlichen Lebensstil oder im Engagement für Naturschutz ist. Prinzipientreue und die von Paech geforderte Konsequenz von Denken und Handeln, an die auch der Verkehrsexperte Hermann Knoflacher beim Thema Mobilität im Gespräch (siehe Seite 38 f.) kritisch erinnert, müssen dabei wesentliche Leitlinien für unser Tun sein. Nur in seltenen Fällen wird sich dabei die Realität mit dem Ideal zur Deckung bringen lassen, denn die Welt ist nun einmal nicht

Wer hat den runden Globus plattgehauen,
warum gibt es keine Täler und Tiefseen mehr,
wer hat die Alpen entknittert und glattgestrichen,
warum sticht auf dieser Erde nichts heraus?
Keine Antwort.
Die Reiseziele der Welt lagen gleichgültig vor mir.
Irgendwann tippte ich nur noch blind

in **das globale Egal**. […]

Rainald Grebe, „Global Fish"

schwarz oder weiß, Problemlösungen erfordern Kompromisse und „die Eule der Minerva beginnt erst mit der einbrechenden Dämmerung ihren Flug" (wie Robert Renzler, Generalsekretär des OeAV, anlässlich dieser Diskussion mit Georg Friedrich Hegels Bonmot erinnert).

Nicht nur Renzler weiß aus persönlicher Erfahrung (siehe Seite 48), dass Engagement, in der aktuellen unübersichtlichen Gemengelage zumal, nicht sonderlich bequem und angenehm ist. Es exponiert. Wie einfach wäre es da, vor lauter Angst, den eigenen Maßstäben nicht zu genügen, still zu sein und nichts zu tun. Dann allerdings wären viele Lösungen, die die Gesellschaft heute selbstverständlich genießt, nicht im Diskurs gefunden worden und auch an vielen Orten der Alpen sähe es heute ganz anders aus. Engagement lässt aber auch Gemeinschaft und Verbundenheit erfahren.

Der deutsche Soziologe Hartmut Rosa untersucht in seinem Buch „Weltbeziehungen im Zeitalter der Beschleunigung" (Berlin 2012) Voraussetzungen eines als gut empfundenen Lebens und kommt zu dem Schluss, dass Beziehungen, *„in denen die Welt den handelnden Subjekten als ein antwortendes, atmendes, tragendes, in manchen Momenten sogar wohlwollendes, entgegenkommendes oder ‚gütiges' ‚Resonanzsystem' erscheint"*, entscheidend sind. Wer sich in der Begegnung mit der Natur als individuellen Teil eines größeren Ganzen begreift, macht demnach eine tiefgehende Sinn- und Resonanzerfahrung, ebenso wie der, der beispielsweise beim Aufstieg auf einen Gipfel oder in der nächtlichen Stille eines Biwaks glaubt, *„die Welt atmen zu hören"* (H. Rosa). Das Gegenteil davon wäre ein Existenzgefühl, wie es Rainald Grebe im eingangs zitierten Text beschreibt.

Inspirierend ist in diesem Zusammenhang der Lebensentwurf des Bergführers und Fotografen Rudi Lindner (siehe Seite 92 f.), der im Grunde aus dem Bauch heraus genau das praktiziert, was Wissenschaftler wie Paech oder Rosa als Modelle guten Lebens postulieren: ein Da-Sein, das mit sich selbst und seiner Mitwelt aktiv in Beziehung ist und das Habenwollen in den Hintergrund rückt. Mit Lindner und seinen Bildern rücken wir überdies den **Hochschwab** am Ostrand der Alpen als Gebietsthema in den Mittelpunkt der aktuellen **BergWelten**.

Die unterschiedlichen Formen der medialen Inszenierung und ihre vielfältigen Wechselwirkungen mit dem Bergsteigen selbst stehen heuer im Mittelpunkt der Rubrik BergKultur. Damit zusammen hängt letztendlich auch die von Tom Dauer diskutierte Frage, ob wir neue Regeln brauchen, um übers Bergsteigen zu reden. Weil aber heute dank Social Media und moderner Kommunikationstechnologien nahezu gleichzeitig berggestiegen und darüber geredet, ja das eine manchmal nicht mehr vom anderen unterschieden werden kann, bildet dieses lesenswerte Plädoyer für mehr Ehrlichkeit und Transparenz den programmatischen Auftakt jenes Kapitels, in dem es um die verschiedenen Spielarten des BergSteigens selbst geht.

Für mich persönlich sind mit der Arbeit an diesem Buch sehr viele Fenster in Blickrichtungen aufgegangen, die ich bislang noch nicht wahrgenommen hatte. Dafür danke ich allen, die an diesem Buch mitgewirkt haben. Es würde mich freuen, wenn Ihnen die Lektüre dieses Buches ähnlich anregende Aussichten vermittelt.

BergFokus

Im Zuge von Energiewende und europäischer Wirtschaftskrise hat der **Erschließungsdruck auf die Alpen** eine neue Dimension und Dynamik erreicht. Der Hunger nach profitabler, regenerativer Energie, die Aufrüstungsspirale der Skidestinationen und die ungelöste Verkehrsproblematik führen zu massiven Eingriffen in Naturräume, die sich dabei mehr und mehr in Industriezonen zu verwandeln drohen. Wegschauen gilt nicht. Deswegen haben wir das komplexe Thema zu unserem Anliegen gemacht.

Tirols · Ski · Dimension
Tirols Bergerlebnis

In der Wende alles im Blick?

Klimawandel, Energiewende und Naturschutz im Alpenraum

>> Rudi Erlacher

Die Energiewende wird in der breiten Öffentlichkeit als technischer Schwenk vom konventionellen zum „regenerativen" System bewertet, das unsere Gesellschaft von den „harten" Risiken der Atomenergie und des Klimawandels (Energien aus Öl, Gas und Kohle) entlastet und wie von selbst mehr Energieeffizienz und Nachhaltigkeit bringt. Bleibt der Energiehunger jedoch gleich, verändern sich nur die Begehrlichkeiten: Neue Ressourcen müssen her! Welche Auswirkungen hat diese neue Dimension des uralten Menschheitstraums von „unendlich viel Energie" – von Sonne, Wind und Wasser, „die keine Rechnungen schicken" – auf den Alpenraum?

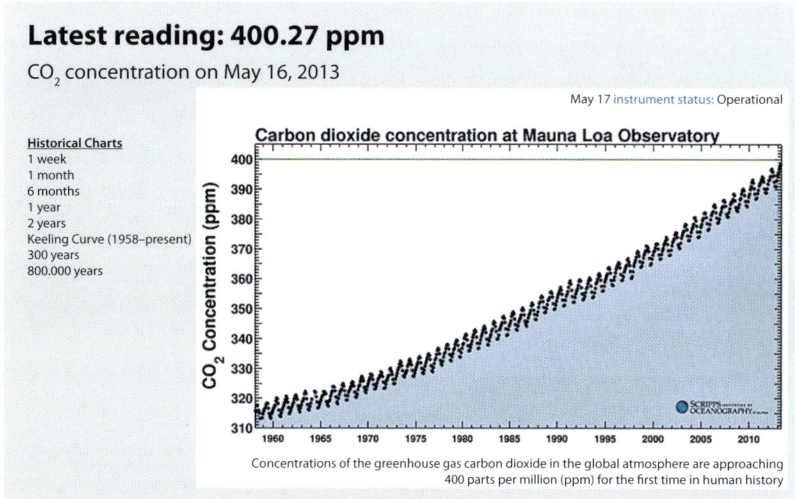

Die CO_2-Konzentration am Mauna Loa seit 1958 mit dem Wert 400,27 ppm am 16. 5. 2013. Die Zacken der Linie sind saisonal bedingt, da auf der Nordhalbkugel im Sommer eine erhebliche Menge an CO_2 in den Pflanzen gebunden ist.

Quelle: http://keelingcurve.ucsd.edu/ DL 17. 5. 2013

Der 9. Mai 2013 wird als Datum in die Geschichte des 21. Jahrhunderts eingehen: An diesem Tag wurde zum ersten Mal am Mount Mauna Loa auf Hawaii über den Tagesdurchschnitt ein CO_2-Gehalt der Luft von 400 ppm (parts per million) gemessen. Auf dem 4170 Meter hohen Vulkan hat im Jahr 1958 der Chemiker Charles David Keeling (1928–2005) auf 3197 Metern Höhe ein Observatorium zur systematischen Messung des CO_2-Gehalts der Atmosphäre eingerichtet. Die Kurve mit diesem immer steiler werdenden Anstieg kann als das fortschreitende Menetekel der industriellen Moderne gelesen werden. Sie gibt Auskunft über die Konzentration des wichtigsten Treibhausgases CO_2, das wesentlich für die menschengemachte Erwärmung der Atmosphäre verantwortlich ist (siehe Abb. rechts oben). Es entsteht bei der Verbrennung der fossilen Vorräte der Erde (Kohle, Gas, Öl) und reichert sich in der Luft an, da es nur sehr langsam abgebaut wird.

Der Treibhauseffekt, zu dem wesentlich Wasserdampf und CO_2, aber beispielsweise auch Methan beitragen, wurde schon 1824 vom französischen Mathematiker und Physiker Joseph Fourier entdeckt und 1896 vom schwedischen Physiker und Chemiker Svante Arrhenius quantifiziert: Dieser Effekt gibt dem Globus seine Temperatur und ermöglicht erst die Biosphäre in ihrer jetzigen komplexen Ausprägung. Die menschliche Zivilisation, wie sie sich im Holozän, also seit der Erwärmung nach der letzten Eiszeit vor ca. 12.000 Jahren entwickelt hat, basiert in den letzten Jahrtausenden auf einer relativ stabilen CO_2-Konzentration zwischen 260 und 280 ppm, auf einem stabilen Meeresspiegel und einem relativ stabilen Temperaturverlauf.

Seit Ende des 18. Jahrhunderts ist das CO_2 von 280 ppm über 315 ppm zu Beginn der Messungen auf Mauna Loa auf nun 400 ppm gestiegen. Die globale Temperatur stieg von 1906 bis 2005 um 0,74 °C. Der Temperatureffekt in Folge einer Verdoppelung des CO_2 gegenüber dem vorindustriellen Stand auf 560 ppm ist als „Klimasensitivität“ in die Klimadebatte eingegangen. Die Professoren Stefan Rahmstorf (* 1960) und Hans Joachim Schellnhuber (* 1950) vom Potsdam Institut für Klima-Folgenforschung (PIK) geben 2012 in ihrem Buch „Der Klimawandel“ einen Wert von 3 ± 1°C an. Der Temperaturanstieg vom tiefsten Punkt der letzten Eiszeit bis heute lag bei ca. 5 °C. Momentan beträgt der Anstieg des CO_2 pro Jahr 2,1 ppm. 560 ppm würden demnach in 76 Jahren erreicht sein.

Keeling hat es genau gemessen – Alpinisten beobachteten es über Jahrzehnte mit Staunen und Irritation. Ihre Referenz bildet ein unvergessenes Werk: Erich Vanis (1928–2004), „Im steilen Eis – 50 Eiswände in den Alpen“, Erstauflage 1964 (der CO_2-Wert am Mauna Loa betrug damals erst 320 ppm). Das Verschwinden des Eises aus den von Vanis beschriebenen Wänden ist die Keeling-Kurve der Bergsteiger. Man konnte es auch von ferne beobachten: Viele Gipfel der bayerischen Alpen erlauben den Blick auf den Alpenhauptkamm. Das Große Wiesbachhorn mit seiner Nordwestwand bildet den östlichen Eckpfeiler. Für den Schreiber dieser Zeilen war in jungen Jahren diese weiße Wand der Inbegriff der Eiswand, leuchtend bis in den Herbst hinein. Am Ende des Hitzesommers 2003 war sie nur noch schwarz …

Am 17. Mai 2013 bilanzierten Wissenschaftler aus gleich neun Ländern in der renommierten „Science“ den globalen Gletscherschwund (da gehören nicht die „Eisschilde“ von Antarktis und Grönland dazu): Es sind ca. 259 Mrd. Tonnen pro Jahr – sie tragen etwa 0,7 mm zum jährlichen Meeresspiegelanstieg von aktuell ca. 3 mm/a bei. Würde alles Eis der Erde schmelzen, so würde der Meeresspiegel nochmals über 70 Meter ansteigen …

Anfang Februar 2013, genauer am 7. Februar 2013, der CO_2-Wert am Mauna Loa lag bei 396 ppm, kam in Bayern nun ein ganz anderer Berg ins

Schlegeisspeicher/ Zillertal, Baubeginn 1965, erster Vollstau 1973, 130 Mio. Kubikmeter. Rückblickend wusste da noch niemand, dass hier einmal „regenerative“ Energien gespeichert werden würden. Damals war das ein industrielles Projekt zur Energiegewinnung – wie man woanders Kohle- oder Atomkraftwerke baute. Die landschaftliche Oase „Zamser Grund“ mit der alten Dominikushütte war damit unwiederbringlich verschwunden.

© Gerd Heidorn

Die Nordwestwand des Großen Wiesbachhorns (3564 m) im Jahr 1902 und im Sommer 2003

© Florian Forster, www.alpinfotos.de

Visier der Keeling-Kurve und in den Blick einer überraschten Öffentlichkeit. Der Jochberg, fantastisch gelegen zwischen Walchensee und Kochelsee in den Bayerischen Vorbergen, mit 1565 m von bescheidener Höhe gegenüber dem 3564 m hohen Wiesbachhorn, aber unter Bergsteigern nicht weniger bekannt und beliebt. Es sollte dort oben die nüchterne Konsequenz gezogen werden aus dem Anstieg des Meeresspiegels, aus der Gefährdung der Menschheit, aus dem Jammer am Wiesbachhorn: Dort will die „Energieallianz Bayern", ein Zusammenschluss von Energieversorgern mehrheitlich in Süddeutschland, ein Pumpspeicherwerk (PSW) zwischen Walchensee und einem Oberbecken in der Mulde der Jocher Alm mit 3 Mio. Kubikmeter Fassungsvermögen errichten und so den heimatlichen Tribut an die Energiewende zollen.

Die Idee hat eine lange Vorgeschichte

Schon Amory B. Lovins (* 1947) hat 1977, der Keeling-Wert betrug gerade mal 334 ppm, in seinem Plädoyer für die „Sanfte Energie" (deutsch 1978: „Sanfte Energie. Für einen dauerhaften Frieden") auf den Zusammenhang hingewiesen: *„Die bedrohlichste Gefahr ist möglicherweise die, daß gegen Ende dieses Jahrhunderts, wenn es zu spät ist, um noch etwas ändern zu können, klimatische Zwänge im Zusammenhang mit der Kohleverbrennung auftreten, die dann in einigen Jahrzehnten bedrohliche Ausmaße annehmen werden: denn gegenwärtig dauert es ungefähr so lange, und nicht etwa Jahrhunderte oder Jahrtausende, bis wir solche äußersten Grenzen erreichen."* (S. 101).

Die Weltgemeinschaft hat sich dann 1992 in Rio, der Keeling-Wert betrug schon 356 ppm, mit der Klimarahmenkonvention (Art. 2) darauf eingeschworen: *„... die Stabilisierung der Treibhausgaskonzentrationen in der Atmosphäre auf einem Niveau zu erreichen, auf dem eine gefährliche anthropogene Störung des Klimasystems verhindert wird."*

Seither ist die Welt im Aufbruch

Als Referenz dafür, „wo's langgehen soll", seien die bereits erwähnten Professoren Rahmstorf und Schellnhuber zitiert. Sie sind nicht nur als Wissenschaftler am PIK tätig, sondern Schellnhuber ist aktuell Vorsitzender des „Wissenschaftlichen Beirats Globale Umweltveränderungen der Bundesregierung Deutschland" (WBGU), Rahmstorf gehörte zu den Leitautoren des 2007 veröffentlichten „Vierten Sachstandsberichtes des Weltklimarates" (IPCC). In ihrem Buch „Der Klimawandel" heißt es: Um das Klima bei einem „fairen Lastenausgleich innerhalb der Staatengemeinschaft" zu retten, *„muss die Politik in großem Stile handeln, die Wirtschaft in kühner Weise investieren und die Gesellschaft entschlossen an einer neuen Industriellen Revolution mitwirken. ... Dabei wird Strom zur wichtigsten Energieform – anders als heute, wo flüssige (Öl) und feste (Kohle) Energieträger dominieren. Strom wird in der Elektromobilität eingesetzt ebenso wie in der Raumheizung ... Der benötigte Strom wird überwiegend aus Wind- und Solarenergie erzeugt. Die Schwankungen der Erzeugung werden durch Lastenausgleich in einem ‚Super-Smart-Grid' und durch diverse Speicheroptionen ausgeglichen."* (S. 108 f.)

Die energetische Katharsis aber, mit der Projekte wie das am Jochberg überhaupt erst denkbar wurden, kam mit den Ereignissen von Fukushima am 11. März 2011 und der daraufhin schier atemlos durchgezogenen Energiewende in Deutschland; der Keeling-Wert lag da bereits bei 392 ppm. Schon am 6. Juni 2011 bringt die Financial Times Deutschland (FTD) einen Bericht: „Pumpen für die Energiewende. Investoren wollen

Der Jochberg (1565 m, etwas rechts der Bildmitte). Die Grafik gibt die ungefähre Lage und Größe des geplanten Speicherbeckens wieder.

© Bildagentur Bodenbender

neue Wasserspeicher zur Stromproduktion bauen. Die Standortsuche ist geheime Kommandosache". Darin heißt es: *„Nach FTD-Informationen erkunden … Baukonzerne aus dem In- und Ausland potenzielle Standorte für Pumpspeicherwerke und verhandeln mit den örtlichen Genehmigungsbehörden."*

Zu dieser Zeit, das konnte man erfahren, sind auch die ersten Kontakte mit den örtlichen Gemeindevertretern rund um den Jochberg geknüpft worden.

Das Projekt am Jochberg ist Ausdruck und Beispiel einer technischen Radikalisierung im Kampf gegen den Klimawandel. In den ersten Jahrzehnten waren die „regenerativen Energien" ein Synonym für „sanfte Energien" (Amory B. Lovins), für „small is beautiful" (1973 von Ernst Friedrich Schumacher, 1911–1977), für „alternative Energien", die auch als Therapeutikum gehandelt worden sind: Der industriellen Moderne sollten sie an den „Grenzen des Wachstums" mit einem postmaterialistischen Lebensstil einen Ausweg zum Glück jenseits des „Universums der Konsum-Dinge" aufzeigen. Nun aber kuriert man den Klimawandel mit Großtechniken wie Pumpspeicherkraftwerken. Früher, als es noch um die „Veredelung von Atomstrom" ging, hat der Umweltschutz solchen Projekten sehr zu Recht Natur- und Landschaftsvernichtung im großen Stil vorgeworfen.

So hellsichtig wie geschäftstüchtig, erkannte der österreichische Wirtschafts- und Energieminister Reinhold Mitterlehner schon am 24. März 2011, also keine 14 Tage nach der Havarie von Fukushima, dass die Zustimmung im Natur- und Umweltschutz zu bisher verpönten Projekten heranreifen würde: *„Wir brauchen starke und intelligente Stromnetze, um das europäische Energiesystem zukunftsfit zu machen. Als Energiedrehscheibe im Herzen Europas ist Österreich für diese Entwicklungen schon jetzt gut aufgestellt. Dank unserer Pumpspeicherkraftwerke können wir zur ‚Grünen*

Batterie Europas' werden, weil durch den Ausbau Erneuerbarer Energien mehr flexible Stromspeicher benötigt werden."

Die Natur-Vergessenheit in der Energiewende erfasst postwendend am 25. Juni 2011 auch die bundesdeutschen GRÜNEN auf ihrer Bundesdelegiertenkonferenz („Energiewende in Deutschland – Grün geht voran"): *„Wir wollen durch neue Kabel zu den Wasserspeichern Skandinaviens und in den Alpen kurzfristige Speicherkapazitäten erschließen …"*

Doch legitimiert der Schock von Fukushima und der Blick auf den immer steileren Anstieg der Keeling-Kurve tatsächlich diese Radikalisierung? Sollte nicht gerade das dramatische Scheitern eines industriellen Projektes sensibilisieren für die „Risiken und Nebenwirkungen" des nächsten technischen Hypes – und wenn nicht die Promotoren der Erneuerbaren Energien mit ihrer „nachhaltigen" Geschichte, wen dann? Kann die verschwundene Nordwestwand des Wiesbachhorns das 20-Fußball-Felder-Becken 200 Meter südlich des Jochberg-Gipfels mit seinem 30-Meter-Schlund im leeren Zustand rechtfertigen? Oder den weiteren Ausbau der Kaunertal-Kraftwerke mit einem 42-Mio.-Kubikmeter-Speicher auf 2300 Meter Höhe im Platzertal (Gemeinde Pfunds, Tirol)? Und den Umbau des Muttsees im hintersten Glarnerland (Linthal, Schweiz) in einen reinen Pumpspeicherstausee?

Nicht dass diese Projekte funktionslos wären für den Ausbau der Erneuerbaren Energien. Aber die Alpen waren schon früh Vorreiter in der Lieferung und Speicherung von „Erneuerbarer Energie" und haben ihren Wasserkraftbeitrag geleistet. Dass es sich dabei dereinst um eine besonders „sanfte" Energietechnik handeln würde, hatte man sich früher nicht vorstellen können. Die Schriftstellerin und Büchner-Preisträgerin Brigitte Kronauer hat das Entsetzen darüber, dass man „Landschaft in Wiener Straßenbeleuchtung umwursten kann" („Teufelsbrück", 2003) an den Kapruner Kraftwerken literarisch dokumentiert.

In der Schweiz kurbelte gerade der Naturschutz in den 1950er- und 60er-Jahren den Bau von Atomkraftwerken an, um die Natur und Landschaft in den Alpentälern zu schützen. Im Projekt „Linthal 2015"/Muttsee wird jetzt für 2 Mrd. CHF der größte und höchstgelegene Karstsee des Kantons Glarus zum riesigen Oberbecken eines PSWs mit einer Leistung von 1000 MW erweitert. Bereits zu Beginn der 1960er-Jahre war der Muttsee durch den Bau einer Staumauer in den Kraftwerksbetrieb der Kraftwerke Linth-Limmern als Oberbecken einbezogen worden. Nun wird mit dem „Bau einer rund 1000 Meter langen und bis zu 35 Meter hohen Gewichtsstaumauer der Seespiegel um 28 Meter angehoben auf eine Stauhöhe von 2474 m ü. M. Die Staumauer wird die längste Europas sein" (Quelle: Wikipedia, Muttsee). Das Volumen steigt von 9 Mio. auf 25 Mio. Kubikmeter.

Das wäre aber erst der Anfang. Bis 2050 fordern die Akademien der Wissenschaften Schweiz in ihren „Lösungsansätzen für die Schweiz im Konfliktfeld erneuerbarer Energien und Raumnutzung" vom 18. Oktober 2012, je nach Szenario, eine Pumpspeicherleistung von 10 bzw. 14 GW – bei aktuell knapp 1,4 GW, bzw. wenn man alle laufenden Großprojekte (Linthal 2015, Nant de Drance, Lago Bianco) mit einberechnet von ca. 4,5 GW.

Was jetzt nach der Havarie von Fukushima passiert, ist eine kollektive Umdeutung des Gründungsversprechens der „regenerativen Energien". Im Moment ihrer Akzeptanz durch die Mehrheitsgesellschaft wird das Projekt der Erneuerbaren Energien den Imperativen der Wachstumsökonomie anverwandelt. Das ist das Opfer, das die Protagonisten der Erneuerbaren Energien im Augenblick des möglichen Sieges bereit sind, zu bringen: Die Erneuerbaren Energien werden zum Motor einer risiko-optimierten Industrialisierung. Damit einher geht die Entschlossenheit, keine

*Können und wollen wir tatsächlich zur **„grünen Batterie Europas"** werden?*

Der Muttsee im hintersten Glarnerland in der Schweiz auf der Hochebene Mutten war einst eine der „blauen Perlen zwischen Großglockner und Mont Blanc" (Ernst Zbären, „Bergseen der Alpen", 1981), heute ist er eine Großbaustelle.

© *Paul Helbling*

Rücksicht auf Natur und Landschaft, d. h. keine Rücksicht auf den Naturschutz zu nehmen. In der Folge wird der Naturschutz vom Umweltschutz, insbesondere vom Klimaschutz abgekoppelt. Die deutsche Kanzlerin Angela Merkel fordert in ihrer Regierungserklärung am 17. März 2011 – sechs Tage nach dem japanischen Tsunami – die Parteien auf, auf Distanz zum Naturschutz zu gehen: *„Schauen Sie sich einmal Ihre Parteitagsbeschlüsse zum Ausbau der Stromtrassen an. … Neue Anlagen, seien es Windkraftwerke, Pumpspeicherwerke – auch da bitte ich, zu schauen, wer wo protestiert – … können wir nur errichten, wenn alle hier in diesem Hause dafür eintreten, dass sie gebaut werden."*

Auch in der Presse wird der Naturschutz mit dem Nimby („not in my backyard") kontaminiert, der Naturschützer später zum „Ich-Bürger" degradiert. Im Leitartikel der „Süddeutschen Zeitung" vom 30. Mai 2013 mit dem Titel „Der Ich-Bürger" wird jene Bürgerinitiativbewegung, die von der politischen Theorie als unabdingbares zivilgesellschaftliches Gegengewicht zum geregelten demokratischen Betrieb geadelt worden ist und ohne die es zu keiner Abkehr von der Atomenergie in Deutschland gekommen wäre, gnadenlos abgestraft: *„dem Ich-Bürger* [wird es; Ergänzung RE] *gelingen, was keinem Autonomen und auch keinem Gewerkschafter gelingen kann: dass die Republik stillsteht … dass am Rursee in der Eifel kein Pumpspeicherwerk stehen wird; dass sich bei der Energie nichts zum Besseren wendet"* heißt es da.

Zu dieser Entwicklung gehört auch der Abschied von der Idee einer postmaterialistischen Alternative der Moderne. Der bekannte Biograf der Grünen, Joachim Raschke (* 1938; „Die Grünen. Wie sie wurden, was sie sind", 1993), hatte noch 2010 im Berliner „Tagesspiegel" die Grünen als „die Partei einer kritischen Bildungselite" gesehen; *„sie vertreten*

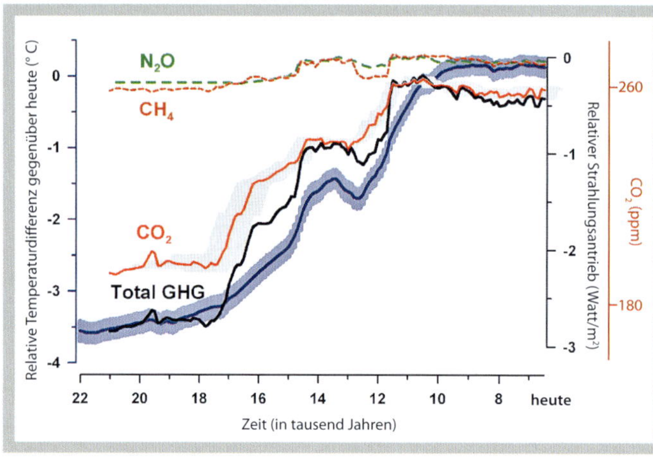

Die Rekonstruktion des Klimas auf dem Globus zeigt, dass die Temperatur (blaue Linie) der Erhöhung des „Strahlungsantriebs" (Watt/m²) des CO_2 (rote Linie) infolge der Zunahme des CO_2-Gehalts der Luft (rote Skala) zeitlich nachgefolgt ist. Addiert man die anderen relevanten Treibhausgase N_2O (Stickstoffmonoxid, grün) und CH_4 (Methan, orange) mit auf, ergibt sich die Linie des „Strahlungsantriebs" aller Treibhausgase (Total GHG, schwarz).

Quelle: Shakun et al. (2012): Global warming preceded by increasing carbon dioxide concentrations during the last deglaciation. Nature, Volume: 484, Pages: 49–54 Date published: 05 April 2012. http://www.nature.com/nature/journal/v484/n7392/full/nature10915.html 13. 7. 2013; eigene Darstellung. Zum Begriff des „Strahlungsantriebs" siehe: http://wiki.bildungsserver.de/klimawandel/index.php/Strahlungsantrieb 31. 7. 2013

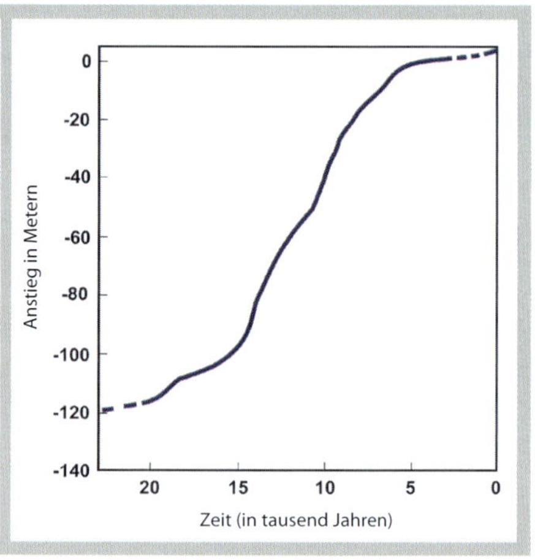

Rechts: Der nacheiszeitliche Anstieg des Meeresspiegels (Gornitz, 2009)

Quelle: http://seaandskyny.com/2011/05/24/rising-waters-and-coastal-floods-living-with-sea-level-rise-in-nyc-part-12./13. 7. 2013

das postmaterialistische engagierte Bürgertum". Der Abschied wird von jenen Leuten aus dem grünen Lager formuliert, die schon lange auf die Chance gewartet – und die die semantische Chuzpe dazu haben. Ralf Fücks (*1951), Vorstand der grünen Heinrich-Böll-Stiftung, findet in der allgemeinen Aufbruchsstimmung die Volte, wie er der einst kanonischen Kritik des Clubs of Rome an einer sich selbst vertilgenden Industrialisierung entkommen – und die identitätsstiftende Kraft der Formulierung doch ins neue Zeitalter retten kann. In einem programmatischen Artikel in der „ZEIT" vom 14. April 2011, durchaus als „grüne" Deutung zur sich abzeichnenden Energiewende gedacht, wendet er die „Grenzen des Wachstums" stracks in ein „Wachstum der Grenzen"! Gerade mit den Techniken der Erneuerbaren Energien, so Ralf Fücks, erfahre die globale Produktions- und Konsumgesellschaft ihre nun „nachhaltige" Wiedergeburt: *„Schauen wir den Tatsachen ins Auge: Ein Ende des Wachstums ist reine Fiktion. Vielmehr befinden wir uns mitten in einem beispiellosen Wachstumszyklus, der sich noch über die nächsten Jahrzehnte erstrecken wird."*

Darin spiegelt sich eine Perspektive auf die Erneuerbaren Energien, die bisher noch zu wenig gewürdigt worden ist: Hochriskant und eine Bedrohung für die globale Entwicklung ist das Energiesystem 2.0 auf Basis von fossilen und atomaren Energien. Das Energiesystem 1.0 ist das vorindustrielle, das mit den vorhandenen Ressourcen der Biomasse, insbesondere Holz, zur energetischen Stagnation verdammt war (Hans Carl von Carlowitz prägte den Begriff der Nachhaltigkeit 1713 vor dem Hintergrund einer zunehmenden überregionalen Holznot). Das Energiesystem 3.0 auf Basis von Sonne, Wind, Wasser und Biomasse hat sich von den Restriktionen des Systems 1.0 und den Risiken von 2.0 emanzipiert. Letzteres ist der primäre Zweck der Wende vom System 2.0 zum System 3.0.

Die hochdrehende Risikogesellschaft

Das Damoklesschwert von GAU und Klimawandel hat die internationale Politik und die globale Ökonomie über die Stadien Tschernobyl 1986 und Rio 1992 nicht beeindrucken können. Der Energieverbrauch ist ungebremst weitergestiegen, nur der Zusammenbruch der Ökonomien in den postsowjetischen Staaten hat sich kurz auf den CO_2-Output niedergeschlagen. Das zeigt die Keeling-Kurve, die, nach einer Delle Anfang der 90er-Jahre, immer steiler nach oben strebt, das zeigen die immer exakteren, aber dennoch wirkungslosen Bestimmungen der Koinzidenz von CO_2-Konzentration und Temperatur der Atmosphäre, das zeigt der beängstigende, damit korrelierende Anstieg des Meeresspiegels um 120 Meter in den ersten Jahrtausenden nach der letzten Eiszeit. Keiner der klimatischen Nichtschwimmer zeigt sich davon beeindruckt. Dieses Wissen ist machtlos.

Warum sollte eine Gesellschaft, die sich umgestellt hat auf das quasi risikofreie System 3.0, warum sollte das in einem Akt der Läuterung zu Energieeffizienz und Energiesparen führen? War denn nicht der „Risikogesellschaft" des Energiesystems 2.0 bei aller Reflexivität (Ulrich Beck in seiner berühmten Studie „Risikogesellschaft", 1986) die Pflicht zur Selbstbeschränkung, ganz brutal gesagt, „am Arsch vorbeigegangen"?

Ein größeres Versprechen kann der Umweltschutz einer dem Wachstum verpflichteten globalen Ökonomie kaum machen als dieses: Der Wechsel zum Energiesystem 3.0 lohne sich doppelt – zur Emanzipation vom Risiko kommt die Befreiung vom Zwang zu Energieeffizienz und von der Last des sparsamen Umgangs. Der hochdrehenden Risikogesellschaft wird im Augenblick ihres klimatischen Untergangs der rettende Ring zugeworfen: die Erneuerbaren Energien, von denen unentwegt versichert wird, es gäbe *„in Deutschland unendlich viel"* davon (Agentur für Erneuerbare Energie), für deren Lieferung *„die Sonne keine Rechnung schickt"* (Franz Alt), so eine Art energetisches Schlaraffenland! Prof. Jürgen Schmid (1944–2013), mehrfach ausgezeichneter *„Pionier auf dem Gebiet der erneuerbaren Energien"* (Wikipedia) und Leiter des hochangesehenen Fraunhofer-Instituts für Windenergie und Energiesysteme IWES, wirft dazu in einem Artikel der „FAZ" vom 28. Juli 2012 den Blick weit in die „regenerative" Zukunft: Wenn in 40 Jahren 80 Prozent des Stromes aus erneuerbaren Quellen stammen, so Schmid, dann ist *„dieser Strom entgegen der heute verbreiteten politischen Überzeugung ‚nicht mehr böse' … Mit dem Umstieg auf die Nutzung elektrischer Energie aus regenerativ sprudelnden Quellen frage es sich aber …, ob es besser sei, kostbare Ressourcen zum Beispiel in die Dämmung von Häusern zu investieren oder in den Ausbau der erneuerbaren Energien."*

Wenn der Strom „nicht mehr böse" ist und genug davon da – warum dann aber das Mantra vom Energiesparen und der Energieeffizienz, ohne die die Energiewende scheitern würde?

Es scheitert die Risikogesellschaft doch nur, wenn es ihr im alten Energiesystem 2.0 nicht gelingt, mit Sparen und Effizienz die Keeling-Kurve zu knicken! Glaubt man der alten Erzählung vom Perpetuum mobile, das mit den Erneuerbaren Energien fröhlich Urständ gefeiert hat, doch nicht so recht?

Wo ist der Pferdefuß?

Wer den Pferdefuß immer schon gekannt und ihn kalkuliert auf den Altar der Wachstumsökonomie gelegt hat, war Hermann Scheer (1944–2010), vielfach ausgezeichnet, u. a. 1999 mit dem Right Livelihood Award (der sogenannte „Alternative Nobelpreis"), unermüdlich Protagonist der Erneuerbaren Energien und Initiator von Eurosolar, der führenden Vereinigung, die das Ziel verfolgt, *„atomare und fossile Energie vollständig durch erneuerbare Energie zu ersetzen"*, mit Sektionen in 13 Ländern. Schon 2005 hat er in seinem Buch „Energieautonomie" den Doppelpass zwischen unvermeidlichem Energieverbrauch und damit unvermeidlichem Landschaftsverbrauch im kommenden Energiesystem 3.0 gespielt: *„Emissionsvermeidung ist ein realistischeres und weniger missverständliches Ziel als das der ‚Energievermeidung'"*, schreibt er dort auf Seite 207. Und er fährt ungerührt fort: *„Das heutige Energiesystem prägt und zeichnet die Landschaft. Erneuerbare Energien werden die Landschaft auf ihre Art prägen. Mit der neuen Prägung verschwindet die alte. … Bei einer solchen Wirtschaftsweise spricht nichts gegen landwirtschaftliche Betriebe auch in Naturschutzgebieten, und auch nichts gegen in diesen aufgestellte Windkraftanlagen und Pumpspeicherwerke."*

Der Pferdefuß der Erneuerbaren Energie ist deren magerer Energiefluss durch den Raum – und im Umkehrschluss: die gewaltigen Räume, die zur Ernte und Speicherung von Erneuerbarer Energie notwendig sind. In den Alpenstaaten wusste man das schon immer – und deshalb hat man sich z. B. erbittert gegen das Kraftwerk im Kalser Dorfertal (Großglocknergebiet) gewehrt. Es sollte der größte Staudamm Österreichs (220 Meter) werden, für den die Entwässerung von 20 Bächen vorgesehen war. Es ist ja nicht nur jene Geländekammer betroffen, die im Stausee untergeht, sondern alle benachbarten, aus denen die Wildbäche abgezapft und in Kanälen umgelenkt werden.

Was für ein Gegensatz: Während oberhalb des Wehrs nahe der Franz-Senn-Hütte in den Stubaier Alpen der Alpeiner Bach staubt und rauscht, herrscht unterhalb absolute Stille. Das Wasser wird zu 100 % von der TIWAG (Tiroler Wasserkraft AG) gefasst.

© Josef Essl

Die geeigneten Räume zur Ernte von Erneuerbarer Energie sind insbesondere für Wind- und Wasserkraft, und da eben auch zur Speicherung in PSWs, Räume mit hoher Reliefenergie, also Hügel, Berge, Täler. Diese Räume haben zudem den Vorteil, dass sie weniger intensiv genutzt und erschlossen sind. Ihre Naturnähe korreliert mit weniger Konkurrenznutzung, die teuer abgelöst werden müsste: Die Almen am Jochberg dürften vor der Folie der veranschlagten 600 Mio. Euro für das PSW einen Pappenstiel an Pacht kosten.

Das Objekt der Begierde sind also die weitgehend von industriellen Infrastrukturen unverfügten Räume – sie haben in der Regel eine hohe Naturausstattung und dort sind die Residualräume einer schönen Landschaft, beispielhaft die Alpen, aber z. B. auch die Naturparke in Deutschland, auf die der wohnortnahe – und damit wenig ressourcenintensive – Naturkontakt, ob nun mehr sportlich oder mehr ästhetisch-kontemplativ motiviert, angewiesen ist.

„Reliefenergie" ist auch ein Synonym für die Prominenz, mit der sich dort oben installierte Techniken zur Ernte oder Speicherung von Erneuerbarer Energie ins Gesichtsfeld schieben – exemplarisch am Sattelberg am Brenner, wo auf Südtiroler Seite ein umstrittener Windpark auf über 2000 Meter Höhe seit Jahren in der Planung ist. Es sollen weithin sichtbare 19 Windräder mit einer Nabenhöhe von 100 Metern werden.

Eine kleine Überschlagsrechnung zeigt den eminenten Raumbedarf der Windenergie: Der Endenergieverbrauch (Strom, Wärme, Verkehr, Industrie) Deutschlands beträgt momentan ca. 2500 TWh pro Jahr. Würde man diesen gemäß der Maxime von Hermann Scheer, dass es nicht auf die Energievermeidung ankommt, sondern auf die Emissionsvermeidung, bis zum Jahr 2050 + x ganz auf erneuerbare Energien umstellen („100%-Erneuerbare – nicht nur Strom!") und hält man sich mit der Ernte von Windenergie ans Binnenland, wie es viele Naturschutzverbände fordern[2], dann würden unter der normalen Aufteilung von Wind und Sonne etwa zwei Drittel, also ca. 1600 TWh Windenergie „onshore" produziert werden. 1600 TWh: Würde man die dazu notwendigen ca. 260.000 Windräder in einem einzigen Windpark konzentrieren, dann wären das knapp 27 % der Fläche Deutschlands![3]

Würde man aber gegen alle Erfahrungen mit dem energetischen Expansionsdrang unserer Gesellschaft von einer Halbierung des Endenergiebedarfs ausgehen, dann würden bei reiner Binnenorientierung immer noch ca. 13,4 % des Landes von Windparks in Beschlag genommen werden! Hans-Martin Henning und Andreas Palzer vom Fraunhofer-Institut für Solare Energiesysteme haben im Dezember 2012 eine Studie „100% erneuerbare Energien für Strom und Wärme in Deutschland" vorgelegt, die dieser Größenordnung einer Halbierung der Endenergie bis 2050 nahekommt – allerdings, entgegen dem „Onshore-Trend", mit einem ca. 50:50-Mix der Aufteilung von Onshore/Offshore-Windenergieproduktion.

Megaprojekte laufen regelmäßig aus dem Ruder

Es gibt viele hoffnungsfrohe Szenarien für das Jahr 2050, mit einem erstaunlichen Optimismus bezüglich der erfolgreichen Effizienzrevolution auf dem Weg vom Energiesystem 2.0 zum System 3.0 – gerade in Deutschland! So, als wäre Deutsch-

2 *Auch Teile der Industrie und sogar der Energieexperte des deutschen Bundesverbandes Verbraucherschutz, Holger Krawinkel, fordern die Abkehr vom Wind auf hoher See („offshore"), da in der Onshore-Installation von Windkraftanlagen die Lernkurve schon am weitesten fortgeschritten sei und die Energiewende deshalb billiger werde. Solche Meldungen finden einen breiten Widerhall in der Presse, hier eine bunte Mischung vom 3. April 2013: „Windkraft auf hoher See sei in Deutschland ein Irrweg, sagen Verbraucherschützer" (taz), „Windstrom-Revolution auf See droht auszufallen" (DIE WELT), „Nordsee-Windenergie wird zu teuer" (Hamburger Abendblatt), „Kostenfalle See-Windparks" (Schweriner Volkszeitung), „Offshore-Anlagen sind ein Irrläufer" (Nürnberger Zeitung).*

3 *Es wurden folgende Standardannahmen gewählt: 3-MW-Windräder mit 2000 Volllaststunden (Onshore!) ergibt 266.667 Windräder; Fläche: Rotordurchmesser 100 m, Abstand der Windräder im Windpark: 6 x Rotordurchmesser = 600 Meter, entspricht einer Fläche von 0,36 km² pro Windrad, ergibt 96.000 km²; das entspricht 26,9 % der Fläche Deutschlands von 357.121 km². In dieser Betrachtung der Dimensionen wird von den Beiträgen aus Biomasse und Geothermie abgesehen: Der Einsatz der Biomasse ist wegen ihrer Konkurrenz zur Nahrungsproduktion ethisch begrenzt, die Geothermie funktionell, sie „machen das Kraut nicht fett".*

Die Raumdimensionen des konventionellen Energiesystems: Braunkohletagebau Garzweiler in Nordrhein-Westfalen/Deutschland auf einer Fläche von 114 km². Dahinter arbeiten die Braunkohlekraftwerke Frimmersdorf, Neurath und Niederaußem mit insgesamt 8,8 GW an der Keeling-Kurve, links und rechts davon strebt die neue Welt der Windenergie in die Höhe.

© wikipedia

land nicht ein Hotspot missratener Großprojekte wie der neue Berliner Flughafen BER (Kostensteigerung von 1,7 Mrd. Euro, 2004, auf 4,3 Mrd., Stand 2012) und die Elbphilharmonie in Hamburg (Kostenanstieg von 77 Mio. auf 790 Mio., 2013, Fertigstellung zuerst 2010, nun 2017). Mit „Stuttgart 21" stehen diese Projekte beispielhaft für das „Megaprojekte-Paradoxon": Megaprojekte laufen regelhaft, verleitet durch „optimism Bias" und „strategic Misrepresentation" (termini technici der Gründe für fatale Fehleinschätzungen), zeit- und kostenmäßig dramatisch aus dem Ruder.[4]

Wenn sich die Effizienz- und Sparversprechen einer Energiewende 3.0 in zwei, drei Jahrzehnten als zu ambitiös erweisen werden und – im Angesicht des Menetekels der Keeling-Kurve – ein Scheitern nicht sein darf, dann muss konzeptionell dorthin ausgewichen werden, wo die geringsten funktionellen und finanziellen Probleme entgegenstehen, wo man mit reinen „Skaleneffekten" (mehr vom Gleichen geht schneller und drückt die Kosten) das Megaprojekt Energiesystem 3.0 retten kann: mit der bedingungslosen Technisierung der Räume zur Ernte von rettender CO_2-freier Energie mittels Sonne und insbesondere Wind.

Hören wir Hermann Scheer in einer Rede aus dem Jahr 2010, die im Internet in 8 Teilen zugänglich ist, und in der er die Landschaft ohne Grenzen und Verlustrechnung der energiehungrigen Gesellschaft des 21. Jahrhunderts zu Füßen legt:

„Erneuerbare Energien werden in der Fläche gefördert, die werden in der Fläche genutzt, sie müssen dort genutzt werden. Was breitflächig angeboten wird, muss breitflächig geerntet werden. Und das heißt, das ist eine kulturelle Frage unserer Raumordnung, … wie wir mit der Landschaft umgehen. Und die Landschaft ist Produktionsfaktor. … die Vorbehalte, die es dann dagegen gibt, die sind großenteils maßstabslos. Solche Vorbehalte sind vor allen Dingen solche, die uns zurück in die Katakomben treiben. Wer im Namen des Landschaftsschutzes meint, erneuerbare Energien nicht integrieren zu können, … wer das meint, der übersieht, dass eine Landschaftszerstörung stattfindet, wie sie es menschengemacht so noch nicht gegeben hat, allein durch die Klimaveränderung. Wenn die Dürren zunehmen, wenn die Stürme zunehmen, die immer mehr niederreißen, die teilweise tausende von Stromnetzen in zwei, in einer Stunde weghebelten, Wälder abgemäht werden regelrecht, wenn … das Grönlandeis schon schmilzt, das Nordpoleis schon schmilzt, das Antarktiseis schon schmilzt, dann [findet; Ergänzung RE] eine umfassende … Landschaftszerstörung statt, … Mit anderen Worten, erneuerbare Energien belasten nicht die Landschaft, sie sind das wichtigste Element des Landschaftsschutzes überhaupt, das wichtigste Element überhaupt … wenn die Welt als Ganzes längst bedroht ist."[5]

---

4 siehe „FAZ" vom 26. 8. 2010: „Stuttgart 21 – Warum bei Großprojekten die Kosten explodieren" (ausführlich Bent Flyvbjerg et al. (2003): „Megaprojects and Risk: An Anatomy of Ambition")

5 Teil 8: http://www.youtube.com/watch?v=ah5b7KSYajA

So der Höhepunkt und Schluss der etwa einstündigen Rede. Und die Zuhörer, in der Abwehr der Apokalypse positiv für den Raumbedarf der Erneuerbaren Energie eingestimmt, applaudieren zu diesem totalen Angriff auf die Landschaft, der rhetorisch zerstörte Landschaft für Landschaftszerstörung in Stellung bringt. Einer sanften Energiewende kann es aber nur um den existenziell wichtigen „sanften" Umgang mit der Landschaft in einem System der Erneuerbaren Energie gehen!

Das Schisma zwischen Klima- und Naturschutz

Hermann Scheer war und ist nicht der Einzige, der dieses Schisma zwischen Klimaschutz und Naturschutz in die Idee der Erneuerbaren Energien hineinträgt. Es gibt viele Totschläger des Naturschutzes und der Landschaft, die sich fürwahr maßlos gebärden und den Naturschutz zurückschicken in die Katakomben zum Beten, dass dieser Spuk nicht Wirklichkeit wird. Schon Frederic Vester hat in seinem Buch „Leitmotiv vernetztes Denken" im Jahr 1993 dem Naturschutz unterstellt, er sei defizitär, da nur *„bestrebt, in der sich ausbreitenden technischen Welt wenigstens einige heile Oasen zu erhalten, obwohl es längst nicht nur um einzelne Oasen geht, sondern darum, die Welt als Ganzes zu retten."* Aber diese Rede hat Kraft und das Argument hat Kraft und schlägt den Zuhörer in Bann: Wer als Bergsteiger über Jahre beobachtet hat, wie die Eiswand des Wiesbachhorns davongeronnen ist, bis nur noch schwarzer, gefährlicher Schotter übriggeblieben ist von dem einst eleganten Anstieg, wer ungläubig sieht, wie die Keeling-Kurve ungebremst die Schallmauer von 400 ppm CO_2 durchschlägt, der wird bereitwillig dem Echo zustimmen, das nun vom Jochberg widerhallt: Wer A sagt, muss auch B sagen, wer nicht will, dass alle Gletscher hingehen, der muss halt den Jochberg verhunzen. Und wenn ein Jochberg nicht reicht, dann schafft eben ein, zwei, drei, viele Jochberge! Das ist eine Parole, die manchen der grünen Szene nicht fremd sein dürfte, wenn es ums große Ganze geht.

In Wirklichkeit wird hier aber eine kulturelle Differenz vor der Folie eines rein wachstumsorientierten Wirtschaftssystems ausgehandelt, das sich von diesem Diskurs völlig unbeeindruckt zeigt: Welches Wachstum – und wenn ja, wie viel davon? Ideen des „Guten Lebens" – in welchen „Grenzen des Wachstums" wird das Glück der Zukunft zu finden sein? Müssen diese – ökonomischen – Grenzen dazu wachsen oder nicht? Und was bedeutet das für den Raumbedarf eines künftigen Energiesystems 3.0?

„Schauen wir den Tatsachen ins Auge: Ein Ende des Wachstums ist reine Fiktion." (Ralf Fücks). Deshalb ist jenen, die mit dem Energiesystem 3.0 auf „Harmonie" mit dem „natürlichen" Wachstumsdrang unserer Gesellschaft setzen, eine gewisse Klugheit nicht abzusprechen: Was du nicht bekämpfen kannst, das musst du umarmen …

Schließlich geht es um das große Ganze: Am Wesen der deutschen Energiewende soll die Welt genesen: Es steht ja durchaus die hehre Absicht im Raum (im wahren Sinne des Wortes), dass mit einem auf die Ausbeutung der Räume umgestellten Energiesystem 3.0 die nationale Industrie im globalen Konzert gleich doppelt reüssiert: Zum einen, da Deutschland rechtzeitig vor dem Ende der fossilen Ressourcen Sonne und Wind als günstigere Energiequelle angezapft hat, zum anderen, weil Deutschland sich selbst als Blaupause der Zukunft samt Technik verkaufen kann an die anderen Nationen, wenn diese endlich in das Zeitalter der Sonne aufbrechen – das gilt, vielleicht etwas weniger ambitioniert, für die anderen Energiewendeländer Österreich und Schweiz auch.

Aber die Entwicklung könnte einen anderen Verlauf nehmen: Der gefrackte Gasboom könnte im globalen Maßstab die nächsten Jahre, wenn nicht gar Jahrzehnte, das – offensichtlich nicht

> *Welches* ***Wachstum*** *– und wenn ja,* ***wie viel*** *davon?*

hintergehbare – Wachstum günstiger mit Energie versorgen und mit einer signifikanten (aber gewiss immer noch zu geringen) CO_2-Reduktion kombinieren lassen als der übers Knie gebogene Umstieg auf die Erneuerbaren. Damit wären sowohl die Konkurrenzfähigkeit der deutschen Industrie wie auch ein vergleichsweise ansehnlicher Beitrag der Energiewendeländer Deutschland, Österreich und Schweiz zur CO_2-Reduktion in Frage gestellt: Erdgas produziert bei der Stromgewinnung ungleich viel weniger CO_2 als Kohle und Erdöl. Einem Gas-und-Dampf-Kombikraftwerk mit etwa 430 g CO_2 pro KWh stehen etwa 1150 g eines Braunkohlekraftwerks gegenüber. Und die Techniken zur Ernte der Erneuerbaren Energien könnten, da doch recht simpel, schlussendlich billiger in den Schwellenländern produziert werden – welche Ideen des Green-growth waren da in die Wachstumsseifenblasen der deutschen Solarindustrie projiziert worden?

Und, zu guter Letzt: Welches Land will schon seine Landschaften opfern? Und welche Nation wird sich an im Namen der Energiewende verhunzten Landschaften ein Beispiel nehmen?

Ein wohlverstandener Naturschutz hat es in diesen zugespitzten Zeiten schwer. Er hat selbst jene Energiewende mitzuverantworten, die ihm nun seine Landschaften nimmt. Gegen die rein ökonomische Maxime, „die Landschaft ist Produktionsfaktor" (Hermann Scheer, Eurosolar) „elektrischer Energie aus regenerativ sprudelnden Quellen" (Jürgen Schmid, IWES), muss sich der Naturschutz insbesondere der Landschaften annehmen – und er übernimmt damit auch Verantwortung für die ursprüngliche Idee der Erneuerbaren Energien. Ein Pumpspeicher am Jochberg würde zur Karikatur einer nachhaltigen Energiewende werden!

Als sanfte Energien wurden die „Regenerativen" vom Natur- und Umweltschutz in verschiedenen Varianten ausgebrütet. Es macht sich aber ein raumforderndes Kuckuckswachstum breit, das sich gerade anschickt, alle anderen Alternativen aus dem Nest zu werfen! Genau um diese Alternativen aber geht es, um die industrielle Moderne für eine humane Gesellschaft vor den Raumforderungen eines vom Wachstum geblendeten Energiesystems 3.0 zu retten: Nach der Energiewende ist vor der Energiewende! Drei Eckpunkte des künftigen Energiesystems 3.0 werden über dessen Gelingen entscheiden, über die Räume, die der Natur bleiben, und über die Landschaften, in denen es sich lohnt, zu leben: die Dimensionen (wie viel für welche Zwecke?), die Techniken (wie raumbedeutend?) und die Allokation (welche Räume?). Die Akademien der Wissenschaften Schweiz stecken in ihrer Studie zum „Konfliktfeld erneuerbarer Energien und Raumnutzung" vom 18. Oktober 2012 dieses Dreieck zumindest richtig ab: *„Aufgrund des grossen Flächenbedarfs für die Nutzung erneuerbarer Energien können Energiepolitik und Raumplanung nicht mehr unabhängig voneinander betrieben werden. Die Planung der Energieversorgung in der Schweiz muss die natürlichen und räumlichen Gegebenheiten in unserem Land berücksichtigen. Gleichzeitig drängt sich der Einbezug der Bedürfnisse der Energieproduktion in die Raumplanung und bei der Planung von Nutzungszonen auf allen Ebenen auf."*

Der Naturschutz allein kann dieses magische Dreieck nicht ausarbeiten. Aber er kann mit seinem Insistieren auf industriell „unverfügte Räume" die Politik dazu nötigen (oder besser: überzeugen!), nicht in unterkomplexe Lösungen zu verfallen. Das ist mehr als eine regionale oder nationale Aufgabe; die Lösung kann nicht „autark" in den Alpen oder in einer anderen regionalen oder politischen Eingrenzung (z. B. Deutschland) gefunden werden: Der Klimawandel ereignet sich im globalen Maßstab, wie Natur und Landschaft auch.

Windräder am Hunsrück, bei Ellern im Bau 2012. „Die Übergänge zu den Hügelländern sollen durch Reihen oder Splines geschärft werden", schlägt der Landschaftsarchitekt Sören Schöbel in seinem Buch „Windenergie und Landschaftsästhetik" (2012, S. 109) „zur landschaftsgerechten Anordnung von Windfarmen" vor.

Quelle: www.juwi.de, © juwi AG

Ein Berg für alle Fälle

Wie die Alpen zur Inszenierung für die Spaßgesellschaft geworden sind

>> Georg Bayerle

Die alpine Tourismusindustrie liefert sich ein seit Jahren an Dynamik zunehmendes Wettrüsten der Skigebiete und Urlaubsdestinationen, in dem Naturschutz und sanfter Tourismus wenig, Wachstum und Gewinnmaximierung alles gelten. Entstanden ist so eine surreale neue Ski- und Funwelt, in der die Natur nur noch Störfaktor ist. Dabei böte gerade die alpine Kultur Modelle „guten Lebens".

Als die Jubilare der Alpenvereinssektion München vor knapp 100 Jahren für die Weganlage über den Jubiläumsgrat spendeten, hätten sie sich die Dimensionen der Erschließung der Alpen von heute nicht vorstellen können. Damals ging es ihnen darum, Bergsteigern einen Weg in die Natur des Hochgebirges zu ermöglichen, um die großartige Beschaffenheit des Gebirges überhaupt erfahrbar zu machen. Die schon damals heftig umstrittene Nutzung künstlicher Elemente sollte – und das ist an dieser Stelle bis heute so geblieben – nur der gelegentlichen Hilfestellung dienen. Es war das Ende jener Epoche der alpinistischen Erschließung der Alpen mit Hütten und Wegen, die durch die beiden Weltkriege abrupt beendet wurde.

Heute: Wintertrainingsstrecken für bayerische Automobilfirmen im Ötztal und Sellrain, eine „Sommerschneewelt" in Fiss-Serfaus, Seilrutschen, „Sky Swing" und andere Attraktionen, die aus dem Jahrmarktsinventar der Volksfeste und Funparks stammen. Die Natur an sich genügt nicht mehr: „Wandern alleine ist langweilig", lautet das Credo von Simon Schwendinger, dem Marketingchef von Fiss-Serfaus, stellvertretend für eine ganze Generation von Touristikern in den Alpen. Die Einstellung hinterlässt drastische Spuren: zu den unsinnigen, aber harmlosen gehören Barfußpfade oder Erlebniswege, zu denen, die massiv ins Gesamtgefüge eingreifen, die Berge, Ortschaften und ganze Regionen unumkehrbar umkrempeln, gehören die Fun- und Spaßparks.

Die Natur allein ist nicht genug

Der schleichende Prozess, der in den 1990er-Jahren begonnen hat, ist heute als markante Epochenschwelle sichtbar. Der Berg allein ist nicht genug, die Natur muss künstlich „aufgewertet" werden. Und der Mensch ist offenbar nicht in der Lage, ohne die Zutat inszenierter Elemente, die Schuhe auszuziehen und auf den verschiedenen Bodenformen im Gebirge barfuß zu gehen oder seine Hände oder Füße in den kühlen Bergbach zu tauchen. Infolgedessen sind große Teile des Gebirges ganzjährig von Touristikern vereinnahmt worden. Die eigentliche Bergnatur wird dabei nur noch als Kulisse wahrgenommen, sie wird zur Projektionsfläche von den einem immer schnelleren Wandel der Freizeitmoden unterworfenen Inszenierungen. Dabei wird Natur als Ressource ver-

Der Gletscher als Kulisse, beleuchtet „von Sonne, Mond und Sternen in Zusammenarbeit mit Scheinwerfern und 200.000 Watt Strom". Das Gletscherschauspiel „Hannibal" auf dem Rettenbachgletscher/ Sölden. Aus der Serie „Alpine Entertainment" von Lois Hechenblaikner

© Lois Hechenblaikner

Techno- und Kunstschnee-Architektur am Berg, demonstrativ inszeniert am Beispiel von Sölden/Tirol
© Georg Bayerle

braucht für ökonomische Gewinnmaximierung. Es gelten die gleichen Regeln wie sonst in der Wirtschaft, die eigentliche, spezielle alpine Wirtschaftsweise, die stets auf strenge Nachhaltigkeit im Umgang mit den spärlichen und begrenzten Ressourcen achtete, gerät in Vergessenheit.

Das Feuerwerk, das die Marketing- und Tourismusleiter der alpinen Destinationen zweimal jährlich zu Saisonbeginn abbrennen, gipfelt in sprachlichem Surrealismus und blankem Unsinn. Das entscheidende Element ist der Superlativ: Die „höchste Hängeseilbrücke Europas" am Titlis, „höher, länger, weiter" sollen sich Ski- und Snowboardfahrer im Valle d'Aosta „in über 3000 m Höhe austoben" können, Davos Klosters wirbt dafür mit dem „billigsten" Skivergnügen in der Aktion „Skipass geschenkt", die Air Zermatt mit „dem schnellsten Lift der Welt". „Hoch, höher, 5 Tiroler Gletscher" lautete das Tiroler Motto im Skiwinter 2013. Die Werbe-Rabulistik hoch 5 im Einzelnen: Das Kaunertal ist „der jüngste" Gletscher (weil erst 1980 erschlossen), das Pitztal „der höchste", Sölden ist „der beste Hotspot", das Stubai „das familienfreundlichste Gletscherskigebiet" und Hintertux „Österreichs einziges Ganzjahres-Skigebiet". Zahlenkolonnen unterlegen die Superlativitis: 314 Pistenkilometer, 20 Millionen für die neue Bahn, die, natürlich, zum „höchsten Café Österreichs" führt. Die umstrittene Erschließung des Brunnenkogels im Pitztal, in unmittelbarer Nachbarschaft der wahrhaft höchsten Tirolerin, der Wildspitze, gipfelt in der „futuristischen Architektur" der Bergstation. Ein frischgeschäumter Cappuccino, Shrimps an Zitronengrassüppchen, Leder-Couch und Lammfell-Kuschelecken – der Stil der Großstadt ist längst in die abgelegensten Winkel der Alpen übertragen worden. So wurde mit der Wirtschaftsform auch die Konsumweise der Städter importiert; nur unter ganz anderen Bedingungen als „draußen" und immer inklusive der unsichtbaren Kosten für den Landschaftsverbrauch der Alpen.

Global Player

Um welche Dimensionen es sich dabei handelt, wird aus den ungefähren Größenordnungen der Investitionen sichtbar: So hat die österreichische Seilbahnwirtschaft seit der Jahrtausendwende 6 Milliarden Euro in neue Bahnen und Beschneiung investiert. Der Großteil davon ist kreditfinanziert und bei weitem nicht überall rechnen sich diese Ausgaben. Sie führen zu wirtschaftlichen Zwängen, die der Alpentourist vor allem durch teils horrende Preissteigerungen miterlebt. Nie waren Liftkarten so teuer wie heute. Die 40-Euro-Schwelle für die Tageskarte wurde fast in allen größeren Skigebieten überschritten.

Fiss-Serfaus, Sölden, Ischgl, alle mit mehr als zehnmal so viel Gästebetten wie Einwohnern, mit Nächtigungszahlen, die zwei Millionen übersteigen – das schafft in Bayern gerade einmal die Gemeinde Oberstdorf. Weil die Zahl der Skifahrer eher sinkt, der potenzielle Markt also kleiner wird,

Die Masse muss Rendite bringen: 38 Millionen Euro kostete allein die neue Gaislachkoglbahn.

© Georg Bayerle

haben die Hotspots der Alpen längst ihre Radien ausgeweitet. Gegen in der Breite eher sinkende Übernachtungszahlen setzen sie auf Skihallen in den Quellmärkten und Billigflieger: Aus Osteuropa und dem Baltikum, Skandinavien, England und Spanien schweben sie nach Innsbruck, Memmingen oder Salzburg und München und werden dort direkt vom Arlberg- oder Ischgl-Shuttle abgegriffen. Strukturen sind entstanden, die längst weit über den normalen Radius hinaus „geölt" werden müssen und die natürlich in der dauernden Konkurrenz behauptet sein wollen. So schafft das expandierende System Mechanismen, die immer weiter ausgreifen und immer mehr verbrauchen. Bayerische Autokonzerne werden dann „Mobilitätspartner" von Skidestinationen, bringen wieder eine neue Klientel, meist ihrerseits mit weiteren Firmenpartnern verknüpft. Die „Winterteststrecken" für Firmen- und Marketingevents im Ötztal und Kühtai werden die nächste Nagelprobe für den Umweltschutz in Tirol.

Die Folgen der Aufrüstungsspirale

Traurige Folgen der Aufrüstungs- und Investitionsspirale sind auch die Erschließungsvorhaben jener Gebiete, die teils aus eigenem Entschluss, teils aus Verspätung bisher nicht an der allgemeinen Entwicklung teilgenommen hatten. Beispiel für Ersteres ist das ehemals als „eines der schönsten Dörfer Europas" gerühmte Alpbachtal, das schließlich 2012 den Schatzberg geopfert hat, um mit der benachbarten Wildschönau die „magische" 100-Pistenkilometer-Grenze zu überschreiten. Ob es sich bei dieser Jagd um Streckenrekorde, die im Übrigen oft durch seltsame Zickzackmessungen eher unseriös sind, nicht um eine „Zwangsbeglückung" der Gäste handele, fragte der Alpbachtaler Bürgermeister in aller Offenheit. Gegen die Seilbahnunternehmer und Touristiker hatte seine nachdenklich-kritische Haltung keine Chance. Nicht zuletzt deswegen, weil die benachbarte Zillertal-„Arena" dauernd Öl ins Feuer der nachbarschaftlichen Konkurrenz gießt.

Beispiel für die verspäteten Destinationen ist auch das ehemalige (!) Bergsteigerdorf Kals am Großglockner. War hier der Liftschluss mit Matrei hart an der Grenze des Nationalparks Hohe Tauern ein auch von den Kritikern gerade noch erduldeter Sündenfall, so wurde das wie eine touristische Burg aufs Dorfidyll gesetzte neue Hotel mit monströsem Hochhausturm der Schultz-Gruppe zum endgültigen Abschied aus dem Paradies der intakten und natürlichen Bergdörfer. Ähnliches droht anderen, durch die frühere Isolation im positiven Sinne zurückgebliebenen Osttiroler Destinationen. Statt im Jahr 2013 auf eine endgültig neue, moderne, ressourcenschonende und sanfte Entwicklung zu setzen, vollziehen sie die industrialisierte Variante des modernen Massentourismus aus dem vorigen Jahrhundert nach.

Dabei gibt es eigentlich eine politische Grenze dieser Entwicklungen: Tirol verfügt in den Seilbahngrundsätzen über eine Gesetzgebung, die sich des besonderen Werts der Landschaft bewusst scheint: Einer der gestandenen Landespolitiker, der frühere Landeshauptmann-Stellvertreter und Tiroler „Umweltminister" Hannes Gschwentner von der SPÖ, hat es 2012 so formuliert: „Insgesamt gibt es für Tirol ein Verbot für Neuerschließungen. Wir sind das einzige Land, soweit ich weiß, im ganzen Alpenbogen, wo ein derartiges Verbot für Neuerschließungen, neue Skigebiete gilt."

Die Bilanz des „Verbotes" für Neuerschließungen

Zwischen 2006 und 2010 listet die Landesumweltanwaltschaft 600 Genehmigungen für Lifte, Pisten und Beschneiungsanlagen auf! Der einfache Trick liegt in der Definition der „Neuerschließung". Selbst das nach über 30-jährigem Kampf der Umwelt- und Alpenschützer durchgerungene Projekt Val Gronda in Ischgl gilt nicht als Neuerschließung. Genauso wenig wie der geplante Zusammenschluss der Skigebiete von St. Anton und Kappl. Das mit seinen Bergseen und der hochalpinen Landschaft einzigartige Malfontal am Hohen Riffler würde hier überspannt. Die Erschließung des Schatzbergs im Alpbachtal ist auch „nur" ein Lückenschluss zum Seilbahnbetrieb der Wildschönau. Die Landesumweltanwaltschaft ist eine österreichische Eigenheit: Sie soll der Natur in den Verfahren eine Stimme geben. Faktisch ist sie der Tiroler Landesregierung unterstellt, ihr Einfluss also begrenzt. Weil die öffentliche Kritik den Wirtschaftsführern aber meist unbequem ist, gibt es auch aktuell wieder Bestrebungen, den Einfluss des Umweltanwalts zu beschneiden. Immerhin, Johannes Kostenzer, der Landesumweltanwalt von Tirol, scheut sich nicht, auch die besonders markanten Niederlagen seiner Behörde in den Verfahren publik zu machen.

Der Paradigmenwechsel im Umgang mit der Bergnatur hat sich in zwei Schritten vollzogen: Die erste Epochenschwelle hin zur schönen neuen Welt der durch und durch gestylten und kontrollierten alpinen Natur wurde mit einer Luftbrücke überschritten. Nicht aber, um von Hochwasser abgeschnittene Menschen zu retten oder nach Erdbeben oder anderen für die Zivilisation bedrohlichen Naturereignissen notwendige Hilfe zu leisten. Das Naturereignis bestand darin, dass kein Schnee gefallen war und das größte Spektakel im alpinen Wintersport in höchste Gefahr geriet. Lastwagen und Hubschrauber sollten mit Schnee-Notrationen aus den Hohen Tauern die „Streif" retten. Es ist damals nicht gelungen, die Herrenabfahrt „auf der berühmtesten und prestigeträchtigsten Bühne des Skiweltcups" in Kitzbühel am 25. Januar 2007 wurde abgesagt. Aber das Nachrichtenportal News.at konnte ein Trostpflaster anbieten: einen Slalom-Doppelpack. „Wir erwarten eine sensationelle Stimmung", wird ein ÖSV-Verantwortlicher zitiert. So hat der Weltcupzirkus auf

Das Millionenspiel

Etwa **6 Milliarden Euro** hat die österreichische Seilbahnwirtschaft in den vergangenen Jahren in neue Bahnen und Beschneiungsanlagen investiert; **120 Millionen Euro** allein das Skigebiet Fiss-Serfaus-Ladis. Dort sind in den letzten zehn Jahren 45 neue Lift- und Funanlagen entstanden. Für bis zu 70 Kubikmeter „Sommerschnee" am Tag wird dort die Energiemenge von 40 Familienhaushalten gebraucht.
Rund **50 Millionen Euro** hat Sölden im Ötztal in den letzten Jahren in den Ausbau seines Skigebietes investiert. Die Transportkapazität ist dort heute viereinhalb mal so hoch wie vor etwa 30 Jahren.
Um die **30 Millionen Euro** Wertschöpfung werden dem jährlichen Weltcupzirkus auf der Streif in Kitzbühel zugetraut.
13,5 Millionen Euro wurden von den Bergbahnen Sölden in die „Area 47" am Eingang des Ötztales investiert, rund **1 Million** stammt aus EU-Töpfen. **2,5 Millionen Nächtigungen** werden im Ötztal im Winter gezählt, **gut 1 Million** im Sommer.
600 Genehmigungen für Lifte, Pisten und Beschneiungsanlagen listete die Tiroler Landesumweltanwaltschaft allein zwischen 2006 und 2010 auf, und das obwohl es in Tirol eigentlich per Gesetz ein Verbot für Neuerschließungen gibt.
Laut einer Studie des Vereins BIN für Abhängigkeitskrankheiten von 2013 kämpfen **20 % der Mitarbeiter** im Tiroler Tourismus mit Alkoholproblemen.
Mit einer **Arbeitslosenquote von 2,5 %** haben die österreichischen Bundesländer Tirol und Salzburg die niedrigste Arbeitslosenrate in der gesamten EU.

Insel der Seligen? Ohne Beschneiungsanlagen ist heute auch in Gebieten, wie hier in Söll/Tirol, die noch vor wenigen Jahrzehnten als schneesicher galten, an Skifahren nicht mehr zu denken. Aus der Serie „New Dimensions" von Lois Hechenblaikner

© Lois Hechenblaikner

der Bühne der Natur dem Gebirge und dem Klima doch noch ein kleines Schnippchen geschlagen, und das Ereignis sollte sich künftig nicht mehr wiederholen.

Schöne neue Welt des Kunstschnees

An zahllosen Orten in Österreich, Deutschland und der Schweiz standen damals den halben Winter und vor allem in der hochlukrativen Weihnachtszeit die Lifte und Bahnen. Bei den Machern des alpinen Skitourismus sind mit diesem Trauma die letzten Schamgrenzen gefallen. Wurde der Kunstschnee bis dahin vor allem als eine Art zusätzlicher Unterstützung von Frau Holle verstanden, so hat sich seither die künstliche Beschneiung zum Standardprogramm einer modernen Skidestination durchgesetzt. Sichtbar auch daran, dass vorher die meist mobilen Schneekanonen nach Gebrauch dezent hinter Lift- und Betriebsgebäuden verstaut wurden. In der schönen neuen Welt des Kunstschnees aber säumen leuchtend gelbe Alleen von Schneekanonen die Pisten. „Schneegarantie" heißt das neue Zauberwort. Und die zugehörigen Daten werden als Werbeargumente dargeboten.

In Sölden, Stubai und anderswo werden sogar die Gletscher auf 3000 Meter Höhe beschneit. Klar: Die einst zuverlässige Unterlage des „ewigen" Eises taugt heute vielfach nicht mehr fürs frühe Saison-Opening. Das aber ist wichtig, denn jeder Skitag zählt in der Abrechnung der Multimillionenbetriebe in den Hochgebirgstälern. Selbst der immer noch als eine Insel der Ruhe und Natürlichkeit gepriesene Bregenzerwald versteigt sich zu einer aberwitzigen Eigenwerbung: „Schneeflöckchen, Weißröckchen, wann kommst du geschneit, heißt es im Kinderlied. Darauf wissen die Schneemacher im Skigebiet Damüls-Mellau die Antwort. Und fragen nur noch: Wie hätten Sie es denn gerne?"

Wie sie, also Sie und ich es gerne hätten, das wissen die Schneemacher im Rosengarten-Late-

Sommerschnee ade auf dem Zugspitzplatt: einem der letzten bayerischen Gletscher im Endstadium

Rechts: Sommerschnee Juchee auf der Möseralm: Auch bei 30 Grad plus wird das weiße Gold produziert.

© Georg Bayerle

mar ganz genau: Die dortigen Skigebiete sind so etwas wie die Spielwiese eines der Marktführer, Techno Alpin in Bozen. Dort wurden schon vor Jahren ferngesteuerte und flexibel schwenkbare Düsen entwickelt, die per Handy je nach akuter Wetterlage bedient werden können. Naturschnee wird dann bestenfalls zum dekorativen Element einer Märchenwinterkulisse, schlimmstenfalls zum Ärgernis: Denn „in den Steilhängen kann man sehen, dass durch Naturschnee Haufen entstehen und Skifahrer Schwierigkeiten haben, um mit Freude skizufahren", schildert der Schneemacher vom Latemar. Durch die immer mehr gesteigerten Frequenzen der Lifte und immer rasanter geschnittene Skier taugt der natürliche Schnee nicht mehr als Unterlage. Tatsächlich berichten die Touristiker von den Gästen, die nach einem Neuschneefall bei bestem Wetter schon mittags mit dem Skifahren aufhören und sich über die schlecht gepflegten Pisten beschweren, weil ihnen die Neuschneehaufen im Weg sind. „Wenn es nur Kunstschnee gibt, haben alle das Vergnügen", sagt der Pistenchef. Eine surreale neue Skiwelt, in der die Natur zu einem einzigen Problem geworden ist.

Mit 170 Schneekanonen können 40 Kilometer Piste im Carezza-Skigebiet unterm Rosengarten in 100 Stunden „eingeschneit" werden. Das Arsenal der Schneeerzeugung in diesem neuen kalten Krieg ist zum Werbeargument geworden: Mit 1400 Schneekanonen hat die „Skiwelt Wilder Kaiser – Brixental" in der Rüstungsspirale zur Wintersaison 2011/2012 einen vorläufigen Höhepunkt eingeläutet und bezeichnet sich deswegen gleich noch als „das beste Skigebiet der Welt".

Wasser und Strom

Dazu ist ein Blick auf die Hintergründe notwendig: Eine Schätzung vor einigen Jahren hat den Verbrauch der alpinen Beschneiungsindustrie mit dem Strombedarf Nürnbergs und dem Wasserbedarf Münchens beziffert. Genauso wenig wie die genauen Investitions- und Verschuldungssummen der 700 alpinen Destinationen liegen leider auch dazu kaum zuverlässige Berechnungen vor. Allein die Idee, die Folgen des Klimawandels mit Schneekanonen zu bekämpfen, ist ein bemerkenswertes Paradox: Denn die Beschneiungsindustrie heizt mit ihrem hohen Energieverbrauch genau den Effekt an, den sie bekämpfen will: den Klimawandel. Und das am buchstäblichen Brennpunkt des Geschehens: in den Alpen.

Nirgendwo in Mitteleuropa wirkt sich der Klimawandel massiver und in den Folgen verheerender aus. Wenn das CO_2-Ziel, den durchschnittlichen Temperaturanstieg bis 2050 auf 2 Grad zu begrenzen, für das Flachland erreicht werden würde, dann gehen Experten trotzdem von einem Anstieg um das Doppelte in den Alpen aus. Das einzigartig vielfältige und komplizierte Ökosystem wirkt wie ein Seismograf: Die Verwerfungen, die drohen, laufen in den Bergen früher und spürbarer ab. Jeder, der wenigstens seit 20 Jahren auf eigenen Beinen in den Alpen unterwegs ist, konnte in dieser vergleichsweise kurzen Zeitspanne erleben, wie Gletscher schmelzen. Heute schon droht Almen und Berghütten die sommerliche Dürre. Im Hitzesommer 2003 transportierten die Alpenflüsse so wenig Wasser ins Voralpenland, dass in Kraftwerken wie dem Atomkraftwerk Gundremmingen die Kühlung zu einem ernsthaften Problem hätte werden können. Und im Sommer 2011 versiegte zum ersten Mal nach über 600 Jahren die Bisse de Tsittoret. Das ist eine der aus dem Mittelalter stammenden Wasserleitungen im Rhonetal, ein Seitenzweig der sogenannten Suonen, die von alters her die Landwirtschaftskulturen in den trockenen Tälern mit Gletscherwasser versorgten. Die Plaine Morte, der Gletscher, aus dem sich der Zufluss der Wasserleitung speist, hatte sich so weit zurückgezogen, dass kein Schmelzwasser mehr nachströmte. Vorboten einer Entwicklung, die die Alpen nachhaltig verändern könnte.

Die zweite Epochenschwelle: Der Bergsommer

Kein Wunder, dass der Tiroler Landesumweltanwalt mit grundsätzlichen Argumenten zur Umweltpolitik und dem Klimawandel seine größtmögliche Ablehnung gegen die sogenannte „Sommerschneewelt" auf der Möseralm aussprach. Es hat nichts genützt. Die zuständige Bezirkshauptmannschaft Imst hat auch dieses Projekt durchgewunken. Es schneit also auf der Alm über Fiss-Serfaus. Immer. Die „Alm" dort ist längst ein durch und durch verkabelter und überbauter Spaßpark. Es ist ein heißer Tag Ende Juni und es schneit. Und der Marketingchef strahlt mit der Sonne um die Wette und macht sich keine Sorgen um die weiße Pracht: „Der schmilzt schon weg, der Schnee, aber wir machen ein Depot, das bleibt den ganzen Sommer über." Das containergroße Schneegerät auf der Alm spuckt die Eisscherben auch noch bei 30 Grad; plus, wohlgemerkt. Für bis zu 70 Kubikmeter Schnee am Tag verbraucht die Maschine die Energiemenge von 40 Familienhaushalten. Schnee im Sommer?

„Da hat uns zuerst jeder für verrückt erklärt", sagt der Marketingchef Simon Schwendinger dazu. „Aber wie man sieht, für viele Kinder ist es das weiße Gold, die haben Schnee noch nie gesehen." – „Das ist fantastisch", sagt eine Mutter aus der Schweiz, deren 15 Monate altes Kleinkind dahockt und auf den Schnee patscht. Und sie ist kein Einzelfall. Scheinbar honorieren die Kunden das Spektakel. 120 Millionen Euro haben Fiss-Serfaus-Ladis in den vergangenen zehn Jahren investiert. 45 neue Lift- und Funanlagen sind entstanden. Und so verrückt es klingt, das ganze aus dem Volksfest-Katalog stammende Repertoire an Coastern, Skylinern, Skyswings und Hängebrücken zieht Leute an, wenn es erst einmal auf der Alm steht. Kein touristisch genutzter Berg, der nicht in irgendeiner Weise zur „Arena" umfunktioniert worden wäre.

„Area 47" heißt das Vorreiterprodukt, wieder einmal kommt die touristische Innovation aus dem Stall der großen zwei, Ischgl und Sölden. 13,5 Millionen Euro wurden von den Bergbahnen Sölden in den Abenteuerspielplatz im Mündungsgebiet der Ötztaler Ache investiert, rund eine Million stammt aus EU-Töpfen, die mithilfe eines legalen Tricks als Förderung strukturschwacher Gebiete akquiriert wurde. Der Paradigmenwechsel ist vollzogen: Das ganze Jahr über ist der Berg zur Dauerspielfläche der Spaßindustrie geworden.

Die Entwicklung wirkt sich auch auf Bayern aus

Auch hier hat die Seilbahnwirtschaft im Konkurrenzkampf mit den Nachbarn Steuervergünstigungen mit der Politik ausgehandelt und Fördertöpfe angezapft. Es wird wieder mehr investiert mit den unmittelbar sichtbaren und bekannten Folgen: Es erinnert an Landscape-Art in der Nachfolge von Christo, wenn auf dem Zugspitzplatt unter bemerkenswertem Medienecho ein Fleckchen Fernerrest in weißer Folie verpackt wird, um das Wegschmelzen zu bremsen. Andererseits steigt der Ressourcenverbrauch für Infrastruktur und Beschneiung. Ein monströser Grubenbau brandmarkte im Sommer 2012 das Brauneck – die Betonlacke wird einwachsen, aber es bleibt das technische Merkmal eines kilometerlangen Wasserleitungssystems, das den Berg verändert. Unter 100.000 Kubikmetern Schneespeicherwasser wurde ein idyllischer Almboden versenkt. Ein noch größeres Wasserreservoir am Sudelfeld ist umweltrechtlich noch nicht ausgehandelt. Es wird wahr-

Bertas Luftrutsche: eines der harmloseren Funpark-Elemente in Fiss-Serfaus. Spaß-Arenen wie diese schießen alpenweit wie Pilze aus dem Boden.

© Georg Bayerle (oben), Axel Klemmer (unten)

Almidylle ade: Der Speichersee am Brauneck erfordert den Totalumbau der Landschaft.
© Michael Pröttel

scheinlich zum wunden Punkt in Bayerns Bergnatur in einem künftigen Sommer. Dabei sind Bürokratie und Politik natürlich längst in subtiler Weise verflochten in die Maschinerie. Wirtschaftsförderung, Subventionen für technische Innovationen oder den ländlichen Raum, Steuererleichterungen, Hotelmodernisierungszuschüsse – ein unüberschaubares Netz an Förderhilfen fließt in diese touristische Struktur. Für den Aufbau von Marketingorganisationen oder der touristischen „Marke", für Ticketingsysteme oder den neuen Wegeschilderwald zahlt der Steuerzahler. Natürlich werden auch Lifte und Schneekanonen gefördert – nicht überall, aber zum Beispiel auch in Bayern. Gerade mal zehn Jahre ist es her, da gab es noch ein „Schneekanonen-Moratorium" im Freistaat.

Mittlerweile hat sich auch das Brauneck zum Abenteuerspielplatz verwandelt. Die PR-Agentur preist ihren „Berg für alle Fälle" an: „Geier im Sturzflug beobachten, auf Dreirädern downhill düsen, Drahtseilakte am Brauneck – Jeden Tag erleben Urlauber an seinen mächtigen Flanken spannende Stunden in alpiner Natur". Es ist das Spaßpark-Prinzip von Fiss oder dem Ötztal, das im Kleinen auch an der Isar kopiert wird. Nach dem vollautomatisierten und konfektionierten Winter ist auch der Sommer zum durchgestylten, künstlich aufgemotzten Erlebnisangebot umgestaltet worden, in dem Natur nur noch die Kulisse abgibt. Einen weiteren Aspekt hat die Bergschutzvereinigung Mountain Wilderness im Juni 2013 dazugeliefert: Mit allein mindestens 70 neuen Klettersteigen in fünf Jahren spricht sie Österreich den „Gipfel der Verdrahtung" zu. Das Prinzip ist bekannt: Die Eiseneinbauten dienen nicht mehr einer zusätzlichen Hilfe, damit auch normale Berggeher spezielle Bergerfahrungen machen können, sondern sind längst zum Selbstzweck geworden. Es zählt der schwierigste, der längste, der spektakulärste Steig, der den „Kletterer" im Extremfall ohne Felsberührung nach oben leitet. Veranstaltet wird das Spektakel fast immer von Bergbahnen oder Tourismusverbänden und dient dem bekannten Werbe- und Attraktionenmechanismus.

Besonders erstaunlich ist an dieser Entwicklung, dass die alpine Kultur ihre eigenen Wurzeln und Leistungen völlig vergessen zu haben scheint. Ein Geschenk der Wildnis, hat sie immer schon gelernt, mit den Möglichkeiten und Grenzen der vom Menschen unkontrollierbaren Umgebung besonders hauszuhalten. Gleichsam von Natur aus wurden Ressourcen geschont und im eigentlichen Sinn nachhaltig bewirtschaftet. Wo Almen nicht gepflegt wurden, verloren die Menschen die Lebensgrundlage; wo die Eingriffe zu groß waren, drohten Lawinen, Muren, Hochwasser.

Alpine Wirtschaftsgeschichte

Freilich ist die Geschichte der wilden Alpen auch die Geschichte ihrer wirtschaftlichen Nutzung. Sie beginnt mit Kelten und Römern, wurde später von Großunternehmern wie den Fuggern fortgesetzt. Meist waren es Kräfte von außen, die solche industriellen Formen der Ausbeutung der Landschaft (und oft auch der Leute) in den alpinen Raum brachten. Heute sind es die Alpenbewohner selbst, die oft ohne jede Rücksicht ihre landschaftliche Habe zu Markte tragen. Das Totschlagargument, dass ohne diese „wirtschaftliche" Entwicklung die Jungen die Täler verlassen und die Bergorte aussterben würden, zählt angesichts der Zahlen nicht: Ein-paar-hundert-Seelen-Orte wie Sölden, Ischgl und Fiss-Serfaus rühmen sich mit Zahlen von 1,5 bis 2 Millionen Nächtigungen, in der österreichischen Rangliste gleich hinter der Bundeshauptstadt und Millionenstadt Wien zu stehen. Fürs Überleben ist das sicher nicht notwendig. Gerade an der Epochenschwelle der größten Krise der herkömmlichen Finanz- und

Konsumwirtschaft könnte die „alte" alpine Kultur viel beitragen: als reales Experiment des „guten Lebens", bei dem Faktoren wie Respekt vor den Grenzen, Ressourcenschonung, aber auch der Wert von Landschaft, Natur und Produkten, die Echtheit und die andere Erfahrung von Zeit eine Rolle spielen. Sie würden dann nicht als touristische Häppchen verabreicht, sondern als Inspirationen, die sich kulturell bewährt haben.

Die alpine Kultur als Modell des „guten Lebens"

Die Idee der Erneuerung der Gesellschaft durch den alpinen Raum ist so alt wie die moderne Zivilisationskritik. Vor allem zur Jahrhundertwende galten die Berglandschaften als Gesundbrunnen des durch die städtischen Produktions- und Lebensweisen degenerierten Menschen. Dies bedeutete nicht zuletzt den Aufschwung der „Sommerfrische", der Kur- und Thermalorte, des Tourismus insgesamt. In den industrialisierten und den städtischen Freizeitmodellen abgekupferten Inszenierungen von heute wurde das städtische Modell in den alpinen Raum übertragen. Dabei gäbe es sicherlich ein hohes Potenzial der Erneuerung aus den alten Erfahrungs- und Wissensschätzen, einer Verwandlung durch die eigene alpine Tradition.

Es ist in dem Zusammenhang nicht nur eine Anekdote, wenn eine langjährige Hüttenwirtin erzählt, wie sich ein Gast beschwert habe, der den im Internet beschriebenen „Abenteuerspielplatz" vor der Hütte nicht gefunden habe. Bach, Felsen, Wald und Bergwiese taugen für viele nicht mehr als Erlebnisraum. Hier wird die Sache richtig ernst: Die auf dauernd steigende Aufmerksamkeits-, Attraktionen- und Erlebnisinszenierungen gepolte Tourismusindustrie erzieht sich ihr Klientel inzwischen selbst. Kinder, die mit Seilrutschen, Kunstschnee im Sommer und Bergachterbahnen aufwachsen, werden natürlich nicht mehr mit dem „Abenteuerspielplatz Natur" zufrieden sein oder aus sich selbst heraus draußen etwas anfangen können, was sie „unterhält".

Der Paradigmenwechsel wird richtig deutlich, wenn jemand wie der Grundschullehrer und Bergführer Emil Feuz aus dem Haslital im Berner Oberland zu Wort kommt: „Wenn wir spielen wollten, dann sind wir in den Wald gegangen, oder haben im Gerinne des Wildbachs das Wasser gestaut und da splitternackt gebadet, das war unser Abenteuerspielplatz. Wir sind da rumgerannt, auf die Bäume geklettert, auf die Felsen, den Ziegen oder Kälbern nachgerannt, wunderschön. Jetzt ist das anders. Selbst in den abgelegenen Dörflein hat man Spielplätze errichtet für die Kinder, die kann man von der Stange kaufen, und sagt den Kindern, es sei gefährlich im Wald. Komisch."

Es geht hier nicht darum, einen romantischen Heidi-Zustand zu konservieren, sondern all das Inventar der durchaus ökonomischen Möglichkeiten der Nachhaltigkeit ernsthaft und substanziell auszuprobieren. Der im Juli 2013 veröffentlichte vierte Alpenzustandsbericht der Alpenkonvention ist in diesem Sinne das Dokument des Versagens: Die mit der Entwicklung der Alpenkonvention seit 1989 vorliegenden Konzepte der Nachhaltigkeit, zum Verkehr, zum Boden und Landschaftsschutz wurden, wenn überhaupt, nur halbherzig, meist wie ein Feigenblatt in die ablaufenden Prozesse der Tourismusindustrie integriert. Und da die Konkurrenz- und Inszenierungsspirale immer schneller läuft, ist nicht zu erwarten, dass sich ein gegenläufiger Trend durchsetzen wird. Die eigentlichen Chancen liegen vor Ort: wenn Destinationen bewusst auf einen „anderen" Tourismus setzen und diesen auch klar und konsequent leben und kommunizieren.

Die großen gesellschaftlichen Trends zu Ruhe und Erholung, Wohlbefinden, Gesundheit, Echtheit und Natur bieten genug Ansatzpunkte. Gefragt wären freilich Akteure auf allen Ebenen und eine viel eindeutigere, auch politische Entscheidungsbereitschaft. Solange Fördermittel, gerade auch von der EU, recht breit und beliebig gestreut werden, ist kaum zu erwarten, dass jenseits der etablierten Kanäle substanzielle Alternativen entstehen. Mit dem nachhaltigen Aufbau einer Existenzsicherung für abgelegene oder schwer erreichbare Regionen, die von Abwanderung bedroht sind, hat das wenig zu tun. Im Gegenteil: Die am schlimmsten betroffenen Regionen partizipieren oft viel weniger von den Fördergeldern. Für die nächste Siebenjahresperiode hat die EU-Kommission das Ziel ausgegeben, dass 25 % aller Initiativen mit den europäischen Klimaschutzzielen abgestimmt werden sollen. Gerade einmal 25 %, also nur ein Viertel. Die Folgen wirken bis in die hintersten Täler.

Berge von Wohlstand

Kein Erschließungsprojekt in den Alpen ist größer als der Alltag der Menschen

>> Axel Klemmer (Text und Bild)

Was passiert mit einem Tal, wenn seine Bewohner zu Geld kommen? Man sieht das am besten, wenn man zu Fuß durch dieses Tal geht. Zum Beispiel durch das Ötztal: von der Area 47 bis nach Sölden.

Wer wissen will, wie ein wohlhabendes Land aussieht, geht einfach vor die Haustür. Oder er geht vom Bahnsteig hinaus auf die Straßen der Siedlung Ötztal Bahnhof. Nirgends sonst in der EU ist die Arbeitslosenquote so niedrig wie in Tirol und im benachbarten Salzburg – nur 2,5 Prozent. Wohlstand resultiert in großen Häusern und großen Autos, alle neu oder jedenfalls sehr gepflegt. Dazwischen liegen saubere und geräumige Verkehrsflächen, auf denen man die großen Autos um die Kurve bringt, ohne mit ihnen anzustoßen oder sie schmutzig zu machen. Am eindrucksvollsten aber sind die Häuser: in allen Farben, mit allen Fenster-, Balkon-, Tür- und Zaundesigns, mit Sattel-, Pult- und Flachdächern, mit aufwändig gepflegten Gärten, in denen man jeder Blume den Rat geben möchte, sich bloß nicht hängen zu lassen.

Ultimative Challenge: Fußgänger sein

Gleich dahinter beginnt ein modernes Naturschutzgebiet. Von Föhren bewachsen und von Stromleitungen überspannt, eingefasst von verschiedenartigen Verkehrsinfrastrukturen, Siedlungskonglomeraten, Industrie- und Gewerbeflächen, schützt es das Leben von Waldameisen und Sibirischen Schwertlilien. Das 342,5 Hektar große Naturschutzgebiet Tschirgant Bergsturz entstand im Jahr 2009, weil gleichzeitig inmitten der Schutzgebietsgrenzen an der Mündung der Ötztaler Ache in den Inn ein 6,5 Hektar großer und ziemlich teurer Spielplatz errichtet werden musste; Waldameisen und Sibirische Schwertlilien hatten bei der Generierung von noch mehr Wohlstand nicht kooperiert. Unter dem riesigen Betonband der Schnellstraßenbrücke hindurch und weiter durch den Wald zur Eisenbahnbrücke – man sieht den Spielplatz wirklich erst, wenn man unmittelbar darüber steht.

In der zweiten Hälfte des 19. Jahrhunderts, als ein erwachsener Mensch noch ein erwachsener Mensch war und kein kindhafter Konsument, erklärte der englische Bergsteiger Leslie Stephen die Alpen bekanntermaßen zum „Playground of Europe". Dass dieser sich zum „Ultimate Outdoor Playground", der 2010 eröffneten Area 47, weiterentwickelt hat, ist folgerichtig. Die „Location am 47. Breitengrad" bietet 30 Funsportarten, den 8000 Menschen fassenden Ötztal Dome, eine „Waterworld" mit Riesenrutschen, Kletter- und Boulderwände und unter der hohen Brücke der B171 alle erforderlichen Installationen zum Hochseilgärtnern und Megaswingen. Das alles ist freilich nichts gegen die Challenge, das Gelände als Fußgänger zu erreichen, wie ich es wage.

Im Gym stemmen tätowierte Jungmänner Gewichte. Vor dem „Lakeside Restaurant" sitzen Gruppen von Jugendlichen an den Tischen, jeder ins Display seines Smartphones vertieft. Die Guides haben die Sonnenbrillen hochgeschoben und telefonieren. Begegne ich Mitarbeitern, grüßen sie mich ausgesprochen freundlich. Alles hier trägt ein gut sichtbares Label. Auf der Kletterwand und auf den Mitarbeitern steht zum Beispiel Adidas. Das steht übrigens auch auf den 180 Bergführern des DAV Summit Club, die 2011 in der Area 47 mit Produkten des Weltkonzerns aus Herzogenaurach eingekleidet wurden. Ein anderer Sponsor ist Red Bull, das Flügel verleiht – nur nicht den leergetrunkenen Dosen, die überall im Verkaufsgebiet neben den Straßen auf den Wiesen liegen. Red Bull ist auch ein wichtiger Partner des Ötztaler Weltskiorts Sölden. Da will ich morgen hin.

Sehr früh verlasse ich das Gelände, gehe unter der hohen Brücke auf die weiten Parkflächen hinaus und rechts auf einen Feldweg. Und bin allein. Das Rauschen kommt rechts von der Ötztaler Ache und links von der B186. Etwas später, wieder auf Asphalt, zeigen aufgemalte Radsymbole die offiziell empfohlene Fortbewegungsmethode an. Auf dem Ötztal-Trail komme ich hinaus auf freie Wiesen. Oben auf der Terrasse die ersten Häuser von Sautens, unten, neben der Ache, die dazugehörige Kläranlage und der riesige Wertstoffhof. Wer wissen will, ob es den Menschen gut geht, muss sich ihre Wertstoffhöfe anschauen.

Vor Oetz verläuft der Weg direkt neben der Straße. Ich sehe große, schnelle Autos, wilde Überholmanöver und ein Idyll: Im spitzen Winkel zwischen der Straße und dem hier abknickenden Wiesenweg steht eine alte, kleine Kapelle. Kleine Bänke davor – ich wüsste gern, wer sich hier hinsetzt. Später passiere ich noch eine Bank, die langjährige Stammgäste gestiftet haben. Die Bank steht unter einem großen Strommast. An neuen Reihenhäusern vorbei komme ich nach Oetz, wo ich zusammen mit automobilen Arbeitnehmern auf dem Weg ins Büro bei MPreis einkehre. Ich be-

Mein Haus, mein Auto, mein Geschäft. Leben in einzigartiger Lage in der Ötztaler Gemeinde Längenfeld

Diese Hoffnung ist prall: In der Area 47 dümpelt der Sommertourismus nicht, sondern er blobbt.

Rechts: Baggern, weil die Ansprüche ans Leben auch in den Bergen steigen, wie hier im Ortsteil Kaisers vor Sölden

stelle einen Cappuccino und ein krosses Croissant, dessen letzte Krümel ich mir in Sölden aus der Kleidung klopfen werde.

Im Tiroler Planungsverband 13, dem Ötztal, hat sich die Anzahl der Gebäude zwischen 1971 und 2012 mehr als verdoppelt: von 3021 auf 6753. Noch auffälliger ist das Wachstum der architektonischen Stilblüten gewesen. Spitze und stumpfe Winkel, überall Schiefgestelltes, Asymmetrisches, Angestückeltes. Es erstaunt, welchen Aufwand die Menschen treiben und wie viel Geld sie investieren, um in solchen Objekten zu leben. Dörfer, wie man sie früher nannte, sind aus dem Tal verschwunden. An ihre Stelle sind wachsende Agglomerationen von Ein- und Mehrfamilienhäusern getreten. Die Stadel auf den Wiesen sind groß und neu gedeckt.

Alles ist groß

In Habichen stehen alte Höfe neben bunten Neubauten. Ein schmaler Pfad führt unter Felsplatten zu einer Pferdekoppel, über dem der Eingang zum alten Eiskeller zu sehen ist, und schließlich zum Rand eines dicht bewaldeten Bergsturzes, aus dem sich ein rauschender Bach in den kleinen Habicher See ergießt. Es ist eine arkadische Szenerie, mit Wiesen und Felsblöcken, mit Schafen und Ziegen. Ein wunderbarer Weg beginnt, den Bergsturz hinauf und neben einem hübschen Kanal nach Tumpen, wo ich die Straße überquere, um auf der anderen Talseite, am Fuß der steilen, wilden Bergflanke, zwei idyllische Sportstätten zu passieren: zuerst den Spiel- und Trainingsplatz des wenig bekannten 1. FC Tumpen, danach den vergleichsweise berühmten Klettergarten der eindrucksvollen, dunklen Engelswand. Ein leichter Anstieg führt weiter zur frei stehenden Kirche Maria Schnee bei Lehn. Oft, wenn ich daran vorbeifuhr, nahm ich mir vor, anzuhalten und auszusteigen – später, nach der Tour. Ich tat es also nie.

Über weite Wiesen, auf beiden Seiten eingefasst von urtümlichen Bergflanken, leitet der Weg Richtung Umhausen. Parallel dazu, nur 200 Meter daneben, verläuft das Zersiedlungsband entlang der Straße. Wo der alpinistische Tunnelblick nur unscharfe, wenig relevante Bewegtbilder durch das Autofenster wahrnimmt, unterscheidet der Fußgänger Wohn- und Zweckbauten, Autohändler, Werkstätten und andere Betriebsgebäude. Umhausen ist groß, aufgeräumt und sauber. Die Umgebung ist sehr schön. Ich folge der Radwegmarkierung hinab zur Ache und gelange später durch ein Schotterwerk zur Straße, der ich nun durch den engen Einschnitt vor der dritten Talstufe folgen muss.

Die Straße ist geschützt mit großen Dämmen, Gittern und Befestigungen, und wo sie schließlich auf den weiten, offenen Talboden von Längenfeld hinausführt, entstand das Gewerbegebiet von Au. Bauelemente, Baustoffe, Bauträger, Fassadenbau, Reparaturen. Dahinter leitet der Weg rechts zur Ache und taleinwärts in eine lichte Parklandschaft.

Ohne Strom nichts los. Auch auf Nebenstrecken wie oberhalb von Aschbach vergisst man das nicht.

Links: Hubraum, Wohnraum, Straßenraum: Ist Raumverdrängung der neue Patriotismus?

Unmengen von Maikäfern schwirren in der Luft. Die Atmosphäre ist bezaubernd, fast magisch. Niemand sonst ist unterwegs, wie ich auf meiner Wanderung durch das Ötztal überhaupt keine anderen Menschen sehe, die zwischen den Orten zu Fuß gehen. Aus dem Auwald hinaus gelange ich auf eine große Wiese. Vor mir neue Einfamilienhäuser, Doppelhäuser und Reihenhäuser, aufgereiht an Zufahrtsschleifen neben der Bundesstraße. Auf einmal drückt der Föhn über den Hauptkamm, einzelne Tropfen peitschen durch die Luft.

Längenfeld sieht zunächst fast wie ein Dorf aus, aber nach hinten raus folgen die vertrauten Architekturen und Geschäfte, MPreis und Spar. Riesengroß, kantig und modern steht auf grüner Wiese das Hotel der Therme Längenfeld. Der „Aqua Dome" ist sozusagen die stille Alternative zur Area 47. Von dort bis hierher sind es etwa 30 Kilometer – die mir also jetzt schon in den Beinen stecken. Ich schaue hinauf zu den gleichsam schwebenden Wasserbecken. Am Rand der Wasserbecken stehen Leute in Bademänteln und schauen zu mir herab.

Noch zweieinhalb Stunden bis Sölden

Erst mal geht es flach dahin. Zur Gemeinde Längenfeld gehören viele Weiler wie Astlehn. Heute steht da nichts Altes mehr, alle Häuser sind neu, groß und schmucklos. Und es ist noch Platz für viele mehr. Zwei Burschen brettern auf ihren Enduros über die schönen Wiesen und dicht an mir vorbei. Das ist noch besser als am Computer spielen – es bietet die Option auf einen echten, analogen Crash. Einer der beiden trägt keinen Helm. Ungerührt, unberührt stehen die Berge über dem Geschehen, gekleidet in dichten Wald, geschützt von steilen Felsen, ohne jedes Zeichen einer touristischen Verwertung. Echt wahr: So sieht es im Ötztal meistens aus.

Über freie Wiesen komme ich nach Huben, das mit ausgebaggerten Baugruben beginnt. An den Häusern, die genauso aussehen wie alle großen Häuser im Tal, sind Auerhähne aufgemalt, röhrende Hirsche, bunte Blumen und spitze Berge. Vor den Häusern stehen Mountainbikes, Enduros und dicke Autos. Auf einem besonders eindrucksvollen schwarzen Pick-up schwört eine weiße Frakturschrift „Dem Land Tirol die Treue!". Hinter dem Ort führt der Ötztal Trail direkt neben der Straße am großen Gelände des Betonwerks Scheiber vorbei zu weiteren Häusern, die ein hoher Lawinenwall schützt. Und noch ein Betonwerk, mehr Gewerbe. Das Tal ist eng, der Felsabbruch über der Straße mit Stahlnetzen gesichert. Die Siedlung Bruggen, eine Handvoll Häuser: neu, kantig, kahl, sauber, abweisend.

Die Engstelle hinter Aschbach umgehe ich auf dem Höhenweg gute 100 Meter über der Straße, was mir am Ende einen wirklich schönen Blick auf mein Ziel gewährt: Sölden im Sonnenschein, umgeben von grünen Wiesenhängen, überragt von verschneiten Bergen. Eine Kirche und rundherum viele Häuser, die noch weit genug entfernt sind, um keine Abwehrreaktionen hervorzurufen. Ein aussichtsreicher Weg führt hinab ins Tal, das ich beim Ortsteil Kaisers erreiche. In einer Frühstückspension gleich am Ortseingang checke ich ein. Am nächsten Morgen ist der Föhn endgültig zusammengebrochen. Es regnet waagrecht – beste Bedingungen für den Marsch durch das „hässlichste Dorf Tirols", wie die „Frankfurter Allgemeine Zeitung" Sölden einmal nannte. Womit sie übertrieb. Die zwei Kilometer von Sölden sind kurios, sonderbar, bizarr, keine Frage, aber die 40 Kilometer zwischen Ötztal Bahnhof und Sölden sind es auch. Das wirkliche Problem sind die 250 Kilometer zwischen München, Innsbruck und Sölden.

Vor dem Fünf-Sterne-Hotel Central, das nach der langen Wintersaison geschlossen hat, steht ein schwarzer BMW X5 mit großer weißer Werbebeschriftung. Jakob Falkner ist zu Hause. Falkner, der sich „Jack" nennen lässt, hat die Area 47 finanziert und die Therme in Längenfeld. Zuallererst ist er aber der Chef der Bergbahnen Sölden und diese haben den Ort zur nächtigungsstärksten Gemeinde Österreichs gemacht – übertroffen nur noch von der Hauptstadt Wien. Auf 4200 Einwohner kommen 15.000 Gästebetten; von den gut zwei Millionen Nächtigungen pro Jahr werden die weitaus meisten im Winter gebucht.

Wir bieten Sport und Unterhaltung auf höchstem Niveau, sagt Jakob Falkner. Er verweist auf den jährlichen Auftakt zum Ski-Weltcup und natürlich auf den „Hannibal", das teure Pyro-Spektakel auf dem Rettenbachferner, mit Hubschraubern und Flugzeugen, Skidoos, Pisten-Bullys, Fallschirmspringern und dramaturgisch notwendiger Lawinensprengung. Im Februar 2013 zeigte Pro7 die Pseudo-Doku „We love Sölden". Der Inhalt: Junge deutsche Wahlberechtigte prollen, saufen und, pardon, vögeln sich durch das hintere Ötztal. Der Privatsender hat das mit dem höchsten Niveau offenbar nicht begriffen und stattdessen inszeniert, woran viele denken, wenn sie Sölden hören. Falkner hat es nicht gern, wenn von Ballermann gesprochen wird; politisch korrekt heißt die Entsprechung von Sölden: Ibiza.

Dass es neben niveauvollen Abenddarbietungen auch wilde Partys gibt? Gehöre dazu. Und dass „der eine vielleicht ein bisserl übertreibt"? Eine Tatsache, geschenkt. Jakob Falkner ist ein aufmerksamer Gesprächspartner. Er hat schon oft mit Menschen „von außerhalb" geredet, die nicht in den Bergen leben, die aber zu wissen glauben, wie es dort aussehen muss – nämlich hübscher als bei ihnen zu Hause. Nun beugt er sich vor und lächelt: „Da gibt es immer noch diese verklärte, romantische Sicht. Ich bin der reiche Städter, jetzt komme ich zu den Armen. Und auf einmal haben die Armen auch etwas!" Will heißen: Jetzt haben sie denselben Wohlstand und dieselben Immobilien wie die Menschen vor den Alpen, nur eben höhergelegt. Wer will also, mit welchem Recht, den Talbewohnern sagen, dass sie ihr Tal anders bewohnen sollen? Und überhaupt: „Was wären die Alternativen zum Tourismus?"

Ja was? Die Skiindustrie verkauft nur noch gut halb so viele Ski wie vor zehn Jahren. Das Institut für Demoskopie Allensbach ortet in Deutschland ein stagnierendes bis abnehmendes Interesse am Skifahren. In Sölden sind die Deutschen immer noch die stärkste Zielgruppe. Ob es in Zukunft Osteuropäer sein werden? Vor allem Russen drängen nach Sölden. So oder so sind die Jahre des quasi automatisierten Wachstums längst vorbei, das sagt auch Jakob Falkner. Große Investitionen seien heute allein schon nötig, um Marktanteile zu halten. Darunter fällt auch die anstehende Verbindung der beiden Gletscherskigebiete im Ötztal und Pitztal. „Sie sprechen von Erschließung, ich nenne es Entwicklung", sagt der Seilbahnchef.

Der Wettbewerb wird härter

Viele Betriebe sind hoch verschuldet und können aus dem Betrieb heraus die Zinsen kaum bezahlen. Die Dienstleister laufen am Anschlag. Der Verein Beratung, Information, Nachsorge veröffentlichte im März 2013 eine Schätzung, nach der knapp 20 Prozent der Mitarbeiter im Tiroler Tourismus mit Alkoholproblemen kämpfen. Und dann geht in Sölden seit dem Herbst 2011 ein Gespenst um. Damals wurde das erste von mittlerweile drei Hotels an eine Gruppe von russischen Investoren verkauft. Der *Spiegel* zitierte einen von ihnen, den Autohändler Mikhail Bakhtiarov, mit den Worten: „Ich fand die Mischung aus Angst und finanziellem Interesse, die mir entgegenschlug, sehr amüsant – ein interessanter Widerspruch." Falkner wiegelt ab. Einen Ausverkauf werde es seiner Meinung nach nicht geben. Aber es wird sicher nicht der letzte Verkauf gewesen sein. Der Trend sei nun mal nicht aufzuhalten. Die Menschen hätten mit dem Wohlstand die Option erworben, sich in Zukunft ganz neu einzurichten – was meint: auch abseits vom Tourismus. Selbst in den Bergen sind jetzt andere Existenzformen möglich als die ewige Fortführung des Lebens der Eltern.

Bleibt die Frage nach der Fläche und wie man sie am besten nutzt. „Der Alpenverein ist schon auch egoistisch", sagt Jakob Falkner. Wer von München zur Area 47 fährt, um dort ein lustiges Sommerwochenende zu verbringen, fährt hin und zurück 400 Kilometer und vergnügt sich nach Entrichten des Eintrittsgeldes auf 0,06 Quadratkilometer erschlossener und überwachter Landschaft. Wer von München ins sogenannte Bergsteigerdorf Vent hinter Sölden fährt, um ein Wochenende im Ruhegebiet Ötztaler Alpen zu verbringen, fährt mehr als 500 Kilometer und erhebt Anspruch auf 395 Quadratkilometer unerschlossene, kostenlos zugängliche Natur. Das Gute: Beide bekommen, was sie haben wollen. Der Unterschied: Auf Berge zu steigen ist besser, als in der Area 47 auf eine schwimmende, luftgefüllte Gummiblase zu hopsen („Blobbing") oder mit dem Zipfelbob auf bewässerten Gummimatten über eine Sprungschanze in den See zu klatschen. Das wissen die Bergsteiger ganz genau.

Alle bekommen, was sie wollen

Der Wohlstand schafft sich seine eigenen Probleme. Bergsteiger, das sagt Jakob Falkner nicht, sind ein Teil davon, wenn sie sich mit ihren teuren Ausrüstungen in die Autos setzen und einige Stunden später, wenn sie die Ausrüstungen einzusetzen wünschen, nach einer Umgebung verlangen, wie sie die Hersteller der Ausrüstungen in ihren Werbemedien zeigen. Wenn sie über Sitzheizungen bei Sesselliften die Augen verdrehen und in hochalpinen Schutzhütten nach den warmen Duschen fragen. Das Ende des Gesprächs. Der Tourismuschef ist da, es gibt Wichtiges zu besprechen. Hier, der Bildband über das Ötztal. Nehmen Sie den mit, da können Sie sehen, wie viel unberührte Natur es bei uns gibt.

Draußen Regen. Ich steige in den Bus, es ist Mittag. Schulkinder steigen zu. Sie sind hier zu Hause, hier im Ötztal. Sie sehen aus, wie Kinder in einem wohlhabenden Land aussehen: die meisten schlank, nicht wenige übergewichtig. Sie tragen an der Kleidung die gleichen Labels, sie reden über die gleichen Dinge – wenn sie reden. Sie sehen auf die Displays der gleichen Smartphones. Sie werden Matura machen und irgendwas mit Medien studieren, oder sie werden einen Beruf erlernen und den Betrieb der Eltern übernehmen, als Betonwerkbesitzer oder Hotelier. Oder sie werden das Hotel an einen Russen verkaufen (oder wird es dann ein Chinese sein?). Sie werden zunehmen oder Triathlon machen, sie werden in Hybrid-SUVs fahren und auf E-Bikes, sie werden heiraten, Kinder kriegen und sich scheiden lassen und um den Unterhalt streiten. Sie werden für ein paar Jahre ins Ausland gehen (manche werden nicht mehr zurückkommen), sie werden in die Stadt ziehen oder zu Hause bleiben. Viele werden auf Berge steigen, viele auch nicht, einige werden Veganer, andere Alkoholiker. Sie werden neue Häuser bauen, Gärten anlegen, Zäune ziehen und Garagen vergrößern, und die meisten werden gern hier leben. Sie haben alle Optionen: Der eine wird als Unternehmer die erste Seilbahn auf die Wildspitze bauen, der andere wird der erste grüne Landeshauptmann sein und nichts dagegen haben, und der Dritte wird über der Area 47 von der Brücke springen, ohne Seil, aber egal, denn die Verbindung ins Leben wird lange vorher gerissen sein.

Jakob Falkner sagt, dass man die Zukunft nicht vorhersehen kann. In diesem Punkt irrt er. In der Zukunft wird Alltag sein.

Die Natur ist das Kapital. Aber das Kapital ist schneller als die Natur. Vor der Gaislachkoglbahn in Sölden

„Blähungen treten vor dem Platzen auf"

© Fotostudio Huger

Interview

Was hat das Auto in den Alpen verloren? Der Verkehrsexperte Prof. Hermann Knoflacher gibt ebenso klare wie unbequeme Antworten.

Axel Klemmer » *In den 1960er-Jahren gab ein Münchner Verlag eine Buchreihe heraus, die Bergwanderungen vom Auto aus vorstellte. Name der Reihe: „Vom Gaspedal zum Gipfelkreuz". Heute würde der Verlag natürlich anders titeln – aber hat sich in der Aktualität der Sache grundsätzlich etwas geändert?*

Prof. H. Knoflacher » Das Bewusstsein dürfte sich verändert haben, weniger das praktische Handeln. Auto und Bergsteigen oder -wandern empfindet man zunehmend als Widerspruch. Der rücksichtslose Fahrbahnbau auch in den Alpen hat hingegen seit den 1960er-Jahren die Realität der einstigen Vorstellung viel näher gebracht. Das Gipfelkreuz wird damit entzaubert.

AK » *Ein Blick auf Straßen und Parkplätze in beliebten Tourengebieten belegt: Bergsport ist immer noch und zuallererst Motorsport. Wie kann sich das ändern? Wer kann das ändern?*

HK » Von „Motorsport" kann beim Massenverkehr von heute wohl kaum mehr die Rede sein. Verhalten kann sich nur mit den Strukturen ändern, dazu gehören die gebauten, organisatorischen, finanziellen, rechtlichen und kulturellen Strukturen einerseits und die der Menschen andererseits. Staaten, Länder und Gemeinden, Medien und Verbände gestalten diese Strukturen. Die Menschen suchen in den Alpen das Gegenteil zur zunehmend technischen Umwelt. Trekking war vor 70 Jahren auch in den Alpen üblich, als man es noch nicht so nannte. Seit man nahezu auf jede Alm mit dem Auto kommt, muss man nach Nepal, um das zu finden, was man bei uns zerstört hat.

Wie man das ändern kann? Konkret: Renaturierung der für das Auto verwüsteten Berggebiete, organisatorisch durch die Sperre der Tourismustäler für die Pkw und Einrichtung von Zubringern – in Kombination mit den Eisenbahnen, finanziell durch Einhebung einer „Tourismus-Schädigungsgebühr" auf alle Abstellplätze in Höhe der „Versiegelungssteuer" und der Folgekosten für Umweltschäden und Landschaftszerstörung. Es sind also die Verursacher, die diesen Zustand ändern können, indem sie die Schäden wiedergutmachen. Abstellplätze für Autos haben in den Alpen ebenso wenig verloren wie Autobahnen.

AK » *Die alpinen Vereine werden nicht müde, ihren Mitgliedern die Anreise mit Bus und Bahn zu empfehlen. In seiner Mitgliederzeitschrift wirbt der DAV aber auch für die Hybrid-Flotte seines „offiziellen Mobilitätspartners" Toyota. Und beim OeAV präsentiert Mercedes sein „Herz für den Bergwald" …*

HK » Das ist unehrlich und ein fauler Kompromiss, denn das Auto schadet nicht nur durch die Abgase und die Energievergeudung. Hier zeigt sich das Systemunverständnis der Vereinspersonen.

AK » *Sie sind globaler Fußgehervertreter der Vereinten Nationen. Was tun Sie dabei?*

HK » Heute nichts mehr – nachdem ich erkannt habe, dass die UNO zwar alles Mögliche, dieses Thema aber nicht behandelt.

AK » *Das Auto ist für Sie ein „Virus". Das macht Sie für Ihre zahlreichen Gegner im besten Fall zur Spaßbremse, für viele sogar zum „Öko-Imperialisten". Wissen Sie, wie man es besser macht?*

HK » Man muss das Wertesystem bewusst machen: Ist es noch ein menschliches oder nicht?

Die Reaktion der „Gegner" beweist die Wirksamkeit des Virus Auto. Sie merken gar nicht mehr, dass sie nicht mehr als Menschen auftreten, sondern als Sprecher in Vertretung für ihre Autos, die ihr Denken, Sehen und ihr Wertesystem beherrschen.

AK » *In den 1970er-Jahren haben Sie das „Gehzeug" entworfen – einen Holzrahmen im Umfang einer Autokarosserie –, um zu zeigen, wie viel Raum ein Autofahrer verdrängt. Was wiegt schwerer: die ökologischen oder die ästhetischen Begleiterscheinungen des Autoverkehrs?*

HK » Beide sind nur Teile der Wirkungen, die sich mindestens ebenso verheerend im Sozialsystem, den Wirtschaftsstrukturen und bis in die Familienstrukturen nachweisen lassen. Die Sozialbeziehungen werden gestört, die kleinen Wirtschaftsstrukturen vernichtet und die Kinderzahl nimmt mit dem Motorisierungsgrad ab. Die Menschen reagieren wie jedes Lebewesen auf die Zerstörung ihrer Lebensbedingungen durch Reduktion der Reproduktion.

AK » *Das „Gehzeug" ist mittlerweile längst überholt. Die Autos sind heute viel größer, schwerer und stärker – was die höhere Effizienz der Antriebstechniken zunichtemacht. Geht das mal so aus wie bei den Dinosauriern?*

HK » Das „Gehzeug" kann man nur zu Fuß überholen, nie mit dem Auto. Wir können mit dem Gehzeug mit dieser Entwicklung mühelos Schritt halten: Es gibt SUV- wie auch Smart-Versionen. Zu den größeren und schwereren Autos: Blähungen treten vor dem Platzen auf, wenn man ihnen nicht rechtzeitig begegnet. Auch wer Angst hat, bläht sich bekanntlich auf – eine atavistische unbewusste Verhaltensweise der Autoindustrie, die gut zur tiefliegenden Zugriffsebene des Autos auf das Hirn passt.

AK » *Welche Ziele sollte man sich setzen: Keine Autos oder andere Autos?*

HK » Vor allem viel weniger Autoabhängigkeit und damit auch weniger Autos. Priorität für die Menschen, die Gesundheit und Sicherheit. Daher eine andere Ordnung der Abstellplätze als die weitere brutale Exekution eines menschenverachtenden Gesetzes von 1939: der Reichsgaragenordnung durch die Verwaltungen der Gemeinden, Länder und Staaten. Diese schreibt jeder Wohnung, jedem Arbeitsplatz, jeder Einkaufsmöglichkeit Autoabstellplätze und damit Fahrbahnen vor und zerstört damit die Lebensräume jeder menschlichen Siedlung und die lokale Wirtschaft. Autos sind außerhalb der menschlichen Siedlungen abzustellen, damit diese wieder zu Lebens-, Wirtschafts- und Kulturräumen werden.

AK » *Zweifeln oder verzweifeln Sie an der Intelligenz Ihrer Mitbürger?*

HK » Ganz im Gegenteil, die Mitbürger handeln immer intelligent und eigennützig. Die technischen Verkehrsmittel sind so schnell da gewesen, dass Menschen erst heute beginnen, die dafür notwendige Langzeitintelligenz zu entwickeln. Das Problem sind weniger die Mitbürger als die Verantwortlichen in der Politik, der Verwaltung und den Ausbildungsstätten, deren Absolventen zum verantwortungslosen Handeln erzogen werden und damit die Mitbürger durch die Strukturen und Gesetze zum Autofahren zwingen. Die mangelnde Intelligenz der Verantwortlichen hindert heute die Bürger an der Entfaltung einer sinnvollen Intelligenz, die mit weniger Mobilitätsaufwand auskommt. „Wer es nicht im Kopf hat, muss es in Rädern haben."

AK » *Verbote vonseiten der Politik oder Verweigerung vonseiten der Konsumenten – was verspricht mehr Aussicht auf Erfolg?*

HK » Andere Strukturen: Abstellplätze und nicht der Fließverkehr sind der Ansatzpunkt, wenn man die Menschen nicht weiter boshaft im Autoverkehr quälen und abkassieren will. Wenn man weiß, dass am Anfangs- oder Endpunkt keine Abstellplätze mehr da sind, werden die Ziele und die Verkehrsmittelwahl beeinflusst. Alle Beispiele belegen das. Eine weniger elegante, aber auch wirksame Lösung ist das Abtragen von Autobahnen – je früher, umso besser. Wenn man eine Autobahn aus dem System nimmt, wie 1990 im Inntal bei Kufstein durch den Brückenknick, verschwinden die Verkehrsprobleme und der Stau. Autofahrer fahren auf keinen Autobahnen, die es nicht gibt. Verweigerung gibt es nur, wenn man bessere Alternativen kennt.

AK » *Vom 23. zum 24. Juni 2000 rollte auf der Brennerautobahn nicht ein Reifen. Alle Anwohner schwärmten danach von der ungewohnten Stille. 13 Jahre später scheint die große Brennerblockade völlig vergessen zu sein – haben Sie dafür eine Erklärung?*

HK » Das Kurzzeitgedächtnis der Menschen, das auch die Grundlage für den Erfolg der gewissenlosen Lügner in der Politik ist.

AK » *Gibt es nicht auch gute Entwicklungen? Die Alemagna-Autobahn München – Venedig ist immerhin verhindert worden.*

HK » Der Bauindustrie und den Banken ist es dafür gelungen, die Gelder der Staaten für unsinnige Megaprojekte der Eisenbahnen wie den Brenner-Basistunnel anzuzapfen. Außerdem haben sie genügend Beute auf Landesebene gefunden, wo sie nach der Zerstörung der Ortschaften durch überdimensionierte Fahrbahnen auch noch deren Umfeld durch Umfahrungen verwüsten und damit die Autoströme erzeugen, die auf diesem Umweg den Druck auf weitere Autobahnbauten erhöhen. Ein perfekter Mechanismus, wie man mit Lösungsversprechen genau die Probleme erzeugt, die vermieden werden sollen. Und es gibt noch genug naive Politiker und sogenannte Experten, die auf diesen Schwindel hereinfallen. Wie ein Krebsgeschwür arbeiten sachunkundige Verwaltungen und Büros an der Problemerzeugung, die sie dann mit den gleichen Methoden zu lösen versprechen.

AK » *In der Angebotsgruppe Alpine Pearls haben sich 28 Orte zusammengeschlossen, die ihren Gästen zur Erholung ein gutes Gewissen bieten: mit CO_2-Rechner und vielen Serviceleistungen rund um die Anreise mit öffentlichen Verkehrsmitteln und „sanfte" Freizeitaktivitäten. Was halten Sie davon?*

HK » Diese „Pearls" zeigen eine schöne Oberfläche, sind aber innen faul – ein zaghafter Schritt auf der Symptomebene. Die Parkplätze zu streichen, wäre der ehrlichere Weg für diesen Begriff gewesen. Kennt man die Wirkungsmechanismen, erkennt man, dass solche Maßnahmen noch meilenweit vor der Ursache des Problems ansetzen, auch wenn sie in die Richtung weisen – etwa wie ein Wegweiser zum Matterhorn mitten in Berlin: Die Richtung stimmt, der Weg aber ist noch weit.

AK » *Arosa bietet seinen Gästen die Option auf „klimaneutrale Winterferien". Ist das beispielhaft – oder nur beispielhaftes Marketing?*

HK » Kommt darauf an, was man darunter versteht. Durch Zahlungen an einen Ökofonds ist noch kein CO_2 eingespart. Durch geschickte Wahl der Systemgrenzen kann man „Klimaneutralität" immer herbeirechnen. Das Klima hat eine andere Kategorie als Geld. Man kann es nicht kaufen – aber damit gute Geschäfte machen.

AK » *Nun ist ja längst nicht alles Tourismus und Freizeitverkehr in den Alpen. Nähme man den Einheimischen die Autos weg, dann gäbe es in vielen Regionen längst nicht mehr so viele Einheimische …*

HK » Das Gegenteil wäre der Fall, weil sich wieder lokale Betriebe ansiedeln müssten, die Verarbeitungstiefe zunimmt, die Vielfalt wächst und das Geld, das in die Autos und deren Anlagen gesteckt wird, in den Alpen selbst wirksam werden kann, anstatt zu den Konzernen abzufließen wie auch die anderen Ressourcen der Alpen. Vom Wegnehmen kann also keine Rede sein. Wohl aber von geänderten Strukturen, die das Auto nicht nur überflüssig, sondern als Störfaktor in diesem Umfeld erkennbar machen. Die Alpen wurden lange vor dem Auto besiedelt und zu Lebens- und Wirtschaftsräumen gemacht und sie verfügen über eine intelligente, einfallsreiche Bevölkerung und Ressourcen vielfacher Art – nicht zuletzt jene der Landschaft und Kultur. So wie die Städte wieder besiedelt werden, wenn man aus ihnen die Autos entfernt, funktioniert das auch am Land und insbesondere in den Alpen, wo die Täler gute Voraussetzungen für den öffentlichen Verkehr bieten.

AK » *Die Trennung von Wohn- und Arbeitsstätte ist auch in den Alpenländern die Regel, der öffentliche Transport im Bergland aber nicht so leicht zu organisieren wie in der Stadt. Was tun?*

HK » Meinen Sie städtisches Leben und Wohnen in den Alpen? Sozusagen frei nach Tucholsky: vorne den Kudamm, hinten die Zugspitze!? Wenn man das Geld, das in die Verkehrsinfrastruktur der Alpen geflossen ist und immer noch fließt, den lokalen Betrieben gegeben hätte, würde man sich viele Pendlerströme sparen. Der Parkplatz beim Haus ermöglicht einen umweltschädigenden Lebensstil und verhindert gleichzeitig eine nachhaltige Lösung, weil die Entfernungen bedeutungslos werden. Die Trennung von Wohnen und Arbeiten ist eine Folge der billigen und leichten Raumüberwindung und der damit verbundenen Aushöhlung der Rauminhalte – insbesondere in den Alpen, weil dort viele kleine, über Jahrhunderte gewachsene Strukturen in wenigen Jahrzehnten zerstört wurden. Man braucht, hat man das Auto in der Nähe, weder intelligent noch langfristig zu denken und zu handeln, sondern man fährt einfach weg, um anderswo das zu finden, was man daheim zerstört hat – bis die Falle, wie jede Falle der Bequemlichkeit, merkbar wird.

Intelligenz ist gefragt, eine Umschichtung der Mittel von der riesigen Verkehrsinfrastruktur zu den Betrieben am Land, Steuervorteile für lokale Produktion anstatt Pendlerzuschüsse usw. Berechnen Sie mal, wie viel Geld in den Autos und der zugehörigen Infrastruktur steckt, und stellen Sie sich die Frage, ob es nicht eine intelligentere Form von Mobilität gibt, die ökonomisch, sozial und ökologisch verträglicher ist. Dann bleibt für das Auto auch in den Alpen nur eine Nischenfunktion übrig.

AK » *Auch die Berglandwirtschaft profitiert vom Auto: Wo sie heute noch funktioniert, liegt das nicht zuletzt daran, dass die Straßen bis zu den Berghöfen führen. Oder greift dieses Argument zu kurz?*

HK » Die Berglandwirtschaft hat früher ihre Produkte lokal veredelt und verarbeitet und jene Vielfalt erzeugt, von der wir heute träumen. Nur wenn sie ihre Ressourcen weitgehend lokal nutzen kann und sich von der tödlichen Umklammerung der Förderungen losmacht, wird sie überleben. Heute liefert sie ihre guten Produkte oft zur Verbesserung der Agroindustrieprodukte. Dafür holen sich viele Bergbewohner ihre Produkte von industriellen Agrokonzernen und äffen die städtischen Lebensformen nach. Und anstatt sich „auf die Hinterbeine zu stellen", bewegen sie sich als Vierbeiner lieber mit dem Auto. Auch in autofreien Städten ist der „arbeitende Verkehr", also der Warentransport, in Zukunft möglich und erforderlich. Hier gibt es keinen Unterschied zum Land. Der fahrbare Untersatz darf aber nicht Ersatz fürs Hirn sein, was er leider am Land immer noch oft ist. Das Leben in den Alpen stellt bezüglich Mobilität auch höhere Anforderungen an das Hirn als in der Stadt.

AK » *Brauchen wir eine neue Bewertung und eine neue Regelung von Transit-, Wohn- und Ausflugsverkehr in den Alpen?*

HK » Alle haben die gleichen Ursachen, werden durch die gleichen Prinzipien ausgelöst und können durch die gleichen Prinzipien unter Kontrolle gebracht werden. Bisher wurden die Menschen und die „Experten" wie auch die Politik durch die Eigendynamik dieses Systems beherrscht und nicht umgekehrt. Die neue Regelung ist nicht so schwer: Autoverkehr dort, wo er hinsichtlich Umwelt, Flächenverbrauch, Energiedurchsatz und Anforderungen an das Sozialsystem die nachweisbar beste Alternative für das Gesamtsystem – und nicht für die Einzelnen – ist.

AK » *Junge Menschen in den großen Städten verzichten immer öfter aufs eigene Fahrzeug. Die Autokonzerne sehen sich zunehmend als „Mobilitätsdienstleister", die Autos anbieten – aber eben nicht nur. Könnten solche Modelle auch in den Alpen funktionieren?*

HK » Die Jugend reagiert intelligent auf die verwüstete Umwelt in den Städten, wenn auch nur zaghaft. Die Autokonzerne versuchen ihre Klientel zu halten. Auch die Politik beginnt in Richtung der Mobilität zu agieren, wenn auch noch sehr diffus, denkt man an den E-mobility-Hype. In den Alpen sind die wahrnehmbaren Grenzen der Autofalle leider noch nicht so offensichtlich wie in den Städten. Hier besteht ein riesiger Nachholbedarf. Diese neuen Modelle funktionieren nur dort, wo die Randbedingungen dafür geschaffen werden.

AK » *Wie werden wir in 20 Jahren in den Alpen unterwegs sein? Und in 50 Jahren …?*

HK » So wie wir die Strukturen dafür herrichten und in welchem Ausmaß wir die grundlegenden Irrtümer des Verkehrswesens des 20. Jahrhunderts überwunden und deren Strukturen abgebaut haben werden. Ich hoffe, dass wir dann wieder mehr von der Vitalität und dem Zauber der Alpen zurückgewonnen haben, der unter Asphalt und Beton und technischer Verwüstung der vergangenen Jahrzehnte begraben wurde.

Hermann Knoflacher

Professor emeritus Hermann Knoflacher, geboren am 21. September 1940 in Villach, wird nicht müde, den Autoverkehr und seine Folgen für Umwelt und Gesellschaft wissenschaftlich zu zerpflücken. Seine Thesen wurden in der Planungspraxis vielfach bewiesen. Dabei legt er nicht den Furor des Eiferers an den Tag, sondern verbindet radikales Denken, profunde Sachkenntnis und subversiven Humor auf eine Weise, die Kritiker oft alt aussehen lässt. Schon 1975 karikierte er den Platzbedarf des Autos im Straßenverkehr, indem er das „Gehzeug" entwarf – einen Holzrahmen, der die Raumverdrängung einer PKW-Karosserie simulierte. Bekanntlich sind die Autos seitdem nicht kleiner geworden, und auch das Engagement des Bau- und Vermessungsingenieurs hat nicht abgenommen. Dem Institut für Verkehrsplanung und Verkehrstechnik der Technischen Universität Wien, wo er studiert hatte, stand er seit 1985 vor. Knoflacher ist u. a. Mitglied der Europäischen Akademie der Wissenschaften und Künste, Mitglied des Club of Rome und seit 2004 Präsident des Club of Vienna. Buchtipp: H. Knoflacher, „Zurück zur Mobilität! – Anstöße zum Umdenken", Ueberreuter 2013

Zwischen Mitgestalten und Verhindern

Mit der Alpinen Raumordnung begibt sich der Alpenverein auf eine Gratwanderung und trägt zur Entwicklung bei

>> Peter Haßlacher

Der Alpenverein wurde seit Beginn seines sichtbaren Einsatzes für einen zukunftsgerechten Naturschutz und eine ausbalancierte Alpine Raumordnung von Kritikern dieses Kurses oftmals als „Verhinderer“ bezeichnet. Allerdings gilt es festzuhalten, dass der Vorwurf des „Verhinderns“ im Alpenverein wiederholt Wirkung zeigte – und zwar im durchwegs positiven Sinn. Ohne die innovativen Impulse des Alpenvereins wären heute allgemein anerkannte Konzepte zur Regionalentwicklung kaum möglich gewesen.

Legendär ist der Kommentar des langjährigen Tiroler Landeshauptmanns Eduard Wallnöfer (1963–1987) zum Engagement des Alpenvereins, in welchem er meinte: „Dem Verein zur Verhinderung des Wohlstandes in unseren Tälern werde ich nicht beitreten." Dieser Sager rührt aus einer Zeit, in der sich der Alpenverein kritisch gegen die Vielzahl der auf engem Raum geplanten Gletscherskigebiete (Pitz- und Kaunertal) gewandt hat.

Bei Raumnutzungskonflikten geht es in der Tat um sehr viel: Eine Landschaft wird ihrer besonderen Schönheit und/oder wertvollen Naturgüte wegen entweder unter dauerhaften Schutz gestellt und vor Verbauung bewahrt, oder als Skipiste, Seilbahntrasse, Beschneiungsteich, Kraftwerksspeicher, Windparkstandort usw. schlicht und einfach zu Geld gemacht. Der Grundeigentümer, die Gemeinde, die Agrargemeinschaft erhält dann jährlich zugesicherte Einnahmen, während im Falle der Naturschutzpriorität bestenfalls Einnahmen über den Vertragsnaturschutz zu erzielen sind. Dabei geht es um die Umwandlung eines bisher unversehrt erhaltenen Berggebietes in eine harte Nutzung, um Ja oder Nein und nicht um kompromisssuchende Zwischentöne. Da mögen schon manchmal harte Worte fallen. Denn diese „Sachen" (Infrastrukturen) benötigen eben einen Standort und wo sich eine „Sache" einen Standort gewählt oder zugewiesen bekommen hat, kann sich keine andere „Sache" niederlassen. Es entscheidet die herrschende politische Macht mit und ohne Plan auf der einen Seite, und der Markt auf der anderen (Fassmann, 2005:48). Es spielt sich demnach frei nach Friedrich Schiller ab: *„Eng ist die Welt, und das Gehirn weit. / Leicht beieinander wohnen die Gedanken, / Doch hart im Raume stoßen sich die Sachen; / Wo eines Platz nimmt, muß das andre rücken, / Wer nicht vertrieben sein will, muß vertreiben; / Da herrscht der Streit, und nur die Stärke siegt."* (Wallensteins Tod 2,2)

Der Alpenverein hat die Erfahrung, was parteipolitische und wirtschaftliche Macht in diesen Entscheidungsprozessen ausmacht, des Öfteren sehr nah und einschneidend miterleben müssen: bei der Errichtung der Gletscherskigebiete im Pitz- und Kaunertal (Tirol) sowie am Mölltaler Gletscher (Kärnten), bei den Skigebietsverbindungen zwischen Zell am Ziller/Rohrberg über die Wilde Krimml nach Gerlos, bei der Errichtung der „Notabfahrt" vom Gletscherskilauf am Mittelbergferner nach Mittelberg/St. Leonhard im Pitztal sowie bei der Erschließung des österreichisch-schweizerischen Grenzberges Piz Val Gronda in Ischgl/Tirol.

Andererseits gibt es genügend Beispiele, bei denen der Natur nach langen und intensiven Konflikten und Behördenverfahren sowie über Zutun des Alpenvereins der höhere Stellenwert zuerkannt und Großprojekte nicht realisiert worden sind. Der Alpenverein hat demnach mit „verhindert", und damit in sehr vielen Fällen begonnen, andere Entwicklungsperspektiven aufzuzeigen bzw. einzuleiten. Diesbezüglich ist er ja auch seinen jeweils geltenden Grundsatzprogrammen für Naturschutz und Alpine Raumordnung verpflichtet, welche diesen Entwicklungsansatz und Gestaltungsaspekt enthalten.

Begründer der Alpinen Raumordnung

Der Oesterreichische Alpenverein kann zusammen mit dem Tiroler Landesplaner Helmuth Barnick als Begründer der „Alpinen Raumordnung" bezeichnet werden (Barnick, 1980; Haßlacher, 1991). Die Kreation des Begriffs und die Forderung nach seiner inhaltlichen Umsetzung erfolgte in Zusammenhang mit der immer dichteren Erschließung des Berggebietes mit touristischen Aufstiegshilfen und dabei insbesondere mit den Erschließungen der Gletscher im Pitz- und Kaunertal für den Pistenskilauf. Von Beginn an setzte der Alpenverein dabei auf eine sichtbare Doppelstrategie und sah in einer Alpinen Raumordnung folgende Aufgaben (Haßlacher, 1991:16):

- Hinwirken auf eine Konsolidierung des Fremdenverkehrsangebotes insbesondere in hochentwickelten Tourismuszentren,
- Entwicklung von Strategien zur Vermeidung und Unterbrechung der gefährlichen Wachstumsspirale und automatisierten Engpassüberwindung der Tourismusinfrastrukturen,
- Finden von Alternativen zum technisierten Tourismus,
- Hinarbeiten auf eine Festlegung von Endausbaugrenzen der touristischen, energiewirtschaftlichen und verkehrsmäßigen Erschließung sowie auf die Erhaltung großräumiger naturnaher Räume als Ergänzung zu den intensiv genutzten Wirtschafts- und Tourismusregionen.

Mit der Initiative der Bergsteigerdörfer setzt der Oesterreichische Alpenverein seit Jahren positive Akzente für eine nachhaltige Regionalentwicklung. In Vent im Ötztal (links) lebt damit auch der Geist von Franz Senn fort, der von hier aus wesentliche Impulse im Alpentourismus gesetzt hat.

© Bernd Ritschel

Ein Bergsteigerdorf der ersten Stunde: Ginzling im hintersten Zillertal grenzt direkt an den Hochgebirgs-Naturpark Zillertaler Alpen.

© Andreas Kitschmer

Rechts: Eines der jüngeren Mitglieder im Kreis der Bergsteigerdörfer ist St. Jodok mit Schmirn- und Valsertal. Die wilde Seite des Tuxer Hauptkammes bildet den hochalpinen Rahmen für ein Naturerleben fern des Massentourismus wie hier an der Zeischalm.

© Hubert Gogl

Der Begriff ist zwar heute in den Raumwissenschaften und in der Raumordnungspolitik eingeführt, doch die Umsetzung von konkreten Inhalten geht nur schleppend und in Abhängigkeit von landespolitischen Konstellationen und gesellschaftlichen Werthaltungen vor sich. So ist dem Alpenverein der Vorschlag gelungen, in die „Seilbahngrundsätze des Landes Tirol 1996" das Planungsinstrument der „Endausbaugrenze" von skitouristischen Infrastrukturanlagen zu integrieren, welche aber die Geltungsdauer von zehn Jahren nicht überlebt hat. Am besten gelang die Verankerung von Bausteinen der Alpinen Raumordnungspolitik im Rahmen der Erarbeitung des „Tiroler Raumordnungsprogrammes betreffend Seilbahnen und skitechnische Erschließung 2005".

Alle nach dem Tiroler Naturschutzgesetz verordneten Schutzgebiete sind als Tabugebiete für den Pistenskilauf unerschließbar. Erstmals konnte erreicht werden, dass die Verträglichkeit von neuen Infrastrukturvorhaben in Bezug auf die Erhaltung bedeutender Bergwander- und Skitourengebiete in besonderem Maße beachtet werden muss. So dürfen u. a. Naturräume im Umfeld von Schutzhütten nicht schwerwiegend beeinträchtigt werden. Hier gilt es, bei Neuauflagen dieses Raumordnungsprogrammes nachzuschärfen, um die im Tourismusprotokoll der Alpenkonvention geforderte Stärkung der Wettbewerbsfähigkeit des naturnahen, nicht-technisierten Tourismus und seine Gleichrangigkeit mit Formen des intensiven Tourismus zu erreichen.

Der Alpenverein verlangt eine aktive Ruhegebietspolitik

Die Ausweisung von Ruhegebieten nach dem Tiroler Naturschutzgesetz als sehr effiziente Maßnahme der Alpinen Raumordnung ist allerdings arg ins Stocken geraten. Auf Drängen, zum Teil auch aufgrund der planerischen Ausarbeitung von Entwürfen und deren Begründung durch den Alpenverein, wurden mit Schwerpunkt 1981 bis 1991 rund 10,5 % der Landesfläche als „Ruhegebiete" verordnet. Sie sind insofern Bollwerke gegen die weitere technische Verdrahtung des hochalpinen Raumes, als in dieser Schutzgebietskategorie die Errichtung von Seilbahnen für die öffentliche Personenförderung ausnahmslos verboten ist. Seither sind in Tirol keine großräumigen Ruhegebiete mehr verordnet worden. Zu groß ist mittlerweile der Widerstand der Seilbahnlobby geworden und der Gestaltungswille für eine ausbalancierte Raumordnungspolitik gesunken.

Der Alpenverein als Pionier der Schutzgebietsbetreuung

So stellen diese großräumigen Schutzgebiete aber herausragende Flächen für Wildnisgebiete und Optionen für den naturnahen Tourismus sowie eine auf Nachhaltigkeit ausgerichtete Entwicklung dar. Der Alpenverein vertrat immer die Auffassung, dass Schutzgebiete keine „isolierten Inseln" mit bloßem Ver- und Gebotscharakter in der Region darstellen dürfen. Andernfalls bleibt nämlich die Akzeptanz bei berührten Eigentü-

Traditionsreiche Ausgangsorte großer Touren: Die Bergsteigerdörfer Lesachtal und Tiroler Gailtal bieten den optimalen Start zum Karnischen Höhenweg (links), das bisher beschaulich gebliebene Örtchen Johnsbach im „Xeis“ lädt u. a. ein zur Besteigung des Hochtors (rechts).

© Christina Schwann/OeAV

mern und der im Umland der Schutzgebiete lebenden und wirtschaftenden Bevölkerung zu gering. Aus den Erfahrungen rund um die Einrichtung des ersten österreichischen Nationalparks Hohe Tauern und des Ruhegebietes „Zillertaler Hauptkamm“ forderte der Alpenverein im Zuge der Novellierung des Tiroler Naturschutzgesetzes 1997 die Verankerung von Schutzgebietsbetreuungen. Dies gelang schließlich im § 4 „Vertragsnaturschutz“. Die von Alpenverein und Land Tirol im hinteren Zillertal zu Beginn der 1990er-Jahre eingerichtete Ruhegebietsbetreuung war lange Zeit hindurch das Vorzeigebeispiel für derartige Entwicklungsinstrumente. Heute wird etwa im Land Tirol jedes Schutzgebiet betreut, welches sehr wesentlich zur Entspannung der Schutzgebietsdebatte und zur Entwicklung von innovativen Projektideen geführt hat (OeAV-Sektion Zillertal 2011). Zur Abrundung dieses Beispiels, dass aus „Verhinderungen“ auch positive Regionalentwicklungen entstehen können, sei nachfolgend aufgezeigt, dass mit der Ausweisung dieses Ruhegebietes die Errichtung von zwei Straßen über die Zillertaler Alpen (Pfitscher Joch, Hundskehljoch), die Erweiterung des Zillertaler Gletscherskigebietes auf der Schlegeisseite und die Vergrößerung der Zillertaler Wasserkraftnutzung durch weitere Bachauffassungen nicht zur Ausführung gekommen sind.

In der Zwischenzeit arbeiten im hinteren Zillertal Gemeinden, Touristiker, Naturparkbetreuung, Land Tirol und der Alpenverein eng zusammen. Der beste Beweis dafür, dass der eingeschlagene Weg richtig und akzeptiert ist, bleibt wohl die Tatsache, dass die gesamte Schutzgebietsregion nach der Überwindung von Ängsten und Vorurteilen eine Erweiterung des Hochgebirgs-Naturparks befürwortet.

Der Nationalpark Hohe Tauern als mustergültiges Lehrbeispiel

Für den Oesterreichischen Alpenverein ist und bleibt die Entwicklung des Nationalparks Hohe Tauern das Modell- und Lehrbeispiel für eine ausgewogene Alpine Raumordnung. Der Alpenverein war durch sein Grundeigentum in den Hohen Tauern (insbesondere im Kärntner und Tiroler Anteil) und die frühen Unterstützungsbemühungen zur Errichtung des ersten österreichischen Nationalparks sehr wesentlich an der Realisierung beteiligt. Dabei kreierte der OeAV zusammen mit Einrichtungen der Nationalparkverwaltung (insbesondere der Geschäftsstelle der Nationalparkkommission Hohe Tauern) bereits Anfang der 1980er-Jahre Grundsätze der Schutzgebietsentwicklung, die für darauffolgende Gründungen von Nationalparks und Schutzgebieten zur gängigen Planungsstrategie geworden sind:

- Nationalparke können nicht mit der bislang üblichen, hoheitlich geprägten Verordnungspraxis eingerichtet werden. Die Realisierung bedarf vielmehr der Einbindung und des Grundkonsenses mit den Grundeigentümern und der vor Ort lebenden und wirtschaftenden Bevölkerung.

Ein Vorzeigebeispiel schlechthin: Das von Alpenverein und Land Tirol zu Beginn der 1990er-Jahre eingerichtete Ruhegebiet Zillertaler Hauptkamm hat seit 2001 Naturparkstatus. Im Bild Schwarzsee mit Berliner Spitze, Turnerkamp und Großem Möseler
© Horst Ender

- Die Verordnungen von Großschutzgebieten müssen in Regionalentwicklungsstrategien unter Einfluss ihres Umfeldes eingebettet sein.
- Großschutzgebiete bedürfen als besonders geförderte Naturschutzprojekte der laufenden Betreuung und der Qualitätssteigerung mittels Innovation und Finanzierung. Nationalparke stellen hiermit eine große naturschutz- und raumordnungspolitische Daueraufgabe und Herausforderung dar (Haßlacher, 2012).

Tatsächlich existiert heute ein Nationalpark Hohe Tauern mit einer Gesamtfläche in Kärnten, Salzburg und Tirol von 1867 km². Der Oesterreichische Alpenverein ist darin größter Grundeigentümer. Weitere Gemeinden zeigen ihr Interesse an einer Erweiterung bzw. an einer Aufnahme in den Reigen der Nationalparkregionen. In der Zwischenzeit ist dieser Nationalpark Hohe Tauern, der an Stelle von Gletscherskigebietserschließungen (z. B. Venedigergebiet) und zahlreichen Wasserkraftplanungen (z. B. Großspeicherkraftwerksprojekt Dorfertal/Matrei in Osttirol) eingerichtet worden ist, zu einem stabilen Arbeitgeber in einer auf der Südseite durchwegs peripher gelegenen und entwicklungsschwachen Region mit jährlich respektablen Ausgaben für Entwicklung und Betrieb des Nationalparks geworden. Im Jahre 2012 beschäftigte der Nationalpark 91 Personen (67 ganzjährig, 24 saisonal). Die für den Nationalpark eingesetzten Mittel betrugen 2012 ca. 10 Mio. €, wobei zusätzlich auch Fördermittel seitens des Vereins „Freunde des Nationalparks Hohe Tauern" sowie u. a. aus den OeAV-Patenschaftsfonds für den Nationalpark Hohe Tauern in die Region fließen. OeAV und DAV betreiben im Nationalpark Hohe Tauern rund sechzig Arbeitsgebiete und Schutzhütten. Nicht unerhebliche Investitionen bei den alpinen Infrastrukturen kommen dem heimischen Tourismus und dem lokalen Gewerbe zugute. Insgesamt hat sich die Rolle des Alpenvereins in dieser Verantwortungsregion aber verändert: vom Vorkämpfer hin zum „Weiterdenker" für diese Region, insbesondere in den Bereichen Alpine Infrastruktur, Wegenetzverteilung, Besucherlenkung, Vorfeldplanung, umweltfreundliche Mobilität, Bewusstseinsbildung und Information (Haßlacher, 2012:31).

Dem Oesterreichischen Alpenverein wurde seitens seiner Kritiker bei heftigen Auseinandersetzungen um künftige Nutzungen von hochgelegenen Seitentälern wiederholt vorgehalten, er habe keine Konzepte und Alternativen zum Erfolg von Skigebieten und Einnahmen aus Wasserkraftanlagen. Im Zuge des engagierten Ringens um den Nationalpark Hohe Tauern in Osttirol ließen sich OeAV und DAV zu einer Werbeaktion für das Virgental bei ihren Mitgliedern bewegen. Die Übernachtungszahlen stiegen in Folge der Werbeaktivitäten und Öffentlichkeitsarbeit für das heutige Nationalparktal mit Prägraten und Virgen insbesondere im Sommerhalbjahr und in der Vor- und Nachsaison in den Jahren 1980 bis 1982 deutlich an. Mang und Schremmer (1989:81) kamen zur Ansicht, dass „die signifikante Wirkung der OeAV-/DAV-Aktion und der Hotelinvestitionen in Matrei zeigt, dass eine qualitativ hohe Entwicklungsrichtung möglich und mit positiven Effekten verbunden ist, und demonstriert damit den Handlungsspielraum der regionalen Fremdenverkehrswirtschaft". Aufgrund der damals heftigen Auseinandersetzungen zwischen dem Alpenverein und den Virgentalern wurde diese Aktion aber 1982 eingestellt.

OeAV-Leuchtturmprojekt: Förderung kleiner und feiner Bergsteigerdörfer

Rund zwanzig Jahre später schritt der OeAV infolge des Inkrafttretens der Alpenkonvention im Internationalen Jahr der Berge 2002 nochmals zur Tat. Auf Basis dieses internationalen Alpen-Vertragswerks (www.alpconv.org) und des eigenen Grundsatzprogrammes für Naturschutz und Alpine Raumordnung wurden von P. Haßlacher und R. Kals Überlegungen dahingehend entwickelt, alpintouristisch interessante, kleine und feine Orte und Talschaften im Schatten von großtouristischen Agglomerationen im Einklang mit den Inhalten der Alpenkonvention zu fördern. Derzeit wird in Österreich mit rund zwanzig Orten konstruktiv zusammengearbeitet (www.bergsteigerdoerfer.at). Das Projekt der OeAV-„Bergsteigerdörfer" erhält seit dem Jahr 2008 Unterstützung durch das Lebensministerium und die Europäische Union/Ländliche Entwicklung. Die ersten Erfolge stellen sich ein. In den Sommerhalbjahren 2007 bis 2012 stiegen die Übernachtungen als ein Indikator für die Weiterentwicklung des Tourismus in den nachfolgenden Orten an: Vent im Ötztal +56,8 %, Hüttschlag +48,7 %, Ginzling +20,4 %, Mallnitz +18,3 %, Lunz am See +15 %, Innervillgraten +11,7 %, die steirische Krakau +10,5 % und Johnsbach im Gesäuse +10,1 %. In den Winterhalbjahren 2007/08 bis 2012/13 zeigt sich die Entwicklung dermaßen: Johnsbach im Gesäuse +52,4 %, Malta +48,4 %, die steirische Krakau +42,6 %, Hüttschlag +30,6 %, Ginzling +23,5 %, Weißbach bei Lofer +22,6 %, Innervillgraten +17,2 % und im Großen Walsertal + 10,2 %. Die ersten Ergebnisse und Erfahrungen aus dem Projekt zeigen, dass sich die Erfolge sehr langsam einstellen und des langen Atems bedürfen.

Jedenfalls zeigt auch diese Initiative das stete Bemühen des Alpenvereins, positive Akzente für die nachhaltige Regionalentwicklung setzen zu wollen. Mittlerweile gibt es bereits Überlegungen, dieses OeAV-Projekt auf benachbarte Regionen auszudehnen. Dem Alpenverein muss allerdings klar werden, dass für die aktive Gestaltung von Regionalentwicklungsprozessen auch die personelle und finanzielle Mittelbereitstellung erforderlich ist. Damit könnte man sich möglicherweise die eine oder andere „lästige Verhinderung" ersparen und einen Beitrag für eine effiziente Alpine Raumordnung leisten. Es sei aber allen Kritikern und Besserwissern ins Stammbuch geschrieben: Jede Verhinderung birgt in sich die Chance auf eine andere, bessere Entwicklung!

Literatur:

Barnick, H. (1980): Alpine Raumordnung. In: Berichte zur Raumforschung und Raumplanung 25, H. 5.

Fassmann, H. (2005): Warum braucht die Gesellschaft Raumordnung? In: Raumordnung im 21. Jahrhundert – zwischen Kontinuität und Neuorientierung (ÖROK-Sonderserie Raum & Region H. 2).

Haßlacher, P. (1991): Ruhegebiete als Instrument der Tiroler alpinen Raumordnungspolitik. Realisierungsansätze in Österreich. In: Die Alpen im Mittelpunkt. (= Fachbeiträge des OeAV, Serie Alpine Raumordnung Nr. 5).

Haßlacher, P. (2012): Alpenverein und österreichische Nationalparke – Heute und Morgen. Fachtagung des OeAV, Mallnitz 2012 (= Fachbeiträge des OeAV, Serie Alpine Raumordnung Nr. 37).

Mang, J. u. C. Schremmer (1989): Regionalwirtschaftliche Wirkung der Projekte, Kraftwerk und Nationalpark auf die Region Hohe Tauern Süd (Osttirol). In: Österreichische Gesellschaft für Natur- und Umweltschutz (Hsrg.): ÖGNU-Text 4/88.

Gegenwind

Durch das Engagement beherzter Menschen konnte der geplante Windpark am Sattelberg/Brennerberge vorerst gestoppt werden

>> Robert Renzler

Die folgende Geschichte erzählt vom Kampf gegen Windmühlen, den ein vom Zufall zusammengewürfeltes Team über zweieinhalb Jahre geführt hat. Die Chancen auf Erfolg waren wie immer, wenn Don Quichotte gegen übermächtige Gegner antritt, gering. Die Aussichten stehen derzeit gut, das Ende wird der Staatsrat in Rom respektive die Geschichte schreiben.

Frühjahr 2010. Ein Raunen geht durch das Tal. Der Jochwind trägt Gerüchte aus dem Südtiroler Teil des Wipptales in den Norden. Ein Windpark soll entlang des Sattelbergs und der benachbarten Gipfel entstehen. Der Fortschritt mag endlich Einzug halten an diesem wunderschönen ruhigen Gebirgskamm, der auf der Nordtiroler Seite Teil eines seit fast 40 Jahren bestehenden Landschaftsschutzgebietes ist. Wir nehmen die Fama zunächst nicht ernst, hatte doch vor wenigen Jahren die TIWAG (Tiroler Wasserkraft AG) ein ähnliches Projekt nach vehementen Protesten unsererseits und nach einem Machtwort des damaligen Landeshauptmannes abblasen müssen. Sicherheitshalber stellen wir aber eine Anfrage an unsere Freunde vom Südtiroler Alpenverein. Da solche Vorhaben häufig hinter verschlossenen Türen und unter bestmöglicher Nichtbeteiligung der Bürgerinnen und Bürger startfertig gemacht werden, dauert es mehrere Monate, bis feststeht, dass hier im Hochgebirge der bislang größte Windpark im Alpenraum entstehen soll. Die Projektbetreiber sind die Firma Leitwind in Form der WPP 1 AG und die Pflerscher Elektrizitätsgenossenschaft, die am vermeintlichen Kuchen mitnaschen will. Der Südtiroler und Oesterreichische Alpenverein ersuchen die Betreiber um Informationen zu dem geplanten Vorhaben. Nach vielen Wochen und einigem Nachhaken wird endlich eine Audienz am Firmensitz der Leitnergruppe in Sterzing gewährt.

Wir rücken mit einer großen Delegation an. Von allen betroffenen Sektionen und Ortsgruppen sind Vertreter da, ebenso die Mitarbeiter der zuständigen Stellen im Hauptverein. Der Juniorchef der Firma, Anton Seeber, und seine beiden Techniker werden sichtlich nervös angesichts der ungleichen Zahlenverhältnisse und schließlich rückt nach einiger Zeit Verstärkung in Person des Macht ausstrahlenden Seniorchefs an. Das Projekt mit insgesamt 31 geplanten Windrädern wird vorgestellt. Die gewaltigen Dimensionen liegen erstmals auf dem Tisch und Seeber Junior erklärt, dass er den Sattelberg so lieb gewonnen habe, weil dort oben immer der Wind wehe, den er gleich in perfekter Marketingmanier den „alpine Jet" tauft.

Und genau dieser „alpine Jet" wird uns über die nächsten Jahre, teilweise mit Sturmstärke, ins Gesicht blasen, uns in emotionale Höhen und Abgründe wirbeln und in seinem Sog gesellschaftliche Ächtung, berufliche und körperliche Drohungen und einige Klagschreiben von Anwaltskanzleien nach sich ziehen.

Der alpine Jet oder Grüße aus Absurdistan

Ja es wird gefährlich für jene, die sich gegen den Fortschritt stellen, wenn aus dem Föhn der „alpine Jet" wird. Verwandelt dieser doch aus monetärer Sicht bislang wertlose Hochgebirgsgrundstücke über Nacht in Millionenwerte und garantiert den in Treuhandgesellschaften formierten Investoren saftige Renditen auf Kosten der Steuerzahler respektive der Stromkunden, risikolos und auf Jahre hinaus. Ein Segen für das Kapital in Zeiten, in denen die Börsenwerte so volatil sind, dass sich aus den Schwankungen in Analogie zu den Gezeitenkraftwerken nachgerade eine neue Form der Energiegewinnung erfinden ließ! Man wird zynisch in Jahren der Auseinandersetzung, wenn man hautnah erfährt, wie Machtstrukturen, Seilschaften und politische Apparate funktionieren und wie oberflächlich, gutgläubig und leicht manipulierbar die öffentliche Meinung im Zeitalter der Beliebigkeit zustande kommt. Diese Beliebigkeit, bei der Alles geht und es auf Nichts mehr ankommt, zeigt sich wohl auch in der Tatsache, dass eine wunderschöne Natur- und Kulturlandschaft wie der Sattelbergkamm erst dann „wertvoll" wird, wenn die Bagger auffahren und die Natur industrialisiert wird. Zerstören schafft Werte: Absurdistan lässt grüßen!

Keine Rolle spielt dabei, ob die Gesellschaft die Energie vom Sattelberg auch braucht, ob angesichts der extremen Herausforderungen bezüglich Erschließung und Wartung der Anlagen überhaupt in gesamtheitlicher Betrachtung ein Nettoenergiegewinn zu erwarten ist und ob nicht zuerst alle Einsparungs- und Effizienzsteigerungsmöglichkeiten ausgeschöpft werden sollen, bevor derart aufwändige und naturzerstörerische Anlagen zur Umsetzung gelangen. Ein schlagendes Beispiel für „das Bauen um das Bauens willen" im Bereich der erneuerbaren Energie ist nicht nur am Beispiel des Windparks Riffgat an der Nordsee zu finden, wo ein riesiger Windpark mangels fertiggestellter Stromleitungen nicht ans Netz gehen kann, sondern auch in unmittelbarer Nähe zum Sattelberg im benachbarten Pfitschtal. Dort befinden sich seit über zwei Jahren mitten in die idyllischen Wiesen des Gebirgstales gestellte Photovoltaikanlagen in Betrieb. Der Strom fließt aber wegen der fehlenden Leitungskapazitäten nicht ins Netz, sondern wird direkt vor Ort mit einer eigens dazu angeschafften Apparatur „vernichtet". Nachdem aber Strom produziert wird, fließen auch die Förderungen. Eine Geschichte, die ob ihrer Absurdität kaum zu glauben ist. Und doch spiegelt sie Realitäten wider, die europaweit längst geübte Praxis sind. In anderen Fällen werden hohe Millionenbeträge für das Abschalten der Anlagen überwiesen, wenn Wind und Sonne einen nicht bewältigbaren Energieüberschuss produzieren. Rollen muss der Rubel, die Zeche bezahlt der Stromkunde und die Natur- und Kulturlandschaft zollt für eine der größten Verbauungsinitiativen der Nachkriegszeit gnadenlos Tribut.

„Menschen in der Revolte": Protestskitour am Hohen Lorenzen im Februar 2011

© Leonhard Angerer

Die Energiewende ist aus dem Ruder gelaufen

Am Beispiel des Sattelbergprojektes zeigt sich exemplarisch, dass die Fachgutachten aus ornithologischer, landschaftsästhetischer und touristischer Sicht einfach vom Tisch gewischt werden mit Pauschalargumenten wie „der Strom kommt nicht aus der Steckdose" – ein Argument übrigens, das schon Altkanzler Bruno Kreisky für die Inbetriebnahme des AKW Zwentendorf verwendete – oder „wer gegen die Erneuerbaren ist, ist für die Atomkraft". So lassen sich vertiefte und differenzierte Standortabwägungen einfach vermeiden. Der Blick auf die Gegebenheiten im Wipptal spricht eine andere Sprache. Das kleine Tal produziert bereits jetzt mit 188 Wasserkraftanlagen Strom für ca. 900.000 Menschen, muss als die wichtigste Nord-Süd-Transversale in den Alpen fast das Doppelte an Transitverkehr aller Schweizer Alpenpässe schlucken und hat mit dem Brennerbasistunnel eine der größten europäischen Baustellen verordnet bekommen. Nun sollen noch die Berggipfel herhalten für ein Projekt, dessen Nutzen für die Allgemeinheit mehr als ungewiss ist und das viele Fragen hinsichtlich des Betriebes im Winter offenlässt. Wo die erholungssuchende einheimische Bevölkerung und die das stille Bergerlebnis verlangenden Touristen bleiben, spielt keine Rolle. Es kann wohl nicht sein, dass Würmer, Spinnen und andere Kriechtiere Großprojekte verhindern können, wie eine Landesrätin in Nordtirol in einem ähnlichen Zusammenhang formuliert. Sicherlich werden auch wir von der Plattform „Unser Sattelberg" von nicht wenigen als Ungeziefer im Pelz des Fortschritts gesehen. Wir stehen dazu, weil dieser Fortschritt in Wahrheit ein Fortschreiten von einem ganzheitlichen Menschenbild und ein Zeichen der totalen Entfremdung von der Schöpfung ist. Der Naturschutz röchelt im Würgegriff des sakrosankten Klimaschutzes. Bietet dieser doch im Unterschied zu jenem breit gestreute, lukrative Geschäftsfelder. Letztlich aber bleibt unbestritten, dass nur die eingesparte Kilowattstunde wirklich „grün, öko, bio und nachhaltig" ist. Dies zu ignorieren, ist ein fataler Fehler der sogenannten Energiewende.

Der folgende Exkurs soll einen Blick auf die Vorgänge vor und hinter den Kulissen beim Zustandekommen des Beschlusses der Südtiroler Landesregierung werfen:

Chronologie eines angekündigten Beschlusses

Zurzeit befindet der Staatsrat in Rom in zweiter Instanz über die Causa „Windpark Sattelberg" und den Beschluss der Südtiroler Landesregierung, der den Weg dazu freigemacht hat. Das Zustandekommen dieses Beschlusses kann nur als abenteuerlich bezeichnet werden.

- Im Jänner 2010 wird mit der Gemeinde Brenner unter dem damaligen Bürgermeister Egartner eine Vereinbarung bezüglich der Realisierung eines Windparks unterzeichnet. Bereits zwei Jahre davor gab es am 17. 11. und 3. 12. 2008 eine Projektvorstellung. Nur wenige dürften davon Kenntnis gehabt haben. Später wird jedenfalls bekannt, dass die Mutter des damaligen Bürgermeisters Egartner mit anderen Grundbesitzern über eine Treuhandgesellschaft am Projekt Sattelberg beteiligt ist.
- Nachdem Gerüchte über den geplanten Windpark laut wurden, stellte der Alpenverein Südtirol eine Anfrage an die Gemeinde über Anzahl und Standorte der Windräder. In der Antwort der Gemeinde wird zwar das Zustandekommen der Vereinbarung zugegeben, aber gleichzeitig mitgeteilt, dass keine plantechnischen Unterlagen vorliegen und somit keine spezifischen Informationen gegeben werden können. Das wirft die Frage auf, auf welcher Basis die Gemeinde die Vereinbarung unterzeichnete, wenn sie angeblich weder die Anzahl der Räder noch deren genauen Standorte kannte.
- Drei Tage nach der öffentlichen Vorstellung des Projektes im Prennerhaus/Brenner am 15. 2. 2011 verlautet der zuständige Landesrat Michl Laimer, dass „Südtirol sicher kein idealer Standort für Windparks ist. Solche Anlagen sind landschaftlich einfach nicht tragbar." Einzige Ausnahme : der Windpark am Sattelberg!

Stellt sich die Frage, ob der Sattelberg keine Landschaft ist? Oder ob er, weil er hart an der Grenze zu Nordtirol liegt, nach dem Motto „aus den Augen, aus dem Sinn" zu beurteilen ist? Oder ob vielleicht ein ganz besonders potenter Betreiber hinter dem Projekt steht?

- Am 21. 2. 2011 gibt es dazu einen Beschluss der Landesregierung, damit die Sache auch niet- und nagelfest ist. Die Nägel sollen allerdings nicht lange halten. Im Mai wird am Klimaplan für Südtirol unter dem Motto „Südtirol ist Klimaland" (als wenn andere Länder zwischen der Arktis und der Sahara kein Klima hätten!) gebastelt. Nach abenteuerlichem Hin und Her, bei dem sowohl die Meereshöhe und die Windstärke für mögliche Standorte von Windrädern mehrfach wechseln, gibt es schlussendlich am 6. 6. 2011 die neuen Kriterien. Windräder sind bis zu einer Höhenlage von 2600 Metern und einer durchschnittlichen Windgeschwindigkeit von mindestens 6 m/Sekunde erlaubt. Die Preisfrage lautet nun: Fällt der Windpark am Sattelberg unter diese Parameter?
- Am 30. 3. 2011 gab Landeshauptmann Durnwalder bereits in einem Interview in der Tiroler Tageszeitung die Antwort darauf. Auf die Frage nach einer gemeinsamen Nutzung der Brenner-Windkraft sagt er: „... In Italien gibt es Zuschüsse für Alternativenergie, deshalb wird's jetzt [gemeint ist der Windpark am Brenner; Anm. d. Verf.] bei uns gebaut. ... Ich sag immer: Man kann Alternativenergie nicht haben, ohne Wunde in der Landschaft. Da braucht's irgendwann einfach ein Ja ohne Aber."

Dieses „Ja ohne Aber" erfolgte zu einem Zeitpunkt, als das internationale Konsultationsverfahren ESPOO gerade erst abgeschlossen war und das Verfahren zur Beurteilung durch den Umweltbeirat des Landes Südtirol noch nicht einmal begonnen wurde.

- Am 24. 8. 2011 gibt der Umweltbeirat sein eindeutig negatives Urteil über das Projekt ab, die Landesregierung ficht das jedoch nicht an. Sie beschließt am 24. 10. 2011 eine um drei Windräder abgespeckte Variante mit 19 Rädern. Es dauert fast ganze vier Monate, bis der Beschluss am 14. 2. 2012 im Amtsblatt der Region in Trient veröffentlicht wird. Bei der schriftlichen Formulierung des Beschlusses der Landesregierung wirkt der jetzige Anwalt der Firma Leitwind respektive der WPP1 AG, Dr. Artur Frei, kräftig mit. Zudem werden in dieser schriftlichen Ausfertigung Urteile zitiert, die zum Zeitpunkt des Beschlusses noch gar nicht publik waren. Diese Ungereimtheiten scheinen indes niemanden zu stören, passen aber perfekt ins Bild.

Dieser Beschluss musste kommen, so oder so. Das ganze Verfahren rundherum dürfte wohl als eine der Rechts- und Verwaltungsstaatlichkeit geschuldete Inszenierung zu beurteilen sein.

Für uns „Widerständler" beginnt eine hektische Zeit. Als einzige Möglichkeit bleibt ein Rekursverfahren beim Verwaltungsgericht in Bozen, den die Alpenvereine, der Dachverband für Natur- und Umweltschutz im Wege des WWF Italien und die Gemeinde Gries am Brenner einbringen.

Schon das Finden einer geeigneten und nicht beeinflussten Anwaltskanzlei ist im kleinen Land Südtirol, wo jeder jeden kennt, nicht einfach. Mit Dr. Natzler von der Kanzlei von Walther/Wielander in Bozen haben wir einen scharfsinnigen und überaus engagierten Anwalt gefunden. Wir machen Fotodokumentationen des „Tatortes", vermessen die alte und teilweise schon zugewachsene Militärstraße, die für Gebirgshaubitzen von 3 bis 5 Tonnen vor über 80 Jahren gebaut wurde und nun „mit einigen Adaptionen" für 18 Meter lange und 100 Tonnen schwere Monsterkräne geeignet sein soll. Die teilweise völlig haltlosen Begründungen im Beschluss der Südtiroler Landesregierung müssen widerlegt werden. Auch unsere Homepage will fast täglich mit Neuigkeiten gefüttert werden. Zudem stellen wir Überlegungen an, was wir im Falle einer gerichtlichen Niederlage im Wege des zivilen Widerstandes vor Ort tun könnten.

Dann die Erlösung am 16. 11. 2012: Das Verwaltungsgericht in Bozen nimmt unseren Rekurs an. Das Urteil stellt dem Beschluss der Landesregierung ein geradezu vernichtendes Urteil aus: Die Landesregierung habe bei ihrem Entscheid mehrfach gegen eigene, früher gefasste Beschlüsse verstoßen und der ökologische Schaden des Projektes überwiege den Vorteil der Energiegewinnung bei weitem.

Die Firma Leitwind respektive die WPP 1 AG hat beim Staatsrat in Rom dagegen berufen. Wir dürfen gespannt sein, wie Rom die Causa sieht!

Die Plattform „Unser Sattelberg" hat als Speerspitze vieler umweltbewegter Menschen und Institutionen den Kampf gegen ein unsinniges Projekt aufgenommen und mit entscheidender Hilfe des Südtiroler und Oesterreichischen Alpenvereins sowie des Südtiroler Dachverbandes für Natur- und Umweltschutz gegen übermächtige Gegner bis in die letzte juristische Instanz nach Rom gebracht.

Dafür wurde eine Protestskitour mit internationaler Beteiligung organisiert, zahlreiche Pressekonferenzen und Presseartikel lanciert, eine umfangreiche Homepage gestaltet, ein Flugblattversand an alle Gemeinden des Tales konzipiert, viele tausend Flugblätter persönlich verteilt und endlose Diskussionen geführt. Unsere Leidenschaft für die unberührte Bergnatur und der Wille, sich nicht einfach dem System zu beugen, hat uns über die Grenzen zusammengeführt. Wir sind eine verschworene Gemeinschaft geworden, die sehr viel investiert, aber auch sehr viel an Erfahrung und Begegnung gewonnen hat. Ohne Widerstand, ohne „Menschen in der Revolte", wie es Albert Camus formulierte, ohne den selbstverantwortlichen Bürger funktioniert der demokratische Interessenausgleich, ja die Demokratie selbst nicht. Unser Beispiel zeigt, dass David manchmal auch im realen Leben Goliath besiegen kann. In jedem Fall gilt mein tiefer Dank den Hauptdarstellern dieser Geschichte: Peter Thaler, Wally und Hubert Eisendle, Thomas Windisch, Bertram Griesser, Liliana Dagostin, Judith Egger und ganz besonders meiner Frau Irmgard und meinen Söhnen Robert und Martin. Ohne diese Menschen wären am Sattelbergkamm schon längst die Baumaschinen aufgefahren und ein weiteres Kapitel der Naturzerstörung hätte unhinterfragt seinen Lauf genommen.

Ein menschliches Maß – nicht nur in den Alpen

Ein Gespräch über die Alpen als „grünem Akku" der Energiewende, die Erschließungsspirale und persönliche Verantwortung

Die Alpenvereine haben die Alpen mit erschlossen, nutzen sie als Bergsportler, schützen sie als Naturschützer. Unter dem Damoklesschwert des Klimawandels profitieren sie vom anhaltenden Run auf die Berge und kritisieren neue Erschließungsvorhaben.
Nils Beste vom JDAV-Redaktionsteam und Georg Hohenester von DAV Panorama sprachen mit Prof. Dr. Dominik Siegrist und Prof. Dr. Niko Paech über die Rolle und Verantwortung von Alpenvereinen und Bergsportlern.

Der Verein zum Schutz der Bergwelt, vormals Verein zum Schutze der Alpenpflanzen und -tiere, hat sich schon 1900 aus dem DuOeAV heraus gegründet.

Mit der Gründung 1869 trat der Deutsche Alpenverein an, die Ostalpen touristisch zu erschließen. Die praktische Arbeit vor Ort sollte den Mitgliedern und der ansässigen Bevölkerung nutzen. Sektionen suchten sich Arbeitsgebiete, errichteten Hütten und Wege, zogen ein Netz an Infrastruktur über die Berge. Diese erfolgreiche Erschließungstätigkeit wurde bereits wenige Jahre später von Teilen des Verbandes in Frage gestellt. Aus Protest gegen den Bau des Münchner Hauses auf der Zugspitze zum Beispiel gründete sich 1895 die Sektion Bayerland als zweite Münchner Sektion. Mit dem Ansturm auf die Berge kam es nach dem Ersten Weltkrieg zu weiteren Diskussionen und zur Sensibilisierung des Alpenvereins für Naturschutzthemen. 1927 wurde der Naturschutz als Vereinszweck zur „Erhaltung der Ursprünglichkeit und Schönheit des Hochgebirges" in die Satzung aufgenommen.

Naturnutz hie und Naturschutz da ist also ein Dauerbrenner, der den Alpenverein ein entschiedenes „Sowohl-als-auch" vertreten lässt. Heute, mit einer Million Mitgliedern, als fünftgrößter deutscher Sportverband und anerkannter Naturschutzverband in Deutschland, versteht der DAV diese Doppelrolle als Stärke, als ein Alleinstellungsmerkmal.

2011 beschloss die Hauptversammlung des DAV das nach intensiver Abstimmung überarbeitete „Grundsatzprogramm zum Schutz und zur nachhaltigen Entwicklung des Alpenraums sowie zum umweltgerechten Bergsport". Es bezieht Position, wie der DAV die Alpen in Zukunft und unter dem Menetekel des Klimawandels sieht, und benennt wesentliche Punkte, von klassischen Naturschutzthemen über Tourismus, Verkehr bis zur Energiewirtschaft. Auch die Handlungsfelder des Alpenvereins werden klar angesprochen – das Grundsatzprogramm dient ja als Leitlinie für Verband, Sektionen und Mitglieder.

Demnach halten es die Alpenvereine *„für unerlässlich, die nachhaltige Sicherung aller Lebensgrundlagen als die zentrale Herausforderung unserer Zeit zu begreifen, ganzheitliches Naturverständnis zu fördern sowie aktiv an der Lösung der damit verbundenen Aufgaben mitzuarbeiten". Bezogen auf den Bergsport fordert das Grundsatzprogramm etwas konkreter „... die konsequente ökologische Ausrichtung des Bergsports, Rücksichtnahme und Achtsamkeit sowie die Bereitschaft zum Verzicht in wohlbegründeten Fällen".*

Was im Grundsatzprogramm steht, ist das Eine, was draußen praktiziert wird, das Andere. Betrachtet man den aktuellen Ansturm auf die Alpen und den outdoor-begeisterten Lebensstil breiter Kreise, lässt sich hinterfragen, was denn „Rücksichtnahme und Achtsamkeit", was „Bereitschaft zum Verzicht" heißen könnten? Denn zum einen ist es Aufgabe der Alpenvereine, Einfluss zu nehmen auf geplante Erschließungsvorhaben seitens der Industrie und des Tourismus, zum anderen aber werden die alpinen Verbände auch das eigene Handeln mit einbeziehen müssen.

Vor diesem Hintergrund behandelt das nachfolgend in Auszügen wiedergegebene Gespräch mit den Professoren Dominik Siegrist und Niko Paech die Themen Energiewende, Skierschließung und persönliche Verantwortung. Vielleicht kann es helfen, den Blick auf Ansätze einer wirklich nachhaltigen Entwicklung in den Alpen zu schärfen – und auch die Bereitschaft erweitern, über den bloßen hedonistischen Bergsport-Nutzen hinaus zu denken und zu handeln. Alles mit dem Ziel, ein „menschliches Maß" zu finden, das ein möglichst verträgliches Gleichgewicht nicht nur zwischen Naturschutz und Bergsport anstrebt.

Der Schweizer Dominik Siegrist ist studierter Geograf und Landschaftsplaner und hat an der Hochschule für Technik in Rapperswil eine Professur für Naturnahen Tourismus und Pärke inne. Er leitet das Institut für Landschaft und Freiraum (ILF), das an der Schnittstelle zwischen touristischer Nutzung, Landschaftsentwicklung und Naturschutz Angebote und Produkte eines naturnahen Tourismus entwickelt. Mit anwendungsbezogenen Forschungsergebnissen unterstützen Dominik Siegrist und sein Team Entscheidungsträger in Wirtschaft, Verwaltung und Politik, damit diese in ihren Regionen neue, verträgliche touristische Wege gehen können. Dominik Siegrist ist ein hervorragender Alpenkenner, weiß über Erschließungsvorhaben Bescheid und sitzt seit 2004 der Internationalen Alpenschutzkommission CIPRA als Präsident vor. Diese 1952 gegründete nichtstaatliche Dachorganisation mit Vertretungen in den Alpenländern repräsentiert über einhundert Verbände und Organisationen aus sieben Alpenstaaten und arbeitet für eine nachhaltige Entwicklung in den Alpen. Die CIPRA setzt sich für die Erhaltung des Natur- und Kulturerbes, für regionale Vielfalt und für Lösungen grenzüberschreitender Probleme im gesamten Alpenraum ein.

Niko Paech hat Volkswirtschaft studiert und zählt zu den bedeutendsten deutschen Wachstumskritikern. Seit 2010 außerplanmäßiger Professor am Lehrstuhl für Produktion und Umwelt der Universität Oldenburg, hat er seine „Postwachstumsökonomie" entwickelt.

Paechs Ansatz hinterfragt ganz grundsätzlich das auf einer ungebremsten Plünderung natürlicher Ressourcen basierende Wachstumsmodell unserer Gesellschaft und zeigt anschaulich auf, wie dieses System an seine ökologischen wie psychologischen Grenzen stößt. Erstere kennzeichnen Stichworte wie „Peak oil" bzw. „Peak everything", die zu unausweichlichen Ressourcenengpässen führen. Letztere zielen auf die Folgen einer „Konsumverstopfung", die immer mehr Verbrauchs-Optionen in den immer gleichen 24-Stunden-Tag von uns Konsumenten packt, so dass die Zeit zum Engpass wird, mit ungewissem „Ausgang" Richtung Burn-out und Depression.

Paech stellt auch den „Green Growth" in Frage, das „grüne Wachstum", dessen viel beschworene erneuerbare Energien und „nachhaltiger" Konsum nur neue Problematiken nach sich ziehen würden. Vertraute man darauf, würde die Wachstumsspirale nur weitergetrieben werden; es würde nicht gespart und der Lebensstil nicht geändert werden.

Niko Paech hingegen hält einen fundierten Werte- und Systemwandel für notwendig, der die „Befreiung vom Überfluss" zum Ziel hat und eine vernünftige Balance zwischen Suffizienz (Entrümpelung, Entschleunigung), Subsistenz (Selbstversorgung) und Rest-Konsum.

Den Weg in seine Postwachstumsökonomie begleiten eine deutlich reduzierte Erwerbsarbeit bei gleichzeitigem Zeitgewinn für handwerkliche/soziale/künstlerische Tätigkeiten, die Nutzungsintensivierung von Gütern über Gemeinschaftsnutzung nach dem Motto „teilen statt besitzen", die Nutzungsdauerverlängerung von Gütern, mehr Sesshaftigkeit und weniger Reisen – vor allem weniger Flugreisen. Mit seinen radikalen Thesen möchte Paech vor allem jene bestärken, die bereits neue Praktiken einüben, weniger diejenigen überzeugen, die nach wie vor dem Wohlstandsmodell huldigen. Und er geht selbst mit gutem Beispiel voran – entschleunigt notorischer Nicht-Flieger, ohne Auto, ohne Handy, sich vegetarisch ernährend und viele Kampagnen unterstützend.

Zum 25. Jubiläum des DuOeAV 1893/94 veröffentlicht, dokumentierte die dreiteilige Publikation „Die Erschließung der Ostalpen" die erfolgreiche Tätigkeit des Alpenvereins; sein frühes Naturschutz-Engagement bezog sich auch auf den Schutz der Alpenpflanzen – hier zeigte sich bereits das Spannungsfeld zwischen Naturnutz und -schutz. Plakatentwurf von Gustav Jahn (1910) und von Gustav Dunzinger (1936)

© Alpenverein-Museum Innsbruck/Archiv des DAV, München

Interview

„Es geht um die Dosis und auch darum, sich selbst eine Grenze zu setzen"

Georg Hohenester » *Herr Paech, die Alpen sollen bei der Energiewende die Rolle eines „grünen Akku" spielen. Zum Beispiel sollen Pumpspeicherkraftwerke die in alpenfernen Regionen gewonnene Solar- und Windenergie speichern: Wie stehen Sie zur Energiewende?*

Niko Paech » Zunächst möchte ich sagen, dass die Alpen ein sehr wichtiger Naturraum sind und ihnen schon zu viel angetan wurde. Deswegen muss man klarstellen: Stahl, Beton, Glas und Plastik haben nichts mehr zu suchen in den Alpen. Abfinden muss ich mich nur mit dem, was es an baulichen Maßnahmen schon gibt. Zur Energiewende: Ich denke, dass eine Energiewende, die Landschaften zerstört, in Wahrheit kein Problem löst, sondern über sogenannte materielle Rebound-Effekte einfach nur verlagert. Das heißt, ein bestimmtes ökologisches Problem wird transformiert in ein anderes. Diesen Kuhhandel kann ich als Nachhaltigkeitsforscher nicht als Lösung akzeptieren. Zudem erzeugt die Energiewende ein psychologisches Problem: Indem wir den Menschen verkünden, regenerative Energien lösten alle Probleme, wird die Intention zu sparen zunichte gemacht. So können alle sagen: „Ah, nochmal Glück gehabt, da können wir unseren Wohlstand ja weiter praktizieren."

GH » *Wie sähe denn eine echte Energiewende aus?*

NP » Ich glaube, dass eine Energiewende, die ihren Namen verdient, auf Energiesuffizienz und -effizienz beruht. Wenn wir es mit dem Energiesparen ernst meinen, müssen wir besonders klimaschädliche Infrastrukturanlagen rückbauen und stilllegen, zum Beispiel Flughäfen, Autobahnen und Industrieparks. So schlagen wir zwei Fliegen mit einer Klappe: Neben der Reduzierung von Emissionen geben wir Flächen frei, die genutzt werden können für Fotovoltaik- und Windkraftanlagen. Wenn wir dann noch alle Dächer hinzunehmen, die wir mit Fotovoltaik und Solarthermie ausstatten können, und uns strikt an ein Flächen- und Raummoratorium halten, dann ist das, was wir auf diese Weise an Energie erzeugen können, für mich gleichbedeutend mit einem menschlichen Maß. Das ist das, was wir uns nehmen dürfen, ohne über unsere Verhältnisse zu leben.

GH » *Wie steht die CIPRA zur Energiewende, Herr Siegrist?*

Dominik Siegrist » Die CIPRA hat eine klare Position: In erster Linie sollte über Energieeffizienz, also die Reduktion des Energieverbrauchs durch weniger Konsum und effizientere Technik, gesprochen werden – und nicht über neue Anlagen. Aber in der Praxis es ist natürlich so, dass Regionen und Gemeinden daran interessiert sind, Investitionen in Windenergie oder Wasserkraft zu tätigen. Die Kraftwerke generieren schließlich Einnahmen vor Ort. Ganz abgesehen davon ist die ganze Energiewende-Diskussion ohnehin zu sehr auf den Strom fixiert. Gegen den hohen Ölverbrauch wird bisher noch viel zu wenig getan. Die Heizenergie beispielsweise fällt für die CO_2-Bilanz noch mehr ins Gewicht. Ich stelle immer wieder fest, dass die Menschen in den Alpen mit der Abhängigkeit vom Erdöl ohnehin ihre Mühe haben. Das hat mit ihren Wurzeln zu tun. Die Alpenbewohner haben immer aus anderen Ressourcen Energie erzeugt – vor allem aus Holz. Es gibt so etwas wie einen Aufbruch gegen diese globalisierte Erdölgesellschaft in den Alpen.

GH » *Würden Windräder in den Alpen so stören, dass es nicht ökonomisch wäre, sie zu errichten? Wie steht die Bevölkerung dazu?*

DS » Die Bevölkerung ist im Allgemeinen relativ kritisch eingestellt gegenüber Windrädern, weil sie in der Landschaft doch sehr manifest sind.

NP » Windräder sind eine Form der Nachindustrialisierung der Landwirtschaft. Und was im Moment passiert, ist der Versuch, Umweltschäden umzuinterpretieren. Ist nicht auch ein Autobahnkreuz aus der Vogelperspektive betrachtet ein Kunstwerk? Ist es nicht schön, wie sich die Auf- und Abfahrten in mathematischer Gleichmäßigkeit zu einem Kleeblatt zusammenfügen? Ich weiß, das klingt sehr ironisch. Aber wenn man einmal anfängt, Umweltschäden als etwas Attraktives umzudefinieren, dann bitte auch richtig …

DS » Zum Thema Windkraft muss man auch sagen, dass in den Alpen natürlich die Wasserkraft seit jeher die mit Abstand größte Energiequelle ist. Viele Anlagen kann man heute mit neuer Technik modernisieren, ohne dass dies die Landschaft schädigt. Es gibt bereits viele Beispiele dafür. In der Schweiz liegt der Anteil der Wasserkraft im Strommix bei rund 60 Prozent. Früher, vor dem Einstieg in die Atomkraft, waren es sogar einmal 100 Prozent. Die Schweiz könnte sich ohne Einbuße von Wohlstand hundertprozentig mit Wasserkraft versorgen.

© Georg Hohenester/DAV

Prof. Dr. Dominik Siegrist

- geboren 1957 in Zürich
- seit 1999 an der Hochschule für Technik, Rapperswil tätig
- seit 2004 Präsident der Internationalen Alpenschutzkommission CIPRA
- seit 2005 Professur für Naturnahen Tourismus und Pärke an der Hochschule für Technik, Rapperswil, leitet dort das Institut für Landschaft und Freiraum
- 2010 Habilitation in Geografie und Landschaftsplanung an der Universität Wien
- Projektleitungen im Fachbereich Naturnaher Tourismus und Pärke
- Zahlreiche wissenschaftliche Mandate in Sachen Alpen- und/oder Tourismusforschung
- 2012 Auszeichnung seines Hochschul-Instituts mit dem Liechtensteiner Binding-Preis für Natur- und Umweltschutz

Publikationen (Auszüge)

Siegrist, D. et. al.: Adaptionsstrategien des Tourismus an den Klimawandel in den Alpen. Ergebnisse des alpenweiten Projekts ClimAlpTour in der Schweiz. Hochschule für Technik Rapperswil, Rapperswil 2012

Siegrist, D. et. al.: ClimAlpTour – Auswirkungen des Klimawandels auf den Tourismus im Alpenraum. Ljubljana 2011

Siegrist, D./Stremlow, M. (Hrsg.): Landschaft – Erlebnis – Reisen. Naturnaher Tourismus in Pärken und UNESCO-Welterbegebieten. Rotpunktverlag, Zürich 2009

Siegrist, D./Boesch, M./Renner, F.: Labelregionen. Strategie für eine nachhaltige Regionalentwicklung im Alpenraum. vdf-Verlag, Zürich 2009

Infos unter www.ilf.hsr.ch, www.cipra.org

NP » Aber das schützt die Schweiz nicht vor der Versuchung, trotzdem die Wasserkraft weiter auszubauen. Anderswo ist die Nachfrage nach Ökostrom enorm. Wenn man zum Beispiel in Deutschland den Strommix selbst der vier besten, auch von Umweltverbänden gelobten Ökostromanbieter anschaut – was ist das? Das ist Wasserkraft aus der Schweiz, aus Österreich oder aus Norwegen. Das heißt, wenn ich in Deutschland Ökostrom kaufe, wird der rein bilanziell aus einem Wasserkraft betreibenden Land gebucht – und umgekehrt muss diese Lücke in dem betreffenden Land wieder ausgefüllt werden. Wo kommt der Strom her, der in einem vernetzten Europa bilanziell dort verbucht wird? Das ist dann der dreckige Kohle- und Atomstrom aus Deutschland.

Die Alpen in der „Skierschließungs-Spirale"

GH » *Lenken wir den Blick auf das Thema Skierschließung. In den Alpen hat sich ein regelrechtes Wettrüsten entwickelt. Die großen Skigebiete legen vor, die kleinen versuchen nachzuziehen. Da ist eine Erschließungsspirale ohne absehbares Ende im Gang. Auch wenn langfristig vielleicht nur ein Drittel der Skigebiete übrig bleiben wird. Wie schätzen Sie dieses Wettrüsten ein, Herr Siegrist?*

DS » Die starken Konzentrationsprozesse führen dazu, dass die großen Skigebiete ihre Marktposition auf Kosten der kleinen verstärken. Die Kleinen haben heute bereits ökonomisch keine Chance mehr. Sie haben kein großes Marketingbudget und kein Geld für Investitionen, um all den Komfort anzubieten, der in Lech oder im Ötztal an der Tagesordnung ist. Zwei Faktoren beeinflussen nun diese Ausgangssituation: der Klimawandel und der demografische Wandel. Der demografische Wandel ist zurzeit wichtiger. Die Bevölkerung altert und die Leute fahren weniger Ski. Der Skitourismus in den Alpen stagniert deswegen massiv, das Ganze ist ein Verdrängungswettbewerb geworden. Aber auch der Klimawandel hat in tieferen Lagen schon zu wirken begonnen. Er wird seinen Teil dazu beitragen, dass am Schluss nur noch ein paar Destinationen mit riesigen Bergbahnanlagen übrig bleiben werden, die in ihren Gebieten alles tun dürfen. Und jetzt kommen wir auf den Punkt: Wie verhindert die Politik – beispielsweise in Tirol bei den fünf größten Anbietern, die auch zu den zwanzig größten auf der Welt gehören –, dass sie noch einen Gletscher, noch ein Tal oder einen zusätzlichen Gipfel erschließen? Gegen diese große Gefahr kämpft die CIPRA.

GH » *Was für Gegenmaßnahmen gibt es?*

DS » Wir müssen vor allem mit raumordnerischen Maßnahmen dafür sorgen, dass oberhalb der Gebiete, die bereits erschlossen sind, Schutzgebiete eingerichtet werden. Die stellen sicher, dass die Skigebiete nicht weiter expandieren dürfen. Dies ist eine alte Forderung, die als „absolute Erschließungsgrenze" bekannt ist – bis hierher und nicht weiter.

Nils Beste » *Was ist mit den kleineren Skigebieten, dürfen die noch einmal ausbauen?*

DS » Die haben eh kein Geld. Es investieren fast nur noch die großen Skigebiete.

GH » *Diese Regionen leben vom Skitourismus, machen im Winter zwei Drittel vom Jahresumsatz. Wenn wir als Alpenvereine mit denen sprechen und gefragt werden, wie denn ein sanfter Wintertourismus ausschauen sollte, den wir uns wünschen, ist guter Rat teuer. Welche Möglichkeiten sehen Sie?*

DS » Ich sage immer, vor 150 Jahren hat in den Alpen auch noch niemand gewusst, was Skifahren heißt. Man hat eigentlich auch nicht gewusst, was Tourismus heißt. Nur ein paar verrückte Engländer haben hier Ferien gemacht. Wie können wir wissen, was in 150 Jahren sein wird? Man kann sich den Tourismus in den Alpen heute nicht vorstellen ohne Skifahren. Aber es wäre auch ein ganz anderer Tourismus denkbar. Man muss auf verschiedenen Ebenen argumentieren. Man kann durchaus auch einmal pragmatisch sein, wenn man sieht, dass für die Natur was rausschaut. Dann darf etwa noch eine neue Verbindung gebaut werden, dafür müssen an anderer Stelle Lifte stillgelegt werden.

NB » *Darf man Ihrer Meinung nach so Kuhhandel betreiben, Herr Paech? Den einen Lift gegen den anderen eintauschen?*

NP » Ich glaube, man kann den Ausbau von Infrastrukturanlagen nicht ökologisch kompensieren, indem man anderswo etwas zurückbaut. Das kostet ja auch Energie im Sinne von Negativproduktion. Mir fehlt jedes Verständnis dafür, wie man nach allem, was man schon gebaut hat in den Alpen, heute noch weiter materiell expandieren will, statt zu sagen: Wir haben schon lange ökologische Wachstumsgrenzen durchbrochen.

Wir brauchen zwei Formen eines Wandels: Erstens muss das Verständnis von Freizeitgestaltung in Europa ein anderes werden. Mit welchem Recht macht man als Norddeutscher einen Skiurlaub pro Jahr? Wenn Mobilität teurer würde, wäre auch die Freizeit- und Tourismusgestaltung eine andere. Und was kann man zweitens den Menschen in den Alpen in Aussicht stellen, wenn diese Expansion nicht mehr da ist? Postwachstumsökonomie heißt, dass der Output-Rückgang – das wäre für mich auch denkbar für die Betreiber von Sport- oder Tourismusanlagen – über Arbeitszeitreduktionsmodelle aufgefangen werden muss und über den Aufbau von anderen Formen der Versorgung. Da bin ich bei der urbanen Subsistenz. Das heißt also, ökologischer Landbau, Reparatur von Gütern, Gemeinschaftsnutzung, um auch Einkommensrückgänge zu kompensieren.

DS » Die Postwachstumsgesellschaft ist ja auch eine Absage an unser absolut globalisiertes Wirtschaftsmodell, unter dem die Alpen im Grunde leiden. Natürlich gibt es Orte wie Lech und St. Moritz, die voll angehängt sind an die Globalisierung. Aber die meisten Räume in den Alpen funktionieren nicht so. Nur ein Drittel der Alpengemeinden ist wirklich vom Tourismus abhängig. Ich denke, man kann auch zeigen: Die Alpen haben traditionell regionalere Wirtschaftskreisläufe als die umliegenden Länder. Und mit der stärkeren Globalisierung werden diese regionalen Wertschöpfungsketten geschwächt. Darum finde ich, dass das Konzept der Postwachstumsökonomie eine Riesenchance für die Alpen wäre.

NP » Postwachstumsökonomie heißt ja auch, dass wir einen Plan B entwickeln müssen, damit die Menschen, die abhängig geworden sind von dieser Industrie, nicht ins Bodenlose fallen. Wir brauchen Konzepte für einen vorsichtigen Um- oder vielleicht sogar Rückbau, die andere Formen des Wirtschaftens aktivieren. Aber das geht nicht mit dem Anspruch, unser gegenwärtiges Wohlstandsmodell aufrechtzuerhalten. Das kann bedeuten, dass Menschen in den Alpenregionen wie auch in Resteuropa mit weniger Konsum und mit weniger Mobilität auskommen müssen.

NB » *Aber es gäbe Verlierer bei diesem Rückbau, vor allem in den Alpenregionen, die von Touristen leben, die von weit her in die Berge fahren und da Urlaub machen.*

NP » Das kann schon sein. Aber diese Regionen haben über Jahrzehnte hinweg in jeder Hinsicht über ihre Verhältnisse gelebt. Das ist genau so, wie wenn Sie einen Bankräuber schnappen, ihm die Beute abnehmen und er dann sagen würde: „Ich bin hier der große Verlierer, was ist das denn für eine Ungerechtigkeit!" Und man muss ja auch nicht alle Skigebiete zurückbauen. Mein Gott, die Alpen ganz ohne Ski sind ja gar nicht denkbar. Ich finde den Titel Ihres Fokusthemas und der geplanten DAV-Ausstellung „Alpen unter Druck" ganz prägnant. Diesen Druck wegzunehmen – darum geht es.

DS » Man muss das Ganze ohnehin etwas relativieren. Der Wintertourismus erbringt nach wie vor weniger als die Hälfte der Wertschöpfung des Tourismus in den Alpen. Es gibt Regionen, die davon abhängig sind, das stimmt. Aber es ist nicht so, dass die ganzen Alpen zugrunde gehen würden, wenn der Skitourismus zurückginge.

GH » *Die Alpenvereine haben mit ihrer Infrastruktur zur Erschließung der Alpen beigetragen. AVS, OeAV und DAV haben*

© Georg Hohenester/DAV

Prof. Dr. Niko Paech

- geboren 1960 in Schüttdorf, Niedersachsen
- 1993 Promotion an der Universität Osnabrück
- 2005 Habilitation an der Carl von Ossietzky-Universität Oldenburg
- 2010 Ernennung zum außerplanmäßigen Professor am Lehrstuhl für Produktion und Umwelt der Universität Oldenburg
- 2011 Berufung in den „Grünen Beirat" begleitend zur Enquete-Kommission „Wachstum" des Deutschen Bundestages
- Tätigkeit als Redakteur und Moderator des TV-Magazins „Wissenschaft Nachgefragt" beim Lokalsender „oldenburg eins"
- Fachbeirat des Regio-Verbandes (Regio = Regionalwährung)
- Mitglied des wissenschaftlichen Beirates von ATTAC Deutschland
- Vorsitzender der Vereinigung für Ökologische Ökonomie (VÖÖ)
- Medienarbeit und Vortragstätigkeit zur Postwachstumsökonomie

Publikationen

Paech, N.: Befreiung vom Überfluss. Auf dem Weg in die Postwachstumsökonomie, Oekom-Verlag, München 2012
Weitere Info unter www.postwachstumsoekonomie.de

Hunderte Hütten in den Ostalpen gebaut und ein enormes Wegenetz angelegt. Für beides tragen sie Verantwortung. Was können die Verbände heute zu einem sanfteren Tourismus beitragen?

DS » Die Alpenvereine müssen aus ihrer enormen Mitgliederzahl eine Stärke machen. Sie alle wachsen, der DAV hat inzwischen eine Million Mitglieder. Man könnte die Größe zunächst als ein Problem ansehen, denn natürlich sind dadurch auch mehr Menschen in den Bergen unterwegs, nutzen die Wege, verbrauchen Trinkwasser und Ressourcen. Für mich ist das aber vielmehr eine Stärke, denn man kann so auch mehr Menschen erreichen und über sanfteren Tourismus aufklären. Zum Beispiel ist das Skitourengehen, in gewissen Bahnen, eine sanfte Alternative zum Alpin-Skifahren.

NP » Der Alpenverein kann wichtige Informationspolitik betreiben. Er könnte zum Beispiel bilanzieren, was ein Skiurlaub eigentlich insgesamt an CO_2 verursacht. Damit man auch einmal eine Brille aufsetzt, die einen erkennen lässt, dass es entspannte und wirklich schöne Formen der Freizeitgestaltung gibt, die eben nicht so energieintensiv sind.

NB » *Gibt es so was wie eine sanfte Erschließung überhaupt?*

NP » Also, erst einmal wende ich mich gegen den Begriff der Erschließung. Was wollen Sie denn noch erschließen? Die Alpen sind für mich erschlossen, sie sind übererschlossen.

GH » Sagen wir sanfte Entwicklung, nicht Erschließung.

NP » Um das auf den Punkt zu bringen: Für mich ist eine materielle Expansion im Sinne einer nachhaltigen Entwicklung in keinster Weise zu rechtfertigen. Ich kann über eine Umwidmung reden, indem ich sage, dieselben Menschen, die vormals vielleicht Skisport betrieben haben, werden sich jetzt damit abfinden müssen, dass alleine die Anwesenheit in einem wunderschönen Naturraum auch eine Form der Erholung ist. Wandern beispielsweise halte ich für die sanfteste Form.

Es scheint das Dogma in der Luft zu liegen, dass jeder Rückbau der Rechtfertigung bedarf, nämlich dass alle, die vormals eine Ressource genutzt haben, weiterhin in irgendeiner Form in ihren wie auch immer artikulierten oder legitimierten Bedürfnissen befriedigt werden müssen. Wir leben in einer Welt, in der wir so oder so demnächst erleben werden, dass Dinge ersatzlos verschwinden. Wir sind über das Ziel hinausgeschossen.

NB » *Sollte man weniger und dafür längere Urlaube machen?*

NP » Ja natürlich, das spart Mobilität. Und die verursacht beim Reisen ohnehin bei weitem die meisten CO_2-Emissionen. Heute fragmentieren wir ja unsere Freizeit, weil Mobilität so verfügbar und so billig geworden ist, dass man selbst für kürzeste Zeiträume längste Strecken zurücklegt, um dann intensiven Genuss zu praktizieren. Und dann wieder nichts wie weg …

Bergsport und persönliche Verantwortung

NB » *Ich habe eine persönliche Frage: Ich liebe es, in die Berge zu fahren, wohne aber in München. Das heißt, die Berge sind 100 Kilometer weit weg und ich fahre fast jedes Wochenende dort hin. Darf ich das?*

DS » Mit dem Zug.

NB » *Nein, mit dem Auto. Leider ist das öffentliche Verkehrsnetz nicht überall so gut ausgebaut wie in der Schweiz. Und oft beginnen gute Touren einfach abseits von Bus und Bahn.*

NP » Und was hält Sie davon ab, einfach zu sagen, ich mache es mir zur Bedingung, die Ausübung meines Bergsports daran zu koppeln, dass ich mit Öffis da hinkomme? Entschuldigen Sie, dass ich eine Gegenfrage stelle, aber…

NB » *Mit öffentlichen Verkehrsmitteln kommt man häufig entweder gar nicht oder nicht zur passenden Uhrzeit zu seiner Traumtour.*

DS » Ich finde, es wird einfach nicht alles versucht, was möglich wäre. Man hat halt ein Auto und fährt damit. Bei uns in Zürich haben mittlerweile über die Hälfte der Haushalte kein Auto – so wie überhaupt in allen großen Schweizer Städten. Tendenz steigend. Zum Vergleich: In Deutschland sind es vielleicht 20 oder 30 Prozent. Ich finde, es wäre echt eine Herausforderung, einmal eine Bergsaison mit sanfter Mobilität zu bestreiten.

GH » Unabhängig von einer guten öffentlichen Anbindung nehmen sich wirklich leidenschaftliche Bergsportler einfach die Freiheit und sagen: An der Tour xy sind super Verhältnisse, ich fahre nach Chamonix, gehe am nächsten Tag die Tour und fahre danach wieder zurück. Darüber ins Gespräch zu kommen, ist schwierig. Das geht ans Eingemachte.

NP » Das gilt natürlich für die ganze Konsumgesellschaft. Da würde ich keinen Unterschied machen. Ob jemand sein Leben über den Verhältnissen damit begründet, dass er Sport macht, oder ob er sagt, ich habe Bock auf dies oder jenes, das ist für mich kein Unterschied. Sie haben das schon richtig formuliert, man nimmt sich die Freiheit. Aber woher nimmt man sich die eigentlich? Es gibt zwei Möglichkeiten: Klimaschutz ja oder nein. Da muss man sich wirklich die Frage stellen: Was kann ich mir noch nehmen und in welchen Dosen? Und ich frage mich auch ernsthaft: Bin ich wirklich glücklich, wenn ich eine Routine einführe, mit der ich einen Genuss fast schon automatisiere? Der Genuss bleibt doch erst dann ein Genuss, wenn die Abstände zwischen den genussvollen Ereignissen auch mal ein bisschen größer werden dürfen. Vorfreude ist doch auch etwas, was zum Genuss gehört.

NB » *Das Training gehört aber auch dazu. Der Genuss ist schlicht geringer, wenn man nur alle vier Wochen und nicht jede Woche in die Berge geht, weil man nicht so fit ist.*

NP » Na ja, man muss natürlich auch mit Fitness umgehen wie mit einer Ressource, indem man sagt: Ist Fitness ein Gebot? Mit welcher Begründung verlangt man sich eine bestimmte Fitness ab? Der Sport kommt ja so wie eine Religion daher. Irgendwie geheiligt, als etwas Besonderes. Sorry, aber das …

NB » *Man könnte es für sich rechtfertigen, dass man ja keine Waren konsumiert, sondern ein Erlebnis.*

NP » Nein, nein, nein. Diese Unterscheidung zwischen Produkten, Dienstleistungen und Erlebnissen funktioniert nicht. Hinter den vermeintlich dematerialisierten Erlebnissen und Dienstleistungen finden ganze Symphonien der Ressourcenverwüstung und Energieumwandlung statt. Da muss man einfach sagen: Ich bin doch kein Affe, ich bin ein aufgeklärter Mensch, ich kann doch rechnen. Aber es geht mir wirklich nicht darum, Ihren Sport schlecht zu machen. Es geht um die Dosis, und es geht auch darum, sich selbst schlicht als aufgeklärt darzustellen und zu sagen: „Ich kann mir selbst eine Grenze setzen."

NB » *Kann ich die Autofahrerei in die Berge denn kompensieren, indem ich zum Beispiel in der Stadt mein Auto nie benutze?*

GH » *Oder indem ich kein Fleisch esse?*

NP » Der CO_2-Ausstoß in Höhe von 2,7 Tonnen, der jedem Menschen noch bleibt, wenn die Erderwärmung gestoppt werden soll[1], ist natürlich ein Bereich der individuellen Gestaltung. Das heißt, wenn ich es wirklich schaffe, an anderen Baustellen meines Lebens genug CO_2 zu sparen, klar, dann kann ich das machen. Zum Beispiel ein Vegetarier, der nie fliegt, der kein Einfamilienhaus hat, der mit Konsumgütern wahnsinnig sparsam umgeht – das heißt wohlgemerkt nicht in Sack und Asche zu laufen –, der kann sich vielleicht auf den Bergsport konzentrieren.

GH/NB » *Vielen Dank für das Gespräch!*

---

1 Der Wissenschaftliche Beirat für Globale Umweltveränderungen (WBGU) geht bei einer Weltbevölkerung von sieben Milliarden Menschen von einem maximalen individuellen CO_2-Ausstoß von 2,7 Tonnen pro Jahr aus, um das Zwei-Grad-Klimaschutzziel der EU noch erreichen zu können. Der durchschnittliche Pro-Kopf-Ausstoß in Deutschland beträgt rund 11 Tonnen; eine Flugreise nach New York und zurück z. B. verbraucht etwa 4 Tonnen.

BergWelten

Wer hätte gedacht, dass sich die Kalkalpen in der Obersteiermark nochmals zu solchen Wänden aufschwingen? Das Abendlicht beleuchtet die Architektur von Beilstein und Stangenwand, während das Rauchtal schon im Schatten liegt. Der **Hochschwab**, dieses ursteirische Gamsgebirg am Ostrand der Alpen, hat viele unbekannte Gesichter, die es mit diesem Gebietsschwerpunkt zu entdecken gilt

Wasserspeicher und blühendes Karstgebirge

Ein botanischer Streifzug durch den Hochschwab

>> **Franz Wolkinger**

Vom Schöckl (1442 m) aus, dem Hausberg der Grazer, sind die hellen Südwände des Hochschwab-Massivs im Nordosten der Obersteiermark zu sehen. Der Hochschwab nimmt eine Fläche von 560 km² zwischen Präbichl (1232 m) im Westen und dem Seebergsattel (1258 m) im Osten ein. Der höchste Gipfel erreicht eine Höhe von 2277 Metern. Seit jeher ist der Hochschwab ein beliebter Berg der Wanderer, Kletterer und Skitourengeher, nicht zuletzt weil er durch Schutzmaßnahmen (Wasserschutzgebiet, Natur- und Landschaftsschutz) seine weitgehende Ursprünglichkeit bewahrt hat.

Der Hochschwab hat zwei Gesichter, auf der Südseite erlebt der Besucher die eindrucksvollen Felswände und Gipfel, auf der Nordseite hingegen führt die Straße durch zahlreiche Tunnels, an den Kläfferquellen vorbei, durch das enge wildromantische Salzatal. Die Nordhänge sind bis ins Tal bewaldet. Nach Westen nimmt der Buchenanteil deutlich zu. Nur gelegentlich ist der Blick auf das Hauptmassiv frei, meist nur auf die Vorberge, wie z. B. von Hinterwaldalpen (780 m) aus, dem Seitental, das von Wildalpen nach Südwesten ab-

Die steile Südwand (links) und das weite, nach Osten abfallende Hochplateau des Hochschwabs

© Herbert Raffalt (links), Rudi Lindner (unten)

In den Ringen: die 800 Meter hohen Wandabstürze von Adlermauer, Bogenschlucht und Höllkampkante auf der Nordseite des Salzatals

Rechts: An der Karstquelle Wassermannloch nimmt auch die Sage von der Auffindung des steirischen Erzberges ihren Ursprung.

alle Fotos auf dieser Doppelseite: © Rudi Lindner

zweigt. An die Steirische Eisenstraße, die in Niklasdorf beginnt und bis zur Landesgrenze nach Altenmarkt führt, ist das Salzatal angebunden.

Im Südöstlichen Alpenvorland („Grabenland") aufgewachsen, wo die langgestreckten Riedel nur Höhen zwischen 300 und 400 Meter erreichen, war der Hochschwab im Jahre 1954 – ich war damals 18 Jahre alt – das erste Gebirge, das ich erleben durfte. Der Anstieg über das gut gesicherte G'hackte zum alten Schiestlhaus des ÖTK (2153 m), an dessen Stelle heute die erste Niedrig-Energie-Schutzhütte Österreichs steht, weiter über die verkarsteten Aflenzer Staritzen zum Seebergsattel, hat mich so beeindruckt, dass der Hochschwab zu meinem Lieblingsberg wurde. Auf einer botanischen Exkursion im 3. Semester (SS 1957) auf die Aflenzer Bürgeralm bekam ich meinen ersten näheren Kontakt mit der Hochschwab-Flora. In meinen Aufzeichnungen habe ich damals gegen neunzig lateinische Pflanzennamen notiert – die meisten allerdings falsch geschrieben – sowie gegen zwanzig Herbarbelege gesammelt.

Ein wenig Geologie

Der Hochschwab ist ein verkarsteter Kalkstock mit riesigen Plateauflächen, hauptsächlich aus Kalken und Dolomiten des Erd-Mittelalters (Trias) aufgebaut. Die geologische Basis bilden die wasserundurchlässigen rötlich-braunen Werfener Schiefer, die im Süden des Gebietes an die 200 Millionen Jahre alten paläozoischen Gesteine der Grauwackenzone grenzen. Nur bei Gollrad treten die Werfener Schiefer noch zu Tage. Über den Werfener Schichten liegen bis zu 1000 Meter mächtige Schichten aus Wettersteinkalk und Dachsteinkalk. Die Böden sind wasserdurchlässig, trocken und reagieren basisch. Die Flora ist artenreich. Die Böden über den Werfener Schichten, die kaum höher hinaufreichen, sind feucht und reagieren sauer. Im ganzen Hochschwabgebiet dominieren die kalkliebenden und kalksteten Arten, Säurezeiger findet man über Werfener Schichten oder über Kalk in sauren Humusauflagen.

Alle Kalkgebirge neigen zur Verkarstung, bedingt durch die Löslichkeit des Kalkes. An Karstformen treten Karren, Dolinen, Schächte sowie Höhlen und Höhlensysteme auf, deren Anzahl im Hochschwabgebiet auf 2000 geschätzt wird. Über 300 wurden bisher erforscht. Die bekanntesten Höhlen sind die Kraushöhle bei Palfau (340 m lang, mit Gipskristallen). Sie ist die älteste Schau-Höhle Österreichs, die 1881 entdeckt wurde. In Gams (nördlich von Hieflau) beginnt ein Geo-Pfad, der durch den Naturpark Eisenwurzen führt. An 32 beschilderten Stationen (Weglänge 8,2 km) wird die Geologie des Gebietes behandelt. Die Frauenmauerhöhle ist vom Polster aus erreichbar. Sie ist eine Durchgangs- und Eishöhle. Die Rettenbachhöhle, südlich von Thörl, ist beleuchtet. Die Höhlen können im Rahmen einer Führung besucht werden.

Der Hochschwab ist ein riesiger Wasserspeicher, der u. a. Wien und Graz mit Trinkwasser versorgt. Karstquellen wie die Kläfferquellen (oben) im Salzatal oder das Wassermannloch (linke Seite) zeigen allerdings große Schwankungen bei der Schüttung.

Von der letzten Eiszeit stammen die Gletscherschliffe, Karren, Trogtäler und Bergstürze. Die Moränen am Leopoldsteinersee und im Lamingtal zwischen Unter- und Oberort zeigen das seinerzeitige Gletscherende in den Tälern an. Während der letzten Eiszeit waren die nordöstlichen Kalkalpen nur lokal vergletschert. Sie sind daher durch einen besonderen Reichtum an Endemiten ausgezeichnet, die nur hier vorkommen, wie z. B. Ennstal-Frauenmantel (*Alchemilla anisiaca*[1]), Anemonen-Schmuckblume (*Callianthemum anemonoides*), Schwarzrandige Wucherblume (*Leucanthemum atratum*), Bursers Mohn (*Papaver burseri*), Pyrenäen-Spitzkiel (*Oxytropis pyrenaica*), Kerners Lungenkraut (*Pulmonaria kerneri*). Weitere Endemiten werden im Folgenden angeführt.

Quellen, Flüsse und Seen

Der Hochschwab ist ein riesiger Wasserspeicher. Seit 1910 fließen täglich ungefähr 217 Mio. Liter Trinkwasser vom Hochschwab in die Bundeshauptstadt (2. Hochquellenleitung). Das Quellschutzgebiet von 32.500 Hektar ist fast so groß wie die Stadtfläche Wiens. Im Gebäude der einstigen Hammerherrn in Wildalpen kann das Hochquellenwasser-Museum besucht werden. Seit 1992 wird an der Südseite des Hochschwabs aus Tiefbrunnen auch Trinkwasser in den Großraum von Graz geleitet. Von den Quellen am Nordrand des Hochschwabs seien erwähnt: Schreierquelle, Siebenseenquellen bei Wildalpen, die Brunnseequellen, die Kläfferquellen u. a. Diese Karstquellen zeigen große Schwankungen bei der Schüttung.

Im Westen mündet der Erzbach bei Hieflau in die Enns. An der Südseite des Hochschwabs fließen mehrere kleine Bäche (Laming, Thörlbach, Seebach) in die Mürz, mit Erlen und Weiden am Ufer. Im Unterwuchs fallen die großen Blätter der Weißen Pestwurz (*Petasites albus*) auf. Im Norden des Hochschwabs fließt die Salza. Die 60 Kilometer lange, naturnahe Wildwasserstrecke zwischen Gußwerk (Montan-Museum) und Palfau ist zum Raften, Paddeln und für Kajakfahrten befahrbar. Dem Flussverlauf folgt der Salzatal-Radweg. In Wildalpen befindet sich das „Wildwasser-Kompetenzzentrum" der Naturfreunde.

Von den Seen ist der Leopoldsteinersee (mit 49 ha, 32 m tief) am größten. Er verdankt seine Entstehung einer Gletscherzunge, deren Endmoräne den See aufgestaut hat. Sein Abfluss mündet in den Erzbach. Auf den Moränenwiesen zwischen Schloss Leopoldstein (nach Kaiser Leopold I. benannt) und dem See hat die Rauten-Glockenblume (*Campanula rhomboidalis*) ein isoliertes Vorkommen; sie ist in den Westalpen beheimatet. Am

1 Die lateinischen Pflanzennamen wurden der „Exkursionsflora von Österreich, Liechtenstein und Südtirol", von Fischer A., Oswald K. & Adler W., 3. Aufl. Linz 2008, entnommen.

Der Breitblättrige Spindelstrauch (links) wird auch „Pfaffenkäppchen" genannt, denn die vierkantigen Früchte erinnern an das Birett (liturgische Kopfbedeckung) der Priester; die weißen Samen sind gänzlich von einem orangen Samenmantel (Arillus) umhüllt.

© Franz Wolkinger

Rechts: Dicht wachsen die Sträucher der Latschen, einer zweinadeligen Kiefer, die zur Latschenölgewinnung benutzt wird. Der rosa blühende Storchschnabel hat trotzdem noch Platz gefunden.

© Rudi Lindner

Waldrand fällt der Breitblättrige Spindelstrauch (*Euonymus latifolius*) auf.

Ein beliebtes Ausflugsziel auf der Südseite des Hochschwabs ist der Grüne See (776 m) bei Tragöß-Oberort. Moränen der letzten Eiszeit und Bergsturzmassen vom Priebitz und Trenchtling haben zu diesem See geführt. Der Grüne See wird unterirdisch von Schmelzwässern gespeist. In den Wintermonaten ist er fast wasserlos und erst gegen den Sommer zu steigt sein Wasserspiegel wieder an. Eindrucksvoll ist der Farbwechsel des Wassers von ultramarinblau im Sommer zu malachitgrün im Herbst. Ebenfalls durch einen Bergsturz getrennt, liegt die Pfarrerlacke.

In 1414 Metern Höhe, östlich der Sonnschienhütte, trifft man über Werfener Schiefer den Sackwiesensee (1228 m). Weniger bekannt ist der Joser See. Er ist vom Gasthaus Bodenbauer (884 m, Hochschwab-Museum, Ameisenlehrpfad) am Talschluss des Ilgner Tales in eineinhalb Stunden Gehzeit erreichbar. In seiner Verlandungszone kommen Seggen (*Carex-Arten*), der Fieberklee (*Menyanthes trifoliata*), der insektenverdauende Rundblättrige Sonnentau (*Drosera rotundifolia*), ebenso Latschen und Torfmoospolster vor. Die Torfmoose (*Sphagnum-Arten*) besitzen in ihren blattähnlichen Organen lebende Zellen mit Chloroplasten und tote Hyalin-Zellen, in denen sie Wasser speichern.

Moorbildungen treten weiters in der Umgebung von Tragöß-Oberort, am Grünen See und an der Pfarrerlacke auf. Unter den Grauerlen (*Alnus incana*) blühen im Frühjahr Sumpfdotterblume (*Caltha palustris*) und Bach-Pestwurz (*Petasites paradoxus*). Vielfach kommen sumpfige, anmoorige Mineralböden vor, die nur 10–15 % organische Substanz aufweisen, während Nieder- (Flach-) Moore und Hochmoore überwiegend aus organischem Material (Torf) bestehen. Als vom Aussterben bedrohte Seltenheit wächst hier die kalkmeidende Drachenwurz (*Calla palustris*). Eine besondere Moorbildung, ähnlich wie im Schladminger Untertal, ist das „Kondenswassermoor" bei der Klammhöhe nördlich von Tragöß-Oberort. Über einer Blockhalde mit Hohlräumen („Windröhren") haben sich Torfmoos-Polster, Strauchflechten, Rauschbeere (*Vaccinium uliginosum*) und Zwitter-Krähenbeere (*Vaccinium hermaphroditum*) angesiedelt. Um den Grünsee und Dürrsee im Seebachtal südlich von Seewiesen befinden sich kleine Seggen-Flachmoore im Verlandungsbereich.

Auf der Nordseite des Hochschwabs ist südlich von Wildalpen das Siebenseenmoos. Von den einstigen Seen ist nur mehr der Hartlsee vorhanden. Moränen haben den Abfluss des Wassers verhindert, so dass es zu Flachmoor- und Hochmoorbildungen gekommen ist. Der langgestreckte Brunnsee östlich von Wildalpen wurde als Fischteich vom Stift Admont angelegt. Die Anmoor- und Flachmoor-Biotope sind reich an Orchideen.

Eines der interessantesten Hochmoore ist das Rotmoos nördlich von Weichselboden. Es hat eine Torfmächtigkeit zwischen drei und vier Metern. Seine Oberfläche ist uhrglasförmig aufgewölbt. In seiner Struktur mit langgestreckten Bulten (*Ker-*

mis) und den dazwischenliegenden Schlenken erinnert es an nordische Moore. Außer den üblichen Hochmoorpflanzen kommen zwei geschützte und seltene Arten im Rotmoos vor: in den Schlenken der Sumpf-Bärlapp (*Lycopodiella inundata*) und im Moorrand der weißblühende Siebenstern (*Trientalis euopaea*), ein Primelgewächs.

Die Waldstufe

Überall wo das Relief es zulässt, die Hänge nicht zu steil, die Böden nicht zu flachgründig sind, oder der Mensch zur Holz- und Weideland-Gewinnung den Wald nicht gerodet hat, bildet der Wald das stabile Endstadium (*Klimax*) der Entwicklung. Der Wald weist vom Tal bis zur Waldgrenze unter natürlichen Verhältnissen eine Zonierung auf.

Für den Bergbau, die Erzverhüttung und für die Eisenverarbeitung wurde viel Holz benötigt, das verkohlt wurde. Dazu wurden die Wälder regelmäßig geplündert. Ebenso wurde in die Flussläufe eingegriffen, auf denen das Holz transportiert wurde. Die Presceny-Klause an der Talenge westlich von Weichselboden, zwischen 1839 und 1843 aus Steinquadern erbaut, dokumentiert die einstige Bedeutung der Salza für den Holztransport. Die Klause hatte ursprünglich ein Stauvermögen von 648.000 Kubikmeter Wasser. Das getriftete und später geflößte Holz wurde vor der Einmündung der Salza in die Enns beim Salzarechen aus dem Wasser geholt.

Das Forstmuseum Silvanum in Großreifling, das in einem alten Getreidekasten untergebracht ist, gibt Einblick in die Geschichte der Holzwirtschaft und Holzbringung. Erzherzog Johann (1782–1859) besaß in Vordernberg, dem Zentrum der Eisenverhüttung, von 1822 bis 1859 das Radwerk II. Auf dem Seeberg (1080 m) hatte er einen Gutshof erworben, der mehrfach umgebaut wurde. Er ist noch heute im Besitze der Familie Meran. Vor dem Gutshof blüht im Sommer seine Lieblingsblume, der amethystblaue Alpen-Mannstreu (*Eryngium alpinum*).

Die Bergstufe (montane Stufe, bis 1400/1500 m)

Durch den einstigen Holzbedarf sind an Stelle der ursprünglichen artenreichen Mischwälder aus Fichte, Buche und Tanne monotone, artenarme Fichtenforste getreten. Die lichtliebende Lärche (*Larix decidua*) und die Föhre (*Pinus sylvestris*) wurden auf ungünstige Standorte verdrängt. In der Bodenflora begegnet man Arten, die in den Buchenwäldern vorkommen, wie Neunblättrige Zahnwurz (*Cardamine enneaphyllos*), Mandelblättrige Wolfsmilch (*Euphorbia amygdaloides*), das Leberblümchen (*Hepatica nobilis*), an Sträuchern Alpen- und Schwarze Heckenkirsche (*Lonicera alpigena* und *Lonicera nigra*).

Am Grünen See leuchten im Frühjahr im monotonen Fichtenwald zwischen den fleischfarbenen Blüten der Schneeheide (*Erica carnea*) die großen weißen Blüten der Schneerosen (*Helleborus niger*) heraus, ebenso der giftige Seidelbast (*Daphne mezereum*). In Humusauflagen über Kalk treten Säu-

Die Schneerose (links), auch Christrose genannt, blüht oft schon um Weihnachten; Kennzeichen: schwarzbraune Wurzeln, tütenförmige Nektarien, zahlreiche Staubgefäße, mehrere Balgfrüchte in der Blüte. Obwohl giftig, wurde sie früher als Schnupfpulver zum Niesen (daher Nieswurz) verwendet.

Das Scheidige Wollgras (rechts) leuchtet mit seinen weißen Wollköpfen; Kennzeichen: aufgeblasene Blattscheiden; unauffällige Blüten, fruchtend weiße Wollköpfe; Samen mit Wollhaaren

beide Fotos: © Franz Wolkinger

Grauer Alpendost (oben), Mondraute (Mitte): ein Farn, dessen halbmondförmig gefiederte sterile Blätter an den Mond erinnern, und Arnika (unten), auch „Bergwohlverleih" genannt.

Oben rechts: Der giftige Germer wird vom Weidevieh verschmäht.

alle Fotos: © Franz Wolkinger

rezeiger wie Wald-Wachtelweizen (*Melampyrum sylvaticum*) und Schwarzbeere (*Vaccinium myrtillus*) auf. Dazu kommen in bodensauren Fichtenbeständen am Südfuß des Hochschwabs über Werfener Schichten Gewöhnliche Hain-Simse (*Luzula luzuloides*), Wald-Hainsimse (*Luzula sylvatica*), Wald-Sternmiere (*Stellaria nemorum*), Rippenfarn (*Blechnum spicant*).

Die Voralpenstufe (subalpine Stufe, 1400–1900 m)

In diesen höheren Lagen dominiert die Fichte (*Picea abies*) begleitet von der Lärche (*Larix decidua*). Als Anpassung an die Schneeverhältnisse haben die Fichten einen schlanken Wuchs („Spitzfichten"). Die Arve oder Zirbelkiefer (*Pinus cembra*) erreicht das Hochschwabgebiet nicht mehr. Die Buche (*Fagus sylvatica*) und die Tanne (*Abies alba*) gehen kaum höher als 1400 Meter.

Auf den trockenen Humus-Karbonatböden kommt ein Fichtenwald mit dem Kalkalpen-Dost (*Adenostyles alpina*) als Charakterart und auf frischeren, lehmigen Böden mit dem Grauen Alpendost (*Adenostyles alliariae*) vor, meist mit zahlreichen Hochstauden im Unterwuchs wie Meisterwurz (*Peucedanum ostruthium*), dem Platanenblättrigen Hahnenfuß (*Ranunculus platanifolius*), Pannonischen oder Ostalpen-Enzian (*Gentiana pannonica*), der Trollblume (*Trollius europaeus*) und der Stacheligsten Kratz-Distel (*Cirsium spinosissimum*) u. a. Rohhumus bevorzugen der Alpen-Brandlattich (*Homogyne alpina*), das unscheinbare Herz-Zweiblatt (*Listera cordata*) und der Schlangen-Bärlapp (*Lycopodium annotinum*).

Auf verdichteten sauren Böden innerhalb der Waldstufe und bis über die Waldgrenze bildet der Bürstling (*Narduus stricta*) dichte, niedrige Rasen, in denen einige typische Blütenpflanzen wachsen, und zwar: Arnika (*Arnica montana*), Gold-Fingerkraut (*Potentilla aurea*), Gold-Pippau (*Crepis aurea*), Berg-Nelkwurz (*Geum montanum*), Stängelloser Enzian (*Gentiana acaulis*), Einblütiges Ferkelkraut (*Hypochaeris uniflora*), Bärtige Glockenblume (*Campanula barbata*), Höswurz (*Leucorchis albida*), Mondraute (*Botrychium lunaria*). Nach der Schneeschmelze sind die Wiesen stellenweise mit dem Frühlings-Safran (*Crocus albiflorus*), weiß und lila blühend, übersät. Bald nach dem Krokus blühen die Hohen Primeln (*Primula elatior*).

Kalkmeidend ist der Norische Speik (*Valeriana celtica subsp. norica*), eine endemische Unterart, die im Hochschwabgebiet die absolute Ostgrenze der Verbreitung erreicht. Die Wurzeln des Speiks sind in der Parfümindustrie (Speikseife) besonders gefragt. Der verwandte westalpische Speik (*Valeriana celtica subsp. celtica*) ist 300 Kilometer weiter westlich anzutreffen. Auf überdüngten Weideflächen stellt sich eine „Lägerflora" ein mit Arten, die vom Weidevieh nicht gefressen werden, darunter: Alpen-Ampfer (*Rumex alpinus*), Weißer Germer (*Veratrum album*, giftig), Guter Heinrich (*Chenopodium bonus – henricus*), Eisenhut (*Aconitum napellus*, giftig).

Waldgrenze (alpine Stufe, über 1900 m)

Die Waldgrenze ist eine markante, klimatisch bedingte Landschaftsgrenze, meist durch menschliche Nutzung parkartig aufgelöst. Die Plateauflächen im Hochschwabgebiet werden von ausgedehnten Latschenfeldern eingenommen, die auf die einst höher verlaufende Waldgrenze hinweisen. Auf den Schutthalden wandert die Latsche oder Legföhre (*Pinus mugo*), im Gebiet auch Zerbe genannt, bis in die Tallagen, oft mit der Behaarten Alpenrose (*Rhododendron hirsutum*), der Alpenrebe (*Clematis alpina*), der einzigen Liane der Alpen, der Hängefrucht-Rose (*Rosa pendulina*) und einigen anderen Alpenpflanzen. Im Unterwuchs der Latschen gedeihen Zwergsträucher, das Zweiblütige Veilchen (*Viola biflora*), Zwerg-Mehlbeere (*Sorbus chamaemespilus*) und Hochstauden. Die Grünerle (*Alnus viridis*), die feuchte Standorte bevorzugt, ist hingegen selten.

In der alpinen Stufe herrschen extreme ökologische Lebensbedingungen. Durch die kurze Vegetationsperiode, bedingt durch die lange Schneebedeckung, die großen Temperaturschwankungen in den Sommermonaten sowie die starken Windeinflüsse, können sich in dieser Höhe nur niedrige Pflanzenformationen, sogenannte Rasen-Gesellschaften („Urwiesen") entwickeln. Die intensive Strahlung, vor allem der hohe UV-Anteil, bewirkt einen niedrigen Wuchs, leuchtende Farben und oft eine dichte Behaarung. Die Polsterpflanzen nützen die wärmere Bodennähe aus.

Um die Entwicklung abzukürzen, bildet der Knöllchen-Knöterich (*Persicaria vivipara*) Brutknöllchen aus, und beim „lebendgebärenden" Alpen-Rispengras (*Poa alpina var. vivipara*) werden die Blüten zu Brutknospen, die auf der Pflanze zu kleinen Pflänzchen auswachsen und abfallen. Von den Pflanzengesellschaften können hier nur einige wichtige Beispiele und charakteristische Arten angeführt werden. Auf relativ engem Raum kommen unterschiedliche Entwicklungsstadien nebeneinander vor.

Sonderstandorte

Auf Felswänden und auf groben Felsblöcken leben anspruchslose Flechten, die mit den Flechtensäuren das Substrat auflösen und so überleben. Felsspalten genügen dem Stängel-Fingerkraut (*Potentilla caulescens*), Petergstamm (*Primula auricula*), Kerners Kugelschötchen (*Kernera saxatilis*), Sternhaar und Immergrünen Hungerblümchen (*Draba stellata* und *Draba aizoides*) als Lebensraum.

Sonderstandorte in dieser Höhenlage sind im Weiteren die Windkanten und Windecken, auf denen einige anspruchslose Flechten vorkommen.

In Mulden, in denen der Schnee lange liegen bleibt, den Schneetälchen, findet man die Blaukresse (*Arabis caerulea*), den Alpen-Hahnenfuß (*Ranunculus alpestris*), die Spalier-Weiden: Netzblättrige und Gestutztblättrige Weide (*Salix reticulata* und *Salix retusa*). Am Rande der Schneefelder und oft sogar im Schnee blühen die Alpen-Soldanelle (*Soldanella alpina*) und die Österreichische Soldanelle (*Soldanella austriaca*).

Im beweglichen Kalkschutt können das Rundblättrige Täschelkraut (*Thlaspi rotundifolium*) und der Schild-Ampfer (*Rumex scutatus*) mit dem Schutt mitwandern. Das Alpen-Leinkraut (*Linaria alpina*), die Alpen-Gänsekresse (*Arabis alpina*) und die *Quendelblättrige Weide* (*Salix serpyllifolia*) kriechen über den Schutt.

Flachgründige, exponierte und felsige Standorte werden von der immergrünen, kälte- und windresistenten Polster-Segge (*Carex firma*) eingenommen. Die Polsterseggen-Rasen sind oft in Streifen angeordnet. Die Silberwurz (*Dryas octopetala*) ist ein wichtiger Pionier dieser Dauergesellschaft, in der einige Polsterpflanzen, und zwar

Clusius-Enzian bevorzugt kalkreiche Standorte und wird daher auch Kalkglocken-Enzian genannt.

© Rudi Lindner

Die Vielfalt der Gräser: Lebendgebärendes Rispengras (oben) und Bürstling (unten)

beide Fotos: © Franz Wolkinger

Das Rote Kohlröschen (links) duftet wunderbar nach Vanille und wird deshalb auch Alm-Vanille genannt.

Die Herzblättrige Kugelblume (Mitte) ist ein polsterbildender Halbstrauch; die Blätter sind oft herzförmig ausgerandet.

Das Rundblättrige Täschelkraut (rechts) hat einen kresseartigen Geschmack und wird gern von Gämsen gefressen.

© Rudi Lindner (links), Franz Wolkinger

Blaugrüner Steinbrech (*Saxifraga caesia*), Zwerg-Miere (*Minuartia sedoides*) und Stängelloses Leimkraut (*Silene acaulis*) selten fehlen. Selbst die Zwerg-Orchidee (*Chamaeorchis alpina*) kann hier überleben. Auf felsig-steinigen Kalkrohböden – Standorte, die seit der Eiszeit vorhanden sind – kommen einige auffallende Endemiten vor, und zwar Alpen-Nelke (*Dianthus alpinus*), Dunkle Glockenblume (*Campanula pulla*), Clusius-Schafgarbe (*Achillea clusiana*), Clusius-Fingerkraut (*Potentilla clusiana*), Clusius-Primel (*Primula clusiana*), Alpen-Kuhschelle (*Pulsatilla alpina subsp. alpina*) und Alpen-Täschelkraut (*Thlaspi alpinum subsp. alpinum*). Weiters: Narzissen-Windröschen (*Anemone narcissiflora*), Bastard-Hahnenfuss (*Ranunculus hybridus*), Herzblättrige Kugelblume (*Globularia cordifolia*), Zwerg-Alpenrose (*Rhodothamnus chamaecistus*), Alpen-Veilchen (*Viola alpina*).

Mehrere Pflanzen-Beinamen (Art-Epithea) erinnern an den großen Botaniker Carolus Clusius (1526–1609). Er war der erste Botaniker, der in den Nördlichen Kalkalpen, insbesondere im Ötschergebiet, der Schneealpe und dem Schneeberg unterwegs war. In seiner „Pannonischen Flora" (1583) hat er sehr viele Arten beschrieben und abgebildet. Zur Erinnerung an ihn wurde 1973 in Güssing die „Internationale Clusius-Gesellschaft" gegründet. Im Hochschwabgebiet kommen drei vollkommen geschützte Kohlröschen vor: Schwarzes Kohlröschen (*Nigritella nigra*), Rotes Kohlröschen (*Nigritella rubra*) und das Widder-Kohlröschen (*Nigritella widderi*). Das Widder-Kohlröschen erinnert an Felix Joseph Widder (1892–1974), der Professor für Systematische Botanik an der Universität Graz und mein verehrter Doktorvater war.

Schlussgesellschaft (Klimax)

Auf tiefgründigen, feinerdereichen und wärmeren Standorten kommt es zur Ausbildung der typischen Blaugras-Horst-Seggenrasen als Schlussgesellschaft über Kalk. Zum Blaugras (*Sesleria albicans*) und zur Horst-Segge (*Carex sempervirens*) kommen zu den vorhin erwähnten Arten weitere: Alpen-Wundklee (*Anthyllis alpestris subsp. alpicola*), Frühlings- und Clusius-Enzian (*Gentiana verna, Gentiana clusii*), Alpen- und Großblütiges Sonnenröschen (*Helianthemum alpestre, Helianthemum grandifolium*), Brillenschötchen (*Biscutella laevigata*), Alpengras-Nelke (*Armeria alpina*), Alpen-Aster (*Aster alpinus*), Edelweiß (*Leontopodium alpinum*) u. a. Diese Klimax-Gesellschaft zählt zu den buntesten und artenreichsten Rasen, in denen auf 100 m^2 bis zu 60 Arten blühen.

Landschafts- und Naturschutz

Das ganze Hochschwabgebiet, im Norden bis zur Salza einschließlich der Zeller Staritzen und im Süden bis nahe Aflenz – Tragöß-Oberort – Eisenerz, liegt im Landschaftsschutzgebiet, das neu ausgewiesen werden soll. Das Salzatal um Weichselboden-Greith und Zellerhut sind ein Naturschutzgebiet. Nordwestlich vom Landschaftsschutzgebiet schließt der Naturpark Steirische Eisenwurzen (seit 1996, 98.000 ha, sieben Gemeinden) an.

Die purpurrot leuchtende Clusius-Primel ist eine typische Hochschwabblüte.

© Franz Wolkinger

Die wohlriechend goldgelben Blüten des Petergstamm (links)

Polster von Stängellosem Leimkraut (Mitte) mit roten und seltenen weißen Blüten (Albino); die Blüten können triözisch sein: es gibt Polster mit Zwitterblüten oder mit nur männlichen oder weiblichen Blüten.

Die gelbe Lippe des Frauenschuhs (rechts) ist schuhartig aufgeblasen. Insekten, die sich in der Lippe verfangen (Kesselfalle), sorgen für die Bestäubung.

© Rudi Lindner (links und rechts), Franz Wolkinger (Mitte)

Westlich von Hieflau grenzt der Naturpark an den Gesäuse-Nationalpark (seit 2002, 11.000 ha).

Im Schutzgebiet befinden sich einige interessante Naturdenkmale, wie die Nothklamm und das „Wasserloch" bei Palfau, im Weiteren der Auwald und das Moorgebiet von Greith, die Almböden im Trenchtlinggebiet, der Grüne See, die Feuchtbiotope um Tragöß-Oberort (Blumenpfad Kampelsteig 2 km, 12 Schautafeln), die Marienklamm 1,5 km nordöstlich von Oberort und die Karlschütt im Ilgner Tal. Auf dem 23 ha großen Schuttkegel der Karlschütt, einst eine Hutweide, stehen bis zu 200-jährige Wacholderbäume (*Juniperus communis*), mit Berberitze (*Berberis vulgaris*) sowie zahlreichen Orchideen im Unterwuchs, darunter der vollkommen geschützte Frauenschuh (*Cypripedium calceolus*). Seit dem Wegfall der Beweidung breiten sich Fichten und Rotföhren aus und verdrängen den lichtliebenden Wacholder.

Unter Naturschutz steht außerdem ein kleiner Bestand von Eiben (*Taxus baccata*) auf der Heuschlagmauer bei Tragöß. Sehr streng geschützt sind die Quellenschutzgebiete, in denen jegliche Landwirtschaft und Industrie verboten ist. Von der einstmals geschützten Brandhof-Allee mit alten Buchen auf dem Seeberg ist nur eine Allee-Reihe erhalten geblieben, die andere Reihe ist einer Straßenverbreiterung zum Opfer gefallen.

Kulturhistorische Anmerkung

Kulturhistorisch bemerkenswert ist der Roman des steirischen Dichters Peter Rosegger (1843–1918) „Der Gottsucher" (1883 erschienen). Er beruht auf einer historischen Begebenheit, die sich im Raume Tragöß ereignet hat.

Literatur:

Zur Natur des Hochschwab. Gebirge – Höhlen – Blumen – Wälder – Tierwelt – Jagd – Naturschutz. AG für Natur- und Umweltschutz der Steirischen Naturfreunde Graz 1977.

Dirnböck Th., Dullinger St., Gottfried M. & Grabherr G.: Die Vegetation des Hochschwab (Steiermark). Alpine und Subalpine Stufe. Mitt. Naturwiss. Ver. Steiermark 129, 1999.

Hegi G., Merxmüller H. & Reisigl H. (1977): Alpenflora. Die wichtigsten Alpenpflanzen Bayerns, Österreichs und der Schweiz. 25. Aufl., Parey-Verlag, Berlin, Hamburg.

Reisigl H. & Keller R. (1987): Alpenpflanzen im Lebensraum. Alpine Rasen-, Schutt- und Felsvegetation. Gustav Fischer Verlag, Stuttgart, New York.

Stadlmann Chr. & Grand W. (2010): Rund um den Hochschwab. Reihe Archivbilder. Sutton Verlag.

Wagner K. & Mecenovic K.: Flora von Eisenerz und Umgebung. Mitt. Abt. Bot. Landesmus. Joanneum Graz 2/3, 1972.

Wolkinger F. (1979): Zur Flora und Vegetation des Warschenecks zwischen Wurzeralm – Hochmölbing – Tauplitz. Festschrift 100 Jahre Sektion Österr. Touristenklub (1879–1979), S. 69–111. Graz.

Wolkinger F. (2011): Der Hochschwab – ein blühender Alpengarten. AV-Nachrichten Graz, Heft 1/2011; S. 6–9.

„Die Höll ist nicht so heiß, als sie die Pfaffen heizen"

Nachrichten aus der Geschichte des Hochschwabs

>> **Karl Friedl**

Der erste nachweisliche „Tourist" auf dem Gipfel des Hochschwabs war kein Geringerer als Erzherzog Johann. Auch wenn dieser zu Recht bemerkte, dass dieses Gebirge zu seiner Zeit „vollkommen unbekannt" gewesen sei, zeugen Namen, Schriftstücke und Funde von einer jahrhundertealten wirtschaftlichen Nutzung dieser Region.

Stellen wir uns vor, das Raumschiff „Enterprise" der gleichnamigen Fernsehserie könnte in die Vergangenheit reisen und würde dort den Moment der Entstehung des Hochschwabmassivs beobachten. Die Eintragung ins Logbuch der Raumfähre könnte dann folgendermaßen lauten: „Logbuch der U. S. S. Enterprise, Captain Kirk, Sternzeit 135 666 222 v. Chr.:
Auf der Erde gibt es eine kleine Auseinandersetzung. Die Kontinente Afrika und Europa gehen auf Konfrontationskurs. Im Zeitraffer sehe ich, wie sich die Alpen aufwölben, das Weltbild ändert sich gravierend. Die Nördlichen Kalkalpen heben sich aus dem Meer heraus und werden über die Zentralalpen nach Norden verschoben. Teile Afrikas lagern sich am Hochschwab ab."

Machen wir einen intergalaktisch kleinen, für uns Erdlinge jedoch großen Zeitsprung von Captain Kirk zum steirischen Heimatdichter Peter Rosegger (1843–1918), der uns aus seiner Perspektive die wahren Ausmaße des gänzlich in der Steiermark liegenden Bergmassives erklärt: *Wenn ein starker Mann wäre – er müsste aber stärker sein als die gesamte Menschheit – und eine neue Hochschwabgruppe bauen wollte, so würde er dazu sehr viel Baumaterial nötig haben, er müsste z. B. den Schneeberg, die Rax und die Neubergeralpen und die Hohe Veitsch und den Ötscher aneinanderstellen, und es wäre noch zu wenig. Er müsste auch noch den Reiting bei Trofaiach, die Vordernberger Mauern, den Kaiserschild bei Eisenerz und die ganzen Berge des Gesäuse dazutun, um einen Felsblock, eine Gebirgsgruppe herzustellen, die dem Hochschwabgebirge an Ausdehnung gleichkäme. Vom Pfaffenstein bei Eisenerz bis zu den Aflenzer Staritzen, von den Hochzinnen bei Wildalpen bis zu den Tragößer Bergen, welch ein Bereich!*

Erste grafische Darstellung des Hochschwabs um 1601

Das Gebiet rund um den Hochschwab hat schon frühzeitig eine kartografische Darstellung durch Kartenskizzen erhalten, die der Augustiner Johannes Clobucciarich um das Jahr 1600 als Vorbereitung für seine Karte von Innerösterreich verfasste. Ihm verdanken wir unter anderem die älteste Abbildung des Hochschwabgipfels. Clobucciarich hat sich zwar nicht auf die höchsten Gipfel des Hochschwabmassivs gewagt, aber auf seinem Ritt durch das Salzatal hat er in Begleitung von Einheimischen gewissenhaft nach den Bergnamen geforscht und die ihm am wichtigsten erscheinenden Berggipfel skizziert. Auf einer Zeichnung (siehe unten) stellt er den Kleinen und den Großen Hochschwab als Doppelgipfel dar.

Die zwei Gipfel sind unbenannt, doch tragen sie die Bezeichnung *„qui e sempre neve"*, was so viel bedeutet wie, „hier liegt immer Schnee". Diese Erkenntnis ist bemerkenswert, denn für die Gegenwart trifft dies nicht mehr zu. Noch vor 1600 begann jene Klimaschwankung, welche die Schneegrenze stark herabdrückte. Der Hochschwabgipfel mag damals Schneefelder besessen haben, die auch im Sommer nicht schmolzen. Stimmt diese Behauptung des Kartografen, an der zu zweifeln kein Anlass ist, so muss die Schneegrenze mindestens 300 Meter tiefer gelegen haben als heute. Auf diese früheren Verhältnisse deutet noch der Flurname *Eiswand* hin, die neben dem Schiestlhaus abfällt.

Almwirtschaft schon im Mittelalter

Ob bereits die Slawen, die sich im frühen Mittelalter angesiedelt hatten, Almwirtschaft betrieben haben, konnte durch Funde noch nicht belegt werden. Fest steht, dass sie für Namensgebungen von Gipfeln verantwortlich zeichneten, wie zum Beispiel die Aflenzer und Zeller Staritzen (slaw. *star* bedeutet so viel wie alt, oder *stare*, die Alte).

Mit der Almwirtschaft entstanden Namen wie *Melkboden* und *Melkstatt*, an denen die zu melkenden Kühe versammelt wurden. Ferner der *Melkstall*, wo das Weidevieh unter natürlichem Bewuchs Deckung gegen Sonnen- und Fliegenplage finden konnte. Auf derselben Grundlage beruht

Jagdhaus „In der Höll" vor dem Unteren Ring und den Wänden von Adlermauer, Hochwechsel, Severin, Ringkarwand und Heuschober

© Rudi Lindner

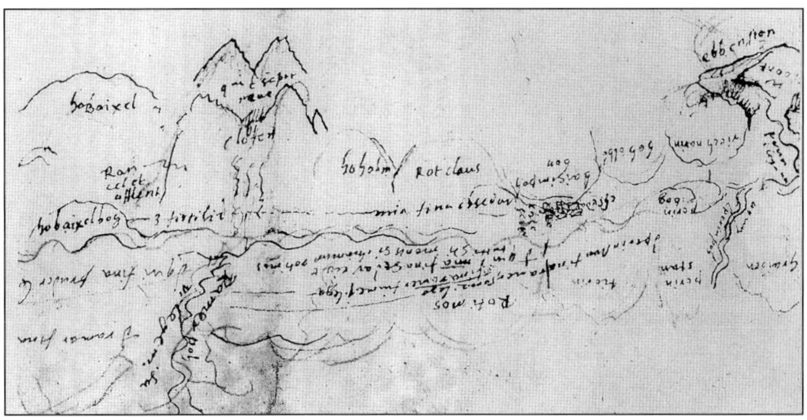

Skizze von Johannes Clobucciarich von Innerösterreich um 1601. In der oberen Bildmitte sind die zwei Gipfel des Hochschwabs erkennbar.

© Steiermärkisches Landesarchiv, Karte Nr. 97

Triangulierung auf der Häuslalm 1820/21, gemalt von Matthäus Loder, Eigentümer unbekannt

auch die Bezeichnung „Sonnschienalm", deren Name erst als *Sonnschürm* aufscheint. Auch die mit der Alm gleichbenannten *Sunnschiengräben* des 17. Jahrhunderts dürften sachlich und sprachlich kaum mit Sonnenschein zusammenhängen. Die Schreibung *„schürm"* löst das Rätsel: Es liegt hier der Schirm = *Scherm* vor, also der Unterstand für das Almvieh; im *Sunnschirm* findet es Schutz gleich wie im *Baumstall* und im *Premstall*.

Ein am 11. Juni 1477 auf Burg Schachenstein in Thörl ausgestelltes Schriftstück, allgemein als „Almbrief" bezeichnet, besagt, dass die Aflenzer schon im Spätmittelalter das Recht auf *Bluembsuche* und *Weide* auf der Hoferalm hatten. Als Gegenleistung für das eingeräumte Nutzungsrecht hatte die Herrschaft Aflenz jährlich zu Michaeli (29. September) zwei Scheffel Schmalz und die Alp- und Zehentkäse zu erhalten. Diese Nutzungsrechte gehen auf einen vielleicht schon im 12. oder 13. Jahrhundert mündlich vollzogenen Rechtsakt zurück.

Von Erzherzog Johann kann mit Recht behauptet werden, dass er im Hochschwabgebiet der erste „Tourist" gewesen ist. Er selbst schrieb in der „Wiener Jagdzeitung" folgende Worte: *Zu Anfang des XIX. Jahrhunderts waren unsere Gebirge vollkommen unbekannt; es gab keinen Touristen; ich war der erste, welcher von dem Österreichischen Schneeberge aus die steiermärkischen Alpen sehend, mich dahin wandte und zuerst jene Neubergs, dann die höheren Ketten der Aflenzer und Weichselbodener zu wiederholten malen untersuchte und so nach und nach die Alpen von Admont, jene zwischen der Enns und Mur, die von Aussee, Hallstatt und endlich Tirol kennen lernte.*

Erzherzog Johann, mit Rucksack und knallgrünen Wadenstrümpfen verfremdet, als erster Wandertourist

Fotomontage: Michael Gletthofer

Die Besteigung des Hochschwabs durch Erzherzog Johann im Jahre 1803

Hier nun ein kurzer Auszug aus seinem Tagebuch, in dem er seine Tour auf den Hochschwab beschreibt, welche als erste touristische Besteigung gilt: *Den 13ten Juli 1803 setzten wir unseren Weg durch das Tulbitzental, dann bei den Wetterkögeln vorüber auf den Hohen Schwab fort, der von der nördlichen Seite am leichtesten zu besteigen ist. Hier konnte ich mich erst überzeugen, dass er der höchste aller umliegenden Berge sei. So eine weit ausgebreitete Ansicht hatte ich noch nie; leider konnte ich mich nicht lange daselbst aufhalten, sonst hätte ich alle Umrisse der Gebirge perspektivisch zeichnen lassen; denn wir hatten erst den halben Weg, und ein Hochgewitter nähert sich uns …*

Die ersten Vermessungen der Hochschwabalmen in den 1820er-Jahren fielen ebenfalls in die

Zeit Erzherzog Johanns. Er beauftragte seine Kammermaler, die Arbeiten auch bildlich festzuhalten (siehe Abb. vorige Seite). Gleichzeitig mit der Vermessung und Triangulierung der Almen wurden auch die Hütten in die Pläne aufgenommen.

Tonscherbenfunde am Zlakensattel, Randstücke mit verschiedenen Randzeichen

© Fritz Bayerl

Wüstungsforschung am Hochschwab auf der Karlalm und dem Zlakensattel

Auf Grund dieser schriftlichen Erkenntnisse über die frühe Almwirtschaft hatte sich der Verein „der hochschwab" zum Ziel gesetzt, mehr über die verfallenen Almhütten und aufgelassenen Almen in Erfahrung zu bringen. Im Gegensatz zur Almwüstungsforschung von Franz Mandl am Dachstein, konnten hier am Hochschwab allerdings keine so bedeutenden Ergebnisse erzielt werden, wie sie Mandl gelangen, der in der Dachsteinregion Almwirtschaft über vier Jahrtausende nachweisen konnte.

Im Mai 2000 wurde auf der 1884 nach dem Versiegen der lebensnotwendigen Quelle aufgelassenen Alm *Karl* (die Koordinaten auf der amtlichen Karte ÖK50 102 „Aflenzer Kurort" lauten: Y = 262150, X = 274050, H etwa 1650 m) unter der wissenschaftlichen Leitung des Archäologen Manfred Lehner eine archäologische Probegrabung durchgeführt. Bereits ein Jahr zuvor hatte es Fundbergungen an durch Ausschwemmungen im Gefolge der Schneeschmelze stark gefährdeten Stellen der Alm gegeben.

Unter Kalksandablagerungen, die seit 1884 auf der aufgegebenen Alm entstanden sind, kamen vier fundführende Schichten zutage. Neben überraschend viel Keramik und den üblichen Tierknochen wurden auch Glas und Metallgegenstände gefunden. In der untersten der vier festgestellten Schichten fand sich ausschließlich sogenannte Weißhafnerware, die Scherben von Kremprandtöpfen darstellten. Die oberste Fundschicht gehört in das 19. Jahrhundert. In der zweiten Fundschicht tritt nach Lehner die typische inneralpine Keramikart der frühen Neuzeit zutage, die sogenannte Kärntner Schwarzhafnerware, aber auch oxidierend gebrannte, innen glasierte Ware und vereinzelt Weißhafnerware, was auf eine Zeit frühestens Ende des 16., Anfang des 17. Jahrhunderts rückschließen lässt.

Im Rahmen einer Begehung im Jahre 2001 konnten beim Abstieg von der Mitteralm in Richtung Aflenzer Bürgeralm auf dem 1701 Meter hoch gelegenen Zlakensattel Tonscherben aufgesammelt werden, die sich als Weißhafnerware des 15. und 16. Jahrhunderts herausgestellt haben. Diese Fundstelle auf der Zlaken (slawischer Bergname) gab der Vermutung Nahrung, dass sich hier vor einigen Jahrhunderten eine Alm befunden haben könnte. Im Gegensatz zur Karlalm, wo vier fundführende Schichten zutage getreten sind, gibt es auf der Zlaken unter dem Humus nur eine ca. 30 cm starke Schicht, in der ausschließlich Weißhafnerware anzutreffen war. Dies weist auf eine relativ kurze Almwirtschaft vermutlich nur im 15. und 16. Jahrhundert hin. Für diese Zeit geben folgende Eintragungen in den Aflenzer Marktgerichtsprotokollen für Zlaken und Mitteralm einen Hinweis. Für das Jahr 1589 steht vermerkt: „Eodem Sein hinfüran die Roß auf die Zlackhen zue treiben vor der Mitter Albfart Jeden verbotten und eingestellt werden per peen [Strafe; Anm. d. Verf.] deß Herrn Verwalters." Damit wurde unter Strafe gestellt, dass die Zlaken als Zwischenweide für Pferde genutzt wird, die auf die Mitteralm getrieben werden. „Item ain Jeder Albmaister soll hinfüran Järlich auf die Mitteralbm achtung geben." Es wurde also jedem Almmeister aufgetragen, jährlich

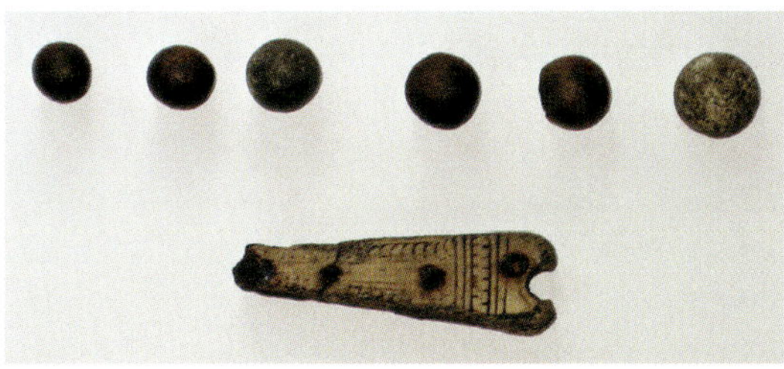

Sechs Tonkugeln, vermutlich von einem Murmelspiel und Besteckgriff aus Bein

© Karl Friedl

Der Kreis stellt den Platz eines alten Kohlenmeilers dar.

Rechts: altes Hüttenfundament auf der Karlalm

beide Fotos: © Fritz Bayerl

die Einhaltung dieser Verordnungen auf der Mitteralm zu kontrollieren.

Zufällig fällt diese Verordnung in das gleiche Jahr, in dem Clobucciarich seine Skizzen vom Hochschwab machte. Hier fällt auf, dass sowohl die Mitteralm, der Zlaken, aber auch die Staritzen schon namentlich benannt sind, der Hochschwabgipfel selbst aber noch namenlos ist. Daran sieht man auch die Wertigkeit der Almen und die relative Bedeutungslosigkeit von Berggipfeln in dieser Zeit.

Elchfund am Hochschwab

Am 9. September 1973 wurden oberhalb der Häuslalm Latschen gehackt und dabei geschah das „glückliche" Malheur, dass jemandem ein Hut in eine Schachthöhle gefallen ist. Da auf dem Hut viele wertvolle Abzeichen angebracht waren, lag dem Besitzer sehr viel daran, wieder in den Besitz des selbigen zu kommen. Der gerade anwesende Höhlenforscher Walter Siegl ging auf das Angebot des Hutbesitzers ein, für zwei Liter Wein den Hut zu bergen. Nach ca. 40 Metern bekam der Schacht eine 60°-Neigung und verengte sich. Vor der Verengung war der Boden bereits mit Latschenresten und Knochen übersät. Höhlenforscher Fritz Bayerl stieg als Erster über Geröllstufen die restlichen 5 bis 6 Meter weiter hinab und erblickte – ein Elchhaupt. 27 Jahre später wurde eine C14-Altersbestimmung durchgeführt und die Analyse ergab, dass der Elch ca. 330 v. Chr., also zur Zeit Alexanders des Großen, in den Schacht gestürzt war. Das Klima war damals noch viel milder und die Verbreitung von Elchen bis nach Südtirol war keine Seltenheit.

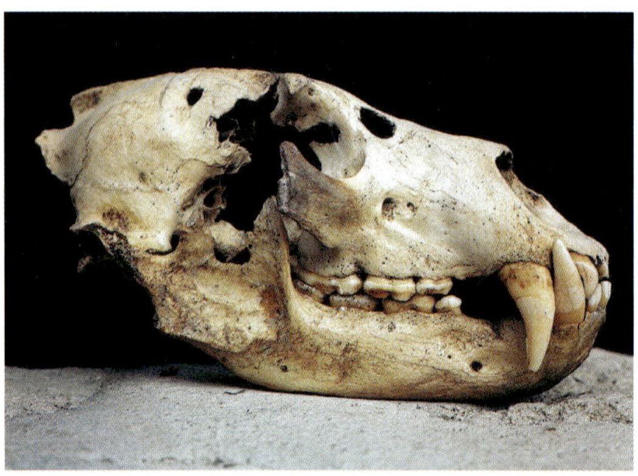

Bärenschädel mit Kampfspuren

© Fritz Bayerl

Fund einer eisernen Pfeilspitze und von Höhlenbärenknochen

Eigentlich wollte der Höhlenforscher Fritz Bayerl nur eine Blume aus einem besonderen Winkel fotografieren und dazu musste er einige Grasbüschel auszupfen. Dann war noch ein Stein im Weg, der weggeräumt werden musste. Dabei kollerten ihm gleich einige weitere Steine entgegen und siehe da, dahinter verbarg sich eine Höhle. Das Ganze spielte sich am 11. Mai 1963 an der Südseite des Feistringsteins in 1675 Meter Seehöhe, unterhalb der Roten Rinne ab. Fritz Bayerl hatte damit die ehemalige Wohnhöhle von drei Braunbären entdeckt.

Bemerkenswert an dem Fund war, dass ein Bärenschädel Kampfspuren am Schläfenbereich aufwies und die drei Schädel wie rituell bestattet beieinander lagen. Zusätzlich konnte eine eiserne Pfeilspitze sichergestellt werden. Diese Pfeilspitze ist das erste Zeugnis der Jagd im südlichen Hochschwabgebiet. Datiert wird der Fund in das 9. oder 10. Jahrhundert n. Chr.

Abschied vom Hochschwab und immerwährende Rückkehr

Der Hochschwab, das ist für mich nicht nur der Gipfel selbst, auch nicht die prächtigen Almen und gut geführten Almhütten, Hochschwab, das sind für mich vor allem die unentdeckten Schluchten, Kare und die abgeschiedenen Hochflächen, wo nur noch Mauerreste von einer längst aufgelassenen Almwirtschaft und begrünte Hügel von einstiger Köhlerei zeugen. Wer das einmal gesehen hat, will immer mehr vom Hochschwab entdecken und erfahren.

Für mich persönlich waren die Berichte von Peter Rosegger über das Hochschwabgebiet sehr inspirierend. Deshalb möchte ich hier abschließend die Gelegenheit nutzen und Roseggers Aufzeichnungen über die „Höll", ein Tal im Hochschwab, wiedergeben:

... *Die Glücklosen jagen, die Verlorenen irren draußen in der „großen Welt". An den Lehnen dieser Kare wachsen Bäume und weit davon steht eine Köhlerei. Die paar Leutchen daselbst, hablos wie das Murmeltier, schwarz von außen wie der Teufel, tragen kein Hemd auf dem Leibe.*

So hat jener König also in diesem Felsentale das Hemd des Glücklichen gefunden. Da war es, wo mir jener Mann begegnete, der vor wenigen Jahren noch eine halbe Million besessen hatte. Ein armer Bursche aus dem Waldlande, war er durch Glücksspiel rasch zu Gelde gekommen. Nun hub er an und trat den Erdball stolz mit acht Füßen seiner jungen Pinzgauer Hengste und ließ es hoch hergehen und erschöpfte die Freuden der Welt und sich selber.

Durch den Komfort abgestumpft, abgespannt, ging er auf Reisen, zog durch Amerika und Asien und überzeugt sich, daß die Erde kugelrund ist. Die Erde ist ein Spielball – das langweilt. Der Mann kehrte zurück in die Heimat, da spielte man mit Geld und Ehre – er tat wacker mit.

Ein wenig über's Jahr war's nun her, seit er alles verlor nur des Vaters Erbe, die Ehre nicht. Als blutarmer Mann, kehrte er in das Gebirge zurück, wo er jetzt Kohlen brennt und des Tages dreimal seine Ziege melkt. Das ist einmal Einer der über der Welt Luftrausch das Jodeln und Jauchzen nicht vergessen hat. Kohlenrauch ist ihm jetzt lieber, als der Mammon, der die Köpfe benebelt. Wenn von „Millionen" die Rede ist, so schlägt er mit Stein und Schwamm Tabakfeuer, schüttelt den grauenden Kopf und meint: „Millionen? Ist nichts dahinter."

Solche Leute fand ich hier, und da dachte ich wohl an den Spruch meiner Großmutter: „Die Höll' ist nicht so heiß, als sie die Pfaffen heizen."

Skizze: Richard Püttner aus Rosegger, Peter: Wanderungen durch Steiermark und Kärnten. Stuttgart. S. 15

Zwerg Heil

Mit Kind und Kegel auf den Hochschwab

>> Lene Wolny

Von Abenteuern mit der Berg-Rikscha, frischem Wind in den Alpenvereinshütten und der Erfahrung, wo das Kinderparadies wirklich liegt.

Motivation ist die Mutter aller Ideen, auch der weniger guten. Wenn der Papa gerade Gäste im Himalaja führt, die Freunde mit Reproduktion und Babypflege beschäftigt sind, oder sich für sechs Wochen mit dem Campingbus in die Pyrenäen verabschiedet haben, und der Opa aus Prinzip nur im Herbst wandern geht, müssen Mama und Kind eben alleine losziehen. Ein Bericht über den Hochschwab fürs Alpenvereinsjahrbuch soll es werden. Der Plan: Fünf Tage Wandern mit Kind und Kegel von Seewiesen nach Tragöß. Die Lösung: Eine Berg-Rikscha, damit Mama nicht unter der Last von Essen, Gewand, Windeln und Kind zusammenbricht. Besagtes Gerät ist eigentlich ein Fahrradanhänger, der mit einem extra erwerbbaren, viel versprechend titulierten „Trekking-Set" zum Zugwägelchen umgebaut wird, in das sich Mama als Zugtier einspannen kann.

Erster Versuch oder Wege sind zum Gehen da

An sich eine tolle Sache. Ideal für das Hochschwab-Plateau, denke ich, wo es ja eh nur flach dahingeht. Das tut es auch, den ganzen Weg von Seewiesen bis zum Bösen Wald. Dann ist die Forststraße aus. Weiter geht es über Steine und Wurzeln, die mir bisher nie so richtig aufgefallen sind. Wenigstens schläft das Kind selig, egal wie holprig es ist. Langsam quält sich das Mama-Zugtier weiter. Erinnerungen an ein früheres Leben als Goldgräber werden wach. Damals war diese Schinderei ganz normal, sage ich mir. Wie sonst hätte man das Golderz vom Sonnblick ins Rauris bringen können? Die Blicke der entgegenkommenden Wanderer sind besorgt. Normalerweise, wenn ich mit dem Söhnlein in der Babytrage unterwegs bin, heißt es „Jö schau, der hat es gut!" Heute begegnet uns – betretenes Schweigen. Ein Lehrer, der mit einer Schulklasse herunterkommt, fragt vorsichtig: „Geht das?" Ich nicke mit hochrotem Schädel und versuche zu lächeln: „Derweil schon noch …"

Drei Stunden sind wir unterwegs, dann erreichen wir die Schotterreise kurz vor der Florlhütte. Sohn Till ist inzwischen aufgewacht, ausgestiegen und spielt mit Steinen am Wegesrand, oder auch in der Wegmitte, direkt vor dem Wagen. Zur Sicherheit setze ich ihn wieder in die Rikscha und biege um die abschüssige Kurve. Plötzlich kippt

Schöner als im Heimatfilm: der vor der Kulisse der Ebensteine gelegene Boden der Sonnschienalm. Insgesamt fünf Halter mit ihren Kühen verbringen den Sommer dort oben.

© Herbert Raffalt

Die Berg-Rikscha und ihr Zugtier: dem Tempolimit im Voisthalergassl (rechts) begegnen sie gelassen. Die Herausforderungen liegen für sie anderswo.

© F. Mild/Lene Wolny

der Wagen nach hinten, das angeschnallte Kind liegt verdutzt am Rücken und mir wird klar: Jetzt kehren wir um. Das Gewitter bricht freundlicherweise erst los, als wir schon fast bei der Busstation sind. Nach einer Stunde kommt sogar noch ein Bus – der letzte für heute …

Zweiter Versuch: Mama wird flügge

Freundin Julia sitzt neben ihren strampelnden Zwillingsbabys auf der Wiese und sieht mich nachdenklich an. Till bewirft ihren älteren Sohn Daniel gerade mit Sand. „Klar kannst du die Buckelkraxe haben. Aber vom Schiestlhaus bis zur Häuslalm ist es weit." Außerdem ist genau für diese Tagesetappe eine Kaltfront angesagt. Einen ganzen Tag am Schiestlhaus verplempern hieße, noch mehr Windeln und Essen einpacken. Wurscht, wird schon gehen, denk ich mir und nehm die Buckelkraxe mit. Doch das Gepäckfach ist verdammt klein und am Tag der Abreise beschleicht mich ein mulmiges Gefühl. Dann kommt die rettende Idee: Opa anrufen und zum Babysitten verurteilen. Das Kind ist nun ja schon über eineinhalb und wird die erste Nacht ohne Mama überleben. Diese geht alleine auf die Voisthaler Hütte, mit leichtem Herzen und leichtem Gepäck. Nur der Busen wird schwer werden, denn Till wird noch gestillt, was den Zeitrahmen einschränkt: raufgehen, übernachten, runtergehen.

Der Ordnung halber: Dieses Abenteuer passiert freiwillig. Mama liebt die Berge und der Arbeitsauftrag für den Alpenverein ist eine willkommene Ausrede, trotz aller Widrigkeiten mal wieder an die frische Luft zu kommen.

Gesagt, getan. Mit dem Auto nach Seewiesen, hurtig in den Bösen Wald und dann beschwingt bergauf. Ich erkenne jeden Stein und jede Wurzel wieder. Ja, hier ist der Wagen stecken geblieben. Und hier auch. Und hier bin ich durch den Wald ausgeschert … Über die Schotterreise und dann eine Trinkpause mit herrlicher Aussicht über das Seetal. So macht Wandern Spaß. Während ich Ameisen mit Speck füttere, entdecke ich eine Gams gleich unter mir im Hang. Ziemlich unbeeindruckt schaut sie mich an. Fotografieren lässt sie sich lieber nicht. Es tut gut, alleine in der Natur zu sein. Die Gedanken werden luftig, das Herz wird weit. Gewaltige, stumme Felswände ragen würdevoll rechts und links des Tals auf. Hab keine Eile, scheinen sie zu sagen. Was ist schon Zeit? Schau uns an, wir sind hier seit Tausenden von Jahren. Und doch werden auch sie eines Tages verschwunden sein. Abgebröckelt und in den Schuttkegel gerieselt sein, der am Fuß der Bösen Wand an die Vergänglichkeit erinnert. Wasser in seinen vielen Formen ist die schöpferische Kraft unseres Planeten. Wasser ist Anfang und Ende. Das Meer hat den Kalk geboren, aus dem das Gebirge entstanden ist. Regen, Schnee und Eis tragen es langsam wieder ab.

Ohne Wasser kein Leben. Das gilt ganz besonders für den Hochschwab. Durch die Karstland-

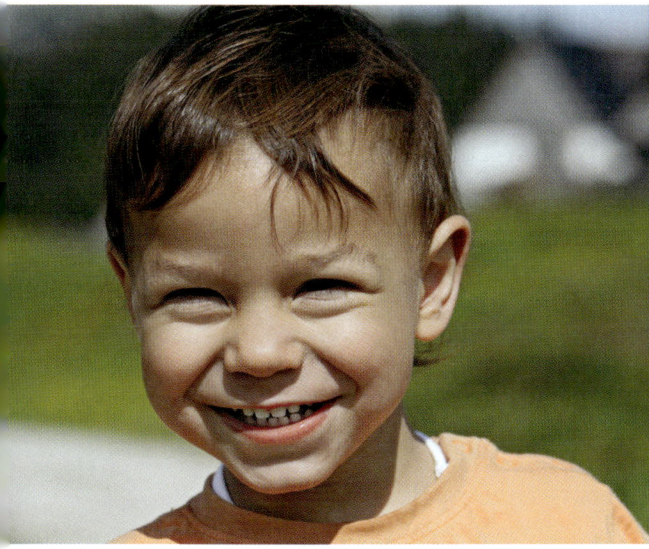

„Kuh ist da! ..." – für Bergzwerg Till ist das Leben auf der Alm eine Wunderwelt, in der es ständig etwas zu entdecken gilt. Die Neugierde beruht auf Gegenseitigkeit: Das unbekannte Fahrobjekt regt die Kühe zur friedlichen Kontaktaufnahme an.

© Lene Wolny

schaft, in der das Regenwasser rasch in den Dolinen versickert, ergibt sich das Paradox, dass zwar halb Wien und Graz von hier aus mit Trinkwasser versorgt werden, die Almen und Hütten am Hochschwab selbst aber stets unter Wasserknappheit leiden. Sparsamkeit und achtsamer Umgang mit dem Lebenselixier sind gefragt – auch auf der Voisthaler Hütte. Wie ein kleines Alpenschloss thront sie über der Unteren Dullwitz. Schon den ganzen Weg herauf begegnen mir laufend alte Bekannte: Wilde Möhre, Trollblume, Klappertopf. An jeder Biegung ruft sich eine neue Blume in Erinnerung: Akeleiblättrige Flockenblume, Hornklee, Hornkraut, Berganemone, Alpenhahnenfuß, Türkenbundlilie, Himmelsschlüssel und buchstäblich auf den letzten Metern vor der Hütte mischt sich auch noch das Quirlblättrige Läusekraut dazu. Am Hüttenfensterbrett gibt es einen kleinen Kräutergarten mit Rosmarin, Basilikum, Schnittlauch, Majoran und Petersilie – der ganze Stolz von Hüttenwirt Thomas Panhölzl.

Der fesche Mittdreißiger sieht eher aus wie ein DJ als wie ein Hüttenwirt. Flink, freundlich und professionell flitzt er in Lederhose und Voisthalerhütten-Leiberl über die Terrasse und liest seinen Gästen jeden Wunsch von den Augen ab: „Mir ist wichtig, dass sich die Leute hier heroben wohl fühlen." Es ist seine erste Saison auf der Hütte, nachdem der alte Langzeitwirt Hans nach 23 Jahren in Pension gegangen ist. Thomas ist nicht nur hoch motiviert, sondern versteht auch was vom Geschäft. Er hat in Wien auf der Wirtschaftsuni Tourismuswirtschaft und Management studiert, hatte ein Lokal in Wien mit 800 Sitzplätzen und 50 Mitarbeitern. Davor war er viel auf Saison in Lech, Bludenz und im Ötztal. Von seinem dortigen Job als Sommelier und Restaurantchef hat er die Liebe zum guten Wein mitgebracht: Chardonnay, Gelber Muskateller, Welschriesling, St. Laurent und Zweigelt warten im „Hüttenweinkeller" auf Genießer. Manchmal bringen ihm Bekannte auch ein Fläschchen mit, so wie den Umathum St. Laurent 2011, der uns durch den heutigen Abend begleiten wird. „Hmm. Der ist noch jung, der braucht Luft. Man merkt die Milchsäure", lautet der Kennerkommentar beim ersten Glas. Mir schmeckt er trotzdem.

„Hier hab ich zwar mehr Stunden als in Wien, aber weniger Stress. Außerdem wollte ich was für die Region tun, aus der ich komme, und es ist eine schöne, abwechslungsreiche Arbeit", findet der gebürtige Oberaicher. Für Thomas gibt es immer was zu tun – sei es eine geborstene Wasserleitung, ein abgesprungenes Materialseilbahnkabel oder die „Rettung" einer jungen Wanderin aus dem Schiestlhaus. „Es war Mitte Juni, es herrschte tagelang Schneesturm und das Mädchen hatte Brech-Durchfall. Sie war vier Tage auf dem Schiestlhaus, dann haben der dortige Hüttenwirt Christian und ich sie ins Tal begleitet." Selbstverständlich hat Thomas eine Rot-Kreuz-Ausbildung. Die Voisthaler Hütte ist auch ein Bergrettungsstützpunkt

Wie ein kleines Alpenschloss thront sie über der Unteren Dullwitz: die Voisthaler Hütte, hier vom Ochsensteig aus gesehen.
© Herbert Raffalt

und dank Funk und Richtantenne immer gut erreichbar. Sogar eine Internetverbindung über Bluetooth bringt Thomas zustande und katapultiert das über hundert Jahre alte Schutzhaus damit in die Neuzeit. „Manche Reservierungen kommen über Facebook rein, das ist überhaupt kein Problem."

Verhältnismäßig modern ist auch das Trockenklo (wehe dem, der es Plumpsklo nennt!), das seit 2006 die kleinen Geschenke der Gäste innerhalb von drei Wochen in Kompost verwandelt. Dazu wird die Flüssigkeit von den Feststoffen abgeschieden und durch eine Bakterienkläranlage geschickt. Weil der gesamte Hochschwab Wasserschutzgebiet ist, muss Thomas jede Woche genau kontrollieren und hin und wieder umrühren. Auch das Saubermachen der Klos und Zimmer übernimmt Thomas selbst, während Köchin Rita das Essen zubereitet: „Kloputzen und dann in die Küche gehen, das passt nicht zusammen."

Halbe-halbe also auf 1654 Meter Seehöhe – das macht den Generationswechsel perfekt. Zum Essen gibt's neben Bodenständigem wie Schweinsbraten aus dem Tischherd, Kasnocken oder Gulasch, Krapfen oder Apfelstrudel, auf Wunsch auch vegane Gemüsesuppe. Das typische Bergsteigerfrühstück seines Vorgängers hat Thomas modernisiert. Jetzt gibt es ein Frühstücksbuffet mit Kaffee ohne Ende, knackigen Paprika und Tomaten, Wurst, Käse und frisch aufgebackenem Brot, wer möchte sogar glutenfrei. Ausgeschlafen und angegessen machen sich die zufriedenen Gäste nach dem Frühstück auf zum Hochschwabgipfel, zum Klettern in die Südwand, oder zurück auf die Fölzalm. Nur eine muss trotz strahlend blauem Himmel wieder ins Tal hinunter, zurück zu ihrem ganz persönlichen kleinen Sonnenschein.

Dritter Versuch: Alles wird gut

Zwei Tage später packt die Mama, inzwischen schon routiniert, die Berg-Rikscha ins Auto. Couscous, Maisbrot, Äpfel, Vollkorn-Mannerschnitten, Windeln, Hosen, Jacken, Hüttenpatschen, Leiberl, Bodies, Sonnencreme nicht vergessen und was Kind sonst noch alles braucht. Das ganze Zeug im blauen Ikeasack verstaut und ab geht die Post. „Sonnschienalm – wir kommen!" Diesmal läuft zum Glück alles glatt. Die im Ersten Weltkrieg von gefangenen Soldaten gebaute „Russenstraße" ist rikschatauglich. Flott geht's dahin, kein Vergleich zum letzten Ausflug. Das liebe Kind schläft den ganzen langen Weg hindurch und die entgegenkommenden Wanderer verhalten sich beruhigend: „Jö schau, dem geht's gut!" Offenbar sind wir auf dem richtigen Weg. Kehre für Kehre schrauben wir uns hinauf, die steilen Felswände des Pribitz lassen einen rätseln, wo da wohl die Straße weitergeht. Dann sind wir plötzlich oben, biegen ums Eck und da liegt sie vor uns, wie im Heimatfilm: die Sonnschienalm. Till wacht auf, steigt aus dem Wagen und schaut sich Augen reibend um. Dann ruft er aufgeregt: „Kuh ist da! ... Muh!" Immerhin, für ein Stadtkind kein schlechtes Bildungsniveau.

Die Sonnschienhütte liegt romantisch mitten auf der Alm. Dahinter erheben sich kulissenhaft der Kleine und Große Ebenstein. Kühe grasen zwischen Almhütten, dazwischen schlängelt sich eine Schotterstraße dahin. Hüttenwirt Dietmar Hirschegger begrüßt uns lächelnd und mit festem Händedruck. Er und seine Partnerin Franziska Grabmair haben die Sonnschienhütte im Mai 2012 übernommen. „Eine Hütte zu haben, war immer mein Traum. Eigentlich wollte ich ja das Meranhaus auf der Veitsch. Dann ist es doch die Sonnschienhütte geworden." Mit der ehemaligen Wirtin des Meranhauses an seiner Seite ist aber zumindest ein Teil von Didis Traum wahr geworden. Zuvor hat der gelernte Fleischhauer 24 Jahre lang als Bereichsleiter feuerfeste Kleidung für Hochöfen hergestellt, war 20 Jahre lang bei der Bergrettung und privat viel auf Hütten. Für Franziska ist es schon die dritte Hütte. „Man stellt es sich anders vor, als es ist", gibt Didi unumwunden zu. „Ich hab's ihm eh gesagt", schmunzelt Franziska. Im Sommer arbeiten sie jeden Tag 16, 17 Stunden. Dafür ist der Winter ruhiger, die Hütte nur am Wochenende geöffnet.

Das große Problem auf der Sonnschienhütte ist die chronische Wasserknappheit. Zwar gibt es zwei spärliche Quellen in der Nähe, doch ihr Wasser kann man nicht trinken. „Es ist zu viel Oberflächenwasser dabei. Bei den jährlichen Tests sind immer Kolibakterien drin", erklärt Didi. Also wird das Wasser durch eine Entkeimungsanlage gepumpt und aufwändig gereinigt. Für den Liter Trinkwasser muss der Wirt deshalb 1,50 Euro verlangen. Auch das Regenwasser wird aufgefangen und zum Klospülen benutzt. „Das Wichtigste ist, dass die Klospülung noch geht", setzt das Wirtsleutepaar erfahrungsgemäße Prioritäten. Normalerweise reicht das Wasser auch für eine Katzenwäsche im Waschraum. Duschen gibt es keine, außer einem Provisorium für den Privatgebrauch. „Wir *müssen* sogar einmal pro Woche duschen, schreibt das Hygienegesetz vor", lacht Franziska augenzwinkernd. Einmal sei schon ein splitternackter Mann in ihrer Dusche gestanden.

Das Leben auf der Alm

Das Leben auf der Sonnschienalm ist spannend und bietet seltsame Kontraste. Einerseits führt eine Straße bis vor die Hütten und ein Kanal ins Tal. Andererseits gibt es weder Strom noch genügend Wasser. Alle Lebensmittel müssen Didi und Franziska selbst mit dem Auto heraufbringen, denn für einen Laster ist die Russenstraße zu schmal. „Zu Pfingsten ist uns letztes Jahr das Bier ausgegangen. Da hat die Bergrettung von Tragöß einen Großeinsatz gehabt und 40 Kisten Bier heraufgeschleppt." Im Winter ist die Sonnschienalm nur per Ski erreichbar. Dann trägt Didi jedes Wochenende 40 kg Verpflegung herauf. „Oft lassen wir auch das Auto unten offen stehen und hängen einen Zettel drauf, Bitte Lebensmittel mitnehmen. Danke – Sonnschienwirt'. Das dauert dann meistens nur einen Tag und alles ist heroben", lobt Didi seine Gäste. Die kommen im Winter aus der Gegend und im Sommer von überall. Viele Wiener, Tschechen und Ungarn, auch Amerikaner, Schweden, Franzosen und Israelis waren schon hier. „Die Wiener sind gute Gäste, essen und trinken viel, haben aber meistens wenig Zeit. Dafür sind die Weitwanderer total gemütlich drauf", lautet das Resümee.

Auch um uns kümmern sich Didi und Franziska rührend. Trotz vollem Haus darf die Mama in der Küche Babyessen zubereiten, während Franziska, die Till liebevoll „Omi" nennt, den Buben mit einem Memory-Spiel aus Holz unterhält und ihm das Feuer im Tischherd zeigt. „Feuer ist da! Heiß!" lautet sein Kommentar aus respektvoller Entfernung. Franziska ist ein alter Hase im Hüttengeschäft und schupft die Kocherei für bis zu 300 Tagesgäste mit links. Ein riesiger Topf köstlich duftendes Hirschragout blubbert am Gasherd, im Rohr brutzeln zwei stattliche Schweinsbraten und ganz nebenbei wird gerade eine neue Gulaschsuppe aufgesetzt. Ganz oben auf der Hitliste der Gäste stehen die Linsen mit Knödel, die es mit und ohne Speck gibt. Den Topfen für den hausgemachten Strudel holt Franziska von Uschi, der Halterin auf der benachbarten Almhütte. Uschi hat sechs Kühe und fünf Schweine, mit denen sie in der Früh oft spazieren geht. Beim Melken und Buttern dürfen die Kinder zuschauen und gleich ein warmes Rahmkoch mit Zimt und Zucker kosten. Von den Schweinen ist auch Till schwer beeindruckt, die Milchkuh fasziniert ihn weniger. Ist doch nichts Besonderes, Mama gibt auch Milch, scheint er zu denken.

Insgesamt fünf Halter mit ihren Kühen verbringen die Sommer auf der Sonnschienalm. In viele der Almhütten kann man einkehren und das einfache Dasein von früher erleben. „Auf der Alm findet man wieder zu sich selbst", sagt Franziska, „wenn man mal nicht alles hat und es zulässt, dass man wegkommt vom Konsumrausch." Für Kinder ist die Sonnschienalm eine Wunderwelt, in der es Vieles zu entdecken gibt, nicht nur den romantischen Sackwiesensee. Als wir uns nach drei Tagen wieder ins Tal verabschieden, umfasst Tills Wortschatz einige neue Vokabeln: Schwein, Berg, See, Wandern und Grias Di kann der Bub jetzt fehlerfrei anwenden. Auch die Mama hat etwas gelernt: Wo Trekking draufsteht ist nicht immer Trekking drin. Und das Kinderparadies liegt auf der Alm.

Ein Hüttenwirt der „Next-Generation" – der erfahrene Gastronom und studierte Wirtschaftler Thomas Panhölzl hat die Voisthaler Hütte aus Überzeugung übernommen: „Ich wollte etwas für die Region tun, aus der ich komme."

© Lene Wolny

Das senkrechte Klassenzimmer

Klettern am Hochschwab

>> Elisabeth Heydeck

Seit über 100 Jahren schreibt der Hochschwab seine Klettergeschichte. Ende des 19. Jahrhunderts bereits wird er das Wohnzimmer der Gilde zum groben Kletterschuh. Die Wiener Turner Gruppe kommt, die Grazer Turner Gruppe kommt, die Wände werden schwerer, die Linien direkter. In den 1930er-Jahren kratzen Fritz Sikorovsky, Raimund Schinko und Adolf Bischofberger am 7. Schwierigkeitsgrad, den es damals offiziell noch nicht gibt. Berühmt werden sie anderswo. Für Generationen von Kletterern war der Hochschwab ein senkrechtes Klassenzimmer. Dort haben sie gelernt, was sie können müssen, um „gewichtigere" Touren zu gehen. Und heute? An die tausend Touren führen durch seine Wände, vom gemütlichen Dreier bis zum 9. Schwierigkeitsgrad. Nicht selten ist man als Seilschaft allein in der Tour und immer in einer Kulisse unterwegs, die schöner ist als im Heimatfilm.

Eines gleich vorweg: Wer auf den Hohen Schwab will, muss gehen. Egal ob man von Osten, also Seewiesen kommt, oder von Westen, dem Gasthof Bodenbauer, bis zum Schau- und Genussstück des Hochschwabs ist es immer dreieinhalb Stunden lang. Dann aber ragt die zwei Kilometer lange Südwand bis zu 300 Meter über die verschwitzten Köpfe hinweg und man wird kaum noch fertig mit dem Schauen. Schneefelder am Wandfuß, Platten, Risse, Wasserrillen und ganz oben, auf 2277 Meter, ein Gipfelkreuz. Adler ist keiner zu sehen, obwohl es hier welche geben soll. Dafür zerrt der Wind an den Wolken und nach und nach kommt die Sonne durch. *Himmelsleiter, Zauberlehrling, Seelenwinter, Rambos Dornröschen*. Die Kletterrouten auf den hohen und den kleinen Schwob tragen fantasievolle Namen. Wer den Rückschluss auf die Kreativität der Erstbegeher wagt, liegt nicht ganz falsch.

Wachgebohrt

Fred Schabelreiter hat vor ein paar Jahren seine alte Tour saniert, die seit 1985 „Rambos Dornröschen" heißt. Wie viele der damals jungen Hochschwabkletterer ist er in den 1980ern immer und immer wieder am Einstieg vorbeigegangen, wo am Ende der ersten Seillänge deutlich ein Haken zu sehen war. „So wie ich haben sich wohl alle gedacht, da geht nichts. Wir wussten doch, der Haken stammt von Hilmar Sturm", sagt er. Wir sitzen bequem zu ebener Erd in Krieglach, der Heimat von Peter Rosegger, der ja auch oft oben am *Schwobn* war, wo ihn bekanntlich und dergestalt heftig die Muse geküsst haben muss, dass die Resultate noch von Generationen von steirischen Schulklassen auswendig zu lernen waren. Fred Schabelreiter wird da wohl keine Ausnahme gewesen sein.

In den Hochschwab hat es auch ihn schon früh gezogen. Seil- und Sicherungstechnik aus Büchern gelernt, viel Glück und weniger Wissen gehabt, hat er schließlich seine Leidenschaft zum Beruf gemacht und ist Bergführer geworden. Wenn Fred Schabelreiter den Namen Hilmar Sturm erwähnt, dann tut er das mit Respekt. Denn es handelt sich um jenen Hilmar Sturm, der am Hochschwab für seine Extremtouren im Himalaya und Karakorum trainiert hat. 1982 ist er bei einer Skitour in der Venedigergruppe verunglückt.

„Irgendwann waren wir dann so neugierig und haben es doch probiert, der Repolusk und ich", lacht Schabelreiter und erzählt, dass sie, weil auch wenig Geld zur Verfügung war, selbstgebaute Haken verwendet haben, die nach dem ersten Winter wieder am Einstieg gelegen sind. Von selbst aus der Wand gefallen. Also noch einmal. Der Name der Tour sollte etwas mit Wiedererwachen, Wiedererwecken zu tun haben, und weil Dornröschen allein zu niedlich gewesen wäre, wurde ein Rambos davorgesetzt. Seit ihrer Sanierung im Jahr 2005 ergeht es der Tour wie allen Schönheiten dieser Welt: Einmal wachgeküsst, kann sie sich der Verehrer kaum erwehren. „Wenn das Dornröschen gehst", schwärmt mein Seilpartner, „hast einfach alles: einen nassen Einstiegsriss, einen schlatzigen Überhang, herrliche Platten, traumhafte Wasserrillen und immer kompakten Fels!"

Na dann ...

Wettersteinkalk und Dachsteinkalk, so nennt die Geologie den „kletterfreundlichen" Fels im Hochschwab, der sich in bis zu 1000 Meter hohen Steilwänden aufbaut und über ein Gebiet von 400 Quadratkilometern erstreckt. Vom Pfaffenstein, dem Eisenerzer Hausberg, dem Hochturm und der Griesmauer mit dem „Fledermausgrat" im Westen bis zum steirischen Seeberg im Osten. Dazwischen ragt die östliche Hundswand mit dem „Bodenbauerweg" und einem schier endlosen Quergang, dem „Highway" auf. Dahinter steht der Zinken mit einer der längsten Touren im Hochschwabgebiet, dem „Zinkenecho". Der große Beilstein, wo es mit der Ostkante eine der vielen ebenso schönen wie beliebten Touren von Helga und Rudi Lindner gibt. Die Stangenwand, die Dachstein-Süd des Hochschwabgebietes. Die Meßnerin, durch die alte alpine Linien führen. Die Riegerin mit der „Glückspilz". Der G'hacktstein mit dem „Glückskind". Der Wetzsteinkogel mit seinem südseitigen Plattenpanzer, über den sich Tour um Tour erschleichen lässt, wobei die „Huibuh" mit einem äußerst fotogenen Quergang aufwarten kann.

Im Süden stehen der Große und der Kleine Festlbeilstein, die es jeweils der Kante entlang zu überschreiten gilt, die Karlmauer und der Westliche Edelspitz, geeignet für eine Nachmittagstour, wenn man auf der Voisthaler Hütte wohnt, und der Kleine Winkelkogel, der Gratkletterern beeindruckende Ausblicke garantiert. Auf die Höllmauer, nördlich davon, führen unter anderen zwei zu Klassikern gewordene Wege hinauf, der „Hauseg-

Die Stangenwand, hier mit der knapp 300 Meter hohen Westwand, gilt als die Wand der Wände im Hochschwab. Durch sie führt eine höchst selten begangene Route (6+/A4) von Lindner, Thausing und Schleifer aus dem Jahr 1965. Der Fels? Laut Erstbegeher einerseits sehr kompakt und hakenfeindlich, andererseits tonnenschwere labile Schuppen ...
© Rudi Lindner

Hochschwab-Südwand: Zwei Kilometer kompakter Klettergenuss

Rechts: Helga Lindner in „Rabenvieh", einem aalglatten Plattenschleicher (8–) an der Hundswand

Alle Fotos auf dieser Doppelseite © Rudi Lindner

gerpfeiler" und der „Kasparekpfeiler". Wer allerdings eine der schwersten Touren im Hochschwab klettern will, muss auf die Schartenspitze. Die Gruber-Buam, also Ernst und Roman Gruber, haben dort, 1994 die „Dornenvögel", eine Linie im unteren 9. Grad rotpunkt begangen und für Liebhaber extrem rauer Tropflöcher eingebohrt.

Zwischen all diesen Gipfeln, Graten und Türmen zieht sich der Hochschwab mit seinem kleinen Bruder als Wandflucht dahin. Im Hauptteil der Wand gibt es unten einen markanten schwarzen, meist nassen Riss. Das ist der Einstieg zu „Rambos Dornröschen". Gemeinsam mit dem vorhin erwähnten schlatzig-moosigen Überhang könnte er die Dornenhecke sein, die es zu überwinden gilt. Danach folgen Platten und Wasserrillen, ein kurzer Quergang, der Wasserriss und auf Schrofen am Ende der siebten Seillänge das Wandbuch. Der Hans und ein Unleserlicher waren hier, eine Seilschaft aus Graz, jemand hat eine Sonne hineingezeichnet, andere finden die Tour „super!!!!", „toll!!!" „wunderschön!!!"

Dem ist nichts und vieles hinzuzufügen, also stehen am Ende zwei neue Namen drin. Eines vielleicht noch: „Rambos Dornröschen" ist eine Tour, in der man sich wohltuend verlieren kann und in die man sein Klemmkeil- und Friendsortiment mitnehmen soll. „Keine Rasterbohrung", sagt Fred Schabelreiter und meint damit: gebohrte Stände, Bohrhaken dort, wo keine Möglichkeit besteht, selbst abzusichern und an schwierigen Stellen.

Die Routen sollen dadurch ihren alpinen Charakter bewahren. Was die einen Kletterer freut, weil sie wieder einmal eine Sanduhr fädeln dürfen und ihr Friend- und Keilesortiment zum Einsatz kommt, verleitet andere, über „unnötige Runouts" zu klagen.

Sanierungsphilosophie

Wer keine Kletterautobahn und somit kein Kletter-Fastfood mag, ist im Hochschwab genau richtig. Wer perfekt abgesicherte Routen bevorzugt, ist es auch. Zwei auf die Schnelle: Pfaffenstein Südwestkante (5) und die „Plüschkückenparade" (6+) auf den G'hacktstein. Was Fred Schabelreiter aber viel mehr am Herzen liegt, ist das Wiederbeleben der alten Touren. So wurden – auch hier seien zwei Beispiele aus der Hochschwab-Südwand genannt – der „Baumgartnerweg" (3+) aus dem Jahr 1920 und der „Güntherweg" (4–5) aus dem Jahr 1928 alpin saniert. „So werden auch diese Touren wieder in das Bewusstsein der Kletterer gerückt und ein Stück der alpinen Geschichte des Hochschwabs wiederbelebt." Und diese alpine Geschichte ist lang und variantenreich.

Kaum etwas hält sich hartnäckiger als Gerüchte. So wie jenes beispielsweise, dass August von Böhm der Erfinder von „Berg heil" gewesen ist. Zweifelsohne war er eine gewichtige Stimme des Alpinismus zu jener Zeit. 1881 veröffentlicht er den ersten Führer zum Hochschwabgebiet. Ein Jahr davor schreibt er im Urahn der heutigen Alpenver-

Die Beilstein-Ostwand bietet drei begehrte Klassiker von Rudi und Helga Lindner: die im Jahr 1965 erst spät entdeckte Genusskletterei der Ostkante (4+), den mit 6/A2 oder frei 7+/8– alpin anspruchsvollen „Weg der Jugend" und die Route „Zwischen Kamin und Kante" (6).

Links: Der Sonne entgegen – die direkte Westkante (7–) auf die Schartenspitze ist etwas für heiße Sommertage.

einszeitschrift von Hunderten von Touristen, die 1882 in den Hochschwab gefahren sind. Weil auch so viele Wiener Alpinisten kommen, folgert von Böhm: „... dass man den Hochschwab mit Fug und Recht in die Reihe der Schul- und Übungsberge einreihen kann." Wurden damals also schon Bänke und Tafeln, Kreide und Lineal in Form von Hanfseil und Rucksack in das senkrechte Klassenzimmer geräumt? Fest steht, dass am 21. September 1884 das Schiestlhaus feierlichst eröffnet wurde und Karl Domenigg (auch so eine Legende) Glückwünsche aus dem Südtiroler Rosengarten telegrafierte. Die Wiener Alpine Gesellschaft „D'Voisthaler" kümmert sich indes um das Wegenetz und eröffnet 1889 ihre Hütte. Zur Feier wird ein Begrüßungszug von Wien nach Aflenz eingerichtet. Das Bürgertum des 19. Jahrhunderts hat seine Berge entdeckt und die Zeit der Bergfahrten beginnt.

Aus dem Geschichtsbuch

Der Schwierigkeitsalpinismus setzt bekanntlich dann ein, wenn die Gipfel erobert sind. Das ist der Augenblick, wo das Geheimnis der Höhe den Herausforderungen von unbekannten Wegen weicht. Das gilt für die Geschichte des Alpinismus im Großen und meist auch für die Geschichte des einzelnen Bergsteigers persönlich. Auch der Grazer Historiker und Sportwissenschaftler Karl Friedl hat zuerst die Gipfel bestiegen, bevor er sie erklettert hat. (Obwohl er doch, laut Selbstdefinition, eher zu den Gehern zählt.) 1999 legt er seine Dissertation zur Erschließungsgeschichte des Hochschwabs vor. 69 Erstbegehungen listet er darin in den Jahren zwischen 1879 und 1905 auf. 125 sind es zwischen 1906 und 1931. Das Sammeln von Daten und Fakten ist Teil der Wissenschaft, das Sammeln von Geschichten auch. So führt einer der vielen Wege zur Geschichte der Hochschwabkletterei in den Keller von Karl Friedls Haus. Alte Tourenbücher, die in schnörkeliger Kurrentschrift minutiös festhalten, wann der Verfasser wo war. Da ist Alfred von Radio-Radis zur zweiten Begehung des Edelspitz unterwegs. Thörl ab 5:50 Uhr, Fölzalm 9:00 Uhr, Edelspitz Gipfel 12:00 Uhr, 7:15 Uhr (abends) wieder in Thörl, danach mit der Bahn wieder nach Wien zurück.

In einer Zeitschrift aus dem Jahr 1893 ist festgehalten, dass Marcus Pierer aus St. Ilgen die Ausbildung zum ersten Bergführer der Region bestanden hat. „Durch die Autorisierung des Marcus Pierer hat das Hochschwabgebiet einen ausgezeichneten Führer gewonnen", steht da zu lesen und weiter, er verfüge über „Lust und Liebe zum Bergsteigen und zur Alpenwelt, große Umsicht, Kaltblütigkeit und Klettertüchtigkeit". Noch im selben Jahr wird dieser Marcus Pierer mit Karl Domenigg die erste Südwandroute auf den Hochschwab gehen. Sie wählen das Rinnensystem diagonal von rechts nach links durch die Wand. (Heute: eine Stelle 3–, meist 2) Karl Domenigg war Mitglied der Grazer Gilde zum groben Kletterschuh. Die Zünftigsten der Zunft hatten sich in ihr vereint. Darun-

ter auch Wolf von Glanvell und Günther von Saar. Alle waren sie Herrenbergsteiger, Adelige und Akademiker. Wolf von Glanvell, der Professor für Kirchenrecht, Günther von Saar, Arzt und Chirurg, Karl Domenigg ab 1905 Vorstand des Österreichischen Gebirgsvereins. Fast jeden Samstagabend traf man sich im Fölzhotel, beim Bodenbauer, in Gstatterboden oder Eisenerz. Günther von Saar war der Tüftler unter ihnen, der die geistige Arbeit beim Finden der Route gleich schätzte wie das Klettern selbst. „Stundenlang im Gras liegen, die Wand betrachten, von allen Seiten und bei jedem Sonneneinfall, so lange, bis die geeignete Linie gefunden war", notiert er und bezeichnet das als den „eigentlich höchsten Genuss, der durch das Gelingen der Tour kaum eine Steigerung erfuhr."

Wolf von Glanvell hält sich mit Fechten fit und wählt als Seilpartnerin nicht selten seine Frau Mary. Zu einer Zeit, da Frauen in der Wand noch „nichts zu suchen" hatten, weil sie die bösen Geister anziehen, sich tagelang nicht waschen könnten oder dort, wo sich ein Mann lediglich einen soliden Rheumatismus zuziehen kann, sie sich wiederum schwerste Unterleibserkrankungen einhandeln, vor denen sie auch die dicksten Wollunterhosen nicht bewahren. (Das mit dem Rheumatismus und den Wollunterhosen hat Karl Lukan in den 1970er-Jahren noch publiziert.) 14 Erstbegehungen macht Wolf von Glanvell im Hochschwab, 150 gemeinsam mit Günther von Saar hier und anderswo. Von den steirischen Bergen fahren sie in die Südtiroler Dolomiten – auch Karl Domenigg ist mit von der Partie. Sie hatten sich im Hochschwab das Können erarbeitet, mit dem sie in der Nordwand des Seekofels, am Campanile di Val Montanaia, in der Ostwand des Cima dei Preti oder in der Fanesgruppe nicht nur Erfolge, sondern auch Aufmerksamkeit und Ruhm einfahren werden.

Die schreckliche Südwand

Der Himmel war grau, an diesem Sonntag im Mai 1905. Nebelschwaden hingen in den Wänden, immer wieder nieselte es. Wolf von Glanvell war 33 Jahre alt und gemeinsam mit zwei Berggefährten zum Fölzstein unterwegs. Franz Kleinhans hatte im Jahr zuvor den Fölzstein-Südostwandweg begangen und sollte nun ihr Führer sein. War es möglich, bei diesen Bedingungen durch die Wand zu kommen? Die Sicht war manchmal keine fünf Schritte weit. Sollte man es wagen oder doch umkehren? Es war feuchtkalt und der Felsen nass. Am Wandfuß hellt es auf und Wolf von Glanvell trifft die Entscheidung, es bis zur Wandstufe zu versuchen. Kleinhans geht über den Normalweg auf der Ostseite zum Gipfel und wartet vergebens auf die Seilschaft. Sie werden wohl zurückgegangen und schon im Wirtshaus sein. Noch in der Nacht beginnt die Suchaktion. Grazer Alpinisten waren eingetroffen, ein Schneesturm fegt über die Berge, die Suche wird abgebrochen. Am Nachmittag des 8. Mai 1905 findet man die Leiche von Wolf von Glanvell. Einen Tag später auch die seiner beiden Kameraden und ein gerissenes Seil.

Günther von Saar schreibt einen Nachruf: „Eine alpine Katastrophe, wie sie unsere heimischen, steirischen Berge noch nie gesehen hat, raffte die Besten hinweg." Danach wird es still im Hochschwabgebiet.

Entdeckung der Langsamkeit

In der Senkrechten bewegt sich der Mensch langsamer als in der Ebene. Das ist ein bekanntes Faktum, das Folgen hat. Denn, ist es nicht die Langsamkeit, die das Erleben intensiviert? Die das Leben selbst in die Nähe dessen rückt, was als erlebte Gegenwart empfunden wird? Langsamkeit, schreibt der ungarische Kunsttheoretiker László Földényi, birgt etwas Archaisches in sich, langsam zu sein, in einer sich beschleunigenden Welt, ist fast eine Art von Trotz. Sie brachte auch John Franklin, den Helden in Sten Nadolnys „Entdeckung der Langsamkeit" an sein ersehntes Ziel. Er hat den Weg nördlich des amerikanischen Kontinentes gefunden, der vom Atlantik in den Pazifik führt. Zugegeben, nun ist eine Felswand nicht das Eismeer und eine Kletterroute nicht die Nordwestpassage, über 5700 Kilometer lang, aber sie ist ein Ort, an dem jeder die Möglichkeit hat, das Leben intensiv zu spüren. „Gibt es ein reineres Glück als diesen intimen Verkehr mit der unverfälschten, unbeugsamen Natur, die uns, die wir ihre Geheimnisse rauben, immer wieder neue und interessante Rätsel zu lösen gibt." Das schreibt Karl Domenigg 1896 über seine Besteigung des Turms. (Imposanter Felsaufbau auf dem Verbindungskamin zwischen Riegerin und Hochschwab-Hauptmassiv.) „Der typische Hochschwabkletterer ist jemand, der einen runden Tag sucht", sagt Fred Schabelrei-

Kletterdorado Winkelkar: Der Kleine Winkelkogel mit dem Nordwestpfeiler, einem Klassiker im 6. Grad von Raimund Schinko und Adolf Bischofberger aus dem Jahr 1932, und dem genussreichen Westgrat (3–4), der in Verbindung mit der Schartenspitze eine der schönsten langen Genusskraxeleien im Hochschwab bildet.

© Rudi Lindner

Fred Schabelreiter, hier im berühmten Quergang der Stangenwand-Südostwand, hat viele Routen am Hochschwab erschlossen.

© Elisabeth Heydeck

Rechts: „Himmelsleiter" (5–): der Klassiker am Hochschwab – beliebt, begehrt, bestaunt. Rudi und Helga Lindner, die diese Route 1971 entdeckten, nannten sie ursprünglich „Wasser ist härter als Stein".

© Rudi Lindner

ter. Wer den Hochschwab kennt, weiß, was er damit meint. Einen Tag mit der Natur. Einen Tag, der nach Baumharz und Almwiesen riecht. Einen Tag, an dem man die kleinen Bergfinken trifft oder die großen Steinböcke oder an dem sich ein Schwarm von blauen Schmetterlingen auf Helm und Seil setzt. Einen Tag, an dem man von oben auf die Welt schaut und beim Abstieg wilde Minze kaut. Einen Tag mit einer steirischen Krautsuppe auf der Voisthaler Hütte, einem monumental großen Stück Torte beim Bodenbauer oder einer Einkehr im hochmodernen Schiestlhaus.

Der gefallene Mönch

Rouge Allure von Chanel muss es sein. Mit Rouge Allure ist man nahe dran an dieser, nennen wir sie „majestätischen Laszivität", die es durchaus zu überdenken gilt, wenn man als Frau eine Route mit dem Namen „Schwarzes Luder" geht. Luder, das ist der Köder für die Jagd. Luder, das ist ein Weibsstück mit (meist) zweifelhaftem Ruf und (immer) hoher Anziehungskraft. Das schwarze Luder ist ein Sprachbild, bei dem die Fantasie hinter rote Samtvorhänge galoppiert und die einzige Tour, während der ich einen Lippenstift trug. Das „Schwarze Luder" (6+) führt durch die Südwand auf den Pfaffenstein, womit wir bei der nächsten Liederlichkeit sind. Wie ein Stiefbruder steht er am Rand der Hochschwabgruppe, der gefallene Mönch, den der Teufel zur Erde warf, wo er zum Hausberg der Eisenerzer geworden ist. Da gibt's die gemütlichen Südwandplatten (4+) im Hauptteil der Wand, die sich einen Bohrhaken mit der rassigen „Mentopolis" (8–) von Kuni Endler teilen. Aber auch rechts tut sich seit einigen Jahren was. Die Tour zwischen dem „Kind des Zorns" (7+) und der „Agent Orange" (6+) ist ebenfalls von Kuni Endler und die hat er eben „Schwarzes Luder" genannt.

Der Weg zu ihr führt über die „Pflicht". Drei Seillängen folgt man dieser Route über schrofiges Gelände, drei Seillängen zum Einklettern, drei Seillängen nie über 4+. Drei Seillängen, und wir haben kleine, blaue Schmetterlinge auf der Hand, auf dem Helm und auf dem Seil. Nach einem kurzen Quergang nach rechts ist die „Pflicht" verlassen und das „Schwarze Luder" da. Wer ihrem Lockruf folgt, wird in wunderbare Platten verführt, in Wasserrillen, gefolgt von der nächsten Plattenflucht. In der letzten Seillänge wartet noch ein griffiger Schuppenriss. Übrigens: Im Wandbuch haben sich ungewöhnlich viele „Mixed Doubles" eingetragen – ob das was zu bedeuten hat?

Vielleicht ist das die richtige Stelle im Text, um endlich ein herzliches Danke auszusprechen. Ein Danke an alle, die ihre Freizeit damit verbringen, schöne Linien zu finden und einzubohren; an alle, die unentgeltlich Altes sanieren und damit nicht nur ein Stück Geschichte bewahren, sondern auch ein Stück Sicherheit garantieren. Ein Danke an den Richter Tom, an den Friedl Jo, an den Stefan Lieb und an alle, die hier ungenannt bleiben – sie mögen verzeihen. Ein Danke an Rudi und Helga

Lindner, die mehr als zwanzig Erstbegehungen am Hochschwab durchgeführt haben, ohne die der *Schwob* um vieles ärmer wäre und es keine Leiter in den Himmel über dem Hochschwab geben tät. Die „Himmelsleiter" (5–) ist wohl die beliebteste Tour im ganzen Gebiet.

Die Ausnahmewand

Wie weit können 30 Meter sein? Wie oft tritt man in ihnen in Verhandlung mit sich selbst, mit seinen Fähigkeiten, seinen Verhinderungen, seinen Zweifeln, seinem Mut? In der Wand, sagt man, steckt der Beweis dessen, was man kann. Das stimmt. Es stimmt aber nur für das Hier und Jetzt, für das Sein und Tun in wenigen Höhenmetern Fels. Diese allerdings – das ist das eigentliche Ziel des Kletterers – gilt es zu überwinden, damit er schließlich ganz oben ist. Nicht nur geografisch, auch emotional.

Als „letztes Problem" bezeichnete Ferdinand von Saar die Stangenwand – 1903 geht er mit Roderich Kaltenbrunner dort die schwerste Tour zur damaligen Zeit. Die Südwestwand im vierten Schwierigkeitsgrad. Am Gipfel werden sie von zwei Jägern arretiert, beim Bodenbauer müssen sie die stattliche Summe von 42 Gulden wegen begangener Besitzstörung an den Oberjäger zahlen. Das, notierte von Saar, kann ihnen die Freude über den Klettererfolg nicht nehmen. 35 Jahre später, im Juni 1938, sitzt eine Dreierseilschaft auf zusammengenagelten Brettern zwei Nächte in der Stangenwand-Südost. Raimund Schinko, Fritz Sikorovsky und Otto Pschenitschnik.

Anfang der 1930er-Jahre hat im Hochschwab eine neue Ära begonnen. Mit Adolf Bischofberger, Fritz Sikorovsky und Raimund Schinko kommt eine neue Generation. Schinko, schreibt Karl Friedl in seiner Dissertation, macht das Gebiet um die Fölzalm mit seinen Kletterbergen zu einem Eldorado. Zwischen 1932 und 1938 unternimmt er 16 Erstbegehungen, darunter die Wand der Wände im Schwab: die Stangenwand-Südost. Die Österreichische Touristenzeitung berichtet: „Gegen Ende Juni 1938 brauste ein schwer beladenes Motorrad aus Graz in großer Fahrt dem Kletterdorado Hochschwab zu. Vor, zwischen und hinter den Fahrern staken drei gewichtige Rucksäcke, darunter aber zog ein handfestes Bündel anderthalb Meter langer Latten besonders neugierige Blicke auf sich. So mancher mag sich gefragt haben, wozu die damischen Kletterer zum übrigen Zeug neuerdings noch solche Latten brauchen könnten. Um es gleich zu verraten: Für ein Sonderbiwak in der Stangenwand-Südost! Dieser sechste Angriff gegen Ende Juni 1938 mit Fritz Sikorovsky und Otto Pschenitschnik sollte nun den Sieg bringen."

Drei Tage ringen die drei Männer um die Tour. Die Nacht verbringen sie sitzend auf ihren Brettern. Bei Regen. Am 26. Juni ist die „Route der Superlative" vollbracht. Eine Schwierigkeit, die lange nicht überwunden wurde: der 7. Grad. Schinko-Touren flößen heute noch Respekt ein, vor allem dann, wenn man sie mit fairen Mitteln wiederholt. „Die Stangenwand-Südost ist unsere Dachstein-Süd", sagt Fred Schabelreiter, „und sie ist eine Wand, wo mich beim Zustieg immer ein eigenartiges Gefühl anschleicht, das bald nach dem Einstieg wie weggeblasen ist." Rational betrachtet gibt es keine Geister, keine Seelen Verunglückter, die ruhelos am Ort ihres Todes verweilen. Doch nicht immer ist am Berg alles rational.

Nach dem Zweiten Weltkrieg gab es an der Stangenwand-Südost viele Unfälle und einige Stürze in den Tod. Ein Grund dafür: Viele der Holzkeile waren bereits vermorscht. Vielleicht ist die Stangenwand deshalb eine Wand, der sich der Kletterer mit mehr Ehrfurcht nähert als anderen. „Und", betont Fred Schabelreiter, „sie gilt nur, wenn man den Quergang richtig geht. Der Schinko hat das wohl auch gemacht." Der Schinko, der mit dem Bischofberger 1936 die „Todesverschneidung" in der Dachl-Nord im Gesäuse geklettert ist, mit der die beiden in jedem Nachschlagwerk zur Erschließungsgeschichte der Senkrechten stehen. Der Hochschwab allerdings war für Raimund Schinko „die Bergheimat des Herzens", und auch Karl Domenigg kehrt schon Anfang des 20. Jahrhunderts „dolomitenmüde" gerne hierher zurück. Nach dem Zweiten Weltkrieg ziehen unter anderen Norbert Hausegger, Ernst Paulmichl und Otto Krainc mit seiner Seilgefährtin Grete Satori ein. Danach gehen die Lindners an ihr Werk und heute arbeiten neue „junge Wilde" – diesmal am 9. Grad. Ewald Weitzer, Stefan Lieb, der Mattelschweiger Much sind drei davon. Und: Wer ist die Schönste im Land? Die „Renaissance" vom Duo T. Richter/G. Grabner oder die „Made in Styria" vom Doppel F. Schabelreiter/P. Pesendorfer?

Wie alles im Leben, eine Frage des Geschmacks.

Stangenwand-Südostwand: Fritz Sikorovsky im ebenso berühmten wie berüchtigten Quergang ihrer Erstbegehung von 1938, bei der sie bereits am 7. Schwierigkeitsgrad kratzten.

Nach drei Tagen in der Wand ist das „letzte Problem" am Hochschwab gelöst: Fritz Sikorovsky und Raimund Schinko in einer Aufnahme aus dem Jahr 1936

© Historisches Archiv des DAV, München

Hochschwab-Indianer

Vom Leben für ein Sein, in dem das Haben in den Hintergrund rückt

>> Lene Wolny

Die Extremkletterer und Hochschwabkenner Rudi und Helga Lindner haben sich vor langer Zeit für ein Leben ohne Fangnetz entschieden. Hoch über den Niederungen der Konsumwelt, in einem uralten Bauernhaus über dem St. Ilgener Tal sind sie zu Hause. Ihre wirkliche Heimat ist draußen, in der wilden Natur.

Rudi Lindner ist 73 Jahre alt und fit wie ein Turnschuh. Leichtfüßig springt er aus seinem Allrad und streckt mir seine kräftige Kletterhand entgegen. Braune Locken mit beneidenswert wenigen weißen Strähnen umrahmen seine dunklen, wachen Augen. Um den Hals baumelt neben Luchskralle, geschnitztem Glücksbewahrer und Ehering eine Lesebrille. So sieht man also aus, wenn man ein halbes Jahrhundert in den Bergen verbringt.

Den meisten wird Rudolf Ägyd Lindner als Verfasser des poetischen Bildbandes „Hochschwab" ein Begriff sein, Kletterbegeisterte müssten auch bei zahlreichen Kletterrouten am Hochschwab über seinen Namen als Erstbegeher gestolpert sein. Einige haben ihn als Bergführer oder bei seinen zahlreichen Diashows und Vorträgen persönlich erlebt. Doch nur die wenigsten dürften das Glück gehabt haben, ihn und seine Seil- und Lebenspartnerin Helga in ihrem Haus in St. Ilgen zu besuchen, um in der gemütlichen Stube einen Nachmittag lang über ihr außergewöhnliches, mutiges und inspirierendes Leben zu plaudern.

Die Suche nach dem, was wichtig ist

Rudi erzählt von seiner Kindheit. Der Großvater war Bierbraumeister und Bürgermeister von Leoben. Sein Vater hatte ein Textilgeschäft, die Familie eine Drogerie und ein Kino. Der Onkel war Direktor am Erzberg. „Ich wusste nicht, was ich will, aber ich wusste, dass ich *das* nicht will: Etwas kaufen und wieder verkaufen, das erschien mir das Unsinnigste der Welt." Als Bub ging Rudi lieber Ziegenhüten am Leopoldsteinersee. Die Ziegen hielten ihn öfter zum Narren, versteckten sich, und Rudi lernte Geduld, denn zornig sein half bei den Tieren wenig: „Nie schlagen, nie brüllen – melodisch herzenswarm rufen."

Es gab viel Zeit für Muße, wie er auch in seinem Buch „Hochschwab" die Sommer seiner Kindheit beschreibt: „Ich beobachtete die Tiere und Vögel, merkte die Färbungen ihres Federkleides auf, ihre Stimmen bei verschiedenen Lebensäußerungen, und dies erzählte ich am Abend und erfuhr den Namen dieses Vogels und vor allem weitere Merkmale und Eigenheiten. Zur Zeit der Heumahd packten wir Kinder alle mit an. Es gab da einen Zusammenhalt, der heute unfassbar scheint. Die ungehemmte Gier und Jagd nach den vielen Dingen war noch nicht ausgebrochen. Dann waren sie plötzlich da. Wünsche, Begierden, wie giftige Dracheneier. Künstlich in die Welt gesetzte Bedürfnisse, deren Befriedigung neue Abhängigkeiten brachte."

Rudi ging stattdessen mit dreizehn als Halterbub auf die Alm und schwor, sich den ganzen Sommer lang die Füße nicht zu waschen, was er stolz einhielt. „Der Morgentau im Gras hat den Schmutz ohnehin jeden Tag weggewaschen und Bettzeug gab's auch keines im Heu. Dafür einen Sternenhimmel beim Einschlafen, das war mir das Allerschönste." In diesem Sommer bestieg Rudi seinen ersten Gipfel, die Kaltmauer, aus lauter Neugier, was da oben sein könnte. „Ich hab dann Förster werden wollen, um viel in der Natur zu sein, aber der Vater hat darauf bestanden, dass ich auf die Handelsschule geh und bei ihm in die Lehre." Als Ausgleich zum ungeliebten Alltag verbrachte der junge Bursche jede freie Minute in der Natur, beobachtete Tiere und kraxelte auf einsame Berggipfel. Beim Bundesheer sparten er und ein anderer als Einzige in der Kompanie den gesamten Sold zusammen. „Das hat mir den Ruf eines Sparmeisters eingebracht, aber das war mir wurscht, ich wusste ja, wofür." Im Sommer danach verschwand der junge Lindner zum ersten Mal für drei Monate in die Berge.

„Das erste Seil hab ich mir noch als Lehrling vom Mund abgespart. Wir haben am Leopoldsteinersee Kreuzottern gefangen und Köderfische und damit Geld verdient." Erste Erfahrungen mit Klettern am Seil machte Rudi bei der Alpenvereinsjugend. „Das war aber nur einmal. Damals gab's noch keine Klettergruppe, sondern nur einen losen Verband von Wanderlustigen. Drei oder vier haben sich auch fürs Klettern interessiert und bis auf das eine Mal, wo uns jemand am Seil mitgenommen hat, sind wir selbstständig mit dem Hanfseil klettern gegangen."

In seinem Buch „Hochschwab" beschreibt Rudi das Unverständnis, auf das er mit seiner Leidenschaft stieß: „Immer wieder hörte ich Belehrungen und Mahnungen, dass es Wichtigeres im Leben gäbe. Ich erkannte in jenen, die mir dies sagten, Teilnahmslosigkeit, Selbstsucht und auch ihre verborgene Verzweiflung. Sie redeten von ‚eingebunden sein, Verpflichtungen für die Gemeinschaft haben'. Sie, die schon alles zum Geschäft gemacht hatten, sogar Kunst, Liebe und Glauben.

Alle Bilder dieses Beitrages
© Rudi Lindner

Fliehendes Licht: G'schirrmauer und Festbeilstein

Rechts: Tiefe und eine beinahe intakte Urnatur bei einer Erstbegehung am Berglandspitz: 250 Meter, 5+/A0, 15 Haken und einige improvisierte Keile …

Nein, in diese Welt der Tüchtigen und Pflichterfüllten wollte ich nicht eintreten."

Stattdessen ging Rudi bergsteigen. Im Gesäuse, am Wilden Kaiser, auf den Glockner und in die Dolomiten. 1962 kletterte er mit seinem Partner Armin mit dem Walkerpfeiler an der Grandes Jorasses seine erste große Nordwand der Alpen.

Im selben Jahr lernte Rudi auf der Fölz am Hochschwab Helga kennen. „Sie ist auch gerne auf die Berge gegangen und schon kurz geklettert. Ich hab beim Bergsteigen so viel empfunden und gespürt, dass ich immer das Bedürfnis hatte, das mit jemandem zu teilen." In der jungen, tapferen, gelassenen und schönen Frau fand der Bergsteiger eine Partnerin, die seinen Bewegungsdrang, die Liebe zu den Tieren und zur lebendigen Natur teilte. Helga entschied sich früh und bewusst dazu, keine Kinder zu haben. „Mit Rudi und unserem unruhigen Leben wäre das nicht möglich gewesen, wir hatten ja kein soziales Netz."

„Die irren Ideen wohin, die kamen von mir. Wenn ich nicht mehr weiterwusste und verzagen wollte, sah Helga den Ausweg. Liebe, das ist die Suche nach einem Lebensweg, den man nicht alleine gehen kann", schreibt Rudi über seine Frau, die heute, mit 69, noch genauso gelenkig und springlebendig wirkt wie vor fünfzig Jahren. Das eine Knie zum Kinn gezogen, sitzt sie blond gelockt am Kachelofen und lacht. Im Rohr brutzelt eine Frühlingsquiche, gefüllt mit Girsch, Beinwell und Brennnesseln aus dem Garten. Helga ist eine exzellente Pflanzenkennerin. Im Sommer leben die beiden nahezu als Selbstversorger von Helgas angebautem Gemüse. Fleisch essen die beiden wenig, vielleicht alle zwei Wochen mal ein Stück Lamm vom Bauern, der ihnen auch das Korn zum Brotbacken liefert.

Was man nicht kaufen kann

Auch die Liebe zum Hochschwab entdeckte Rudi auf der Fölz: „Zum allerersten Mal bin ich im Stockfinsteren am Samstag nach der Arbeit hinauf und hab im Heu geschlafen. Am nächsten Tag ging ich solo die Direkte Schartenspitzkante. Die hat heute den Schwierigkeitsgrad 7, damals war es mit Festhalten am Haken ein Sechser." Doch dem jungen Kletterer ging es nicht nur um die Schwierigkeit.

„Damals war ich jung und brauchte die Herausforderung. Ich wollte etwas erreichen, das man mit Geld nicht kaufen kann. Ich erinnere mich noch an so viele Einzelheiten, als die Kante als Silhouette vor mir aufgetaucht ist vor den Sternen, an das kühle Morgengrauen, ein letztes Abwägen und dann die Entscheidung. An der Kanzel, vor der Seilzugsstelle, hab ich ein bisschen gerastet. Der Himmel war so blank, fast durchsichtig und der Kalk feingrauporig, bläulich, an manchen Stellen mit zartem weißlichem Muster. Ich bin dort gesessen und war ganz ruhig, körperlich und innerlich. Mit allen meinen Sinnen spürte ich etwas

Der Hochschwab gilt als das „steirische Gamsgebirg“, auch wenn große Rudel mit siebzig, achtzig Tieren heute selten geworden sind.

Links: Helga Lindner in der Route „Sahel“ (7+) an der Hundswand

in mich hineinfließen. Es kam aus dem Felsen, an den ich mich lehnte, floss durch mich durch und wieder in den Stein zurück, als wäre ich mit ihm verwachsen. Es pochte wie mein Herz, es war stark und ruhig. Ich schaute über den Horizont hinaus, flog in die blaue Kuppel des Firmaments hinauf und trieb wie in einem Strom, weich umflossen. So was erlebt man nicht alle Tage.“

Der mit den Tieren spricht

Die jungen Lindners waren draußen zu Hause. Auf ihren vielen Erstbegehungen und Kletterabenteuern entschieden sie sich oft, lieber mit leichtem Rucksack zu klettern, unter freiem Himmel zu schlafen und ein bisschen zu hungern, als den schweren Schlafsack und Essen mitzuschleppen. In Hütten übernachteten er und seine Frau selten. „Wir hatten wenig Geld und auf den Hütten wurde außerdem viel gesoffen. Da war uns ein Biwak lieber, das ist auch viel schöner. Ein kleines Feuer, der wunderbare Sonnenaufgang – da vergisst man das bisschen frieren schnell wieder.“ Im Winter 1963/64 kletterte Rudi solo die zwei anspruchsvollen Hochschwabtouren Pfeiler-Direttissima und Felsenfenster-Nordwand. Sie hatten den Ruf, zu der Zeit die schwierigsten im Bereich der Fölz zu sein. Im Jänner waren sie mit Eis überkrustet und von Schnee bedeckt. Die Winterbegehung dieser Routen war auch für den Extremkletterer hart an der Grenze. „Dorthin geht man, um zu erfahren, was man im Stande ist zu ertragen.“ Rückblickend waren diese Extremtouren ein Schlüsselerlebnis für Rudi Lindner: „Nach den zwei Touren hab ich mich bewusst dazu entschlossen, mich vom bürgerlichen Leben abzuwenden und den Beruf des Bergführers zu ergreifen.“

Jeder Tag, den er nicht draußen verbringt, ist für Rudi Lindner verloren, auch heute noch. „Der Grund fürs Bergsteigen war, dass ich leben kann wie ein Indianer. Wie vor langer Zeit die Jäger und Sammler. Die mussten entbehrungsreich leben, waren aber frei.“ Diese Auseinandersetzung mit sich selbst und mit der Natur vermisst Rudi Lindner bei vielen modernen Bergsteigern: „Heute verkommt der Berg zur Kulisse, zu dem man sich selbst gar nicht so hingezogen fühlt. Es gibt Kletterer, die machen Erstbegehungen, obwohl Falkennester in der Wand sind. Die können Raben nicht von Falken unterscheiden, kennen keine einzige Blume und denken sicher nicht darüber nach, wie diese in den Felsen überlebt.“

Rudi Lindner spricht manchmal beim Klettern mit den Tieren: „Da red ich dann mit dem Raben, der über mir fliegt und schaut, ob ich ein Kadaver bin. Es ist gar nicht so leicht, einen Raben zu überzeugen, dass man seine Sprache spricht. Letzte Woche, als ich in Mixnitz klettern war, hat mich über die leichteren Seillängen ein Steinbock begleitet. Die klettern ja gut, bis zum dritten, vierten Grad ist das überhaupt kein Problem für sie. Einen

„Heimat ist nicht nur eng begrenzt. Heimat ist das Zelt, das Biwak an einem guten Ort entlang des Weges": Helga und Rudi Lindner sind seit mehr als fünfzig Jahren zusammen draußen zu Hause.

der Raben erkenne ich genau, den hab ich aufwachsen sehen." Besonders gut in Erinnerung hat Rudi auch noch den Adler, der auf dem buchstäblich letzten Gipfel am Ende von seinen Recherchen für das Hochschwabbuch auf einem Stein zu warten schien und beim Wegfliegen eine Feder zurückließ. „Bei den Indianern galt es als großes Glück, eine Adlerfeder zu finden." Den Glauben der Indianer und anderer Naturvölker haben Rudi und seine Frau Helga auf ihren vielen Reisen in die Berge dieser Welt kennengelernt.

Der Drang zum Unterwegssein

Im Yosemite-Nationalpark kletterten die beiden die Halfdome-Nordwestwand und den Ostpfeiler am El Capitan. In der „Salathé" kehrten sie auf halbem Weg um – „es hatte 40 Grad im Schatten." Aus dem Yosemite brachten sie neben den weißen Malerhosen auch die Idee des freien Kletterns ohne Haken als Tritte und Griffe mit nach Hause. Sie fuhren auf dem Landweg nach Pakistan, um einen Siebentausender erstzubesteigen, kletterten im Norden Kanadas mit dem Lotus Flower Tower auf einen der kühnsten Granittürme der Welt, waren im Hoggargebirge in der Sahara unterwegs und im nordindischen Himalaya. Ein Leben, in dem das Materielle zugunsten der Naturerlebnisse in den Hintergrund rückt. „Trotzdem ist es ein abendländisch geprägtes Dasein", räumt Rudi ein und schildert das Leben der Einheimischen in einem Tal des Garhwal-Himal: „Dieses Leben ist jahraus, jahrein dasselbe. Aber die Leute kennen keine Unzufriedenheit, sie sind glücklich mit dem, was sie haben. Eigentlich würde ich mir so ein Leben selber wünschen, aber wir unterliegen immer wieder dem übermächtigen Drang, aufzubrechen, unbekannte, ferne Ziele zu haben, etwas zu unternehmen, das uns fordert." Am Hindukusch bangte Rudi im Notbiwak eine Nacht lang um das Leben seiner höhenkranken Frau, um es dann gemeinsam im zweiten Anlauf auf den Gipfel zu schaffen.

„Eine große Bergfahrt, eine Expedition in dem Stil, den wir bevorzugen, empfinden wir auch als poetisches Ereignis von Aufbruch, Alles-hinter-sich-Lassen und Wiederkehr." Der Hang zum Abenteuer half Rudi früh, sich als Bergführer zu etablieren. „Ich hab nur eine halbe Saison lang für eine Bergsteigerschule gearbeitet und gleich mehrere Kunden gewonnen, die höher hinaus wollten als mit dem Alpenverein nach Tirol." Er nahm seine Gäste mit in die Westalpen auf viele extreme Touren, im Frühling auch zum Tourengehen nach Griechenland, in die Pyrenäen und nach Korsika und war für ausgefallene Ziele immer zu haben. Wobei er die ihm Anvertrauten stets unversehrt wieder nach Hause brachte, nicht einmal privat hatte er je einen schweren Sturz. „Man baut sich schon auch einen Unverwundbarkeitsglauben auf", meint er heute augenzwinkernd. Die vielen Reisen, die Achtsamkeit und sein freier Blick führten bald dazu, dass Rudi neben dem Bergführen auch das Fotografieren und Schreiben für sich entdeckte. Als zweites Standbein begann er in den Siebzigern, mit Unterstützung seiner Frau, Vorträge und Diashows in übervollen Sälen vieler deutscher Großstädte zu halten. 1990 erhielt er für seinen poetischen Bildband „Hochschwab" den DAV-Literaturpreis.

Der Ruhepol des umtriebigen Lebens der Lindners war und ist ihr idyllisches, dreihundert Jahre altes Bauernhaus am Fuße des Hochschwabs. Das ehemalige Webergütl stand schon siebzehn Jahre leer, als es die Lindners in den 70er-Jahren kauften. „In der Wohnstube wuchsen die Brennnesseln hüfthoch. Die Wände waren total vermorscht." Vier Jahre lang lebten die beiden im dazugehörigen, halbwegs intakten Getreidekasten auf drei mal vier Metern. „Wir konnten es uns nicht leisten, die Bauarbeiten an eine Firma zu vergeben. Ganz ab-

Mit altem Handwerkswissen in liebevoller Kleinarbeit wiedererrichtet: Das ehemalige Webergütl am Zwainerberg bildet den Ruhepol eines halbnomadischen Lebensstils.

gesehen davon, dass es damals keine Handwerker mehr gab, die sich mit alten Techniken beschäftigten." Rudi und Helga machten alles selbst. Sie holten sich im Freilichtmuseum Stübing das nötige Wissen, und aus einem anderen, für den Abbruch bestimmten Haus das nötige alte Holz. „Das war wichtig, denn altes Holz ist zum richtigen Mond geschlägert und mit Stierblut bestrichen, und so für hunderte von Jahren haltbar. Da kann modernes Holz nicht mithalten." Heute ist das alte Bauernhaus wieder gemütlich und hübsch. Ein Haus voller Bücher, manchmal auch voller Musik, Blues oder Alte Musik. Von Efeu und Rosen umrankt, liegt es unter riesigen Wächter-Linden halb versteckt im Hang hoch über dem Tal, umgeben von Helgas Blumen und Gemüsebeeten.

Zu Hause ankommen

Hier lebte und arbeitete Helga, wenn ihr Mann in Deutschland oder mit Gästen im Gebirge unterwegs war. Ob sie jemals Angst um ihn hatte? Sie lächelt. Nein, Angst hatte sie keine. „Über die viele Zeit, die ich allein war, wäre die Angst ein schlimmer Partner gewesen." Helga kann sich selbst genug sein, ohne sich ablenken zu müssen mit hektischer Betriebsamkeit oder Radiogequassel. Wenn ihr Mann nach Hause kommt, verwöhnt sie ihn mit Frühstück im Bett, backt Brot, serviert ihm Rohnen in Butter, Buchweizen und Schüsseln voller Salat. Doch die Häuslichkeit hält nie lange an. Dann können Garten und Feld sich selbst überlassen bleiben, und beide brechen auf, irgendwohin zum Skitourengehen in den Südalpen. Klettern geht Rudi seit einigen Jahren wieder alleine, immer noch im siebten Grad.

„Er hat gedacht, wir könnten immer so weiterklettern. Deshalb hab ich mir vor zehn Jahren die Knie operieren lassen. Aber die Gelenke funktionieren nicht richtig, sie sind zu groß, für Männer gemacht." Ansonsten ignorieren die Lindnerischen das Älterwerden und wohnen auf ihren Reisen immer noch im Allrad. „Im Wald stolpere ich schon manchmal wie ein alter Mann, aber beim Klettern und Skifahren bin ich voll da, die Reflexe funktionieren noch." Und dann, im Felsen, im Fokussieren auf den Moment, macht die mentale Konzentration wieder Schichten frei, und Rudi ist mittendrin, spürt seine Umgebung ganz intensiv. Dieses Gefühl der tiefsten Verbundenheit mit der Welt, die Sucht danach ist immer noch da.

Dann sitzt der alte Bergsteiger wieder ganz still am Felsen und fragt sich: „Gibt es mich? Gibt es die Wildfrauen, gibt es Elfen, hört man ihr Singen? Gibt es den Wasserfall? Gibt es das Licht, gibt es die Zeit? Das Universum ist Licht und Zeit. Erst jenseits dessen ist die Wirklichkeit."

Literatur:

Rudolf Ägyd Lindner: Hochschwab, H. Weishaupt Verlag, Graz

BergSteigen

Großen Alpinismus von seiner besten Seite: Das boten die Briten Allan & Allen mit der ersten Überschreitung des Mazeno-Grates am Nanga Parbat. Und das ganz ohne Tamtam. Darüber sollte man reden. Was sonst noch los war in den Bergen der Welt und auch auf weniger schwierigen Pfaden möglich ist, zeigen die Beiträge dieser Rubrik.

Games Climbers Talk About

Brauchen wir im Zeitalter von Social Media und Web 2.0 neue Regeln, um über Klettern zu reden? Eine Anregung

>> Tom Dauer

Vor mehr als 45 Jahren erschien der epochemachende Aufsatz „Games Climbers Play", der das Denken und Reden über Bergsteigen prägte und veränderte. Seither haben sich nicht nur die Spielformen des Bergsports, sondern auch die gesellschaftlichen Spielregeln grundlegend gewandelt.

Eine Generation denkt um

Im aufregenden Jahr 1967 veröffentlichte der kletternde Philosoph Lito Tejada-Flores einen Aufsatz mit dem Titel „Games Climbers Play".

Dies war das Jahr, in dem der gewaltsame Tod des Studenten Benno Ohnesorg zur Initialzündung der Studentenrevolte wurde, in dem Israel einen Sechs-Tage-Krieg gegen seine Nachbarn führte, in dem Che Guevara erschossen wurde – und als in einer Stimmungsmelange aus wachsendem bürgerlichen Selbstbewusstsein und Widerstandslust die Erkenntnis reifte, dass nicht allein der Zustand, sondern vor allem auch das Zustandekommen der Verhältnisse über deren Qualität entscheidet. Nicht die Frage nach dem Was, sondern nach dem Wie des Lebens ist seither in den Vordergrund gerückt. Oder wie Tejada-Flores es ausdrückte: *„Was ich mit diesem Text zur Debatte stelle, ist keine Antwort auf die grundsätzlich nicht zu beantwortende Frage ‚Was ist Klettern?', sondern viel mehr eine neue Art und Weise, über das Klettern zu sprechen und zu denken."*

In diesem Sinne schlug Tejada-Flores vor, den Klettersport als eine *„Hierarchie verschiedener Disziplinen zu sehen, von denen jede einzelne durch bestimmte Spielregeln und ein geeignetes Spielfeld definiert ist".* Liest man dies heute, muss man sich vergegenwärtigen, dass bis in die späten 1960er-Jahre ein von Heroismus, Kampfeslust und Eroberungswille geprägter Bergsportbegriff die Debatte bestimmte. Insofern war der Schritt, das Klettern als Spiel zu sehen, durchaus etwas Neues, ja Revolutionäres – auch wenn Tejada-Flores einräumte: *„Anders als ein Bridge-Spieler, kann der Kletterer nicht einfach die Karten hinlegen und heimgehen."* Doch obwohl die Entscheidungen, die ein Kletterer trifft, dauerhafte Konsequenzen haben, ist die Wahl, überhaupt mit dem Spiel zu beginnen, *„genauso grundlos und unnötig wie die, ein Schachspiel anzufangen. Dass es aber keine Notwendigkeit gibt, überhaupt zu klettern, ist genau der Grund dafür, es als Spiel zu betrachten."*

Natürlich wusste Tejada-Flores, dass sich das Bouldern an mannshohen Blöcken mit einer Begehung der Eiger-Nordwand nicht vergleichen lässt. Um sein Spiele-Konzept der bergsportlichen Vielfalt anzupassen, fasste er es in sieben Kategorien, die sich aufgrund ihrer Regeln unterscheiden. Diese dienten laut Tejada-Flores dazu, einen Erlebnis- und Erfahrungsraum zu erhalten, der den Aktiven innere Befriedigung verschaffen kann. *„Die Regeln sind im Grunde eine Reihe negativ gewendeter Appelle: Verwende keine Leitern, Bohrhaken, Fixseile, Hochlager etc. Ihr Ziel ist es, schützend und bewahrend zu sein. Sie dienen dazu, dem Kletterer eine persönliche Zufriedenheit zu verschaffen, die sich von der Bedeutungslosigkeit des reinen Erfolgs unterscheidet."*

Je einfacher eine Spielform sei, analysierte Tejada-Flores, desto mehr Regeln müsse man befolgen: *„So ist beim Bouldern nahezu alles verboten – Seil, Haken, Sicherung. Es bleibt der Mensch vor einem Fels. Warum so viele Einschränkungen? Weil die Boulder einfach zugänglich sind; sie verteidigen sich nicht gut genug."* Umgekehrt gelte: *„Je höher man in die Hierarchie der Spielformen einsteigt, desto schwieriger und eindrucksvoller werden die Ziele. Deshalb muss sich ein Alpinkletterer etwa weniger Einschränkungen auferlegen, um die ganze Bandbreite an Herausforderungen und Befriedigung zu erleben, die sein Spiel bietet."* An der Spitze der Hierarchie stünde deshalb das Expeditionsspiel, das zwar organisatorisch und technisch schwierig, formal aber das einfachste sei, weil dem Kletterer so gut wie keine Herangehensweise verboten werde.

Die Entwicklung übertrifft die Fantasie

In den „Games Climbers Play" unterschied Tejada-Flores sieben Spielformen, die vom Bouldern über das Alpinklettern und Bergsteigen bis zum Expeditionsbergsteigen reichten. Inzwischen ist diese Einteilung von den Zeitläuften überholt worden: Schließlich konnte Tejada-Flores 1967 kaum ahnen, dass der Bergsport um „Kuriosa" wie Hallenklettern und Indoor-Bouldern bereichert werden würde. Auch die Entwicklung des Sportkletterns hin zum Breitensport war noch nicht absehbar. Die Übertragung des Alpinstils in die höchsten und schwierigsten Wände der Welt stand erst noch bevor – und hätte jemand vorausgesagt, dass eine touristische Besteigung des Mount Everest gegen Ende des 20. Jahrhunderts im Reisebüro buchbar sein wird, man hätte ihn vermutlich ausgelacht.

Ganz allgemein lässt sich feststellen, dass das Niveau der bergsteigerischen Leistungen seit Ende der 1960er-Jahre enorm angestiegen ist,

Müde, frierend und unrasiert im Basislager, wie hier 2013 Stefan Siegrist, David Göttler und Daniel Bartsch am Makalu. Welches Bild die Daheimgebliebenen gewinnen, ist abhängig von Bildbearbeitung und Social-Media-Botschaften.

© Foto: visualimpact.ch | Hans Mitterer

was an verbesserter Ausrüstung, an ausgefeilten Trainingsmethoden, an der Professionalisierung des Sports und an der Spezialisierung mancher Aktiver auf einzelne Spielformen liegt. Zwar hat sich das Ideal des alpinen Allrounders bis heute erhalten, derzeit erlebt es gar eine Renaissance – der junge Alexander Megos könnte jedoch kaum eine Route im XI. Grad onsight klettern, würde er sich nicht, zumindest bis jetzt, auf eine Spielform des Kletterns konzentrieren.

Parallel dazu sind die Grenzen zwischen diesen noch durchlässiger geworden, als sie es zu Tejada-Flores' Zeiten eh schon waren. Heute zum Beispiel ist es für Kletterer wie Hansjörg Auer, David Lama oder Nicolas Favresse gang und gäbe, an Granitriesen auf Baffin Island, in Patagonien oder im Karakorum Züge zu machen, die jedem Fontainebleau-Boulderer zur Ehre gereichten. Und in den großen Wänden der Welt sind viele Bergsteiger inzwischen so schnell unterwegs, als stiegen sie an ihrem Hausberg herum – um zum nachmittäglichen Kaffeeklatsch wieder im Basislager zu sein.

Wie dem auch sei. *„Es geht ja nicht darum"*, schrieb Tejada-Flores, *„über eine Spielform oder die Spieler zu urteilen, sondern ein nützliches Instrument zu schaffen, mit dem sich über Kletterethik diskutieren lässt."* Diese verlange vom Spieler, die Regeln der jeweiligen Spielform einzuhalten. Unethisch wäre es in diesem Sinne, die Regeln einer höher eingestuften Spielform auf eine tieferskalige anzuwenden, also beispielsweise mit einer Aluleiter aus dem Khumbu-Eisbruch die Wolfgang-Güllich-Route „Action directe" am fränkischen Waldkopf anzugehen. Die selbst auferlegten Regeln sind allerdings nichts für die Ewigkeit. Heute wäre auch beim Achttausender-Bergsteigen eine Aluleiter ein sehr umstrittenes Hilfsmittel. Eine Entwicklung, die darauf hindeutet, dass Tejada-Flores 1967 mit seiner These recht hatte: *„Wie die Regeln einer Spielform aussehen, dafür ist die Mehrheit der Kletterer verantwortlich. Spielregeln müssen sich qua Anwendung und Akzeptanz durchsetzen. (…) Klettert jemand gemäß den Regeln, die für eine Spielform anerkannt wurden, bewegt er sich ethisch und im richtigen Style."*

Man mag das Konstrukt, das Tejada-Flores mit seinem Aufsatz errichtete, als sehr formalistisch empfinden. Und als sehr auf sich selbst bezogen, als fände das Klettern in einem gesellschaftlichen Vakuum statt. Tejada-Flores selbst schrieb gut zwanzig Jahre später in einem weiteren Aufsatz: *„Der Akt des Kletterns war damals seine eigene Definition, sein eigener Grund und seine Motivation, eine sich immerzu bestätigende Rückkopplung, die keine soziale Bewertung benötigte. Heute denke ich, das war eine typische 1960er-Jahre-Idee: Zu glauben, dass man alles andere aufhalten könne, wenn man kletterte."*

Klettern ist ein **willkürliches Spiel,** das mit Ernst gespielt wird

Angesichts der rasanten Entwicklung hin zum Breitensport, angesichts seiner stetig wachsenden Popularität, angesichts seiner Präsenz auch in Publikumsmedien kann das Klettern heute kaum mehr als ein sich selbst genügendes System betrachtet werden. Doch immerhin: Tejada-Flores' Konstrukt erlaubte es ihm, drei Jahre nach der Erstbesteigung des letzten Achttausenders, der Shisha Pangma, eine wichtige Entwicklung vorauszusehen. *„Das Expeditionsspiel wird nach und nach vom Bergsteigen im Alpinstil ersetzt werden. Das ist nicht nur die jüngste, sondern auch die kreativste Spielform. Die Hindernisse, die man dabei überwinden muss, sind so immens, dass ein Kletterer bei allem technischen Fortschritt stets eine tiefe Befriedigung erlangen wird. Seine Möglichkeiten sind unerschöpflich. Man kann sich bereits vorstellen, wie eines Tages ein Zwei-Mann-Team mit ultramoderner, leichter Ausrüstung losziehen wird, um einen Achttausender zu besteigen – so wie man heute den Mont Blanc besteigt."* 1975 setzten Reinhold Messner und Peter Habeler diese Vision am Gasherbrum I zum ersten Mal in die Tat um. Heute gilt sie als State of the Art.

Das Spiel hat sich verändert

An Tejada-Flores' Analyse – *„Klettern ist ein willkürliches Spiel, das mit Ernst gespielt wird"* – hat sich nicht viel verändert. Noch immer gilt: Je schwieriger eine Kletterei ist und vor allem, je geringer die Erfolgschance, desto weniger Regeln braucht man, um die innere Unruhe, die Zweifel, die Angst zu erleben, die wichtige Ingredienzien eines Abenteuers sind. Umgekehrt gilt auch: Je leichter ein Ziel zu erreichen ist, desto mehr Regeln müssen sich die Ausübenden auferlegen, um ihren Erfolg als befriedigend zu betrachten.

So einleuchtend diese These ist, so vereinfachend ist sie allerdings auch. Natürlich wäre es der Idealzustand, könnte man mit dem Beginn einer Kletterei, einer Bergbesteigung, eines Expeditionsabenteuers all die Dinge zurücklassen, die einen im anderen, alltäglichen Leben beschäftigen. Manchmal funktioniert es ja sogar – dann verschwinden die Gedanken an das Schulzeugnis, an die Karriere, an unbezahlte Rechnungen, an kranke Kinder und den nächsten Ölwechsel in irgendeiner unzugänglichen Gehirnwindung, sobald man die erste Zwischensicherung eingehängt hat. Manchmal allerdings funktioniert das auch nicht, und dieses Gefühl kennt sicher jeder. Tejada-Flores beschrieb es so: *„Dann folgt dir der Rest deines Lebens auf den Berg, wie ein endloses Seil, das an deinen Klettergurt geklippt ist und mit jeder Seillänge schwerer wird."*

Heutzutage ist es schwierig geworden, das Kletterspiel frei und unbeschwert zu spielen. Das führt zu einem sehr schönen Paradox: Denn je komplexer, undurchdringlicher und zum Teil gar auswegloser sich die eigene Lebenswirklichkeit darstellt, umso dringlicher erwächst der Wunsch, sie hinter sich zu lassen – und in die unberührte, quasi geweihte Spielarena der Berge einzutauchen. (Dass diesem Wunsch ein antiquiertes, naives Bild der Berge zugrunde liegt, ist wieder ein anderes Thema.) Weil der Wunsch angesichts vieler Notwendigkeiten und Sachzwänge aber meist ein Wunsch bleiben muss, sind die Spieler immer intensiver damit beschäftigt, ihre eigene Persönlichkeit und Identität als Spieler aufzubauen und zu pflegen.

Meine These lautet daher: Es ist für Kletterer inzwischen ebenso selbstverständlich geworden, das Kletterspiel – und damit sich selbst – zu inszenieren, wie es tatsächlich zu spielen. Oder anders gesagt: Die Darstellung des Kletterns ist heute ebenso wichtig wie das Klettern selbst. Wer über das Klettern nachdenken und sprechen will, muss daher, anders als Tejada-Flores 1967, nicht nur fragen, wie es gespielt wird, sondern auch und vor allem: wie es in Szene gesetzt wird. Und von wem.

Um also eine Grundlage zu schaffen, auf der über die „Games Climbers Play" gesprochen und diskutiert werden könnte, schlage ich analog zu Tejada-Flores eine Struktur vor, die dessen Grundgedanken aufgreift und um eine weitere Ebene ergänzt. Ich nenne sie „Games Climbers Talk About". Und spreche über die eigentlichen Kletterspiele hinaus von den Inszenierungen, die Kletterer betreiben.

Auf die Inszenierung kommt es an

Bevor ich die Kategorien aufliste, in die man das Spiel einteilen könnte, sollte ich erklären, warum ich der Meinung bin, dass eine derartige Einstufung etwas Klarheit in die Debatte bringen könnte. So weit ich das beurteilen kann, treffen im Bereich des Abenteuer- und Extremsports, zu dem das Bergsteigen und das Klettern zumindest teilweise gehören, zwei allgemeine Tendenzen zusammen. Das ist zum einen die bereits angesprochene Sehnsucht nach einem Leben, das ehrlich und wahrhaftig, einfach und selbsterklärend ist, und in dem Entscheidungen direkte Konsequenzen auf das eigene Tun und Sein haben.

Immer wieder befeuert wird dieser Wunsch zum anderen durch die vielen Möglichkeiten, derer sich der moderne Mensch bedienen kann, um eines seiner Grundbedürfnisse zu stillen: das nach Aufmerksamkeit, *„der unwiderstehlichsten aller Drogen"*, so der Publizist Georg Franck. In seiner „Ökonomie der Aufmerksamkeit" schreibt er: *„Um der Rolle willen, die die eigene Person im anderen Bewusstsein spielt, inszenieren wir die hohe Kultur der Attraktivität. Wie im Theater werden die Auftritte, auf die es ankommt, sorgsam einstudiert und wird aller nur erdenkliche Aufwand getrieben, um den richtigen Eindruck zu machen."*

Wenn es heute also schick ist, ein Abenteurer zu sein, wenn viele es aber nicht sein können, dann bleibt immer noch die Möglichkeit, sich entsprechend darzustellen. Zum Beispiel mit dem richtigen Auto, oder mit der richtigen Bekleidung,

Die *Inszenierung* ist heute ebenso wichtig wie das *Klettern* selbst

die als Chiffren im urbanen Umfeld funktionieren: Seht her, ich fahre zwar täglich um sieben Uhr ins Büro, aber ich habe auch ein anderes Leben, und das ist voller Gefahren. Ausdrücklicher noch funktioniert die Selbstdarstellung in sozialen Medien, wo die Chancen zur Inszenierung der eigenen Persönlichkeit hemmungslos genutzt werden – so dienen Facebook, Tumblr, Twitter und Instagram weniger dem Austausch von Nachrichten als vielmehr der Erzeugung von Aufmerksamkeit, die laut Franck *„jedes andere Einkommen aussticht. Darum steht der Ruhm über der Macht, darum verblasst der Reichtum neben der Prominenz."*

Noch nie war es so leicht wie heute, wenigstens für einen kleinen Zeitraum und zumindest in einem kleinen Kreis von Menschen berühmt zu sein. Diese Chance nutzen natürlich auch die Spieler unseres Spiels, die Bergsteiger und Kletterer. Diese Entwicklung aber hat in den vergangenen Jahren zu einem zunehmenden Unwohlsein geführt, was damit zu tun hat, dass sich das Kletterspiel größtenteils völlig unbeobachtet spielen lässt. Wo es aber weder Zuschauer noch Zeugen gibt, drohen die Grenzen zwischen Berichterstattung und Erfindung zu verschwimmen. Es ist meiner Ansicht nach daher extrem wichtig – wenn man das Klettern wichtig nehmen will –, dass sich die Spieler nicht nur auf das Wie des Kletterns, sondern auch auf das Wie des Redens und Nachdenkens darüber einigen. Zu oft ist man heute mit einem undurchsichtigen Geflecht aus Lügen, Halbwahrheiten, Übertreibungen, Angebereien und auf Unwissenheit gegründeten Behauptungen konfrontiert. Daher schlage ich vor, dass, wer immer sich als Spieler äußern und darstellen will, er bestimmten Regeln folgen sollte. Es ist heute nicht mehr allein von Bedeutung, wie das Klettern gespielt wird – es ist ebenso wichtig zu verstehen, wie es inszeniert wird. Dabei gilt grundsätzlich: Je stärker sich ein Spieler in den Blickpunkt der Öffentlichkeit rückt, desto strikter sollte er den Regeln folgen.

Zu beantworten wären demnach zwei Fragen.

- Welche Arten der Inszenierung können wir heute unterscheiden?
- Welchen Regeln sollten diese folgen?

Im Folgenden versuche ich mich zunächst am ersten Punkt:

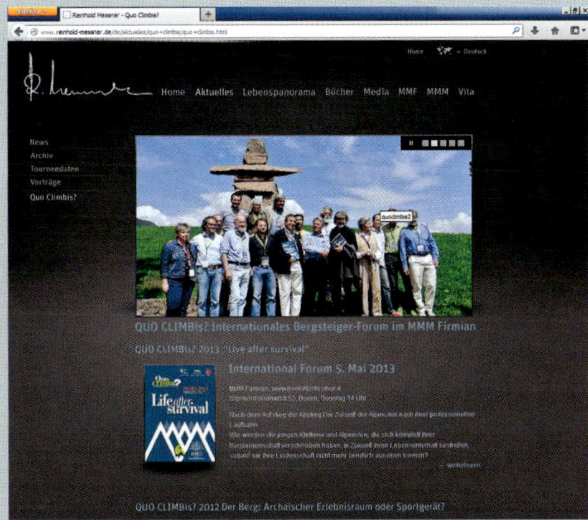

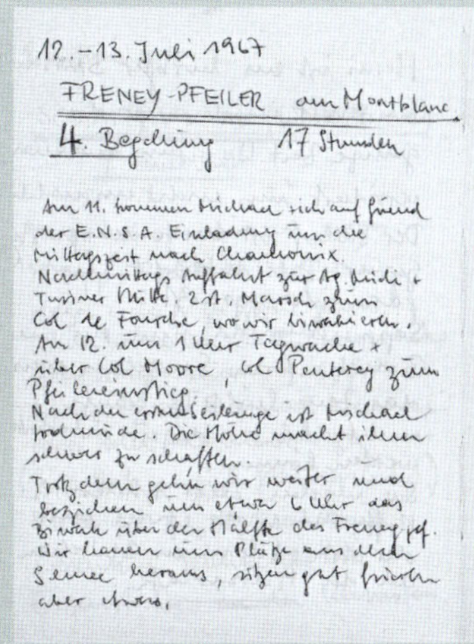

Alles eine Frage der Inszenierung: Prominente in 3-D, die Szene auf Facebook, Altmeister mit ihren Websites und das private Zeugnis eines Spielers aus vergangener Zeit: Peter Habeler scheint allerdings nach dem Frêney-Pfeiler 1967 schon geahnt zu haben, dass es für ihn noch andere Inszenierungen geben wird.

Screenshots div. Internetseiten; rechts © Peter Habeler, aus: „Das Ziel ist der Gipfel"

Arten der Inszenierungen

1. Die prominente Inszenierung

In der Regel mischen sie schon lange in der Szene mit. Ihre Bekanntheit gründet sich auf den Leistungen, die sie vollbracht haben und vollbringen. Das allein hat aber nicht dazu geführt, dass sie (wie etwa die Gebrüder Huber oder Stefan Glowacz) einer größeren Öffentlichkeit bekannt sind. Sie haben es auch verstanden, über eine gekonnte Inszenierung – und dazu zählt auch die Inszenierung von Authentizität – ihre Tätigkeit so weit zu professionalisieren, dass sie mediale Kontakte, Sponsoren und Publikum gewinnen konnten. Um in Talkshows eingeladen zu werden oder Kinofilme produzieren zu können, bedienen sie sich eines gekonnten Marketings. Da Aufmerksamkeit – also ihr primärer Lohn – aber eine knappe Ressource ist, stehen sie in einem permanenten Wettbewerb und unter dem Zwang, ständig neue Leistungen zu generieren. Die Gefahr, dabei eher auf die potenzielle Aufmerksamkeit als auf den genuinen Wert einer Aktion zu achten, ist offensichtlich. Im besten Fall geht beides Hand in Hand, denn spektakuläre Aktionen können ja zugleich kletterethisch wertvoll sein. Im schlechtesten Fall wird die Erzeugung von Aufmerksamkeit zum Selbstzweck, und zwischen Leistung und Ruhm kommt es zum Missverhältnis.

2. Die szenische Inszenierung

Die am meisten geschätzte, aber auch schwierigste Form der Inszenierung. Diejenigen, die sich vor allem innerhalb der Bergszene – inklusive Publikum, Fachmedien, Industrie – einen Namen machen, kämpfen um einen kleinen Kuchen. Das erfordert einen hohen physischen und zeitlichen Einsatz sowie eine große Risikobereitschaft. Der Lohn besteht für Kletterer wie Hansjörg Auer, David Lama, Colin Haley, Dean Potter oder Alex Honnold darin, ihren Traum vom Bergsteigen als Lebensinhalt verwirklichen zu können – mit allen damit verbundenen Nachteilen. In der Szene genießen sie eine sehr große Wertschätzung. Sie leben, wie die Prominenten, von ihrem Sport, stehen aber nicht unter dem Verdacht, der Wertschöpfung willen zum Klettern zu gehen. Die Aufmerksamkeit, die sie gewinnen, ist eng mit ihrer Person verknüpft – so bekommen manche Athleten mehr, manche weniger davon, obwohl sie eigentlich dasselbe machen. Der Akteur selbst wird damit zur Ware, zum Objekt eines Tauschhandels – sein Körper, seine Person, sein Image gegen das Wohlwollen des Publikums.

3. Die altmeisterliche Inszenierung

Die Altmeister des Kletter-Spiels haben sich ihren Status durch viele, oft visionäre Taten erarbeitet. Kletterer wie Heinz Mariacher, der in den 1980er-Jahren das Niveau des alpinen Freikletterns ohne die Verwendung von Bohrhaken in zuvor unvorstellbare Dimensionen hob, zählen zu dieser Spezies. Ebenso Michael Kennedy, Jim Bridwell, Conrad Anker, der leider viel zu früh verstorbene Kurt Albert – die Liste wäre lang. In der Welt der Bergsteiger und Kletterer haben sie oft einen legendären Ruf. Die meisten waren oder sind auch im fortgeschrittenen Alter noch auf einem relativ hohen Niveau aktiv. Ihren Status zementieren sie, indem sie sich auch in die Diskussion über die Zukunft des Kletterns immer wieder einmischen. Im schlechtesten Fall sind ihre Zwischen- verbitterte Unkenrufe, die davon künden, dass früher alles besser gewesen sei. Im besten Fall tragen sie auf der Grundlage ihres Erfahrungsschatzes konstruktiv zur Debatte bei – und belegen nach wie vor auf praktische Art, dass ihre Einmischung gerechtfertigt ist.

4. Die beobachtende Inszenierung

Um es gleich vorwegzunehmen: Als Autor und Filmemacher, der seit gut dreißig Jahren bergsteigt und klettert, bin ich ein Teil des Systems, mit dem ich mich beschäftige. Es zu beobachten, kann daher keine objektive Angelegenheit sein – es geht schließlich stets um das, was einen wichtigen Teil meines Lebens ausmacht. Und natürlich buhle auch ich mit dem, was ich tue, um Aufmerksamkeit. Ein wesentliches Element dieser Inszenierung ist – und das gilt nicht nur für mich, sondern auch für die meisten meiner Kollegen –, dass man selbst auch als Spieler am Kletter-Spiel teilnimmt. Dabei stehen am Beginn der Karriere nicht selten Freund- und Seilschaften mit Menschen, die sich später für eine andere Form der Inszenierung entscheiden. Dies bringt den Beobachter in ein Dilemma, denn natürlich kann er nicht unvoreingenommen über jemanden berichten, mit dem er ein Portaledge geteilt oder ein schweres Gewitter überstanden hat. Man merkt dies der Berichterstattung über fast alle Spielformen des Kletterns an: In den meisten Fällen ist sie von Zuneigung und Respekt geprägt, und so gut wie nie ist darin ein kritisches Wort zu hören. Dem Klettern täte es aber nicht schlecht, wenn auch von außen auf Widersprüche, Missstände oder Fehlentwicklungen hingewiesen würde.

5. Die symbiotische Inszenierung

Das Bergsteigen ist die älteste aller alpiner Spielformen. Es gibt eben nichts Einfacheres – vom Tal zum Gipfel und hinunter, das kann fast jeder machen und jeder nachvollziehen. Im Laufe der alpinen Entwicklung sorgten aber sowohl der technische Fortschritt als auch der Erfindungsreichtum des spielenden Menschen – homo ludens – dafür, dass zum Teil grotesk anmutende Fortbewegungsformen erfunden wurden. Seitdem steigt oder klettert man nicht einfach auf einen Berg, man radelt hinauf und hinunter, fliegt um ihn herum, stürzt sich in Abgründe, meistert wilde Bäche und kurvt auf einem oder zwei Brettern verschneite Hänge hinab. All diese Spielformen sind auf die ursprünglichste zurückzuführen, und zum Teil haben sie selbst schon eine lange Entwicklung durchgemacht. Es mutet daher oft sehr komisch an, wenn alpine Symbiotiker behaupten, sie seien da oder dort als Erster hinabgefahren, hätten dies oder jenes entdeckt – obwohl es genügend Menschen gibt, oft Einheimische, die dasselbe bereits zwei Generationen zuvor verwirklicht haben. Nur dass sich damals niemand dafür interessierte.

6. Die spielerische Inszenierung

Die Form des Spielens, die vielleicht am meisten zu tun hat mit dem, was man sich darunter vorstellt. Diese Spieler haben kein Interesse daran, anderen Menschen als ihren Familienangehörigen und Freunden von ihrem Tun zu erzählen. Überhaupt haben sie sehr wenig Interesse daran, über ihr Tun zu sprechen – weil sie eben spielen wollen. Oder wie der kanadische Alpinist und Lebenskünstler Billy Davidson einst sagte: *„Wir klettern für den Augenblick und für die außerordentliche Freude, die uns dieser Augenblick beschert. Zurückzuschauen und sich zu erinnern, wird nie dasselbe sein wie die ursprüngliche Erfahrung. Wenn das so wäre, säßen wir den Rest unseres Leben um ein Lagerfeuer: Bier trinkend, rauchend und in der Vergangenheit schwelgend."*

Natürlich kann eine derart kategoriale Herangehensweise nur ein Versuch bleiben, das beschriebene Phänomen zu erfassen. In der gelebten Wirklichkeit sind die Grenzen zwischen den einzelnen Kategorien durchlässig. Vertreter aus der Szene können zu Prominenten werden. Spieler entschließen sich, Texte und Fotos ihrer Taten in Umlauf zu bringen. Szene-Stars können zu Beobachtern werden, etwa wenn ihre Karriere zu Ende geht – und sie noch nicht den Status eines Altmeisters erworben haben. Und natürlich kann man als Bergsteiger und Kletterer zeitgleich Spieler verschiedener Inszenierungen sein.

Ein gutes Spiel braucht klare Regeln

In welcher Form auch immer man seine favorisierte Spielform ausübt: Es sollte – und damit komme ich zu den Regeln – eine Selbstverständlichkeit sein, dass man ehrlich über das berichtet, was man gemacht zu haben glaubt. Das klingt etwas kompliziert. Aber nicht immer stimmt das, was man selbst erlebt hat, mit dem überein, was andere darin sehen. Ehrlichkeit ist deshalb eine etwas schwammige Kategorie. Das Reden – in welcher Form auch immer – über die verschiedenen Inszenierungen sollte daher zumindest Klarheit und Offenheit in folgenden Punkten beinhalten:

- **Wer:** Wer hatte die Idee zu dem entsprechenden Projekt? Wer hat sie ausgearbeitet? Wer hat geführt, wer war der Seilpartner? Wer konnte welche Stellen frei klettern? Und wer unterstützte das Projekt?
- **Wo:** Wo genau hat das Spiel stattgefunden? Wie heißen das Gebirge, das Massiv, der Gipfel? Wie hoch ist dieser und wie ist die entsprechende Wand, der Pfeiler, der Grat etc. exponiert?
- **Womit:** Wie wurde das Ziel erreicht? Welche Mittel mussten dafür aufgewendet werden, wurden Lasttiere, Träger etc. verwendet? Wer half noch alles bei der Vorbereitung? Wie wurde das Ziel wieder verlassen?
- **Wie:** In welchem Stil wurde das Spiel gespielt? Wie wurde erschlossen? Wie wurde die Route abgesichert? Wie und wie oft wurde übernachtet? Wie oft und auf welche Art und Weise kehrte man in das Projekt zurück? Wie wurde abgestiegen?
- **Was:** Was für ein Schwierigkeitsgrad wurde bewältigt? Wie kommt diese Einschätzung zustande? Welche weiteren Faktoren (Ausgesetztheit, Absicherung, Brüchigkeit etc.) müssen bei der Bewertung berücksichtigt werden?
- **Welche Umstände:** Unter welchen Bedingungen wurde die Route erschlossen, der Berg bestiegen? Welche Verhältnisse herrschten beim Zustieg, in der Wand, beim Abstieg? Wie war das Wetter?
- **Wer noch:** Wer war noch an diesem Berg, in dieser Wand, an diesem Grat tätig? Wie viele Versuche gab es zuvor? Wie weit kamen die Vorgänger? Warum scheiterten sie? Und was konnte man von ihnen lernen?
- **Welche Bedeutung**: Welche vergleichbaren Erstbesteigungen, Erstbegehungen, Neurouten wurden bereits gemacht? Wie ordnet sich der eigene Erfolg darunter ein? Und: Muss ich wirklich mit Superlativen hausieren gehen?

Ich denke, im Großen und Ganzen sind es diese Fragen, die man sich stellen sollte, wenn man mit seinen Erfahrungen und Erlebnissen an die Öffentlichkeit tritt. Egal, ob man diese über Vorträge, Kinofilme, Fernsehen, Zeitschriften, Zeitungen oder soziale Medien erreicht. Freilich gibt es auch die Möglichkeit, ungeachtet dieser Fragen ganz subjektiv vom eigenen Erleben in den Bergen zu erzählen – und vielleicht ist das sogar die ehrlichste Art und Weise, weil Erzähler dieser Art gar nicht erst den Versuch unternehmen, die Realität abbilden zu wollen. Um nicht falsch verstanden zu werden: Natürlich kann man in den Bergen spielen, ohne sich um die „Games Climbers Play" Gedanken zu machen. Und natürlich wird nicht jeder über das sprechen und schreiben, was und wie er gespielt hat. Wer es aber tut, sollte sich darüber im Klaren sein, dass er damit eine Verantwortung für das Spiel übernimmt.

*Jeder **einzelne** Mitspieler trägt Verantwortung für das **gesamte** Spiel*

Noch nie war es so leicht wie heute, seine eigene Biografie zu erfinden und fortzuschreiben. Doch wie sich jemand inszeniert, und wie diese Inszenierung ankommt und aufgegriffen wird, hat in jedem Fall einen Einfluss auf die „Games Climbers Talk About". Und damit auf das Spiel, das wir alle lieben.

Zurück in die Zukunft

Chronik der internationalen
Highlights 2012/2013

>> Max Bolland

In der vergangenen Saison haben sich die Ereignisse überschlagen, die auch langfristig als besonders bedeutend für die Alpingeschichte gelten dürften.

Viel wird geredet und spekuliert über die Zukunft. Die Zukunft unseres Landes, die Zukunft unseres Klimas, die Zukunft Europas …, und im Kreis der Bergsteiger wird natürlich über die Zukunft des Alpinismus debattiert. Wohin wird und soll sich das Bergsteigen entwickeln, welcher Stil wird sich durchsetzen und wo liegen die Limits? Es ist allzu verlockend, epochale Begehungen – wie sie in der zurückliegenden Saison zuhauf stattfanden – als Wegweiser für die Zukunft des Alpinismus zu sehen. Doch wie immer kann hier die Antwort nur die Zukunft selber geben und diejenigen, die sie auf höchstem Level ihrer Disziplin mitgestalten. Albert Leichtfried, einem dieser Protagonisten, sei hier das Wort gegeben: „Ist es nicht eher die Verwirklichung des eigenen Egos, wenn man versucht die Zukunft zu definieren? Was auch immer die Zukunft bringen wird, an ihrer Vorhersage ist der Mensch schon jahrhundertelang gescheitert. Jedes einzelne Abenteuer, jeder neue Moment wird die Zukunft von Neuem entstehen lassen." So lasst uns nun darauf blicken, was alles entstanden ist in der wunderbaren Welt der Berge in der ereignisreichen Saison von Mai 2012 bis Juni 2013.

Sportklettern – der Durchbruch zum zwölften Grad

Für die zugegeben noch recht junge Geschichte des Sportkletterns stellt die Saison 2012/2013 einen Durchbruch dar. Erstmals wurde eine Route im neuen Supergrad 9b+ (= 12–) geklettert – das zeigt, was in dieser Sportart noch möglich ist. Fast zu erwarten war, dass der junge Tscheche **Adam Ondra** für den Sprung in diesen neuen Grad verantwortlich sein wird, und Ondra enttäuscht die hohen Erwartungen nicht: In der Flatanger Cave in Norwegen wird er fündig! Durch die meist waagrecht überhängende Grotte findet Ondra eine Linie, der er nach einigen Reisen ins schöne Norwegen und vielen Versuchen am 4. Oktober 2012 eine Rotpunktbegehung abringen kann. „Change" ist 55 Meter lang und forderte dem Ausnahmetalent alles ab, und so lautet seine Bewertung 9b+. In Teilabschnitte gesplittet setzt sich die Route wie folgt zusammen: Der superschwere Beginn bietet schon sechs Kletterzüge in der Schwierigkeit eines Fb8b+-Boulders – man bedenke die weltweit schwersten, reinen Boulder liegen bei Fb8c. Nach guten 20 Metern Kletterstrecke erreicht Ondra einen No-Hand-Rest, Gelegenheit, die strapazierte Muskulatur für den zweiten Routenabschnitt zu regenerieren. Dieser beginnt mit einer harten Bouldercrux und, laut Ondra, „leichteren" Zügen, die aber dank der extrem steilen Natur der Route dennoch das Äußerste an Ausdauerkraft von dem jungen Athleten fordern.

Doch damit nicht genug: Ondra legt wenige Monate später schon nach. Mit **Chris Sharma**, neben Ondra der tonangebende Sportkletterer der letzten Jahre, verbeißt er sich in eine von Sharma eingebohrte Linie in Oliana in Katalonien. Allein die Tatsache, dass die beiden führenden Köpfe des Sportkletterns sich zeitgleich an einer neuen Superroute versuchen, sorgt für gehöriges Aufsehen in der Szene und wird von so manchem Medienvertreter als Wettkampf um die Vormachtstellung im Sportklettern hochstilisiert. Die beiden selbst sehen das wesentlich entspannter und bündeln ihre Kräfte und Motivation für die wohl schwerste Route des Planeten. Adam Ondra ist als Erster erfolgreich – wieder wird medial von Wachwechsel getuschelt – und klettert „Dura-Dura", die zweite 9b+ der Kletterhistorie. Er selbst hält „Dura-Dura" sogar für schwerer als „Change". Wenige Wochen später ist auch Sharma so weit und kämpft sich erfolgreich durch die Route, an deren ersten 15 Zügen er nach eigener Aussage allein schon fast ein Jahr „hingebastelt" hat, und auch nach Ondras Aussage sind diese ersten 10 Meter schon eine 9b/9b+ wert. Doch ist die Route danach noch lange nicht zu Ende, es folgt ein mäßiger Rastpunkt und weitere 30 Meter schwerster Kletterei. Chris Sharma und Adam Ondra sind somit die ersten Kletterer, die „offiziell" in den neuen Supergrad 9b+ (= 12–) vorgestoßen sind.

Es sei hier jedoch erwähnt, dass bereits 2003 Bernabé Fernandez seine Route „Chilam Balam" mit diesem Grad bewertet hat. Anders als Ondra und Sharma erntete er dafür jedoch viele Zweifel, sowohl an der Bewertung als auch daran, ob er die Route überhaupt geklettert ist. Ondra konnte „Chilam Balam" im Jahr 2011 wiederholen und wertete sie auf 9b ab, was für das Jahr 2003 immer noch eine Sensation wäre. Letztendlich werden auch bei „Change" und „Dura-Dura" zukünftige Wiederholer zeigen, ob es sich wirklich um Routen im neuen Supergrad handelt – dank der gewaltigen Erfahrung mit superschweren Touren

Siegrist & Co holen sich die erste Winterbegehung von „Exocet" an der Aguja Standhardt/ Patagonien und zeigen, wieso man auch in Zukunft beim Bergsteigen einen Helm tragen sollte …

© Visual Impact/Thomas Senf

Flatanger Cave/ Norwegen: Adam Ondra macht mit „Change" einen Schritt in die Zukunft und klettert die weltweit erste 9b+!
© Petr Pavlicek

und unangefochtenen Reputation von Sharma und Ondra besteht daran aber kaum Zweifel.

Auch wenn der Eindruck entstehen könnte: Adam Ondra und Chris Sharma sind beileibe nicht die Einzigen, die für Spitzenleistungen im Sportklettern sorgen. Die neue Generation macht zunehmend mit bahnbrechenden Leistungen von sich hören. **Alexander Megos** aus dem Frankenjura, dem Mekka des Sportkletterns in Deutschland, setzt ebenfalls einen historischen Meilenstein. Als Erster überhaupt klettert er eine Route im Grad 9a onsight – „Estado Critico" in Siurana. Dieses Ereignis wurde schon seit einiger Zeit erwartet, wobei so ziemlich jeder dabei an Adam Ondra gedacht haben dürfte, der diesem Ziel einige Male schon sehr nahe kam. So klettert Ondra in der Red River Gorge an einem einzigen Tag im November 2012 „Pure Imagination" und „Golden Ticket" onsight. Beide Routen galten bislang als 9a-Routen, Ondra wertete sie jedoch auf 8c+ ab, womit er sich um den historischen Erfolg brachte. Zuvor hatte er am selben Tag schon eine Flashbegehung von „Southern Smoke direct" (ehemals 9a+, nach Ondra 9a) hingelegt, in der Gesamtheit eine der erstaunlichsten Leistungen der Sportklettergeschichte.

Alex Megos hingegen kam zu seinem aufsehenerregenden Erfolg eher wie die Jungfrau zum Kinde. Sicher, er hatte bereits einige 8b+ onsight, zwei 8c und eine 8c+ im Flash geklettert, einige 9a's gepunktet, doch 9a im Onsight hätten wohl die wenigsten von ihm erwartet, vielleicht nicht einmal er selbst. Ohne wirkliche Onsight-Ambitionen steigt er in die Route ein, fällt fast im unteren leichteren Teil, cruist durch den schweren oberen Teil und wird erst etwas nervös, als er knapp vor dem Umlenker merkt, dass er den Onsight wirklich schaffen kann. Mit seinen 19 Jahren ist Alex Megos noch längst nicht am Ende seiner Leistungsfähigkeit angelangt, und man darf gespannt sein auf seine weitere Entwicklung. Mit der erfolgreichen Durchsteigung von „La Rambla" (9a+) – dem eigentlichen Ziel seiner Spanienreise – gelingt ihm jedenfalls ein weiteres Highlight seiner Karriere.

Dem exklusiven Kreis der 8c+-Onsight-Kletterer schließt sich auch der starke Norweger **Magnus Midtbø** an: In Rodellar klettert er ohne vorheriges Erkunden oder anderweitige Vorinformation „Cosi fan tutte" (8c+) – so machen das nicht alle! Midtbø ist damit erst der fünfte Mensch, dem eine Route im Grad 8c+ oder schwerer onsight gelingt. Doch auch der Nachwuchs schläft nicht: Mit gerade mal elf Jahren klettert **Brooke Raboutou** ihre erste 8c (= 10+/11–): „Welcome to Tijuana" in Rodellar. Altersgenossin **Ashima Shiraishi** aus der amerikanischen Metropole New York legt sogar eine Schippe drauf und knipst mit „Southern Smoke" und „Lucifer" in der Red River Gorge gleich zwei 8c+-Routen ab. Nie zuvor wurde dieser Grad von einem Mädchen oder Jungen von nur elf Jahren geklettert!

Wenngleich die Ausnahmestellung von Chris Sharma und Adam Ondra im Sportklettern noch unangetastet bleibt, darf man gespannt sein, wer als Nächstes in die obersten Grade vordringt. Die Spitze hinter den beiden ist jedenfalls breit. Eine kleine Auswahl sei an dieser Stelle genannt: Jakob Schubert, der das Wettkampfgeschehen der letzten Jahre dominiert und auch draußen zeigt, was er draufhat. Der junge Enzo Oddo, der schwerste Routen sammelt, wie unsereins Pilze im Wald. Oder auch Jacopo Larcher, das hoffnungsvolle Klettertalent aus Italien.

Tradclimbing – Wo ein Riss, da auch ein Weg

Wie bereits in letztjähriger Chronik ausgeführt, erfreut sich das Klettern mit mobiler Absicherung durch Friends und Keile (Trad- oder Cleanclimbing) zunehmender Beliebtheit. Und das nicht nur in Nordamerika, wo das Dogma des „don't leave traces" seit jeher einen hohen Stellenwert in der Natursportart Klettern hat, nein, auch in Kontinentaleuropa macht sich eine stetig wachsende Anhängerschaft auf die Suche nach „sauber" kletterbaren Routen. Naturgemäß sind Risse das Objekt der Begierde, denn wo ein Riss ist, gibt es auch Möglichkeiten zum Absichern und zumeist auch eine Möglichkeit, die Linie zu klettern. Das Rissklettern, geliebt wie gefürchtet, nimmt eine Ausnahmestellung innerhalb des Kletterns ein. Zu unterschiedlich ist die Technik zum „normalen" Klettern. Statt sich an Griffen hochzuziehen, ermöglicht nur das Verklemmen von Finger, Hand, Faust oder des ganzen Körpers den Höhengewinn.

Ein Meister des Risskletterns, wenngleich wenig bekannt, ist der Kanadier **Jean-Pierre Ouellet**. In den Sandsteinfelsen rund um Moab/Utah finden sich wohl die perfektesten Risse des Globus, ein scheinbar grenzenloses Potenzial für Erstbegehungen. So wundert es kaum, dass Ouellet hier zwei hochkarätige Erstbegehungen für sich verbuchen kann. Einen 45 Meter langen, senkrechten Fingerriss im Grad 5.13+ (= ca. 10+) tauft er auf den Namen „Mexican Snow Fairy". „Fisting the Crack" hingegen ist ein 18 Meter langer Dachriss, den der starke Ouellet sogar onsight erstbegeht und mit 5.13– = (9+/10–) bewertet. Wie der Name vermuten lässt, ist der Riss nur durch Verklemmen der Fäuste zu überwinden, eine Rissbreite, die von vielen gefürchtet wird.

Ist der Riss noch breiter, betritt man die obskure Welt des Offwidth-Risskletterns. Hier wird alles Erdenkliche eingesetzt, um sich in diesen eigentlich zu breiten Rissen zu verklemmen. So muss die Offwidth-Expertin **Pamela Pack** unter anderem auf einen Handklemmer zwischen Stirn und Fels zurückgreifen, um mit „The Forever War" den schwersten Offwidth (5.13c/d = 10/10+) im Granit-Klettergebiet Vedauwoo/Wyoming für sich zu verbuchen.

Im Gegensatz zu den USA ist die Auswahl an erstklassigen Rissgebieten in Europa durchaus limitiert. Als wahres Kleinod für Rissfanatiker hat sich in den letzten Jahren das Granitgebiet von Cadarese entwickelt – gelegentlich wird es sogar mit dem Yosemite Valley verglichen. So pilgern die einschlägig bekannten Rissfreaks Europas in den letzten Jahren dorthin wie die Bienen zum Honigtopf – nicht ohne ihre Spuren zu hinterlassen.

Wohl auch in Zukunft von den meisten gehasst und gemieden: Offwidth-Risse. Rissspezialistin Pamela Shanti Pack hingegen kommt in „Dragon's lair" (5.11) noch lang nicht an ihre Grenzen (Longs Canyon, Moab/Utah).

© Andrew Burr

Dem englischen Spezialisten für harte Tradrouten **James Pearson** gelingt die erste Wiederholung und erste bohrhakenfreie Begehung von „A Denti Stretti" (8b+ = 10+) im benachbarten Balmonesca, während Caroline Ciavaldini eine Trad-Begehung von „Grazie Rickie" (8a+ = 10–) für sich verbucht. Crackmaster Tom Randall (UK) hingegen kann „Turkey Crack" (8a = 9+/10–), eine Kreation von Sean Villanueva, onsight klettern. Auch das klassische Testpiece des Gebiets „The Doors" (8b = 10) gelingt ihm, genauso wie der Engländerin **Hazel Findlay**, einer der stärksten Frauen in Sachen Tradclimbing. Als erste und bislang einzige Frau gelang ihr 2011 auf der britischen Insel eine Route im Grad E9. Dieses Kunststück wiederholt sie nun und überlebt auch ihren zweiten Ausflug in den E9-Bereich: „Chicama" in North Wales.

Große Felswände: schwer, schnell oder frei – oder alle drei

Beim Klettern an den großen Felswänden und Bigwalls des Globus gibt es wohl auch in Zukunft unterschiedliche Herangehensweisen, Präferenzen und Betätigungsfelder. Ging es früher einzig und allein darum, eine Wand oder eine spezielle Linie irgendwie zu schaffen, stehen heute andere Kriterien im Vordergrund. Mit der Entwicklung des Sportkletterns und dem Freiklettergedanken wurde dieser auch auf die hohen Wände übertragen. Wände frei zu durchsteigen, die bislang nur technisch überwinden wurden, ist auch heute noch ein interessantes Ziel. Dies gilt für die Alpenwände genauso wie für die Bigwalls Amerikas, aber auch Wände in den abgeschiedenen Gegenden der Welt wie im Karakorum, in Grönland oder gar der Antarktis rücken ins Visier der Kletterer.

Dem jungen Deutschen **Roland Hemetzberger** gelingt im heimatlichen Kaisergebirge die freie Begehung der Noichl/Wörndl-Route in der Direkten Ostwand an der Fleischbank, ein fast in Vergessenheit geratenes Relikt aus der Direttissima-Ära. Sechs Seillängen im unteren 10. Grad dienen zum Aufwärmen für die Schlüssellänge im glatten 10. Grad. Auch die Absicherung lässt nicht unbedingt große Entspannung aufkommen: Außer an den Ständen gibt es keine Bohrhaken in der Tour! Auf die musste er auch bei einer freien Begehung der direkten Südwand an der Karlspitze verzichten. Mit Schwierigkeiten bis 8a (10–) ist die Route damit die schwerste komplett bohrhakenfreie Route im Wilden Kaiser.

Wozu Bohrhaken, wenn man Nerven hat?, Teil 1: Hansjörg Auer und Michael Mayr holen sich die erste freie Begehung von „L'ultimo dei paracadutisti" an der Marmolada. Der obere zehnte Grad ohne einen einzigen Bohrhaken!
© Elias Holzknecht

Eine Erstbegehung gleicher Schwierigkeit und ebenfalls ohne Bohrhaken legen die beiden superstarken Slowenen **Andrej Grmovšek** und **Luka Lindič** mit ihrer Route „Rajceva" (8a, 250 m) durch die Nordwand des Križevnik in Slowenien hin. Die vermutlich schwierigste bohrhakenfreie Mehrseillängenroute weltweit gelingt derweilen dem Tiroler Traumduo **Hansjörg Auer** und **Michael Mayr** an der wunderschönen Marmolada-Südwand. „L'ultimo dei paracadutisti" ist eine teils technisch, teils frei unter der Regie von Graziano „Feo" Maffei erstbegangene, höchst anspruchsvolle und gefährliche Route ohne Bohrhaken, die zu wiederholen den meisten schon mehr als genug abfordern würde. Doch Auer und Mayr wollen die freie Begehung, trotz des brüchigen Felses und der spärlichen Absicherung. Sie seilen sogar von oben in die Wand, um die schwerste Seillänge im Toprope einzustudieren. Letztendlich gelingt ihnen die freie Begehung dieser 750 Meter hohen Route mit Schwierigkeiten bis 8b+ (10/10+) – eine neue Dimension der Kühnheit!

Da **Alex Huber** – Pionier in Sachen schwerstes Freiklettern in hohen Wänden – in seiner „Bellavista" (8c = 11–) zumindest an Ständen Bohrhaken verwendete, ist „L'ultimo dei paracadutisti" die momentan schwerste Mehrseillängen Route ohne Bohrhaken. Dass „da Huba" aber noch lange nicht zum alten Eisen gehört, bewies er wieder einmal eindrucksvoll. Ihm gelingt der Durchstieg seines Projekts „Nirwana" in der Sonnwand an der Loferer Alm – sieben Seillängen mit Schwierigkeiten bis 8c+ (= 11–/11) und „hubertypischer" sportlicher Absicherung.

„End of Silence" (8b+/11 SL), eine Route von Bruder Thomas aus dem Jahr 1994, bekommt durch **Barbara Zangerl** ihre erste Damenbegehung. Zangerl kommt eigentlich vom Bouldern, scheint aber in den letzten Jahren ihre dabei erworbenen Fähigkeiten bevorzugt auf große Wände zu übertragen. Um bei den starken Mädels zu bleiben, ist an dieser Stelle auch **Ines Papert** zu erwähnen, die längst nicht nur im Eis zur Elite gehört. Mit ihrer Route „Schwarze Madonna" (8a+, 180 m) erfüllt sie sich den Traum einer schweren Erstbegehung am heimatlichen Untersberg.

Stéphanie Bodet gehört schon seit vielen Jahren zur femininen Spitze im Freiklettern großer Wände. Ihre Erfolge verteilen sich über den ganzen Erdball, zumeist an der Seite ihres Mannes Arnaud Petit. Mit schnellen freien Begehungen von „Alpenliebe" (7b) und der „Camilotto-Pelissier" (8a+?) an der Großen Zinne sorgt sie für Aufsehen, zumal sie die von Bubu Bole ausgegebene Bewertung der „Camilotto-Pelissier" von 8a+ auf 7c stark nach unten korrigiert. Dank ihrer hohen Reputation und großen Erfahrung hat ihre Meinung großes Gewicht.

Vom fernen Australien in die Alpen gereist, sucht sich die starke **Mayan Smith-Gobbat** mit „Donnafugata" (8a+, 750 m) am Torre Trieste ein echtes Dolomiten-Testpiece à la Christoph Hainz. Ground up bewältigt sie und ihr Partner David Falt die hohen klettertechnischen und psychischen Anforderungen in 32-stündiger Anstrengung. Wesentlich schneller ging es da schon in der „Nose" für sie und ihre Partnerin **Chantel Astorga**: Mit 7 Stunden und 26 Minuten legen sie einen neuen Frauen-Speedrekord hin – lediglich fünf Stunden und drei Minuten langsamer als der aktuelle Rekord von Alex Honnold und Hans Florine.

Bei reinen Speedbegehungen spielt der Freiklettergedanke nur eine untergeordnete Rolle, zwar ist ein hohes Freikletterniveau Grundvoraussetzung für schnelle Zeiten, aber im Zweifelsfall wird an Haken, Keilen und Friends gezogen, um schwere Passagen möglichst schnell zu überwinden. Schnelligkeit und schweres Freiklettern miteinander zu verbinden, bedeutet nochmals eine Steigerung. **Tommy Caldwell** und **Alex Honnold** gehören zu den wenigen Kletterern, die diese Kombination bewerkstelligen. An den Sandsteinwänden des Zion National Parks demonstrieren sie eindrucksvoll ihr überlegenes Können: In 16 Stunden steigen sie frei durch „Sheer Lunacy" (8 SL, 5.12b = 9–), „Moonlight Buttress" (10 SL, 5.12d = 9/9+), „Touchstone Wall" (8 SL, 5.13b = 10–)und „Spaceshot" (8 SL, 5.13a = 9+/10–). Unerklärlicherweise hinterließ dieser, nach eigenen Aussagen, „großartige Tag" Caldwells Finger ziemlich geschwollen. Doch Honnold ist noch lange nicht fertig mit den Wänden Zions: Er lässt mal wieder unser aller Atem stocken und Seil und Gurt im Tal. Free solo klettert er drei lange und schwere Klassiker an einem einzigen Tag: „Moonlight Buttress" (5.12+ = 9–/9, 400 m), „Monkey Fingers" (9 SL, 5.12b = 9–) und „Shune's Buttress" (8 SL, 5.11+ = 8).

Nerven statt Bolts, Teil 2: Andrej Gromovšek begeht zusammen mit Luka Lindič die futuristische Linie „Rajceva" (8a) nur mit traditioneller Absicherung – dem verunglückten Schwiegervater zu Ehren!

© Marko Prezelj

Hohes Freikletterkönnen, Schnelligkeit und ein starkes Nervenkostüm sind die Voraussetzungen, um auch in abgelegenen Bergregionen Bigwalls zu erklimmen oder sogar frei zu durchsteigen. Beliebt scheint in der vergangenen Saison besonders Baffin Island mit seinen endlosen Granitfluchten gewesen zu sein.

Eine ganze Reihe hochkarätig besetzter Expeditionen gab sich dort die Ehre – kein Wunder, dass es jetzt ein paar Kletterlinien mehr auf Baffin Island gibt. **Ines Papert**, Joshua Lavigne und **Jon Walsh** eröffnen eine neue Linie am Mount Asgard: „Sensory Overload" ist 1200 Meter lang und wird von dem Trio teils technisch, teils frei geklettert (5.11+/A1). Die Route „Superbalance" der Polen **Marek Raganowicz** und **Marcin Tomaszewski** auf den Polar Sun Spire hingegen fordert vor al-

Außer Steigeisenkratzer keinerlei Spuren hinterlassen hat die Seilschaft Leichtfried/Purner im Grödner Langental/Dolomiten: „Senza piombo" ist und bleibt clean und sauschwer (M10).
© Klaus Kranebitter

lem diffiziles technisches Klettern, aber auch fortgeschrittene Mixedkletterei (7, A4, M7+). Die reine Freikletterei hat sich hingegen eine international besetzte Expedition auf die Fahne geschrieben, die ebenfalls die Wände Baffin Islands unsicher macht. Das wundert kaum, denn schließlich befinden sich in ihren Reihen Freikletterasse wie die Brüder **Eneko** und **Iker Pou** (E) und der Tiroler **Hansjörg Auer**, ergänzt wird die Auswahl durch **Ben Lepesant** (LUX), **Ricky Felderer** und **Matteo Mocellin** (beide I). An unterschiedlichen Wänden gelingen ihnen insgesamt vier Neutouren in ausschließlich freier Kletterei. Bohrhaken – insgesamt nur 27 Stück – kommen nur in ihrer schwersten Kreation zum Einsatz: „The Door" durch die Ostwand des Belly Tower ist 630 Meter lang und bietet Schwierigkeiten bis 8b (= 10). Nachdem Regen die freie Durchsteigung der Schlüssellänge während der Erstbegehung verhindert hat, glückt diese Hansjörg Auer und Iker Pou eine Woche später.

Auf trockenen Fels und beste Bedingungen haben sich **Andy Kirkpatrick**, Altmeister des englischen Hardcore-Alpinismus, und seine Gefährten **Tormod Granheim** und **Aleksander Gamme** wohl erst gar nicht eingestellt. Schließlich wollen sie der berüchtigten Trollwand in Norwegen eine Winterbegehung abtrotzen. Als erste Seilschaft gelingt ihnen „Suser gjennom Harryland" (6, A3, 5.10b, 18 SL) im Winter. 14 Tage dauert das Unterfangen, währenddessen für Kirkpatrick genügend Zeit bleibt, seinen in Kletterdingen äußerst unerfahrenen Kameraden einige essentielle Bigwall-Techniken zu unterrichten. „Der alarmierendste Augenblick war festzustellen, dass Aleks nicht wusste, wie man einen Friend legt, als er die 11. Seillänge vorstieg." (A. Kirkpatrick)

Doch spannen wir den Bogen zurück zu den Alpen, wo eine „kleine Großtat" fast unter dem Wust an Erfolgsmeldungen von hohen Graden und schweren Zügen unterzugehen droht. Wieder mal ist es **Hansjörg Auer**, der zeigt, welch Abenteuer in den ach so erschlossenen Alpen noch möglich sind. „Goldrausch" durch die Nordwand des Rosskopf im Rofan ist eine der genialen und psychisch anspruchsvollen Kreationen der legendären Seilschaft Darshano Rieser und Wolfgang Müller aus den 1980er-Jahren. Obwohl nominell nur der untere 8. Grad gefordert ist, konnte die

Route in über zwanzig Jahren erst einmal wiederholt werden. Der obere Teil der Wand ist so kompakt, dass selbst Rieser/Müller zu dem ungeliebten Mittel technischer Kletterei zurückgreifen mussten und nach rechts aus der Wand querten. Auer gelingt nicht nur die Wiederholung der wilden Route, nein, er findet sogar einen direkten Ausstieg, den er in allerbester Manier frei, ohne Bohrhaken und onsight klettert: eine psychische Meisterleistung! Auer schlägt den Grad 8+/9– als Bewertung vor, doch die reine Zahl dürfte nur wenig über den Gesamtanspruch aussagen!

Fels, Eis und Tränen – Gemischtes aus aller Welt

Keine andere Disziplin des Bergsports ist so von den klimatischen Rahmenbedingungen abhängig wie das Eis- und Mixedklettern. Zwischen Idealbedingungen und Unmöglich liegen oft nur ein paar Grad Celsius. Die Wintersaison 2013 erwies sich besonders für das Eisklettern in den Dolomiten als außergewöhnlich gut: Eiszapfen, -vorhänge und -säulen schienen überall hervorzusprießen. Dementsprechend zahlreich war die Anzahl von Erstbegehungen.

Eine sehr beeindruckende Linie gelang der Südtiroler Seilschaft **Adam Holzknecht** und **Hubert Moroder**. Adam Holzknecht gehört seit langem zu den besten Allroundbergsteigern Südtirols mit einer beeindruckenden Liste von Erstbegehungen, deren niedrige Bewertung oftmals über die tatsächlichen Anforderungen hinwegtäuscht: Kühn und schwer ist das Markenzeichen seiner Routen. Und er dürfte wohl schon länger auf diese Linie gespechtet haben, zu offensichtlich thront sie über dem heimatlichen Grödnertal. Ein feiner Streifen Wasser zieht in gerader Linie fast direkt vom Gipfel des Langkofels hinab, als würde der gewaltige Berg seine Tränen ins Tal vergießen. Diesen Winter war es nun so weit, dass dieser unstete Tränenfluss einen durchgehenden Eisstreifen bildete, und Holzknecht und Moroder sind auf den Punkt bereit.

In zwei Tagen klettern sie über die exklusive Linie „La Legrima" auf den Gipfel des Langkofels und überwinden schwere Eis- und Felspassagen (WI 6/M6/V/A0, 1000 m). Ein tolles Abenteuer direkt vor der eigenen Haustür! Die guten Bedingungen nützt auch die Seilschaft **Beppe Balico**, **Andrea Gamberini** und **Marco Milanese** und begeht eine beeindruckend steile und dünne Eislinie an der Tofana di Mezzo: „Psycho Killer" (4+, D5, WI 7–, 225 m) Der Name scheint Programm zu sein.

Große Linien erfordern große Bergsteiger: Localheros Adam Holzknecht und Hubert Moroder begehen die Linie des Winters: „La Legrima" am Langkofel. Das ist mehr als eine Freudenträne wert!

© Adam Holzknecht

Auch die beiden österreichischen Eis- und Mixedspezialisten **Albert Leichtfried** und **Benedikt Purner** treibt es in die Dolomiten, um sich einen verwegenen Traum zu erfüllen: eine extreme, moderne Mixedroute clean erstzubegehen, weder Bohr- noch Normalhaken sollen zum Einsatz kommen. Neben der bekannten „Zauberflöte" im Grödner Langental werden sie fündig, die gewaltige Linie bietet zwei äußerst schwere Mixedlängen (M9 & M10), bevor sie über einen für die beiden relativ einfachen (WI 5) Eiszapfen aussteigt. „Senza Piombo" dürfte die erste Mixedroute dieser Schwierigkeit sein, die komplett ohne fixe Sicherungsmittel auskommt. Ein neuer Impuls für die Mixedkletterszene, in der die Verwendung von Bohrhaken in den letzten Jahren vermehrt zum Standard geworden ist.

Dass dies nicht so sein muss, zeigt auch „Altmeister" **Robert Jasper**, der die Entwicklung des Eis- und Mixedkletterns seit fast zwei Jahrzehnten mitprägt. Mit „Flying Circus" schenkte er 1998 der Kletterwelt eine der ersten und vielleicht schönsten Routen im Grad M10. Wie damals verwendet er auch diesmal für seine Erstbegehung „Ritter der Kokosnuss" (M12, WI 5, 165 m) keine Bohrha-

„Nur was für richtige Männer", befindet Seilpartner Bent Vidar Eilertsen. Als ungekrönte Königin des Eiskletterns braucht Ines Papert für „Finnmannen" (M9+) nicht mal Bohrhaken.
© Visual Impact/Thomas Senf

ken. Neben den extrem hohen klettertechnischen und physischen Ansprüchen kommt also auch die Psyche nicht zu kurz. Wie sehr das Niveau im Mixedklettern in den letzten Jahren gestiegen ist, zeigt auch **Daniel Arnolds** (CH) Tour de Force durch die Breitwangfluh im Berner Oberland. Für ihn ist der oben erwähnte „Flying Circus" (M10, 160 m) nur Zwischenstation; mit „Mach3" (M9, 150 m) und „Crack Baby" (WI 6, 340 m) hängt er noch zwei superschwere Extremklassiker an und klettert eines der schwersten Enchainments der Eisklettergeschichte.

Als erste Frau klettert die Polin **Lucie Hrozová** den Grad M14, sie ist in der Jasper-Route „Ironman" erfolgreich. Beim Thema Frauen und Eisklettern wird wohl jeder an **Ines Papert**, die langjährige Weltmeisterin, denken – und wahrlich, sie hat nichts verlernt. Zusammen mit dem Norweger Bent Vidar Eilertsen gelingt ihre eine kühne und nebenbei sauschwere Linie in Senja/Norwegen. Ohne Bohrhaken überwinden die beiden Schwierigkeiten bis M9+, WI 7 auf einer Länge von 400 Metern: „Finnmannen", eine Route für „echte Männer", wie Eilertsen bestätigt.

Während das moderne Mixedklettern und Drytooling eine noch relativ neue Sportart ist, haben Winterbegehungen bestehender Routen eine sehr lange Tradition. Zwischenzeitlich etwas aus der Mode gekommen, erfreut sich die eiskalte Tätigkeit mittlerweile wieder zunehmender Beliebtheit. Wohl nicht zuletzt durch die neuen Techniken des modernen Drytoolings eröffnen sich den Aktiven ganz neue Möglichkeiten. Können, Wissen und moderne Ausrüstung ermöglichen es, sich in Wände zu wagen, die bislang für Winterbegehungen zu abschreckend erschienen.

So klettern **Francesco Milani** und **Giorgio Travaglia** den Pilastro Magno am Langkofel erstmals im Winter. Der imposante und lange Pfeiler wurde erstmals 1993 von Ivo Rabanser und Marco Furlani erstbegangen (VI, 950 m) – auch Rabanser gilt in Sachen Bewertung als Meister des Understatements. Der „Schiefe Riss“ an der Sagwand im Zillertal, 1947 vom genialen Hias Rebitsch erstbegangen, wurde selbst im Sommer bislang nur selten wiederholt. Und es bedarf schon des aktuellen „Who is Who“ der Tiroler Alpinszene, um der grausig brüchigen Wand die erste Winterbegehung abzuringen: **David Lama**, **Hansjörg Auer** und **Peter Ortner** gelingt letztendlich das Husarenstück in zwei Tagen harter und prekärer Kletterei (6; M7, 80°) und einem eiskalten, schlaflosen Biwak. Lama, der sich in den letzten Jahren vom Weltklasse-Wettkampfkletterer zu einem der besten Allroundalpinisten unserer Tage entwickelt hat, und Ortner hatten schon zu Beginn des Winters eine schwere und kühne Erstbegehung durch die Laserz-Nordwand gelegt: „Spindrift“ (8–, M6, WI 6, A1, 600 m).

Eine bemerkenswerte Erstbegehung gelingt auch den britischen Spitzenalpinisten **Matt Helliker** und **Jon Bracey**: Sie werden im Frühwinter im Mont-Blanc-Massiv fündig und begehen „Eyes Wide Shut“ (ED1, M6, A0, UIAA 4+, 900 m) am wenig bekannten Mont Rouge di Gruvetta. Die Spielfelder im Eis- und Mixedklettern reichen also weit: von der akrobatischen Turnübung an Eisgeräten durch gewaltige Überhänge, über prekäre Kletterei an fragilen Eisstrukturen bis zum „klassischen“ Winteralpinismus. Ein weites Feld öffnet sich durch den Übertrag der modernen Klettertechniken in die alpinen Wände und den Verzicht auf Bohrhaken bei solchen Unternehmungen.

Expeditionsbergsteigen – Entlegene Wände und Berge

Die Saison 2012/13 gehört sicher zu den aufsehenerregendsten Jahren in Sachen Expeditionsbergsteigen. So viele bahnbrechende Aufstiege gab es, dass selbst die Expertenjury des Piolet d´Or sich nicht entscheiden konnte und alle sechs nominierten Expeditionen prämierte.

Patagonien: Wenn der Wind nicht mehr weht

Die vergangene Klettersaison in Patagonien widerlegt wohl all diejenigen, die stets behaupten, früher sei alles besser gewesen: Das berühmt-berüchtigte patagonische Wetter scheint jedenfalls nicht mehr das zu sein, was es mal war. Die wochenlangen Schönwetterperioden haben dafür zu einer schier unüberschaubaren Anzahl von Besteigungen geführt. Der Gipfel des Cerro Torre sah eine Rekordzahl an Besuchern, zumeist über die ehemals berüchtigte Ferrari-Route, an der sich heute Gott und die Welt zu tummeln scheinen. **Markus Pucher** (A) gelingt der Aufstieg sogar allein und ungesichert. Gerade mal fünfeinhalb Stunden braucht er von seinem Biwak unterhalb des Col d’Esperanza auf den Gipfel und zurück.

Die Argentinier **Gabriel Fava**, **Wenny** Sánchez und **Roberto Treu** wählen gleich eine neue Linie durch die Westwand. „Directa Huarpe“ ist eine beeindruckende Linie rechts der Ferrari-Route mit 95° steilen Eispassagen, die teils von porösem Anraum bedeckt sind.

Den amerikanischen Superalpinisten **Colin Haley** und **Chad Kellogg** gelingt der sogenannte „Cork Screw“ auch ohne die letztes Jahr entfernten Bohrhaken Maestris. Die Route steigt ein gutes Dutzend Seillängen über die Südostkante Maestris auf, quert dann über ein exponiertes Eisfeld – steil wie eine Sprungschanze – zur Ferrari-Route, über die man schließlich zum Gipfel des Torres gelangt (90°, 6b, A1, 1200 m). 2008 wurde diese Linie bereits geklettert, allerdings unter Verwendung einiger Maestri-Bohrhaken. Am benachbarten Torre Egger geht es traditionell weniger turbulent zu, wenngleich er wohl technisch gesehen noch anspruchsvoller ist und somit einer der schwersten Gipfel der Erde. Die Westwand des Torre Egger konnte noch nie durchstiegen werden, glatt und abweisend thront sie über dem patagonischen Inlandeis. Den italienischen Kletterern **Matteo della Bordella** und **Luca Schiera** gelingt letztendlich der Durchstieg, nachdem della Bordella die Linie schon in beiden vergangenen Jahren vergeblich belagert und teils mit Fixseilen versehen hatten: „Notti magiche“ (7a, A2, 90°, 1000 m).

Wem der Rummel in den Bergen der Torregruppe mittlerweile zu groß geworden ist, der kommt im argentinischen Winter, wie das Schweizer Team aus **Stephan Siegrist**, **Thomas Senf** und **Ralf Weber**, das die erste Winterbegehung der Aguja Standhardt über die Route „Exocet“ für sich verbucht. Ebenfalls im Winter versuchen **Jorge Ackermann** und **Michael Lerjen-Demjen** eine spektakuläre und elegante Linie durch die imposante Ostwand des Fitz Roy zu legen. Leider scheitert ihr mutiger Versuch, doch sind sie wenige Monate später bei wärmeren Temperaturen erfolgreich. Mit „Un Mar de Suenos" (M4, 7a, A3, 1200 m) gelingt ihnen laut Lokalmatador Rolando Garibotti *die* Erstbegehung der Saison in lupenreinem Alpinstil und ohne Bohrhaken. Dieses Kompliment aus dem Munde des Patagonienkenners Garibotti ist umso mehr wert angesichts der zahlreichen Erstbegehungen dieser Saison, von denen an dieser Stelle nur eine kleine Auswahl erwähnt werden kann.

Auf der anderen Seite des Fitz Roys legen die beiden Belgier **Stéphane Hanssens** und **Sean Villanueva** eine Erstbegehung im Eiltempo hin. Um ihren Rückflug nach Hause nicht zu verpassen, klettern die beiden nonstop über 1800 Meter, davon 900 Meter neu (7b+), auf den Gipfel, seilen wieder zu ihrem Camp zurück, das sie 48 Stunden nach ihrem Aufbruch erreichen; Zeit zum Rasten bleibt aber auch dort nicht, schließlich müssen sie den Nachmittagsbus zum Flughafen erreichen. Der Name der Route „Persiguiendo el Avión" (Das Flugzeug jagen) spielt wohl auf ihre stressige Terminplanung an. Gottlob klettern die beiden mit Ausnahme einer Seillänge die komplette Route onsight, doch allem Zeitdruck zu Trotz seilen sie noch einmal zum Stand unter dieser Seillänge ab, um sie im nächsten Versuch rotpunkt zu klettern. Merke: Freiklettern kommt vor Flugzeug erwischen!

Zuvor verbrachten die beiden zusammen mit **Merlin Didier** bereits einen erfolgreichen Monat im nahen Torres del Paine-Nationalpark: Zwei wunderschöne und äußerst schwere Routen an der Ostwand des Cerro Catedral (7c+, 1000 m) und der Ostwand des Cerro Cota (7c+, 500 m) können die drei erstmals frei durchsteigen. Anders als die Berge rund um Fitz Roy und Cerro Torre bieten die Torres del Paine neben alpinistischen Herausforderungen auch Abgeschiedenheit fernab zivilisatorischer Errungenschaften.

Antarktis, Alaska und Canadian Rockies

Garantiert alleine ist man beim Bergsteigen in der Antarktis, einerseits dank der exorbitant hohen Reisekosten, andererseits weil nur die wenigsten Alpinisten angesichts Temperaturen von –40°C und niedriger ans Klettern denken dürften. Wenn Ersteres von Sponsoren gedeckt werden kann und Zweites auf Grund welchen Gens auch immer kein Hindernis ist, findet sich hin und wieder doch eine Expedition in der magischen Szenerie aus endlosem Eis und steilen Granitwänden wieder. **Leo Houlding**, **Alastair Lee**, **Jason Pickles** und **Chris Rabone** (alle UK) zusammen mit **Sean Leary** (USA) und **David Reeves** (Südafrika) schenken es sich gleich besonders hart ein und klettern eine nicht nur verdammt lange (35 SL), sondern auch ziemlich schwere (E6 6b [= ca. 9], A2) Linie auf den Ulvetanna Peak. Nach einigen Vorarbeiten an der Route sind sie zehn Tage am imposanten Nordostgrat unterwegs, den Houlding als „gewaltig, brutal und furchteinflößend. Und nun bestiegen!" bezeichnet.

Bestiegen ist die Ostwand des Mooses Tooth in der Ruth Gorge in Alaska schon länger. Jim Bridwell und Mugs Stump – beides Legenden des amerikanischen Bergsteigens – waren bereits 1981 dort erfolgreich, zu viel Verkehr sieht die beeindruckende Wand aber normalerweise nicht. Umso erstaunlicher, dass in einer einzigen Saison gleich drei Seilschaften mit einer Erstbegehung dort erfolgreich sind. **Scott Adamson** ist in zwei der Neutouren involviert. Mit **Pete Tapley** klettert er in 34 Stunden nonstop „NWS" (5, WI 6/M5, 1400 m), die erste und einzige komplett freie Linie durch die Ostwand. Gerade von dieser Gewalttour zurück im Basecamp, stolpert Adamson über **Chris Wright**, der selbst eben an seinem Projekt umgedreht ist und nach einem Kletterpartner sucht: „Was hältst du davon, noch mal da hoch zu gehen?", fragt er Adamson. „Wie wär's mit morgen?", lautet die knappe Antwort. Gepriesen, wer mit schneller Erholungsfähigkeit gesegnet ist. Und so steigt er vier Tage nach seinem ersten Erfolg ein weiteres Mal in die Wand ein: 67 Stunden und zwei beengte und exponierte Biwaks später haben sie ihre Neutour und den Gipfel in der Tasche: „Terror" (6, WI 6, M7 R/X A2, 1500 m).

Daniel Arnold und **David Lama**, beide Alaska-Neulinge, suchen sich ebenfalls eine neue Linie durch die Ostwand, die sie in beeindruckendem Stil bewältigen. In 48 Stunden und mit einem Biwak absolvieren sie ihre schwierige Erstbegehung „Bird of prey" (6, 5.10 M7+, A2, 90°, 1500 m), die teils durch äußerst heikles Klettergelände führt. Ein weiterer Sensationserfolg Lamas, der scheinbar alles und überall klettert! **Colin Haley** frönt derweilen seiner Leidenschaft für extreme Solobegehung in Mixed- und Eisgelände. Er klettert als

Erster überhaupt den Nordpfeiler des Mount Hunter solo. Da er aber nach dem 1500 Meter hohen Pfeiler an dem vergleichsweise leichteren Gipfelgrat umdreht, erkennt er selbst diese Begehung nicht an. Dennoch ist es eine unglaubliche Leistung – in beiderlei Hinsicht!

Die Nordwand des Mount Alberta in den Kanadischen Rocky Mountains gehört zu den meistgefürchteten Wänden Nordamerikas. Sie hat einen ähnlichen Nimbus, wie ihn die Eiger-Nordwand noch vor ein paar Jahrzehnten besaß. Durchsteigungen der Wand sind folgerichtig rar, und wer sie gemacht hat, gehört zur crème de la crème der nordamerikanischen Alpinszene. **Jason Kruk** und **Josh Lavigne** gelingt die Durchsteigung frei und auf teilweise neuer Linie (WI 5, M7+++, 1000 m). Bemerkenswert ist auch, dass die beiden in der brüchigen, überhängenden Gipfelwand eine gigantische waagrechte Höhle finden: eine Oase in der Senkrechten und der perfekte Biwakplatz.

Himalaya – bahnbrechende Erfolge am laufenden Band

Das Himalaya-Jahr 2012 als ereignisreich zu bezeichnen wäre stark untertrieben. So viele Besteigungen waren in Sachen Stil und Schwierigkeiten zukunftsweisend, dass es schwer ist, einige wenige besonders hervorzuheben. Aber werfen wir einen Blick auf die mit einem Piolet d'Or ausgezeichneten Heldentaten. **Kyle Dempster** und **Hayden Kennedy**, beide in der Szene schon öfters auffällig geworden, klettern im superleichten Alpinstil über die Südwand auf den Ogre (7285 m). Es ist erst die dritte Besteigung des Berges und die erste im Alpinstil und auf neuer Route! Zwei Biwaks, viel steiles Eis und brüchigen Fels müssen die beiden bewältigen, um auf dem exklusiven Gipfel zu stehen. Umso bemerkenswerter ist der Erfolg, als die beiden wenige Wochen vorher schon am K7 (6934 m) erfolgreich waren. Über dessen Ostgrat stiegen sie zusammen mit dem Slowenen **Urban Novak** in 49 Stunden auf den Gipfel.

Wie Dempster/Kennedy erhält auch das russische Team einen Piolet d'Or, das den düster-wilden Nordostpfeiler am Muztagh Tower (7273 m) erstbegeht. Schlechtesten Wetterbedingungen zum Trotz und ungeachtet schwierigster Kletterei gelangen **Dmitry Golovchenko**, **Alexander Lange** und **Sergey Nilov** nach unglaublichen 17 Tagen Kletterei auf den Gipfel des Berges. 24 Stunden später sind sie heil zurück im Basislager. Eine

Die Ostwand des Mooses Tooth sieht gleich drei Erstbegehungen innerhalb weniger Wochen. Die beiden Alaska-Neulinge David Lama und Daniel Arnold (unten) ziehen die großartige Linie von „Bird of prey" zum Gipfel.

© David Lama

Links: Die Nordwand des Mount Alberta/Kanada mit der Route von Kruk/Lavigne

© John Scurlock

Allein die Linie ist schon einen „Goldenen Pickel" wert: Altmeister und Hardcore-Alpinist Mick Fowler freut sich auf intensive Tage mit Shiva.

© Mick Fowler & Paul Ramsden

ebenso imposante Linie durch die Südwestwand des Kamet (7756 m) klettern die Franzosen **Sébastien Bohin**, **Didier Jourdain**, **Sébastien Moatti** und **Sébastien Ratel**. In mutigem Alpinstil klettern sie die jungfräuliche 2000-m-Wand in vier Tagen zum Gipfel und bewältigen senkrechte Eispassagen und schweres Fels- und Mixedgelände. Die vier sind Mitglieder der GMHM, einer Art Hochgebirgszug des französischen Militärs, die die Verleihung des „Alpin-Oscars" an ihre Athleten sicher mit großer Genugtuung aufnimmt.

Für **Mick Fowler** und **Paul Ramsden** ist die Auszeichnung hingegen nichts Neues – beide haben den Piolet bereits 2004 als Seilschaft erhalten. Dass sie auch fast zehn Jahre später nichts von ihrem Können und ihrer Härte eingebüßt haben, demonstrieren sie uns mit der Erstbegehung der fantastischen Linie „Prow of Shiva" am Shiva (6142 m) im indischen Garhwal Himalaya. Sieben Tage verbringen die beiden in der genialen Route und schlagen sich mit anspruchsvollem Mixedgelände (ED+) herum. Keine Frage, dass die beiden im Alpinstil unterwegs sind! Sie biwakieren, wo auch immer sie einen einigermaßen geeigneten Platz finden: Mick Fowler ist schließlich so etwas wie der Vater des minimalen Alpinstils an technisch schweren Himalaya-Gipfeln!

Seinem Vorbild folgen auch die Japaner **Yashuiro Hanatani**, **Tatsya Aoki** und **Hiriyoshi Manome**. Den Südpfeiler des Kyashar (6769 m), in der viel besuchten Khumbu-Region gelegen, haben schon etliche Expeditionen vergeblich versucht. Dem japanischen Team glückt nun der langersehnte Pfeiler, in sechs Tagen klettern sie „Nima Line" (ED+: 5.10a M5) im Alpinstil, wobei vor allem brüchiger Fels und loser Schnee den dreien Probleme bereiten. Neben diesen von der Jury des Piolet d'Or gewürdigten Anstiegen gab es natürlich zahlreiche weitere bemerkenswerte Leistungen, von denen an dieser Stelle nur noch die Erstbesteigung des Himjung (7140 m) erwähnt werden soll. Bis Herbst 2012 war der Himjung der höchste unbestiegene Berg Nepals und einer der wenigen noch nicht bestiegenen Siebentausender. Das ändern die Koreaner **Zhou Peng**, **Lee Shuang** und **Yan Dongdong** aus China und erreichen den Gipfel über die Südwestwand. Die Auszeichnung mit dem asiatischen Piolet d'Or kommt für Dongdong zu spät. Dongdong, führender Kopf der chinesischen Bergsteiger, verunglückt wenig später nach der Besteigung des Himjung.

Zusammenfassend ist zu bemerken, dass sich der leichte Alpinstil gegenüber dem klassischen Expeditionsstil vermehrt durchsetzt. Statt mit großer Mannschaft, Fixseilen und Hochlagern zu arbeiten, vollbringen Miniteams aus zwei bis drei Bergsteigern sensationelle Leistungen und geben zukünftigen Generationen die Richtung vor.

Neuigkeiten von den höchsten Bergen

Das Geschehen an den Achttausendern bot in den letzten Jahren selten spektakuläre Nachrichten. Zumeist wurden die Normalwege der leichteren Gipfel im wahrsten Sinne des Wortes belagert. Selten wagten sich Expeditionen an unbekannte oder schwere Routen. So sorgten lediglich die Versuche, den Riesen des Karakorums im Winter aufs Haupt zu steigen, für Aufsehen. Dass Erfolge bei dieser vielleicht härtesten Art des Achttausender-Bergsteigens zuweilen teuer erkauft werden, zeigt sich auch dieses Jahr. Einer polnischen Seilschaft gelingt die historische Begehung: Am 5. März 2013 stehen **Maciej Berbeka**, **Adam Bielecki**, **Tomasz Kowalski** und **Artur Malek** auf dem Gipfel des Broad Peak (8051 m). Jedoch kehren Berbeka und Kowalski nicht mehr ins Basislager zurück, sie bleiben auch nach Tagen bangen Wartens verschollen. Die beiden schafften es nach dem Gipfelgang nicht, das Hochlager zu erreichen, und waren gezwungen, eine Biwaknacht auf 7900 Metern zu verbringen – ein im Winter tödliches Unterfangen!

„For god sake we made it to the five o'clock tea!" – Sandy Allan und Rick Allen bei verdienter Rast nach der epochalen Besteigung des gesamten Mazeno-Grates (rechts).

© Sandy Allan (links), Markus Walter/www.diamir.de (rechts)

Wesentlich erfreulicher sind da die Neuigkeiten, die im Juli 2012 vom Nanga Parbat durch den Äther dringen: **Sandy Allan**, **Rick Allen** (UK) und den beiden Sherpas **Lhakpa Rangdu** und **Lakpa Zarok** gelingt die Besteigung des Nanga Parbat (8125 m) über den gesamten Mazeno-Grat. Eine der herausragendsten Leistungen an den Achttausendern in den letzten Jahren! Der Mazeno-Grat ist ein rund 10 Kilometer langer Grat, der auf seinem Weg zum Gipfel 6500 Meter Höhendifferenz überwindet. Das Hauptproblem stellen acht Gipfelerhebungen im Gratverlauf dar, die überklettert werden müssen. Es ist der längste Grat auf einen Achttausender. Die Tatsache, dass man über Tage anspruchsvolles alpines Gelände in extremer Höhe zu bewältigen hat, ließ alle bisherigen Versuche scheitern. Und es waren durchaus namhafte Bergsteiger, die sich an dem Grat versuchten: Doug Scott, Steve Swenson oder auch Luis Stitzinger. Auch das erfolgreiche Team muss alles geben: Sage und schreibe 18 Tage sind sie unterwegs, zwei Tage lang harren sie auf 7980 Metern Höhe unterhalb der Gipfelpyramide aus. Im Alpinstil ein solches Abenteuer zu bewältigen zeigt, welch Möglichkeiten die Weltberge noch bieten. Die gefeierte Besteigung wird sicher als ein Highlight des Höhenbergsteigens in die Geschichte eingehen und ist zu Recht mit dem Piolet d'Or prämiert worden.

Der Nanga Parbat, an dem sich immer wieder epochale alpinhistorische Ereignisse zu kumulieren scheinen, wird im Sommer 2013 aber auch Schauplatz eines abscheulichen Verbrechens: Am 23. 6. 2013 dringen Al-Qaida-Terroristen ins Basislager ein und ermorden elf Bergsteiger. Nicht nur die Bergsteigerwelt ist fassungslos angesichts dieser sinnlosen Tat.

Nachdem der Everest zuletzt eher durch Schafsherden gleichen Bergsteigerschlangen Schlagzeilen machte und Nachrichten von Schlägereien am Berg zwischen Sherpas und der Kletterprominenz (Griffith, Moro, Steck) die Runde machten, gibt es ausnahmsweise auch mal wieder sportlich Interessantes vom höchsten aller Berge zu vermelden. **Kenton Cool** gelingt es innerhalb von drei Tagen hintereinander auf den Gipfeln von Nuptse (7861 m), Everest (8841 m) und Lhotse (8561 m) zu stehen, an Everest und Lhotse begleitet ihn sein Freund und Seilpartner **Dorje Gylgen**. Einziger Schönheitsfehler: Er greift dabei auf die an allen drei Bergen vorhandenen Fixseile zurück und benützt Flaschensauerstoff für Everest und Lhotse. Es spricht jedoch für ihn, dass er die Hoffnung hegt, dass irgendwann ein Bergsteiger diese Leistung ohne Fixseile und künstlichen Sauerstoff wiederholt. Auch sechzig Jahre nach der Erstbesteigung böte der Everest also durchaus interessante Projekte. Auch die Besteigung von Lhotse und Everest allein (ohne Nuptse) konnte noch nicht ohne künstlichen Sauerstoff bewerkstelligt werden.

Einen Beleg erfolgreicher Jugendförderung erhält der DAV derweilen am Makalu (8485 m). Mit Daniel Bartsch, David Göttler und Hans Mitterer stehen gleich drei Mitglieder aus dem ersten Expeditionskader (1999–2002) gemeinsam auf dem Gipfel des anspruchsvollen, fünfthöchsten Gipfels der Erde.

Die weiße Perle des Südpolarmeeres

Auf historischen Spuren durch Südgeorgien

>> Christoph Höbenreich (Text und Bild)

Wer beim Stichwort Südgeorgien an den Kaukasus denkt, ist nicht alleine, liegt aber falsch. Die sichelförmige Insel befindet sich am südlichen Ende des Atlantiks und ist eines der letzten Wildnisgebiete der Erde: eine abgelegene, harte und abweisende Welt mit hohen Bergen, zerrissenen Gletschern und sturmgepeitschten Felsklippen abseits des alpinistischen Bewusstseins. Und Schauplatz des vielleicht beeindruckendsten Überlebensepos der Polargeschichte.

Obwohl die britische „Imperial Trans-Antarctic Expedition" zur ersten Durchquerung Antarktikas bereits gescheitert war, noch bevor sie überhaupt den Kontinent erreichte, wurde sie eine der berühmtesten Expeditionen der Polargeschichte. Das Überlebensepos und die dramatische Rettung der Expeditionsmannschaft aus der Antarktis gilt heute als eines der größten Abenteuer und sicherte dem Expeditionsleiter Ernest Shackleton einen Platz in den Geschichtsbüchern.

Tragische Helden

Im Dezember 1914 startet die Expedition von Südgeorgien in Richtung Südpol. Als die „Endurance" in Sichtweite der Küste Antarktikas im Packeis der Weddelsee stecken bleibt, müssen Kapitän Frank Worsley und die Mannschaft das Expeditionsschiff verlassen und schließlich machtlos zusehen, wie es langsam zwischen den Eismassen zermalmt wird und sinkt. Ohne die geringste Hoffnung auf Rettung, leben die Männer unter härtesten Bedingungen auf den driftenden Eisschollen. Mit ihren Rettungsbooten können sie sich auf die kleine, nackte Felsinsel Elephant Island retten, wo sie sich von Pinguinen ernähren, um zu überleben. Die restliche Nahrung ist knapp und Shackleton bald gezwungen, alles auf eine Karte zu setzen: Die einzige Möglichkeit, Rettung anzufordern, ist die 1350 Kilometer entfernte Walstation auf der Insel Südgeorgien.

Obwohl er weiß, dass die Rettungsboote für diese Strecke ungeeignet sind, legt er mit fünf Männern in der „James Caird" ab. Die restlichen 22 Männer muss er auf der Felsinsel zurück- und ihrem Schicksal überlassen. Worsley vollbringt eine nautische Meisterleistung und navigiert das winzige Boot in zwei Wochen mit seinem Sextanten auf einer Route, die selbst mit heutiger GPS-Technik aufgrund der meterhohen Wellen nur schwer zu bewältigen ist. Zu allem Unglück bringt ein Sturm die Männer vom direkten Kurs auf die Walfangstation ab. Völlig durchnässt, ausgekühlt und hungrig können sie mit letzter Mühe einen Strand in der King Haakon Bay auf der anderen, westlichen Seite der Insel ansteuern, die es nun zu durchqueren gilt. Wieder sind Shackletons Motivationskünste und Worsleys Navigationskenntnisse gefragt, denn eine Karte des Inneren der Insel gibt es noch nicht: Ohne geeignete Ausrüstung,

Aufstieg auf das Murray Snowfield hoch über der King Haakon Bay

Während Sir Ernest Shackleton Ruhm und öffentliche Aufmerksamkeit erntete, die Mannschaft der *Endurance* heroisch gerettet zu haben, ereilt die loyale und selbstlose Mannschaft der *Aurora* das Schicksal, als „Shackletons vergessene Männer" in der Geschichte unterzugehen.

Rechts: Die „James Caird" sticht von Elephant Island in See, um zur Walfängerstation auf der 1350 Kilometer entfernten Insel Südgeorgien zu gelangen.

© *Royal Geographical Society*

mit völlig unzureichender Kleidung, ohne ausreichend Proviant und Wasser und vor allem ohne zu wissen, was sie erwarten würde, brechen Ernest Shackleton, Frank Worsley und Tom Crean zu Fuß auf. In einem beispiellosen Husarenstück und mit großem Wetterglück können sie die komplexe Insel über Gletscher, steile Firnflanken und Felsschluchten durchqueren und erreichen die Walfangstation Stromness im Mai 1916. Schlussendlich gelingt das Wunder: Nach über eineinhalb Jahren im ewigen Eis können alle Männer im August 1916 lebend aus der Eishölle der Antarktis gerettet werden. Es ist eine Ironie des Schicksals, dass viele von ihnen bald darauf in Europa im Ersten Weltkrieg ihr Leben lassen müssen.

Die Shackleton-Traverse wird wiederentdeckt

Die legendäre Shackleton-Expedition und die erste Durchquerung der Gebirgsinsel Südgeorgien haben mich schon fasziniert, lange bevor ein regelrechter, durch Ratgeberliteratur zur Unternehmensführung angefachter „Shackleton-Hype" um sich griff. Greifbar wurde dieses Abenteuer für mich jedoch erst 2010, als mich Florian Piper einlud, ein Expeditionsteam auf den historischen Spuren durch Südgeorgien zu führen. Es war ein seltenes Privileg und eine einmalige Gelegenheit. Denn die abgelegene Insel ist nur mit einem Expeditionsschiff erreichbar und mit einer speziellen Genehmigung zu durchqueren. Jahrelang konnte ich nur davon träumen, das schwer zugängliche Hochgebirgsparadies selbst entdecken zu können. Bereits Anfang der 1990er-Jahre hatten der faszinierende Bericht des britischen Spitzenbergsteigers Stephen Venables und seine 23 Sturmtage, die er dort 1989 in einer Schneehöhle ausharrte, meine jugendliche Neugierde und Begeisterung für diese wilde Ecke am Ende der Welt geweckt. Als ich dann erfuhr, dass dem Briten im Jahr 2000 mit Reinhold Messner und dem amerikanischen Bergsteiger Conrad Anker die Shackleton-Traverse in einem abenteuerlichen Extremmarsch gelang, wollte und musste ich einfach auch einmal dorthin!

Die Shackleton-Traverse ist noch immer eine selten versuchte und noch seltener vollständig beendete Unternehmung. Insgesamt soll sie nach Information des Museums in Grytviken nur von höchstens drei Dutzend Expeditionen zu Fuß, mit Schneeschuhen oder Skiern begangen worden sein. Diese Tatsache hat meinen Pionier- und Abenteurergeist als Berg- und Polarführer sehr beflügelt. Es ist spannend, weder Wegweisern, vorgegebenen GPS-Wegpunkten oder ausgetretenen Pfaden folgen zu müssen, sondern völlig unberührtes Gelände vorzufinden. Umso schöner war es aber auch, dass mich Stephen Venables persönlich bei der Expeditionsplanung mit wertvollen Informationen unterstützte.

Wieder einmal heißt es, mich in historische Expeditionsliteratur zu vertiefen und die dort beschriebenen Landmarken bestmöglich auf modernen Satellitenbildern zu identifizieren. Das empfinde ich aber nicht als lästige Hürde, sondern vielmehr als ganz wesentlichen Teil eines wahren Expeditionserlebnisses. Ganz zeitgemäß verschaffe ich mir zu Hause auf Google Earth einen Überblick und „überfliege" die Insel Meter für Meter. Beeindruckt von den Tausenden Gletscherspalten, die wir zu überqueren haben, ist mir sofort klar, dass wir uns auch auf den verschneiten Gletschern in zwei Vierer-Seilschaften angeseilt bewegen werden. Acht Gleichgesinnte aus verschiedenen Ländern bilden unser kleines, internationales Team: Florian Piper und Martina Six aus Deutschland, John Mills und Chris „bugger-off" Short aus Großbritannien, Mario Trimeri aus Italien und Mathilde Danzer, Gerhard Schuhmann und meine Wenigkeit aus Österreich.

Wildnis am Ende der Welt

Südgeorgien ist aufgrund seiner naturlandschaftlichen Vielfalt und mit seinen schier unüberschaubar großen Tierkolonien eines der letzten Wildnisgebiete der Erde geblieben. Mehr als 30 Millionen Seevögel brüten hier, darunter Albatrosse, Sturm-

vögel und Pinguine; Millionen Pelzrobben und Hunderttausende tonnenschwere Seeelefanten erleben hier ihre Kinderstube. Die wilde Allardyce Range mit dem 2934 Meter hohen Mount Paget bildet das Rückgrat der 170 Kilometer langen und bis zu 30 Kilometer breiten Insel. Regelmäßig brechen von den Gletschern Südgeorgiens große Eisberge ab und machen sich von hier auf die Reise in niedrigere Breiten. Steil aufragende Gipfel, imposante Felsmassive und tiefe Fjorde stehen im Kontrast zu geschützten Buchten und sanften Tälern mit glasklaren Schmelzwasserbächen, Moospolstern und Grasmatten.

1775 von James Cook auf seiner Weltumrundung entdeckt und für die britische Krone in Besitz genommen, ist Südgeorgien seit 1908 ein britisches Übersee-Territorium. Als „Isla San Pedro" wird es seit 1927 auch von Argentinien beansprucht. Im April 1982 entzündete sich hier der zehn Wochen dauernde Falklandkrieg. Port Stanley auf den Falkland-Inseln ist die nächstgelegene Siedlung – und 1400 Kilometer entfernt. Ushuaia, das südlichste Städtchen der Erde an der Spitze Südamerikas, liegt über 2000 Kilometer weit im Westen. Bergsteiger sind auf Südgeorgien also in jeder Hinsicht sehr exponiert. Während man sogar in der inneren Antarktis in einem Notfall praktisch von jedem Ort mit einem Skiflugzeug gerettet werden kann, ist man in Südgeorgien völlig auf sich allein gestellt. Es gibt keine Rettungshubschrauber oder Skiflugzeuge vor Ort. Hilfe von außen ist auch nicht zu erwarten. Und bloß wegen einem Alpinunfall ruft man nicht gleich einen britischen Bordhelikopter samt Kriegsschiff von den

Bei Sturm oder einem Notfall ist es nicht überall möglich, einfach zur Küste abzusteigen, wie am Crean Glacier, der in einem gewaltigen Eisbruch in die Antarctic Bay abbricht.

Der Spur der Entdecker folgend steuern wir auf die Trident Ridge zu.

Rechts: Während Shackleton, Worsley und Crean den steilen Osthang von den Tridents auf der Seilpuppe am Hintern sitzend abrutschten, steigen wir an Seilen gesichert langsam ab und achten dabei vorsichtig auf Querspalten und kleine Schneerutsche.

Falkland-Inseln um Assistenz. Die Genehmigung zur Durchquerung beinhaltet daher strenge und auch ein paar seltsame Sicherheitsauflagen. Beispielsweise muss sich das Expeditionsschiff stets „in der Nähe" der Landgänger aufhalten. Und täglich hat man mit der Brücke Funkkontakt aufzunehmen. Doch in einem Notfall wäre von der Schiffsbesatzung wohl ohnehin keine praktische Hilfe zu erwarten, da diese in der Regel keine Bergsteiger oder gar Bergretter sind und sich nur selbst in Gefahr brächten. Auch ein Abstieg zur Küste ist wegen der Topografie und der extrem spaltigen Gletscher nicht überall möglich.

Dementsprechend gut vorbereitet und ausgerüstet, aber auch gespannt kommen wir mit dem ehemaligen Forschungsschiff „Plancius" von der Reederei Oceanwide Expeditions nach vier – für mich als Nicht-Seemann wegen der aufgewühlten See wahrlich üblen – Tagen und einer über 2600 Kilometer langen Überfahrt aus Montevideo endlich am 23. Oktober 2010 in der King Haakon Bay an, wo auch Shackleton im Mai 1916 die rettende Küste erreichte. Je tiefer wir in die türkisgrüne Bucht einfahren, desto kribbelnder wird meine Nervosität. Welche Dramaturgie hat sich das Wetter für uns ausgedacht? Werden alle Schneebrücken über den Gletscherspalten halten? Werde ich auch in dem herrschenden Nebel die mir unbekannte Route finden?

Zumindest die letzte Frage löst sich bereits ganz von selbst: Nach und nach lichten sich die Nebel und geben uns den Blick auf ein schneeweißes Hochgebirge frei, dessen strahlendes Antlitz einen Vergleich mit den Alpen, der peruanischen Cordillera Blanca oder dem Himalaya nicht zu scheuen braucht. Es ist eine fast märchenhafte Szenerie. Bei spiegelglatter See landen wir am frühen Abend mit zwei Zodiac-Schlauchbooten am komfortablen Kiesstrand von Peggotty Bluff an. Das Meerwasser ist klirrend kalt. Bereits südlich der Polarfront (früher „Antarktische Konvergenz") gelegen und von nur 3° bis –1° Celsius kaltem Wasser umgeben, gilt Südgeorgien geografisch wie klimatisch als antarktische Insel.

Als die „Plancius" wieder aus dem Fjord ausläuft, kommt dieses motivierende Gefühl des völligen Abgeschieden- und Ausgesetztseins auf. Ich kann es kaum erwarten, endlich loszugehen. Von einem Moränenwall erspähe ich über die noch fast bis zur Küste reichenden Firnreste eine gute Skiroute auf den Gletscher hinauf. Die permanente Schneegrenze liegt so weit im Süden der Erde ohnehin sehr tief. Drei Viertel der Insel sind ganzjährig von Schnee und Eis bedeckt. Und im Südwinter, also von Juli bis September, trägt die ganze Insel bis zur Küste herab einen Schneemantel. Im Landschaftsbild sind aber auch die Zeichen klimatischer Veränderungen festzustellen, wie beispielsweise das Abschmelzen der Eisfelder oder der dramatische Rückzug der Gletscherzungen seit Shackletons Aufenthalt vor einem Jahrhundert. Beim Aufstieg auf das Murray Snowfield erleben wir dann einen der seltenen vollkommen windstillen Tage und einen traumhaft schönen Sonnenuntergang.

Beim Abstieg in die Fortuna Bay: Natur- und Umweltschutz wird auf Südgeorgien heute großgeschrieben. So heißt es, alle Abfälle mitzunehmen und Abstand von den Tieren zu halten.

Links: Südgeorgische Hochgebirgseinsamkeit beim Zeltlager am Fortuna Glacier

Was für ein seltenes Glück, denn die Drake-Straße zwischen Südamerika und der Antarktischen Halbinsel ist berüchtigt für ihre extremen Witterungsverhältnisse und für ihre ebenso raschen wie häufigen Wetterstürze, die auf Südgeorgien schon mehreren Expeditionen zum Verhängnis geworden sind. Als Bergsteiger muss man daher stets darauf vorbereitet sein, dass sich auf einem Gletscher ein herrlicher Frühlingsskitag innerhalb von nur wenigen Stunden buchstäblich aus heiterem Himmel in ein Schneesturminferno verwandelt, das dann gleich mehrere Tage andauern kann. Die sturmgepeitschte Insel liegt auf dem 54. südlichen Breitengrad und damit mitten in der Zone der „Furious Fifties", den rasenden Fünfzigern, wie die Westwindzone auf der Südhalbkugel zwischen 50. und 60. südlichem Breitengrad von Seefahrern auch genannt wird. Durch die 2000 bis 3000 Meter hohen Gebirge entstehen bei Föhneffekten auf den östlichen Leeseiten bizarre Lenticularwolken und böige Fallwinde, die mit Orkanstärke Zelte zerfetzen und Anlandungen mit Zodiac-Schlauchbooten unmöglich machen können. Wir aber können hoch über der Bucht auf einem sicheren Schneeplateau in Ruhe unser erstes Nachtlager einrichten.

Durch die weiße Traumwelt

Während Shackleton die damals noch völlig unbekannte, etwa 37 Kilometer lange Strecke bis zur Walfängerstation Stromness in unglaublichen 36 Stunden zu Fuß bewältigte, nehmen wir uns mit vier Tagen dafür ausreichend Zeit und planen drei Nächte an Land. Wir wollen die Traumlandschaft ja eingehend erleben und nicht nur überleben. Im Unterschied zu Shackleton haben wir auch nicht nur eine minimale Überlebensausrüstung und mit Schiffsnägeln behelfsmäßig gespickte Lederschuhe als Steigeisenersatz, sondern komfortable Schlafsäcke, Zelte, ausreichend Nahrung, Brennstoff und Kleidung sowie Tourenski, Kunststoffschlitten, Schneeschaufeln und zur Sicherheit sogar Lawinenverschüttetensuchgeräte mit.

Bereits um 5:00 Uhr früh klingeln in den vier Zelten die Wecker und schon bald gleiten unsere Skier auf dem gut gefrorenen Firn. Auf der Traverse gibt es zwei große Hindernisse bis Stromness: die Grate der Trident Ridge und der Breakwind Ridge. Die Tridents, zu Deutsch „Dreizack", sind – nomen est omen – drei spitze, steil in den Himmel ragende Felszähne. Mit unseren Pulkas und Rucksäcken ist es keine Option, von den Tridents den etwa 40 Grad steilen Osthang einfach auf dem Hintern sitzend abzurutschen, wie es die drei Spaßvögel Shackleton, Worsley und Crean gemacht haben. Stattdessen steigen wir an Seilen gesichert langsam ab und achten dabei vorsichtig auf die Querspalten und kleine Schneerutsche.

Am Fuße des mehrere hundert Meter langen Steilhangs angekommen, geht die Marschrichtung über den riesigen und sehr spaltenreichen Crean Glacier weiter. Meine Rechnung bei der Expeditionsplanung geht auf: Am Ende des Winters hat sich eine mächtige Schneedecke gebildet, die

die Spalten und sogar den während des militärischen Konfliktes zwischen Großbritannien und Argentinien 1982 auf den Gletscher abgestürzten Hubschrauber bedeckt. Es lauert aber noch eine ganz andere Gefahr: Der Schnee reflektiert das gleißende Sonnenlicht sowie die – durch das „Ozonloch" in der Antarktis ohnehin enorme – UV-Strahlung. Zwei von uns unterschätzen die extreme Sonnenbrandgefahr. Nach nur einem Tag ohne ausreichenden UV-Schutz ist ihr Gesicht so verbrannt, dass sich ihre Haut wenige Tage später in Schichten schmerzhaft ablöst.

Der aufkommende starke Westwind kündigt einen schon erwarteten Wetterumschwung an. Wir machen nahe dem Great Nunatak rechtzeitig Stopp und helfen uns gegenseitig im Team, die wild flatternden Zelte gemeinsam zu bändigen und mit Schneeankern zu sichern. Während die vom Wind losgerissenen Firnschneekristalle auf die Zeltwände prasseln, wird es im Inneren so gemütlich, dass wir am nächsten Morgen bis 7:00 Uhr regelrecht verschlafen. Auch wenn manch einer vielleicht gerne einen schweren Schneesturm, einen Spaltensturz oder gar eine Lawine erlebt hätte, um später davon erzählen zu können, bleiben wir von all dem verschont. Bei herrlichstem Sonnenschein überqueren wir auch den Fortuna Glacier, steuern auf unser nächstes Hindernis zu – und haben erneut Glück: Im Westen auftauchende Wolken und Nebelfetzen verfolgen uns, können uns aber erst einholen, als wir den steilen Aufstieg zur Breakwind Ridge bewältigt haben.

Die Felslücke der Breakwind Gap ist nur einige wenige Meter breit und unverkennbar, so dass wir uns sicher sind, exakt die gleiche Route zu nehmen wie einst Shackleton, Worsley und Crean. Hier aßen sie erschöpft und zerschunden ihre letzte Ration, als sie plötzlich die Sieben-Uhr-Pfeife von Stromness hörten, die die Walfänger zu ihrer blutigen Arbeit rief. Es war für die drei Schiffbrüchigen das erste Geräusch anderer Menschen seit über 17 Monaten. Wir versuchen uns vorzustellen, was für eine Erleichterung dieser schrille Ton bei ihnen hier an dieser Stelle ausgelöst haben mag, und genießen mit Freude den Ausblick auf die Fortuna Bay und den Übergang in die dahinterliegende Bucht von Stromness Harbour.

Der Abstieg über einen steilen Windkolk ist etwas knifflig. Um kein Risiko einzugehen, lasse ich jeden einzelnen Teilnehmer samt Schlitten abseilen. In weiten Kurven fahren wir mit den Pulkas im Schlepptau über den anfangs flachen Gletscher nach Osten ab. Das Gelände ist jedoch dann so steil und mit dem aufgeweichten Schnee potenziell lawinengefährlich, dass ich entscheide, die steilste Passage zur Sicherheit nur einzeln befahren zu lassen. Das Schneefeld geht trichterförmig in eine enge, steile Schlucht über, aus der lautes Tösen zu hören ist. Mit Florian kundschafte ich aus, ob es für uns einen Weg durch diese Schlucht gibt oder ob uns ein Wasserfall den Weg versperrt und wir in eine Sackgasse geraten. Doch wieder einmal haben wir die Natur auf unserer Seite: Es sind noch genug Schnee- und Lawinenreste in der Schlucht vorhanden, auf denen wir mit den Skiern abfahren können. Bei einem wenige Tage alten Felssturz müssen wir abschnallen und die Pulkas über die spitzen Felsblöcke hieven. Kurz vor Sonnenuntergang erreichen wir den Ausgang der Schlucht und finden einen sicheren Platz für unser drittes Nachtlager.

Während der letzten Zeltnacht über der Fortuna Bay läuft die „Plancius" wie vereinbart in die Bucht ein. Nur ihre Positionslichter sind zu erkennen. Ansonsten ist das Schiff dunkel und still. Aus Naturschutzgründen im Vogelparadies. Am nächsten Morgen werden wir mit einer besonderen „alpinen" Gefahr dieser Insel konfrontiert. Beim Transport der Schlitten und Skier durch Tussocgras und Geröll zur Küste hinunter müssen wir aufpassen, nicht auf dösende Pelzrobben zu treten, die, zwischen den runden Steinen liegend, von diesen nur schwer zu unterscheiden sind. „The Barking Stones", die bellenden Steine, nennen wir die aufgeschreckten und in der Paarungszeit besonders aggressiven Männchen. Ihr Gebiss ist kräftiger als das von Hunden und sie können schneller rennen als man selbst. Ganz unten am Strand werden wir dann aber von friedlichen Pinguinen empfangen, die uns und unser Material neugierig inspizieren.

Paradies in Gefahr

Per Funk fordern wir ein Zodiac an und lassen die Alpinausrüstung auf das Expeditionsschiff bringen. Die letzte Etappe nach Stromness wollen wir erleichtert in Regenstiefeln angehen. Ein eiskalter Gletscherbach oder besser gesagt -fluss fordert

Die Walfänger (links) brachten einst nicht nur Rentiere, sondern unbemerkt auch Ratten, die heute die größte ökologische Gefahr für Südgeorgiens Tierwelt darstellen. Um den ursprünglichen Zustand wiederherzustellen und die Vogelbrutkolonien (rechts) vor den Fremdlingen zu schützen, hat die südgeorgische Regierung beschlossen, die Insel von den tausenden Rentieren sowie den Millionen Ratten in einem ambitionierten Ausrottungsprogramm zu befreien.

uns noch einmal volle Überwindung ab. Um für den weiteren Weg trockene und warme Füße zu haben, ziehen wir Stiefel, Socken und Fleecehosen aus und queren das fast knietiefe Wasser barfuß und mit fest zusammengebissenen Zähnen. Bei der Wanderung über Schneefelder und lieblich anmutende Grasmatten erspähen wir in der Ferne einige Nachfahren jener Rentiere, die norwegische Walfänger zu Beginn des 20. Jahrhunderts ausgesetzt haben. Sie passten sich dem Lebensraum an, wurden hier heimisch und zieren heute sogar das Wappen Südgeorgiens.

Von einem breiten Sattel erblicken wir über das Shackleton Valley die völlig verrostete und verfallene Walfängerstation Stromness am Strand der Bucht. Letztlich sind es leider nicht nur die abenteuerlichen Geschichten der mutigen Entdecker und Pioniere, sondern auch die brutale, respektlose und destruktive Ausbeutung der Tierwelt über Jahrzehnte, die die einzigartige Aura der Insel geprägt haben. 1904 gründeten Norweger in Grytviken – norwegisch für „Kesselbucht" – die erste von sieben Walfangstationen. Südgeorgien wurde zum Zentrum des gnadenlosen industriellen Walfangs und Robbenschlags in der gesamten Antarktis. Bis zum Ende des kommerziellen Walfangs 1965 wurden 175.000 Wale abgeschlachtet und vor Ort zu Öl und Dünger verarbeitet.

Mit dem Fernglas erkennen wir nun auch Dutzende gelbe Punkte, die im Gelände herumschwirren. Es sind die Passagiere der „Plancius", die in der windigen Bucht vor Anker liegt. Nun, da wir das Ende unserer Durchquerung vor Augen haben und alles glatt gelaufen ist, kommen auf den letzten Kilometern richtige Hochstimmung, Freudengefühle und auch ein wenig Stolz auf, etwas ganz Besonderes erlebt und in einer angenehmen Gesellschaft gemeistert zu haben.

Ein Toast am Grab

In Stromness gehen wir wieder an Bord und noch am selben Nachmittag erreichen wir Grytviken, wo Shackleton 1922 starb. Mit den anderen Passagieren und der Besatzung sprechen wir am Grab Shackletons bei einsetzendem Schneefall mit einem Glas schottischem Whiskey in britischer Manier einen Toast auf den großen Polarfahrer und seine tapfere Mannschaft aus. Und auch wenn sich mit Blick auf unsere moderne Ausrüstung, Karten und Satellitentelefone jeder Vergleich selbstverständlich verbietet, so sind wir doch tief bewegt von diesem Augenblick. Und voll der Bewunderung und Hochachtung für diese Pioniere und ihre unvorstellbaren psychischen und physischen Leistungen.

Im Dezember 2014 führt Christoph Höbenreich eine Skiexpedition zum Geografischen Südpol, im Oktober 2016 – anlässlich des 100-jährigen Jubiläums der Erstdurchquerung – eine durch Südgeorgien. Weitere Infos für eine Teilnahme bei: christoph.hoebenreich@aon.at

Mit jedem Schritt vorwärts weiter zurück

Über die Faszinationskraft historischer Alpenpässe in den Schweizer Alpen

>> Gerhard Fitzthum (Text und Bild)

Saumpfade bestimmten viele Jahrhunderte lang das Verkehrsnetz in den Alpen, ehe sie vom Räderwerk des Fortschritts abgelöst wurden und komplett in Vergessenheit gerieten. In der Schweiz wird diese historische Wegesubstanz seit gut einem Jahrzehnt aktiv wiederbelebt – sehr zur Freude der Wanderer, die auf den so entstandenen Kulturwegen ganz unmittelbar nicht nur in die Landschaft, sondern auch in die alpine Verkehrsgeschichte eintauchen können.

Der Höhenmesser zeigt 1400 Meter. So nahe an der Baumgrenze wird das Haslital noch felsiger, als es ohnehin schon war. Weil auch die bodennahe Vegetation ihre Üppigkeit verliert, beginnt sich der Weg immer deutlicher aus dem Gelände zu schälen. Er besteht aus sorgfältig aneinandergelegten Steinplatten, die bis zu einem Quadratmeter groß sind, gelegentlich sind sogar regelrechte Treppenstufen in die Felsen gemeißelt. Als Wanderer ist man nicht schlecht erstaunt – einen solchen Service hätte man an diesem Ende der Welt nicht erwartet!

Doch nicht für unsereins, sondern für die ersten Spediteure des Gebirges ist dieser Weg angelegt worden. Schon vor 600 Jahren gingen die Säumer hier mit schwer beladenen Bergpferden oder Maultieren über die Grimsel ins Wallis, um von dort über den vergletscherten Gries-Pass nach Italien weiterzuziehen. Zunächst waren es die Bauern des Tals selbst, die sich mit solchen Nebenverdiensten ihre wirtschaftliche Eigenständigkeit sicherten. Später entstanden regelrechte Säumerdynastien, die das lukrative Geschäft unter sich aufteilten. Nach Süden wurde vor allem Sbrinz transportiert, Hartkäse aus der Region um Brienz und aus der Innerschweiz. Bei der Rückkehr waren die Packsättel dann mit Wein, Stoffen und Gewürzen gefüllt.

Dass man bei der Anlage des Grimselwegs alle Register des Wegebaus zog, ist kein Zufall. In einem 1397 abgeschlossenen Vertrag hatten sich die vom Warentransport profitierenden Städte und Talschaften für ihre Wegstücke verantwortlich erklärt. Die Vertragsparteien hafteten nun für alle Schäden, die auf mangelhaft ausgebauten und unterhaltenen Passagen entstanden – auch im Winter. Damit Mensch und Tier bei Eis oder Schnee nicht auf den vom Gletscher geschliffenen Felsen in die Tiefe stürzten, musste man Rillen und Stufen in den Granit schlagen. Hie und da entdeckt man auch vertikale Schlitze, in denen die Holzgeländer befestigt waren – zur zusätzlichen Sicherung.

Oberhalb der berüchtigten Gefahrenstelle, der Hälenplatte, betritt man das Herzstück des Grimselwegs. Einmal mehr zieht er sich nun direkt durch eine Felswand. Dann geht es über zwei kühne Steinbogenbrücken, von denen eine die Aareschlucht mit einer Weite von immerhin 13 Metern überspannt.

Die Grimselroute war natürlich nicht die erste und einzige gut ausgebaute Nord-Süd-Verbindung über die Alpen. Schon die Römer hatten Karrenwege über das Gebirge angelegt, um ihre germanischen Besitzungen mit Nachschub zu versorgen. Die bekanntesten Routen gingen über den Reschen, den Splügen, den Julier und den Großen St. Bernhard. Nachdem 25 vor Christus mit den Salassern die letzten widerständigen Alpenbewohner besiegt waren, stand ganz „Rätien" unter römischer Herrschaft. Das machte den Warentransport zu einer rein technischen Herausforderung: Man musste einfach nur die Wege anlegen, brauchte auf die lokalen Herrschaftsverhältnisse keine Rücksicht zu nehmen – mit dem Land gehörten auch die Verkehrsnetze den Invasoren aus dem Süden.

Säumerwege sind Handelswege

Im Mittelalter hatten die Übergänge dann vor allem machtpolitische Bedeutung. Schließlich mussten die deutschen Könige zur Kaiserkrönung in Rom vorstellig werden. Vor feindlichem Zugriff sichere Routen waren da das A und O. Im 14. Jahrhundert hatte sich der Handel zwischen Nord- und Südeuropa dann aber zur festen Größe entwickelt. Freie Reichsstädte wie Nürnberg und Augsburg pflegten nun enge Kontakte mit Kaufleuten aus Venedig und Genua, was den systematischen Neuausbau der die Alpen überquerenden Routen nötig machte. Zu den bekanntesten Maßnahmen zählte der Lückenschluss am Gotthard. An der Schlüsselstelle, der Schöllenenschlucht, hatte man einen schwindelerregenden Steg, die spätere Teufelsbrücke, errichtet, wodurch die Alpentraversale nun alle Vorteile eines Fernhandelswegs auf sich vereinigte: Nicht nur war sie hinreichend kurz, die Spediteure waren auch lediglich genau einen Tag lang den Gefahren des Hochgebirges ausgesetzt, die Zugänge über die Täler des Ticino und der Reuss boten keinerlei größere Hindernisse.

Politisch gesehen war die Sache jedoch weit komplizierter als im Imperium Romanum. Denn die Eidgenossenschaft stritt nun mit dem Herzogtum Mailand um das Transportmonopol. Anno 1385, im sogenannten Sempacher-Krieg, kam der Gotthardhandel fast völlig zum Erliegen. Berner Patrizier und Mailänder Kaufleute suchten nun

Saumpfad – Traumpfad: Eines der schönsten mittelalterlichen Wegstücke der Alpen ist der Aufstieg zur Alpe Devero, von wo es über den Albrun-Pass ins Walliser Binntal geht. Das Original-Trassee ist über einige Kilometer vollständig erhalten.

Vor wenigen Jahren wieder originalgetreu aufgebaut: Die Bogenbrücke unterhalb der Septimer-Passhöhe, eine der Schlüsselstellen der im 14. Jahrhundert gebauten Via Castelmur

Rechts: Das längste durchgehend erhaltene Stück Säumerweg in den Alpen: der Südaufstieg zum Grimselpass

nach Alternativen – und gaben der Route über Grimsel und Gries den Zuschlag.

Die Bedeutung des berühmten Nachbarn hat der technisch anspruchsvollere Doppelpass allerdings nie erreichen können. Trotzdem blieb er lange Jahrhunderte wichtig, vor allem eben für den Käsetransport in den Mailänder Großraum. Anfang des 19. Jahrhunderts erlebte der Grimselweg dann noch mal einen unerwarteten Aufschwung: Dank der atemberaubenden Wegführung war er in den Fokus der frühen Alpentouristen geraten und fehlte fortan in keinem Reiseführer. Zur klassischen Schweizreise gehörte damals die „Oberländer-Tour", die an Jungfrau, Mönch und Eiger vorbei nach Grindelwald führte. Wer noch mehr Nervenkitzel brauchte, zog vom nahen Meiringen dann noch zu Pferd oder zu Fuß hinauf zum Grimselhospiz, um dort das Abenteuer einer Hochgebirgsübernachtung zu erleben – umgeben von den gigantischen Eisströmen, die damals noch von Schreckhorn und Finsteraarhorn herunterflossen.

Waren die Touristen zunächst noch eine illustre Minderheit, so sollten sie den spektakulären Weg bald ganz für sich alleine haben: Denn 1882 wurde der Gotthard-Bahntunnel eröffnet, was den mühsamen Transport auf Pferderücken schlagartig sinnlos machte. Zuletzt nahmen 1885 noch drei Berufsspediteure regelmäßig die Strapazen des fußläufigen Warentransports auf sich, dann diente der Grimselweg nur noch touristischen Zwecken. Doch auch das nur für einige wenige Jahre.

Das Zeitalter der alpinen Fußreise neigte sich nämlich dem Ende zu – die Zukunft gehörte den Pferdekutschen, auch am Oberlauf der Aare. Auf dem Gegenhang war zwischen 1891 und 1894 eine befahrbare Trasse durch die Felsen gesprengt worden. Schnell erweiterte sich das Reisepublikum jetzt um diejenigen, die die erhabene Hochgebirgslandschaft gleichsam „en passant", im Vorbeifahren, kennenlernen wollten. Natürlich ist auch die Postkutsche längst Vergangenheit. Heute sitzt man im eigenen Auto oder auf dem Motorrad. An schönen Sonntagen werden an der Grimsel mehr als 10.000 Motorfahrzeuge gezählt. Mit der Überquerung einer Passhöhe ist es nun auch nicht mehr getan. Üblich ist heute die Drei-Pässe-Rundfahrt über Grimsel, Furka und Susten. Dafür steht der Motorenfraktion jetzt eine breite Asphaltpiste zur Verfügung, die durch mehrfache Modernisierungen des Kutschensträßchens entstanden ist.

Nach dem Straßenbau war der Fußweg über die Grimsel kaum noch benutzt worden – genauso wie die historischen Passrouten am Splügen, Julier, Simplon und Gotthard. Im Zeitalter der rollenden Fortbewegung interessierte sich kein Mensch mehr für die anstrengenden Fuß- und Reitverbindungen, die die alpine Verkehrswelt über so viele Jahrhunderte bestimmt hatten. Wo die Saumpfade nicht direkt überbaut worden waren, verschwanden sie unter einem dichten Vegetationsteppich. Aus dem Auge, aus dem Sinn könnte man sagen. Dazu kam, dass der ausgebrochene Fortschrittsglaube die Mobilitätsformen des vorindustriellen Zeitalters als Anachronismus erscheinen ließ. Wer in den Jahren des Wirtschaftswunders mit dem Rucksack oder auf dem Fahrrad über die Alpen zog, galt der auto-mobil gewordenen Bevölkerungsmehrheit als komischer Kauz, als Masochist oder als Landstreicher.

Die Folgen des allgemeinen Desinteresses waren fatal. Innerhalb von nur einer Generation wurde im Alpenraum mehr historische Wegesubstanz zerstört, als es Kriege und Naturkatastrophen je vermocht hatten – durch Straßen- und Kraftwerksbau, Flurbereinigung und Siedlungspolitik.

Nur in der Schweiz schien man zu bemerken, welches kulturgeschichtliche Kapital hier verloren ging. Zentrale Anlaufstelle wurde das Geographische Institut der Universität Bern, an dem ab 1984 ein „Inventar historischer Verkehrswege der Schweiz" (IVS) entstand – im Auftrag des Bundes und einiger Kantone. Die Fachleute, die sich um den Verkehrshistoriker Klaus Aerni versammelt hatten, machten sich daran, alles, was auf eidgenössischem Boden noch an historischen Trassen zu finden war, zu kartografieren und damit die Wegverläufe zu rekonstruieren.

Von Forschung um der Forschung willen konnte dabei aber nie die Rede sein. So verfolgt auch die 2003 gegründete Nachfolgeorganisation „Via Storia" das Ziel, die Reste an historischer Substanz vor der endgültigen Zerstörung zu schützen. Sie berät öffentliche Institutionen und begleitet diese bei der sachgerechten Instandstellung der Originaltrassen. Abgestützt ist diese Arbeit auf das IVS, das 2010 zum gesetzlich bindenden Planungsinstrument avancierte. Inzwischen hat ViaStoria das Projekt „Kulturwege Schweiz" entwickelt, das die Zeugnisse der Verkehrsgeschichte einem breiten Publikum zugänglich machen will, mit Hilfe eines nationalen Netzes aus zwölf Haupt- und 300 regionalen Routen.

Freilich wären die Aktivitäten der Verkehrsgeschichtler unbemerkt verpufft, wenn nicht auch bei den Reisenden ein Bewusstseinswandel stattgefunden hätte. Auf dem Gipfel ihres Erfolgs begannen die modernen Urlaubsformen nämlich ihren Reiz zu verlieren: Die sommerliche Autofahrt nach Kärnten oder Rimini galt nicht länger als Inbegriff von Freiheit, sondern als das, was sie immer schon war: eine Strapaze für Körper und Geist, die man so schnell wie möglich hinter sich bringen wollte. Auch dem Ferienflug blieb diese Entzauberung nicht erspart. Mit der Selbstverständlichkeit, mit der er Jahr für Jahr praktiziert wurde, hatte er seinen emotionalen Mehrwert eingebüßt – schließlich waren die weltweiten Destinationen immer austauschbarer geworden.

So erlebte genau das eine Renaissance, was eben noch als vorsintflutlich verlacht worden war: die Fortbewegung mit eigener Muskelkraft. Das weiträumige Zufußgehen versprach nun mal jene Intensität des Reisens, die im Zeitalter des Schnelltourismus über Bord gegangen war. Immer mehr Zeitgenossen spielten nun mit dem Gedanken, einmal im Leben per pedes über die Alpen zu gehen – und nicht wenige packten auch tatsächlich ihren Rucksack. Eine Wiederentdeckung der einstigen Säumerrouten bedeutete das aber noch nicht. Fast alle Alpenüberquerer suchten und suchen das Glück der Langsamkeit auf dem legendären E5 von Oberstdorf nach Meran, einem touristischen Kunstprodukt, das vor allem Selbsterfahrung, Bergerlebnis und Hüttenromantik verspricht. Dass man auf dieser hoffnungslos überlaufenen Strecke hie und da auch eine mittelalterliche Route benutzt, war und ist kaum jemandem bewusst.

Ganz anders auf den eidgenössischen Passwegen: Sie wurden in den letzten Jahren nicht nur durchgehend begehbar gemacht, sondern auch mit begleitenden Publikationen in den Kontext der alpinen Verkehrsgeschichte gestellt. Doch

*Eingebunden in **jenes Ganze**, das Menschheitsgeschichte genannt wird*

Wer meint, auf historischen Wegen nur auf halber Höhe unterwegs zu sein, irrt gewaltig. Man muss ja stets über den Alpenhauptkamm – wie hier an der Grimsel, wo man gewaltige Gipfel wie die Gärstenhörner und den Galenstock direkt vor Augen hat.

auch hier war aller Anfang schwer: Am historischen Doppelpass Grimsel/Gries, der dem Namen des Käses wegen heute als *ViaSbrinz* vermarktet wird, fehlte es den Walliser Kommunalpolitikern an Weitsicht. Obwohl die Naturfreunde Internationale die Pässeregion Grimsel-Susten-Furka zur Landschaft des Jahres 1995/1996 gekürt hatte und präzise Wanderkarten drucken ließ, zögerten sie mit den nötigen Infrastrukturverbesserungen. Während die Routenführung auf der Seite des Berner Oberlands bereits ausgereift war, musste man im Ägenetal kilometerlang auf oder neben der Nufenenstraße gehen. Noch heute fehlen oberhalb der fantastischen Ladstaffelbrücke von 1760 einige wichtige Markierungen. Die Folge: Die Route blieb ein Flickwerk, über das man sich hie und da nur ärgern kann, vor allem auf italienischem Boden. Nach anfänglichem Aufwind nahm die Zahl der Wanderer wieder ab, obwohl einmal im Jahr eine Begehung mit Saumpferden und Originalkostümen organisiert wird, in die sich interessierte Kulturwanderer einbuchen können.

Der Durchbruch sollte in Graubünden stattfinden – Ende der 1990er-Jahre, als es dem Gastgewerbe in Domleschg und Rheinwald bereits schlecht genug ging und man deshalb für neue Ideen aufgeschlossen war. Die *ViaSpluga* war das erste konsequent verfolgte Passwegprojekt und machte innerhalb nur weniger Jahre eine beispiellose Karriere – auch deshalb, weil professionelle Arrangements entwickelt wurden, bei denen Übernachtungen, Eintritte, Kartenmaterial und Gepäcktransport inklusive sind.

Durch Via Mala und Cardinello

Das historische Prunkstück der Route befindet sich auf den letzten Anstiegskilometern zum 2113 Meter hohen Splügenpass. Im Zuge einer Spendenaktion des Schweizer Heimatschutzes haben Schulkinder hier das alte Trassee wieder freigelegt, das sich mit gleichbleibendem Steigungswinkel zur Passhöhe hinaufwindet. Die Allerweltsphrase von „Geschichte auf Schritt und Tritt" bekommt hier einen ganz neuen Sinn. Auf Pflastersteinen unterwegs, die Säumer und Saumtiere rund getreten haben, wird die Vergangenheit auf eine Weise real, wie es beim verweilenden Betrachten historischer Monumente und musealer Ausstellungsstücke niemals geschehen kann. Das atomisierte Individuum des 21. Jahrhunderts

Saumpfadpassage im italienischen Formazzatal, wenig oberhalb des einstmals berühmten Wasserfalls der Alpen: der Cascate del Toce. Richard Wagner kam hier anno 1851 vorbei, begleitet von einem dubiosen Bergführer.

macht eine frappierende Erfahrung: Es fühlt sich plötzlich wieder eingebunden in jenes Ganze, das Menschheitsgeschichte genannt wird – und kann sein Glück kaum fassen.

Kurz nach der Passhöhe entdeckt man ein nicht weniger perfekt gemauertes Wegstück, das in einem Geröllfeld verschwindet und einem erstmal Rätsel aufgibt. Parallele Wegführungen waren seinerzeit jedoch nichts Ungewöhnliches. Vielerorts bot man den Säumern eine Sommer- und eine Wintervariante an, die diese abhängig von der Wettersituation und der Lawinengefahr benutzten. An manchen Stellen waren die Hauptwege auch immer wieder durch Rüfen und Felsstürze verschüttet worden. Das zwang die Verantwortlichen dazu, sich nach neuen Linienführungen umzusehen, auf denen man die Gefahrenstellen umgehen konnte. Im Bereich von Rutschhängen wurde der Weg gar nicht erst richtig befestigt. Man hätte ihn ja jedes Frühjahr wieder ausgraben müssen.

Am augenfälligsten ist der Variantenreichtum in der spektakulären Cardinello-Schlucht, die die Säumer beim Abstieg nach Chiavenna durchqueren mussten: ein Canyon, der der berüchtigten Via Mala an Gefährlichkeit kaum nachsteht.

Die Verkehrshistoriker haben herausgefunden, dass im Laufe der Zeit mindestens sechs Varianten in Gebrauch waren, deren fossile Reste man größtenteils noch im Landschaftsprofil erkennt. Der heutige ViaSpluga-Wanderer geht auf der Route von 1643. Neuere Sprengtechniken hatten den Bau einer zeitsparenden Direktlinie durch die Felswand ermöglicht. Besonders eindrücklich ist dieser Wegabschnitt, weil man noch immer kein Geländer gebaut hat. Wer sich an den Rand vortraut, schaut in einen abenteuerlichen Abgrund, der anno 1800 Hunderte napoleonische Soldaten verschlang.

An den sorgfältig eingemeißelten Steinstufen lässt sich erkennen, dass der Splügenpass niemals für Karren ausgebaut worden war. Von Chiavenna kommend wurden die Waren in Isola von den Fuhrwerken abgeladen und den Säumern übergeben, die sie dann auf den Packsätteln (lat. *Sauma* = Packsattel) befestigten. Das Ganze geschah vor der Pilgerherberge „Cardinell“, die auch als *Sust*, als Zwischenlager für Handelsgüter, diente. „Hektik war damals unbekannt“, erzählt Martino Raviscioni. „Die Säumer machten ihrem schlechten Ruf auch mal alle Ehre und blieben länger, wenn das Wetter zu schlecht oder der Wein zu gut war." Martino ist direkter Nachfahre des damaligen Gastwirts, der an den Säumergesellschaften gutes Geld verdiente. Das rustikale Wirtshaus besticht durch original erhaltene Räume aus der damaligen Zeit. Serviert wird im ehemaligen Schankraum, dessen Holzverkleidung noch schwarz ist vom Ruß der einstigen Feuerstelle – auch hier eine Begegnung mit der Vergangenheit, die der fußläufigen Alpenüberquerung einen besonderen Reiz verleiht.

Prunkstück ViaSett

Fast noch interessanter ist die *ViaSett*, die erst im vorletzten Jahr eröffnet wurde. Die Straßenbauer des 19. Jahrhunderts hatten nämlich den nahen Julier ausgebaut und die Scharte zwischen Piz Turba und Piz Lunghin völlig in Ruhe gelassen. So ist der Südabstieg über die 1397 ausgebaute „Via Castelmur" in seiner ganzen Länge erhalten geblieben, erkennbar an der gut erhaltenen Pflästerung, den steigungsreduzierenden Serpentinen, den seitlichen Begrenzungssteinen und den Querabschlägen für das Regenwasser.

Ein Säumerpfad wie aus dem Bilderbuch, nebendran stehen Kühe auf der Wiese, das Reich der mechanisierten Fortbewegung scheint Lichtjahre entfernt. Selbst im Talboden des Bergell erstrahlt der alte Säumerweg an vielen Stellen noch im Originalzustand. Dort mussten einige Steilstufen überwunden werden, was die Ingenieure des modernen Straßenbaus zum Anlegen weiter Serpentinen zwang. Nur für Zwei- und Vierbeiner vorgesehen, hatte sich die alte Via Castelmur weit größere Steigungswinkel erlauben können. Auch im unteren, schon zu Italien gehörenden Teil des Tals ist der „Strecia" genannte Maultierweg an vielen Stellen noch intakt und von mannshohen Trockenmauern flankiert, mit denen die Verkehrsader von den Viehweiden und Ackerterrassen abgegrenzt wurde.

Es dürfte wohl kaum eine andere Region im Alpenraum geben, in der das mittelalterliche Verkehrsnetz noch so präsent ist. Das heißt nicht, dass es nicht anderswo auch gut erhaltene Säumerwege gibt. Nur sind diese, wie im Falle der Via Stockalper über den Simplon, vom land- und forstwirtschaftlichen Umfeld weitestgehend isoliert und allzu oft unterbrochen. Am Simplon erkennt man auch das Problem, das den alten Alpentransversalen generell eignet: die ungemütliche Nähe zu den modernen Verkehrsachsen. Sie dürfte der Hauptgrund dafür sein, dass die Nachfrage nach historischen Passwegen lange Jahrzehnte so schleppend war. Genusswanderer befürchteten, in eine lärmige und abgasgeschwängerte Transitschneise gelockt zu werden, und winkten ab.

Um das Negativimage der Straßennähe zu bekämpfen, musste man sich etwas einfallen lassen: Auch hier waren es die Architekten der ViaSpluga, die modellhafte Lösungen anboten: Oberhalb der engen Rofla-Schlucht baute man eine Wendeltreppe auf das Dach der vierspurigen Bernardino-Schnellstraße, die den Wanderer erstmal aus der Verkehrshölle entlässt. Eine halbe Stunde im Schallkreis einer vielbefahrenen Transitstraße zu gehen mag noch durchaus zumutbar sein. Lästig wird es für den Wanderer aber dann, wenn er dabei auf zu breite Wege geschickt wird, die ihm das Gefühl verschaffen, überhaupt nicht vorwärtszukommen. Genau dann also, wenn er mit Trassen abgespeist wird, die eigentlich auf Fahrzeuge zugeschnitten sind. Je behaglicher und origineller der Wanderweg ist, desto geringer ist hier der Frust.

Der Konflikt rührt auch daher, dass der Alpenwanderer des 21. Jahrhunderts vor allem ein Zivilisationsflüchtling ist, der sich in die letzten Nischen der unberührten Natur zurückzuziehen pflegt. Dazu fährt er mit dem eigenen Auto bis zum talobersten Parkplatz und bringt dabei jenen Lärm und jene Hektik mit, vor denen er gerade flieht. Historische Wege gibt es dort oben natürlich keine, vielmehr Trampelpfade, die Ausflügler und Gipfelstürmer im Laufe der Zeit in die Landschaft hineingetreten haben. Das moderne Erlebnissubjekt ist wieder nur unter seinesgleichen – in der Natur zwar, aber abgekapselt von Geschichte und Gegenwart der Bergbewohner.

Der Pässewanderer ist weniger eskapistisch. Er weiß, dass er entlang einer historischen Route hin und wieder mit den Schatten der Zivilisation konfrontiert, dafür aber auch hinreichend entschädigt wird – etwa durch die Begegnung mit den vielen noch erhaltenen Bauwerken, die mit dem einstigen Transitverkehr in engem Zusammenhang standen. An der *ViaSett* sind die prominentesten die opulenten Lagergebäude von Promontogno, Spino und Borgonuovo sowie die spätantike Wehrmauer „Müraia", die das obere vom unte-

Auf der italienischen Seite ist nicht alles auf dem neuesten Stand. Für den Passwanderer muss das aber kein Nachteil sein. Denn statt die alten Wege zu modernisieren, hat man sie oftmals einfach sich selbst überlassen. Umso präsenter ist die Vergangenheit.

Links: Eines der Prunkstücke des historischen Grimselwegs: die mit Trittstufen versehene Hälen-Platte

ren Bergell trennte. An dieser Engstelle erhebt sich das eigentliche Wahrzeichen der Val Bregaglia, der Wachturm von Promontogno. Im römischen Straßenverzeichnis, dem Itinerarium Antonini, ist hier eine Mutatio, eine Rast- und Pferdewechselstelle, notiert.

Kreuzungspunkt Chiavenna

Präsent ist die Säumergeschichte auch noch in Chiavenna, das schon zu Römerzeiten ein wichtiger Kreuzungspunkt war. Kaufleute, Staatsdiener und Legionäre erreichten „Clavenna" damals auf dem Seeweg – vom Municipium Comum, dem heutigen Como her kommend. Dann begann der gefürchtete, weil alpine Teil der Strecke. Man stieg entweder über das San Giacomo-Tal zum Splügen auf, um Chur über die Via Mala zu erreichen, oder man folgte dem Bergell aufwärts zum Septimer bzw. Julier. Römische Reste sind im Stadtgebiet nicht mehr zu finden, es atmet aber noch den Geist des Mittelalters. Die Altstadt präsentiert sich in jener architektonischen Geschlossenheit, die sie nach dem verheerenden Stadtbrand Ende des 16. Jahrhunderts erhielt. Bausünden liegen hier nur knapp über der Nachweisgrenze, nicht einmal mit Leuchtreklame sind die Renaissancefassaden verschandelt, zudem ist der Autoverkehr wirkungsvoll verbannt.

Der atmosphärische Mittelpunkt ist die großzügige Piazza Pestalozzi. Mittelalter pur, könnte man meinen. In Wirklichkeit entstand der Platz erst im 19. Jahrhundert – als städtebauliche Antwort auf ein massives Verkehrsproblem: Nach der Eröffnung der Kutschenstraßen über Splügen und Julier hatte der Transitverkehr so sehr zugenommen, dass man am innerörtlichen Kreuzungspunkt ein ganzes Häuserviertel niederreißen musste, um Platz für die vielen Kutschen und Karren zu schaffen, die sich hier aneinander vorbeidrängelten.

In Chiavenna beenden die meisten *ViaSpluga*- und *ViaSett*-Wanderer ihre Fußreise – und machen damit einen schweren Fehler. Denn nach Süden schließt sich noch ein faszinierendes Wegstück an: die *Via Francisca*. Die einstige Hauptverbindung zum Comer See folgt dem weltabgewandten Westufer der Mera im leichten Auf und Ab und erreicht schließlich die einsame romanische Kapelle San Fedelino und eine Badebucht vom Feinsten. Nun kommen auch die Freunde alpiner Wege wieder auf ihre Kosten. Um die steilen Felswände des Lago di Mezzola zu umgehen, muss man fast 200 Meter über große Felsblöcke aufsteigen. Oben hat man eine fantastische Sicht über die unter Naturschutz stehenden Talauen und die unbekannte Bergwelt der Bergamasker Alpen. Dann taucht der Wanderer in verwunschene Kastanienselven ein, durch die sich ein mittelalterlicher Hohlweg zieht. Einmal mehr ist er nun dort, wo er hinwollte: in einer Welt, in der Straßen und Autos noch gar nicht erfunden scheinen – eine Welt, in der die körperlichen Mühen belohnt werden durch atemberaubende Stille und das befriedigende Gefühl, eine richtige Reise zu machen.

Weitere Infos unter www.viastoria.ch und www.kulturwege-schweiz.ch

Der etwas andere Familienurlaub

Mit Kind und Kegel auf dem kleinen Annapurna-Trek

>> Ralf Gantzhorn (Text und Bild)

Kann man mit kleinen Kindern zum Trekken nach Nepal reisen? Das haben sich sicher schon manche bergbegeisterte Eltern gefragt. Ralf Gantzhorn hat dort im Selbstversuch einen idealen Familienurlaub erlebt – wider alle Bedenken.

Deutschland gilt als ein Land der Bedenkenträger. Wer dies überprüfen möchte, dem empfehlen wir, in seinem Freundeskreis den Plan kundzutun, mit Kindern – das heißt in unserem Fall mit dem zweijährigen Finn und dem siebenjährigen Nils – zum Trekkingurlaub nach Nepal zu fahren. Sie ahnen gar nicht, welche Gefahren dann in dem sonst als Traumziel für Wanderer geltenden Land lauern sollen. Vor Malaria und Typhus warnt da der Allgemeinmediziner und würde am liebsten gegen alles impfen. Von Kindesentführungen durch Maoisten hat der ausschließlich durch Spiegel Online (kurz Spon) informierte Nachbar gehört. „Ihr seid ja verrückt", war die vielleicht freundlichste spontane Äußerung unserer eigenen Eltern. So viel offene Ablehnung machte die Planung für uns nicht leichter. Wenn etwas passiert, wer trägt dann die Verantwortung? Wie hält man die Konsequenzen aus?, so fragten wir uns in schwachen Momenten. Zum Glück hielten Sabine und Ralf zu uns, zwei Freunde, die die Idee, mit Kindern nach Nepal zu fahren, für so interessant hielten, dass sie nach nur einer halben Stunde Bedenkzeit spontan entschieden mitzukommen.

Entsprechend gespannt stiegen wir alle in Frankfurt ins Flugzeug – und hätten es in Dohar am liebsten gleich wieder verlassen. Langstreckenflüge mit Zwischenstopps zu nachtschlafender Zeit sind für jede Familie eine echte Zumu-

Als Familie unterwegs auf Nepals Highways – garantiert abgasfrei! Im Hintergrund grüßt die Annapurna. Neugierde und Offenheit prägen die Begegnung von Kindern untereinander.

Entdeckerfreude aus der Kinderkraxe. Finns persönlicher Träger Belzin trägt alles mit freundlicher Gelassenheit.

Rechts: Namasté – „Verehrung dir", ein Lächeln und viel Neugierde begegnen uns jeden Tag auf unserer Wanderung.

tung. Aber dann, bereits im Anflug nach Kathmandu, sehen wir aus dem kleinen Bullauge die ersten Berge des Himalayas. Der Zauber wirkt, alle Mühen sind vergessen und voller Neugier stürzen wir uns ins Abenteuer Nepal.

Kinder öffnen Türen

Von Kathmandu fliegen wir direkt nach Pokhara, unsere ersten Station und gleichzeitig Ausgangspunkt für die geplante einwöchige Trekkingtour am Fuß der Annapurna. Das beschauliche Städtchen lädt ein zum Bummeln und trägt schon viel dazu bei, dass unsere Bedenken bezüglich der Krankheitsrisiken der Kinder sich legen. Auch wird hier klar, dass wir früh aufstehen müssen, wenn wir jetzt im März die Berge sehen wollen. Bereits am frühen Vormittag wird es dunstig, Wolken ziehen auf, aus denen es zwar selten regnet, die aber zuverlässig jegliche Sicht auf die ganz hohen Gipfel verhindern. Aber, so viel zeichnet sich auch bald ab, Nepal besteht bei weitem nicht nur aus Bergen, es sind die Menschen, die das Land prägen und uns faszinieren. Und unsere Kinder öffnen dabei Türen der Begegnung, die wir ohne sie nicht fänden. Anders als Erwachsene, die sich oft nicht trauen, Fremde ohne ersichtlichen Grund anzusprechen, haben Kinder diesbezüglich viel weniger Hemmungen. So steht Finn während einer am ersten Tag unternommenen Paddeltour zu einer Insel im Phewasee zwar zunächst noch schüchtern neben einem etwa gleichaltrigen einheimischen Kind, wenig später siegt jedoch die Neugier, und während der Rückfahrt würden die beiden am liebsten schon gemeinsam eine Wasserschlacht beginnen.

Am dritten Tag treffen wir Sirdar Pemba und unsere drei Träger für den zweijährigen Finn und unser Gepäck. Endlich kann es zu Fuß losgehen! Die Packerei verläuft routiniert, nichtsdestotrotz steigt die Anspannung ein weiteres Mal: Haben wir uns nicht doch zu viel zugemutet? Was ist, wenn ein Kind krank wird? Und wird sich Finn überhaupt von einem Fremden tragen lassen? Zumindest die letzte Frage können wir bereits nach fünf Minuten klar mit Ja beantworten. Nicht nur, dass Finn – wie wahrscheinlich alle Kinder in diesem Alter – im Urrhythmus des Gehens viel schläft, er schnappt sich bald sogar die Hand von Belzin, seinem Träger, und unternimmt mit ihm völlig unabhängig von uns Erkundungsgänge.

Der Weg führt uns in das Tal des Modi-Flusses in Richtung Annapurna-Basislager. Dabei wollen wir zunächst auf der Westseite des Flusses bis Ghandruk wandern, dort dann auf die andere Seite des Flusses queren und anschließend parallel zum Ostufer nach Pokhara zurückkehren. Eine Woche ist für diese Runde geplant, die für uns mit Kleinkindern kritische Höhe von 3000 Metern wird nirgendwo überschritten. Unsere Route folgt dabei den nepalesischen „Highways", wie man wohl die gepflasterten Wege der Nepalis durch Terrassenfelder, Reste des ursprünglichen Regen-

Für Finn gibt's überall Interessantes zu entdecken. Dass Gebetsmühlen nur im Uhrzeigersinn gedreht werden, bedurfte jedoch einiger Erklärungen.

Links: Auch wenn Kaffee draufsteht – in Nepal trinkt Frau Tee.

waldes und zahlreiche kleine Dörfer nennen kann. Autos gibt es hier natürlich nicht, stattdessen Träger. Träger, die Lasten schleppen, die unsereins wahrscheinlich nicht einmal anheben könnte. Und die die besonders gute Laune unserer drei Träger schnell verständlich machen: Die Kraxe plus Kind wiegt maximal 20 Kilo, die beiden Taschen mit Trekkinggepäck höchstens 25 Kilogramm. Wir selbst tragen nur unser Tagesgepäck und fühlen uns nahezu vogelfrei.

Der frühe Vogel fängt den Wurm

Die Lasten, die unseren Weg auf schmächtigen Beinen kreuzen, umfassen dagegen das Vielfache. Einmal sehen wir einen mit Bierdosen beladenen Träger mit mindestens 100 Kilo Flüssignahrung – unfassbar. Von Sirdar Pemba erfahren wir, dass hier nicht nach Arbeitstag oder Zeit bezahlt wird, sondern nach dem Gewicht der transportierten Last. Trotzdem begegnen wir kaum schlecht gelaunten Menschen. Ein Lächeln, verbunden mit einem Namasté („Verehrung dir"), ziert fast jedes entgegenkommende Gesicht, und es wird meist noch freundlicher, sobald die Menschen unsere Kinder sehen. Eine Mutter mit ihrem Kind in der Kraxe gesellt sich zu uns. Man beobachtet sich und spricht miteinander, auf Augenhöhe, schließlich verbindet die ähnliche Situation. In Birethanti ist die Schule aus und wir setzen unseren Weg eine Zeit lang inmitten einer bunten Schar fröhlicher Schulkinder fort. „Wie heißt du? Woher kommst du? Wie alt bist du?" – die Fragen wollen nicht abreißen. Doch plötzlich Lärm! Finn ist ganz aufgeregt und springt uns fast aus der Kraxe – ein Bagger baggert mitten auf der „Trägerautobahn". Wir können es zunächst nicht fassen. Was macht der denn hier? Und warum?

Während uns eine farbenfroh geschmückte Maultierkarawane überholt, klärt uns Sirdar Pemba auf: Eine Straße soll gebaut werden, von Pokhara mindestens bis Ghandruk oder noch weiter in Richtung Annapurna Sanctuary. Was zunächst nach Fortschritt und Zivilisation klingt, hat allerdings, wie fast alles im Leben, zwei Seiten: Klar, Baumaterial und andere wirklich schwere Lasten können dann mit dem Lkw in die Dörfer in den Bergen transportiert werden. Bier und Coca-Cola auch. Nur, was passiert dann mit all den bisher gebrauchten Trägern? Mit den Restaurants und Lodges am Wegesrand? Touristen werden sicherlich nicht parallel einer stinkenden Straße wandern wollen. Und wenn diese mit dem Jeep bis an das Ende der Straße gebracht werden, wem wird dieser Jeep gehören? Doch wahrscheinlich demselben, der bereits in Pokhara das führende Haus am Platz besitzt und ein ähnliches am Ende der Straße bauen wird.

„Der frühe Vogel fängt den Wurm", heißt es. Für Fotografiebegeisterte heißt dies im frühlingshaften Nepal: Der Wecker klingelt um 6 Uhr. Jeden Morgen stehen Nils, Ralf und ich auf und warten auf die Sonne – Männerzeit, die beiden Frauen

Schön wär's, wenn das Graffiti am Wegesrand richtig läge. Rechts: Gebetsfahnen tragen auch unseren Wunsch zurückzukehren in den Wind. In der großen Stupa von Bodnath/Katmandhu

und der kleine Finn bleiben im Bett. Nahezu andächtig stehen wir dann draußen und beobachten, wie ein Gipfel nach dem anderen in das fahle Orange des ersten Lichts getaucht wird. Zuerst natürlich die Annapurna I, mit 8091 Metern der höchste Berg im weiten Umkreis. Dann folgen die anderen Annapurnas, von II bis VI. Im Mittelpunkt allerdings steht ein anderer Gipfel: der Machapuchare, zu Deutsch der Fischschwanz. Mit seinen 6993 Metern verfehlt er knapp die Siebentausendermarke, aber der Gipfel gleicht die fehlende Höhe durch eine Formeneleganz aus, die uns sprachlos macht.

Weiter geht es über unzählige Steinstufen, vorbei an haushohen Bambusstauden, durch das Dörfchen Landruk und dann auf einem grandiosen Panoramaweg nach Tholka. Immer wieder passieren wir kleine Bauernhöfe – „Namasté!"– und riesige Walnussbäume neben blühenden Rhododendren. Gebetsmühlen wollen gedreht und Hühner im Stall bestaunt werden. Es gibt so viel am Wegesrand zu entdecken! Unsere Kinder haben längst ihren Spaß am Trekkingalltag gefunden, die Ängste und Sorgen sind der Freude über die lastfreie Bewegung draußen und der uns aufgrund der Kinder besonders herzlich entgegengebrachten Gastfreundschaft gewichen. Über Deurali und Pothana erreichen wir schließlich unsere letzte Station: Australian Camp, eine traumhafte Unterkunft auf einer großen Wiese mit Blick auf Annapurna und Machapuchare, was sonst? Nebenan pflügt ein Bauer mit zwei Ochsen seinen kleinen Acker. Die Zeit scheint stehengeblieben. Doch was auf uns idyllisch wirkt, ist für ihn beschwerliche Arbeit. Nils, der schon am Tag zuvor mit den Trägern und einem kleinen Ball Fußball gespielt hat, überredet uns zu einem Spielchen auf der großen Wiese vor der Lodge. Aus dem harmlosen Gekicke entwickelt sich schnell ein ausgewachsenes Fußballspiel. Zunächst kommen die Träger dazu, dann eine Bande von Kindern, die das Treiben mit Interesse verfolgt hat und kurzerhand „eingewechselt" wird. Als später auch noch eine nicht unerhebliche Zahl an Zuschauern den Spielfeldrand säumt, bekommt das ganze Champions-League-Charakter: Nepal/Deutschland gegen Deutschland/Nepal – gemischte Version. Am Ende sind so viele Tore gefallen, dass der Gewinner der Partie unmöglich zu ermitteln ist.

Zurück in Pokhara stellen wir fest: Das Experiment ist geglückt! Nepal eignet sich bei entsprechender Etappenlänge ausgezeichnet zum Trekken mit Kindern, sie sind der Schlüssel zu einer erweiterten Sicht auf Land und Leute. Die gesundheitliche Gefährdung ist, wenn man in den bekannten Trekkingregionen (Annapurna, Langtang oder Khumbu) unterwegs ist, überschaubar. Für unverzichtbar halten wir jedoch einen guten Sirdar, der insbesondere in den Küchen darauf achtet, dass das Wasser auch wirklich abgekocht wird. Nachahmern empfehlen wir, sich diesbezüglich an einen renommierten Reiseveranstalter zu wenden, „Risiken und Nebenwirkungen" werden dadurch deutlich minimiert. Nicht zu vergessen: Auch wir Eltern hatten einen wirklich entspannten Urlaub mit unseren Kindern.

„Australian Camp": Die Traum-Lodge mit Wiese wurde zum inoffiziellen Austragungsort des Fußballklassikers Nepal/Deutschland gegen Deutschland/Nepal. Den Spielstand erinnert nur die Annapurna im Hintergrund.

EVEREST
DINNING HALL

Pedelec statt Auto

Ein journalistischer Selbstversuch im Oberallgäu

>> Gaby Funk (Text) und Gerd Heidorn (Bild)

Ein Jahr lang aufs Auto verzichten und Alltag und Beruf mit dem Pedelec bestreiten sowie gegebenenfalls mit öffentlichen Verkehrsmitteln. Für eine Autorin, Berg- und Reisejournalistin, die im Oberallgäu in ländlicher Umgebung wohnt, ein Projekt der ungewöhnlichen Art mit offenem Ausgang.

Mein Projekt war simpel: Ich wollte schauen, ob ich es als freie Berg- und Reise-Journalistin und Autorin schaffen würde, ein Jahr lang meinen Alltag und meinen Beruf mit einem Pedelec (E-Bike) und notfalls mit öffentlichen Verkehrsmitteln zu bewältigen. Und das nicht in der Stadt, sondern im Oberallgäu mitten auf dem Land, nämlich im kleinen, idyllischen Ortsteil Oberzollhaus von Oy-Mittelberg, wo es nicht einmal einen Tante-Emma-Laden gibt. Dafür aber rund ums Dorf teils knackige Steigungen oder dementsprechendes Gefälle, wo im Winter sogar schwere Autos mit breiten Winterreifen durch die Kurven schlittern oder im Graben landen. Noch spannender war für mich daher die Frage, ob man per Pedelec durch unseren oft eisigen, schneereichen und langen Oberallgäuer Winter kommt? Der bekannte Profi-Bergfotograf Gerd Heidorn aus dem Oy-Mittelberger Ortsteil Maria Rain, war bereit, während des Projekts Fotos zu machen. Als ein früh die Saison beginnender Mountain-Bike-Fahrer (MTB) glaubte er übrigens nicht, dass ich mit dem Pedelec durch den Winter käme – er hielt das für zu gefährlich.

Mich interessierte auch, ob mein Projekt gesundheitliche Auswirkungen auf mich haben würde. Mein Hausarzt Dr. Rudolf Gaschler aus Oy, ein renommierter Allgemeinmediziner sowie Dozent an den Unikliniken Ulm und München, war sofort bereit, mein Projekt medizinisch zu betreuen. Er meinte, dass die messbaren Ergebnisse bei mir nicht viel hergeben würden, da ich „pumperlgsund" sei. Er hatte mit seinen Prognosen in allem Recht. Auch mit der guten Laune beim Pedalieren. Im alpinen Vergleich kommt da der euphorisierende Effekt sogar dem einer langen „stehenden Abfahrt" gleich – mit weit ausholenden, rhythmisch perfekten Schlittschuhschritten im Geröll oder auf einem Altschneefeld! Pedelecfahren hat ein sehr hohes Suchtpotenzial.

Projekte sind das Salz des Lebens …

„Wie kommt man denn bloß auf so eine Idee? Und warum machst du das denn nicht gleich mit deinem Mountainbike?", wurde ich im vergangenen Jahr oft gefragt. Zum einen hätte ich mit meinem MTB schon die ersten Projektwochen nicht überstanden. Zum anderen war mir klar, dass es als alltägliches Training für eine Kniegeschädigte wie mich mit einer so intensiven Berg- und Outdoorsport-Biografie nichts Besseres gibt, da mich inzwischen jedes Reha- und Hallentraining entsetzlich langweilt.

Schon meine ersten Erfahrungen mit einem gemieteten Pedelec im März/April 2011 als Reha-Ersatztraining im Freien verhalfen mir zu dieser Erkenntnis. Anstatt dreimal wöchentlich 20 Minuten Trockentraining auf dem Ergometer mit Blick auf die Wand zu absolvieren, radelte ich damals – oft warm und winddicht eingepackt – fast täglich rund 45 Minuten bei Kälte, Wind, Hagelschauer, Schneeregen oder Sonnenschein auf der Straße um den damals noch vereisten Rottachsee.

Mit dem Pedelec durch den harten Allgäuer Winter zu kommen, war die größte Herausforderung. Die Abmeldung meines Autos (links unten) war dabei ein sicheres Mittel gegen Kurzschlusshandlungen. Bei allfälligen Reparaturen ging es im Radladen in Kempten zu wie beim Boxenstopp der Formel 1.

Schlechtes Wetter kann soooo toll sein – mit der richtigen Ausrüstung. Auch im Winter war ich bestens gewappnet, nur die vom Schwitzen ständig beschlagene Brille störte enorm.

Ich selbst, aber auch mein Physiotherapeut war begeistert. Durch den fein regulierbaren Schub des Pedelecs konnte ich die Belastung aufs Knie stufenweise anpassen. Und als ich mit dem Pedelec sogar sehr gern die knackige Steigung zum Einkaufen, zum Arzt und zu anderen Besorgungen nach Oy und Mittelberg hinauffuhr und dort dank des Schubs nicht schweißtriefend, mit Schnappatmung und knallrotem Kopf ankam, war mir klar, dass mir ein gutes Pedelec ermöglichen würde, endlich das Biken komplett in meinen Büro-Alltag zu integrieren. Um bei Zeitdruck und Stress Kurzschlussreaktionen zu vermeiden, meldete ich mein Auto klugerweise ab.

„Der Mensch sucht immer die schnellste und einfachste Lösung eines Problems, insbesondere wenn es eilt." Das hat bestimmt Konfuzius oder ein anderer kluger Mensch einmal bemerkt. Und wenn nicht, dann ich. Mein „Projekt" war jedenfalls eines mit offenem Ausgang. „Abenteuer sind das Salz des Lebens", hatte Erich Vanis, der längst verstorbene Wiener Spezialist für klassische Eiswände und Autor meiner alten zerfledderten Nordwand-Bibel „Im steilen Eis", vor über 15 Jahren zu mir gesagt. Ich habe es nie vergessen!

What the heck is a pedelec?

Mir fiel auf, dass die meisten Leute gar nicht wissen, wie so ein Pedelec oder E-Bike funktioniert. Fast alle hielten mein geliebtes Delite-Hybrid Touring-Pedelec der Darmstädter Firma Riese & Müller für eine Art elektrisch betriebenes Mofa im Fahrraddesign, bei dem man nur den Motor anschalten muss, um entspannt loszubrettern. Auffallend war auch, dass mich Männer, angezogen von meinem im Winter durch die Spikes martialisch aussehenden Rad, wegen technischer Details ansprachen und dabei immer die absolute Reichweite pro Akkuladung wissen wollten. Die lässt sich aber leider nicht beziffern, wegen der vielen das Ergebnis stark beeinflussenden Faktoren, wie Gesamtgewicht von Bike, Gepäcklast und Fahrer, Geländebeschaffenheit, eigener Tretleistung und Außentemperatur, wegen der bei Kälte stark verringerten Akkuleistung.

Die Blicke von Frauen zwischen 30 und etwa 65 Jahren zog ich hingegen meist anlässlich eines Großeinkaufs im insgesamt über 32 Kilometer entfernten Kempten beim Beladen meiner Satteltaschen und des robusten 35-Liter-Transalp-Bike-Rucksacks magisch an. Mit Blick aufs Rad sagten sie dann meist etwas abschätzig. „Gell, des isch au so a Elektro-Bike!" Dann klärten sie mich todernst mit blitzenden Augen und stolzgeschwellter Brust auf, dass sie selbst ja nur MTB führen, stiegen mit ihrem leichten Einkaufstäschle in ihr Auto und brausten davon. Es war wie ein Loriot-Sketch in wöchentlicher Dauerschleife – herrlich!

Pedelecs (*Pedal Electric Cycles*) sind keine elektrischen Mofas, sondern Fahrräder mit zuschaltbarer elektrischer Trittkraftunterstützung. Je mehr Kraft man bei einem Pedelec selbst auf die Pedale

Sogar die Fahrten zum Wertstoffhof machten Spaß, dank des vielseitig einsetzbaren Anhängers, der sich beim Fahren kaum bemerkbar machte. Nur im Winter verzichtete ich auf den Anhänger und erledigte meine Einkäufe nur mit Rucksack und Satteltaschen.

bringt, desto mehr Schub erhält das Rad – abhängig vom gewählten „Gang" von 1 bis 3 und den wählbaren, selbsterklärenden Modi: „Eco", „Tour", „Sport" und „Speed". Im dritten Gang und Speed-Modus beträgt der Schub bei einem guten Pedelec bis zum Dreifachen der eigenen Trittkraft.

Nach meinem leistungsstarken, extrem robusten Delite-Hybrid Touring-Pedelec hatte ich lange gesucht, da ich eine „eierlegende Wollmilchsau" brauchte für mein Projekt: einen starken Kletterer, einen robusten Lastenesel und einen ausdauernden Sprinter. Pedelecs dieser Art werden bis 25 km/h durch den Motor unterstützt. Ab 25 km/h bekommt man keinen Schub mehr, kann aber durch puren Krafteinsatz wie beim normalen Rad weiter beschleunigen.

Auf langen, flachen Strecken war für mich daher ein 40-km/h-Schnitt ganz normal. Man fliegt dann dahin wie Daniel Düsentrieb, kann dabei je nach Modus sehr viel Gepäck transportieren (Einkäufe oder Ausrüstung) und bewältigt so Steigungen, wo man sonst kräftig schieben müsste. Fuhr ich zunächst noch aus Trainingsgründen so energiesparend wie nur möglich und schaltete erst so spät wie nötig den Schub dazu, so waren die guten Vorsätze bald dahin. Es machte einfach zu viel Spaß, am Berg anzutreten wie einst Eddy Merckx am Col du Tourmalet bei der Tour de France und als Oberzollhauser „Kannibalin", sofern ich gerade Lust dazu hatte, fast jeden gnadenlos zu überholen, der sich per Rennrad oder MTB redlich und „by fair means" am Hang vor mir abmühte. Bekanntlich geht es bei der Tour de France selbst heute noch nicht „only by fair means" zu. Am schlimmsten war es sicherlich für junge männliche Mountainbiker, wenn ich, eine Frau im „gesetzten" Alter und von einigen Frechen im Dorf „der Kugelblitz" genannt, fröhlich von weit hinten kommend an ihnen vorbeizog und sie mit meinen schweren Satteltaschen und dem Anhänger, teils mit 30 Liter Blumenerde oder zwei vollen Getränkekisten beladen, scheinbar locker überholte. Fair wie ich bin, rief ich dann sofort „Sorry, des isch a Pedelec!", aber die verzweifelten Beschleunigungsversuche, die entsetzten Blicke, die Schweißrinnsale und die hechelnde Atmung entgingen mir dabei natürlich nicht. Auch Frauen jagen hin und wieder gern.

Ein Stromverbrauch wie bei drei Minuten Duschen

Die Reichweite eines Akkus, der bei meinem Delite-Modell – nomen est omen! – mit Bosch-Motor normalerweise in rund zwei Stunden aufgeladen ist, hängt, wie bereits gesagt, von so vielen verschiedenen Faktoren ab, dass keine präzisen Angaben möglich sind. Die Anzeige des Akku-Ladezustands kann daher auch nicht ganz präzise sein, weshalb ich nach einem Großeinkauf trotz 10 Kilometern Restanzeige hin und wieder mit leerem Akku den Oberzollhauser Buckel schwitzend „by fair means" hinaufhecheln musste. Ich kam jedenfalls, meist schwer beladen, bei uns durchschnitt-

Sehr romantisch: Herbstliches Biwak unter Sternen neben dem Pedelec bei einer zweitägigen Bike & Hike-Reportagetour, im Hintergrund der zuvor bestiegene Einstein.

Rechts: Gleich nach Projektbeginn bin ich erstmals zu einem Pressetermin ins Tannheimer Tal geradelt.

lich auf 45 bis 60 Kilometer pro Akku-Ladung, ein „Spargele" mit Gepäck schafft da sicherlich um vieles mehr. Da der Stromverbrauch bei einer kompletten Akku-Füllung etwa dem von drei Minuten Duschen entspricht, sieht man auch ohne Rechnerei, dass die Ökobilanz eines Pedelecs im Vergleich zum Auto großartig ist. Umso mehr, wenn man den Akku mit selbst produzierter Solarenergie oder zumindest Ökostrom aus der Steckdose lädt.

Geschafft oder gescheitert?

„Yes, I did it" – aber leider nur fast! Das Ende meines geplanten Pedelec-Jahres am 14. April 2013 war fast zum Feiern nah, die harten Phasen des Allgäuer Winters lagen längst hinter mir. Nur sieben mickrige Wochen vor dem offiziellen Projektende musste ich mein Auto wieder anmelden, da ich keine andere Möglichkeit sah, um in der postoperativen Krückenphase einer erneuten Knie-Operation wenigstens halbwegs mobil und im späten Frühjahr wieder fit zu sein. Ich habe während des Projektjahres sehr viel erlebt und dazugelernt, ich habe interessante Menschen und sogar neue kleine, stille Bergregionen kennengelernt. Ich hatte viel Spaß, musste sehr oft über mich selbst lachen und genoss viele wunderschöne Momente im Alltag und auf Tour bei Wind und Wetter, zumal ich mit meiner Funktionsbekleidung optimal ausgestattet war. Auch an den schlimmsten Wintertagen, an denen schon das Radeln zum Einkaufen wegen der hohen Rutschgefahr und schlitternder Autos eine Herausforderung war, hatte ich – außer dem verstärkten berufsbedingten Stress – eigentlich nur Probleme mit meiner ständig beschlagenen Brille. Allerdings konnte ich Pressetermine in München am Abend nicht wahrnehmen, da ich mein edles Pedelec nicht unbeaufsichtigt am Bahnhof in Kempten stehen lassen konnte.

Besonders schön war Mitte Oktober ein geplantes Biwak am Einstein im Tannheimer Tal unter zart im Wind aneinander klimpernden Fichtennadeln. Ich biwakierte neben meinem Pedelec wie ein Westernheld neben seinem Pferd, genoss den Blick auf den zuvor bestiegenen Gipfel und beobachtete die Sonne, deren Strahlenbündel am frühen Morgen keilförmig immer näher rückten.

Eine meiner anstrengendsten Pedelec-Touren war die landschaftlich wunderschöne und kunsthistorisch interessante Jakobswegroute Tirol – Allgäu, die in sieben Wander-Etappen (134 km, 2400 Hm bergauf, 3000 Hm bergab) auf alten, oft stillen Römer-, Pilger- und Salzrodwegen von Stams im Inntal über drei Alpenpässe bis nach Oberstaufen-Zell im Westen des Allgäus führt. Es war ein bezauberndes Pedelec-Erlebnis, trotz der teils schaurigen Verhältnisse mit Kälte, Schnee- und Graupelschauern mitten im Sommer und den steilen, aufgeweichten Holpertrails, vor allem am alten Fernpass. Nach dieser knallharten Rosskur für mein starkes Pedelec, das mir nicht die kleinste Panne beschert hatte, tätschelte ich es so begeis-

tert wie einst John Wayne sein treues Pferd nach einem Parforceritt auf Leben und Tod.

Pleiten, Pech und Pannen

Ich hatte während des Selbstversuchs aber auch Pech, weil ich monatelang nicht bemerkt hatte, dass mein Kilometerzähler entweder nicht korrekt oder teils auch gar nicht mitgezählt hatte. Zweimal musste ich heroisch gegen Murphy's Law ankämpfen, wie an jenem Tag, als ich in der ersten Projektwoche am Samstagabend zu einem Fest in Immenstadt eingeladen war, und (nach einigen murphyesken Schwierigkeiten bei „Föhnlage") – spätabends doch noch aufbrach, mit Schlafsack, Isomatte und selbstgemachten Antipasti in den Satteltaschen. Etwa 20 Kilometer von daheim entfernt, es war schon stockdunkel, brach vermutlich wegen eines Transportschadens das Schaltauge ab, und der leichte Spritzschutz wurde dadurch regelrecht aufgewickelt. Im zitternden Lichtstrahl meiner Stirnlampe bot sich mir ein Anblick zum Heulen! John Wayne hätte bei seinem Lieblingspferd sofort zur Waffe gegriffen, um es zu erlösen. Mir blieb indes nichts anderes übrig, als einen sehr verständnisvollen Freund anzurufen und ihn zu bitten, uns abzuholen.

Alles nur eine Frage der Perspektive?

Irgendwann ist es mir aufgefallen: Nachdem ich schon länger keine entspannte Beifahrerin mehr bin, hat sich das durchs ständige Pedelecfahren noch verschlimmert. Während meines Projektes bemühte ich mich, bei den seltenen Autofahrten als Beifahrerin nicht allzu verkrampft zu wirken, mich also nicht beidhändig an den Haltegriff zu klammern oder gleich kopfüber in die Crash-Sicherheitsposition beim Fliegen sacken zu lassen. Das erschreckt und verunsichert nur den Fahrer. Mir war aber alles zu schnell, was über meine selbst verordnete Spitzengeschwindigkeit von 64,5 km/h bei der Abfahrt hinausging. „Die ist ja ein Kontrollfuzzi", werden Sie nun wohl denken. Bin ich aber gar nicht.

Mir ging es als Rad- und als Beifahrerin bei meinem Projekt nur ähnlich wie einst den Lechtaler Bürgern. Die ließen um die Wende zum 20. Jahrhundert nämlich verbieten, dass diese neuen, wegen „ihrer ungeheuren Geschwindigkeit für Mensch und Vieh höchst gefährlichen und unkontrollierbaren Automobile" durch ihr Tal fahren. Das hatte zur Folge, dass der britische Automobilpionier Frederi(c)k Simms, der den Sommer gern im Lechtal verbrachte und den Lechtaler Gemeinden viel Geld spendete, sein Automobil – sicherlich das modernste seiner Zeit – ab Reutte von einem Ochsengespann rund 40 Kilometer bis Stockach ziehen lassen musste.

Gefahr und Geschwindigkeit sind also auch immer eine Frage der Perspektive. Mein „schräges" Projekt hat mir jedenfalls neben viel Spaß auch viel Salz beschert – beim Schwitzen und als Würze des Lebens.

Das Pedelec ist das ideale Bike, wenn man mit viel Ausrüstung auf langen Alpsträßchen zum Berg gelangen will. Auch die Fahrt über drei Alpenpässe war damit kein Problem.

Links: Durch bunte, artenreiche Bergwiesen führt der Weg zu Ehren des in Wertach geborenen Schriftstellers W. G. Sebald vom Jochpass bei Oberjoch nach Wertach.

Weitere Info im Pedelec-Blog unter: www.gabyfunk.de

BergMenschen

Raum für ungewöhnliche Begegnungen und eigenwillige Wege: Das können die Berge uns bieten. Mit den Porträts dieser Rubrik lernen Sie vier individuelle Lebensentwürfe und geografisch wie kulturell völlig verschiedene Zugänge zum Bergsteigen kennen. Ein unabhängiger Kopf, der sein Leben mit den Bergen gelebt und dabei auch dem Zeitgeist die Stirn geboten hat, war der Tiroler Erwin Schneider. Freuen Sie sich auf seine ebenso faszinierende wie inspirierende Lebensgeschichte.

© Piotr Drozdz

Sie ist stark in steilem Eis, aber bei Eiscreme wird sie schwach. Ihr Herz schlägt für Erstbegehungen im Alpinstil fernab von Modezielen. Für eine neue Route durch die Südostwand des Siebentausenders Kamet erhielt sie 2009 den „Oscar des Extrembergsteigens". Wer steckt hinter dieser Vertreterin des asiatischen Alpinismus, die sich selbst als „untypische Japanerin" bezeichnet? Ein Gipfeltreffen im Granit von Chamonix.

„Ich gehe bergsteigen, weil ich nicht fliegen kann"

Die Japanerin Kei Taniguchi ist die bisher einzige Frau, die mit einem Piolet d'Or ausgezeichnet wurde

>> Karin Steinbach Tarnutzer

Lächelnd steht sie am Standplatz und weist mit dem Kopf nach oben. Eine Querung nach rechts in einen Riss, der steil nach oben zieht, laut Topo „ausgesetzt und anhaltend". Mit routinierten Handgriffen übergibt sie das Material. Das Angebot, die Schlüsselstelle der Route selbst vorzusteigen, lehnt sie ab; es sei doch viel praktischer, weiterhin überschlagend zu klettern, und auf den Schwierigkeitsgrad komme es ihr sowieso nicht an. Sie hängt die Sicherung um, zieht das Tuch unter ihrem Helm über die Ohren – es ist kühl, der nach Westen ausgerichtete Grat liegt noch im Schatten –, und es ist offensichtlich, dass sie die luftige Turnerei über die Arête des Papillons an der Aiguille du Peigne, hoch über Chamonix, genießt, egal ob sie sich am scharfen Ende des Seiles befindet oder nicht.

Tatsächlich ist es Kei Taniguchi gleichgültig, wie schwer sie klettert. Wichtig sind ihr andere Dinge: die Natur und das Abenteuer. Sie möchte die Erde fühlen, die verschiedenen Jahreszeiten mit ihren Stimmungen und Farben erleben. So übernachtet sie beispielsweise nicht gern auf Hütten, weil sie die Kälte, den Wind spüren will, auch im Winter. „Berge sind nicht nur schön", sagt sie, „sie sind auch ernsthaft, und ich möchte die unterschiedlichen Seiten der Natur erfahren." Deshalb bevorzugt sie alpine Routen, die sie in einem einfachen Stil klettert, zu zweit und ohne allzu viel Ausrüstung. Sie müssen nicht einmal besonders schwer sein – es geht ihr nicht um die Leistung, sondern um sie selbst, um das, was sie sieht und empfindet. Weshalb sie auch wieder von der Idee abkam, während ihrer Ferien in Chamonix den Ultra-Trail du Mont-Blanc mitzulaufen. „Ich realisierte, dass ich während des Laufs keine einzige Blume anschauen könnte, auf der ganzen Strecke nichts sehen würde."

Worauf sie Wert legt, ist das „Wie" ihrer Unternehmungen, und sie plant sie gern anders als alle anderen. Als sie zehn Tage zuvor mit japanischen Freunden zum Mont Blanc aufbrach, starteten die vier an der Kirche in Chamonix – abends, weil es dann nicht mehr so heiß war –, fuhren mit den Bikes zur Talstation der Seilbahn in Les Houches und stiegen zur Tête Rousse auf. Sie gingen die ganze Nacht weiter, tranken auf der Goûterhütte nur einen Tee und setzten ihren Weg fort. Leider stürmte es oben so stark, dass sie kurz vor dem Gipfel umkehren mussten, doch Kei freut sich trotzdem über diese gelungene Tour, auch wenn sie mit einem langen Aufstieg und einem sehr langen Abstieg verbunden war. „It was fun", das ist für sie entscheidend, und ihre Augen, in denen die Lebensfreude funkelt, lassen keinen Zweifel daran.

Auf den Spuren Naomi Uemuras

Kei Taniguchi wurde am 14. Juli 1972 auf der japanischen Hauptinsel Honshu geboren. Zu einem großen Teil wuchs sie im Umland von Tokio auf; aufgrund der Arbeitsstelle des Vaters zog die Familie – Kei hat einen fünf Jahre jüngeren Bruder – mehrmals um. Obwohl sie sich in Tokio von den vielen Menschen beengt fühlt und es ihr im Sommer zu heiß ist, lebt sie mittlerweile seit 20 Jahren mitten in der Stadt, weil sie von dort schnell andere Ziele erreicht, sei es in den Japanischen Alpen oder im Ausland. Als Kind hasste sie den Sportunterricht, aber sie genoss es, wenn ihre naturliebenden Eltern in den Sommerferien mit ihr in hügelige Landschaften fuhren und auf niedrige Gipfel wanderten. Bei diesen Ausflügen wurde ihr bewusst, dass sie Berge mochte. Den ersten höheren Gipfel, an den sie sich erinnern kann, bestieg sie mit acht oder neun Jahren, und sie war fasziniert davon, dass sie unterhalb von sich Wolken sah, dass sie umso weiter sehen konnte, je höher sie hinaufstieg. „Ich gehe bergsteigen, weil ich nicht fliegen kann", so beschreibt sie ihren Zugang zum Alpinismus. Ein paar Jahre später begeisterte sie sich für die Abenteuer des in Japan sehr populären Alleingängers Naomi Uemura, dem 1970 außer dem Everest auch die erste Solobesteigung des Denali gelang und der 1978 als Erster allein den Nordpol erreichte. Als Uemura 1984 nach seiner erfolgreichen Wintererstbesteigung des Denali spurlos verschwand, nahm sich die Elfjährige vor, wenn sie groß sei, ebenfalls auf den höchsten Gipfel Alaskas zu steigen.

Während ihres Geschichtsstudiums war sie regelrecht vernarrt ins Gebirge. Wann immer sie Zeit fand, zog sie los, oft allein, gern auch mit dem Mountainbike. Um das Felsklettern, das Winterbergsteigen und das Eisklettern zu lernen, trat sie in einen kleinen Bergsteigerclub ein; der Japanese Alpine Club interessierte sie nicht, weil er sehr viele und hauptsächlich ältere Mitglieder hat. Nachdem sie sich die entsprechenden Fertigkeiten angeeig-

Kei Taniguchi in den Aiguilles Rouges von Chamonix, mit dem Mont Blanc auf der gegenüberliegenden Talseite. Für japanische Bergsteiger bedeutet Klettern in den Alpen eine weite Reise.
© Karin Steinbach Tarnutzer

Aufbruch im Basislager des Kamet: Eine Woche später werden Kazuya Hiraide (links) und Kei Taniguchi als erfolgreiche Erstbegeher zurückkehren.

© Archiv Kei Taniguchi

net hatte, nahm Kei sich umgehend das Traumziel ihrer Kindheit vor und bestieg im Jahr 2001 den 6194 Meter hohen Denali. Am Gipfel angelangt, schaute sie sich um und dachte: „Vielleicht kann ich noch viel mehr. Vielleicht kann ich noch höhere Berge besteigen, in anderen Ländern."

Zunächst stürzte sie sich jedoch ins Adventure Racing, eine Kombination aus mehreren Ausdauersportarten wie Querfeldeinlauf, Mountainbiken oder Kajakfahren mit Klettern und Navigation. Für die internationalen Veranstaltungen war sie weltweit auf Reisen. Sie zögerte keinen Augenblick, als ihr ehemaliger Studienkollege Kazuya Hiraide sie fragte, ob sie Lust hätte, zum Bergsteigen mit nach Pakistan zu kommen. Um unabhängig zu sein und genügend Zeit für ihre Unternehmungen zu haben, hatte sie sich für eine selbstständige Tätigkeit als Moderatorin in Teambildungsprozessen und Motivationsseminaren entschieden. So konnte sie problemlos zwei Monate verreisen und freute sich darauf, ein neues Land, eine andere Kultur und ihre Menschen kennenzulernen. Nachdem sich ihre Seilschaft im Jahr 2004 auf der Nordwestseite des 7027 Meter hohen Spantik bewährt hatte, planten die beiden für das Folgejahr, nach einer Akklimatisierungstour auf den Mustagh Ata (7509 m, Zweitbegehung des Ostgrats) im Pamir eine neue Route durch die Nordwand des im indischen Garhwal-Himalaya gelegenen Shivling (6543 m) zu legen. Ein ehrgeiziges Projekt. Im Rückblick etwas zu ehrgeizig: Zwar gelang ihnen die Erstbegehung, doch sie bezahlten den Erfolg mit schweren Erfrierungen, in deren Folge Kazuya vier Zehen verlor.

2006 nahm Kei an der japanischen Jubiläumsexpedition zum Manaslu und 2007 an einer von Ken Noguchi organisierten Reinigungsexpedition zum Everest teil; beide Gipfel erreichte sie unter Zuhilfenahme von künstlichem Sauerstoff. Nicht zuletzt diese Erfahrungen an technisch unschwierigen Achttausendern machten ihr bewusst, dass ihre eigentliche Sehnsucht das Abenteuer ist: Erstbegehungen an unbekannten Bergen im Alpinstil, innerhalb eines kleinen Teams und mit einfachen Mitteln. 2008 war sie daher erneut gemeinsam mit Kazuya unterwegs. Das neue Ziel, wiederum in Nordindien, hieß Kamet, war 7756 Meter hoch und für ausländische Expeditionen lange gesperrt ge-

Am selten bestiegenen Siebentausender Gurla Mandhata – auf Tibetisch heißt er Naimonanyi – gelang Kei Taniguchi zusammen mit Kazuya Hiraide 2011 die erste Überschreitung.

© Archiv Kei Taniguchi

wesen. Seine Südostwand war noch unbegangen. Wenn Kei vom Kamet erzählt, strahlen ihre Augen noch mehr als sonst. Sie berichtet von der schönen Kletterei und der minimalen Ausrüstung, die sie dabeihatten, bis hin zu dem einen Schlafsack, den sie sich teilten. Davon, dass sie damit rechneten, vier Tage und drei Nächte unterwegs zu sein, wegen des anspruchsvollen Geländes aber sieben Tage und sechs Nächte brauchten, um den Gipfel zu besteigen. Von den manchmal nur 50 Zentimeter breiten Bändern, die sie aus dem pickelharten schwarzen Eis hackten, um ihr winziges Zelt daraufzustellen. Von der Anstrengung, in dieser Höhe schwierige Risse zu klettern, und ihrer großen Erschöpfung oberhalb von 7000 Metern. Sie kam kaum mehr zu Atem und sagte zu Kazuya: „Ich sterbe, ich sterbe." Aber Kazuya gab ihr keine Antwort, er ging einfach weiter. Nach einer Weile drehte er sich um und fragte: „Hier ist die letzte Umkehrmöglichkeit. Möchtest du absteigen?" Worauf sie antwortete: „Nein, auf keinen Fall, lass uns hinaufgehen!"

Das habe Kazuya natürlich vorausgesehen, erklärt Kei und lacht. Sie lacht gern, und sie tut es oft. Auch wenn sie erzählt, dass Kazuya ihr am Gipfel mit den Worten „Well done, Kei! Hey, this is Piolet d'Or!" gratuliert habe. Sie selbst dachte nie an eine solche Auszeichnung, für sie ist Bergsteigen kein Sport, sondern etwas, was sie für sich selbst tut. Als die beiden dann tatsächlich für ihre 1800 Meter hohe Route „Samurai Direct" (M5+, WI 5+) für die Piolets d'Or nominiert wurden, rechnete sie nicht damit, wirklich einen der renommierten „Goldenen Eispickel" zu bekommen, die jedes Jahr von der französischen Zeitschrift „Montagnes Magazine" und der Groupe de Haute Montagne für herausragende Erstbegehungen vergeben werden. Erst im letzten Augenblick entschloss sie sich, zur Verleihung nach Chamonix zu kommen. Und reiste als erste und bisher einzige weibliche Preisträgerin in der zwanzigjährigen Geschichte der Piolets d'Or wieder ab.

Eigentlich meidet Kei die Öffentlichkeit. Für sie ist ihr Bergsteigen Privatsache; sie stellt sich nicht gern selbst dar und geht Journalisten aus dem Weg. Die Professionalisierung des Bergsteigens ist in Japan weniger weit fortgeschritten als in Europa, umfangreiche Sponsorenverträge sind die

Hauptsache Eis: Kei Taniguchi im steilen Gelände der Kamet-Südostwand (links), in dem sich der Sauerstoffmangel besonders bemerkbar machte, und beim Winterbergsteigen am Tsurugi-dake in den Nördlichen Japanischen Alpen (rechts).

© Archiv Kei Taniguchi

Ausnahme, im Gegensatz zu Wettkampfkletterern werden Alpinisten höchstens mit Material unterstützt. Der entscheidende Punkt für Kei: Sie will sich nicht „verkaufen" müssen. Neben ihrer freiberuflichen Tätigkeit als Beraterin leitet sie Trekkingtouren im Himalaya und im Tienschan, um ihren Lebensunterhalt zu sichern. Bei der Verleihung der Piolets d'Or wurde ihr allerdings bewusst, wie wenig die Europäer über asiatische Bergsteiger wissen. In ihren Augen liegt das im Fall der Japaner vor allem an deren mangelnden Englischkenntnissen, die dazu führen, dass es wenig internationale Publikationen gibt. Sie selbst lernte die Sprache während eines zehnmonatigen Aufenthalts in den USA. Neben den Kontakten zu anderen Bergsteigern ist für sie der wichtigste Effekt ihres Piolet d'Or, dazu beizutragen, den asiatischen Alpinismus bekannter zu machen.

Bergsteigen auf Japanisch

Nach dem Abstieg vom Vierten Gratturm der Aiguille du Peigne trifft Kei an der Mittelstation der Aiguille-du-Midi-Seilbahn auf zahlreiche ihrer Landsleute. Braun gebrannt, wie sie ist, fällt sie auf unter den hellhäutigen Touristinnen mit breitkrempigen Sonnenhüten und weißen Handschuhen. „Für Japaner bin ich sowieso nicht normal", sagt sie lachend. „Die meisten möchten ihr Leben lang an einem Ort bleiben, eine sichere Arbeit und einen guten Verdienst haben." Die langen Arbeitszeiten in Japan und die Tatsache, dass kaum jemand mehr als eine Woche Urlaub nimmt, machen es schwierig, geeignete Kletterpartner zu finden. Für Kei stellt sich daher weniger die Frage, ob sie mit Frauen oder Männern klettern will, sondern vielmehr, ob aus dem Freundes- und Bekanntenkreis irgendjemand Zeit hat, für mehrere Wochen oder gar Monate in den Himalaya zu reisen. An Wochenenden und in gut abgesicherten Routen ist sie öfter mit Frauen unterwegs, aber alpine Kletterinnen gibt es nicht viele, und für die hohen Berge hat sie noch nie eine Partnerin gefunden. Am liebsten geht sie mit ihrem Seil- und mittlerweile auch Lebenspartner Kazuya auf Expedition.

2009 mussten die beiden wegen schlechter Verhältnisse weit oben in der Nordostwand des Gaurishankar umkehren. Zwei Jahre später gelang ihnen die erste Süd-Nord-Überschreitung des 7694 Meter hohen Gurla Mandhata – die dritte Route am Berg und dessen siebte Besteigung. Beim Höhenbergsteigen gibt es immer wieder Situationen, in denen reine Körperkraft ausschlaggebend ist, beispielsweise um Material hochzuziehen oder jemanden aus einer Gletscherspalte zu holen, und dann ist Kei froh, wenn ein kräftiger Mann dabei ist. Überhaupt ist sie überzeugt davon, dass sich die unterschiedlichen Fähigkeiten von Frauen und Männern auf einer Tour ergänzen.

Weit zurück in der Geschichte war es den Frauen in Japan verboten, auf Berge zu steigen. Der Berg war ein Schrein, ein religiöser Ort, der den

Mönchen vorbehalten war. Noch heute stehen auf den Gipfeln der Japanischen Alpen kleine Schreine, vergleichbar mit den christlichen Gipfelkreuzen auf den Alpengipfeln. In der japanischen Kultur haben die Berge einen festen Platz, sie waren den Menschen schon immer nahe, genauso wie das Meer. Kei schätzt die Japanischen Alpen sehr, doch nur im Winter, für Eis- und Mixed-Touren, im Sommer sind ihr dort zu viele Leute. Weil die Berge relativ niedrig sind, werden oft mehrere Gipfelbesteigungen aneinandergehängt – mit diesem „japanischen Stil" erklärt Kei die Vorliebe ihrer Landsleute für Enchaînements: „Manchmal überqueren wir einfach einen Fluss und machen jenseits weiter."

Weil es in den heimischen Alpen keine Gletscher gibt, wurde Alaska früh ein begehrtes Ziel japanischer Bergsteiger. Von Japan aus ist die Alaska Range – wie auch der Himalaya – einfacher zu erreichen als die europäischen Alpen. Um sich auf ihre Expeditionen vorzubereiten, kletterte Kei dort schwierige kombinierte Routen. Im Frühjahr 2008 erlebte sie mit, wie bei einer Überschreitung der Kahiltna Peaks zum Cassingrat des Denali zwei Freunde spurlos verschwanden. Sie gehörten zu den Giri-Giri Boys, einer informellen Gruppe junger japanischer Alpinisten, die in den letzten Jahren mit kreativen Erstbegehungen auf kühnen Routen für Aufsehen sorgten – ihren Namen gaben sie sich in Anlehnung an die Mädchenband Giri-Giri Girls, sinngemäß bedeutet er „auf Messers Schneide". Kei hat in den Bergen schon mehrere Freunde verloren, doch das trieb sie eher dazu an, noch intensiver bergzusteigen. „Es fühlte sich an, als ob ihre Seelen oder ihre Gefühle noch da wären und weiterhin klettern wollten", erklärt sie. Naturkatastrophen wie das Erdbeben vom März 2011 mit dem nachfolgenden Tsunami und dem Nuklearunfall von Fukushima haben sie darin bestärkt, die Gegenwart zu nützen und die Realisierung ihrer Träume nicht auf später aufzuschieben. Auch wenn sie im Herbst 2012 vom Versuch, eine neue Route am Sechstausender Langshisha Ri im nepalesischen Langtang Valley erstzubegehen, erfolglos zurückkehrte, bleibt Kei dem alpinen Abenteuer verschrieben, aus tiefster Seele. Für den Sommer 2013 hat sie sich den 7611 Meter hohen Shispare in der Batura-Muztagh-Kette des Karakorum vorgenommen.

Nachdem Kei Taniguchi 2009 einen Piolet d'Or erhalten hatte, fungierte sie 2010 in Chamonix als Mitglied der Jury.

© Pascal Tournaire/Piolets d'Or

Spezialistin für Eis

Zurück im Tal, liegt die Augusthitze schwer über Chamonix. Die Gassen sind bevölkert von Touristen. Kei will unbedingt sofort ein Eis essen, und sie weiß genau, wo es das beste gibt. Schließlich reiste sie schon vor mehr als zwei Wochen an, mit ihrem Mountainbike im Fluggepäck und 15 Freunden aus Japan, die sie vom Adventure Racing kennt. Mit ihnen fuhr sie die Tour du Mont Blanc mit dem Bike, die auch deshalb sehr eindrucksvoll war, weil sie in vier Tagen durch drei verschiedene Länder führt – in einem Inselstaat lebend, kennen Japaner keine Binnengrenzen. In Courmayeur blieben sie einen Tag länger, damit sie ausgiebig Pizza und vor allem Eis essen konnten, denn das schmecke nirgends besser als in Italien. „Everybody likes ice-cream, but nobody can beat me!", meint Kei vergnügt. Und wer die zierliche Asiatin vor dem Café sitzen sieht, zufrieden aus einer großen Eiswaffel löffelnd, vermag sich kaum vorzustellen, dass sie sich am liebsten mit zwei Pickeln in den Händen durch steile Eiswände arbeitet, in dünner Luft und weitab von der Zivilisation.

Interview

Es gibt kaum jemand, der den russischen Alpinismus so gut vertritt wie der 1963 geborene Aleksandr Rutschkin. Er ist Spezialist für steile, schwierige und kalte Wände. Seine Leidenschaft führte ihn von den schwierigen Felswänden Zentralasiens über die Trollwand in Norwegen, die Alpen bis hin zum bis dato wohl anspruchsvollsten Bigwall der Erde, der Jannu-Nordwand. Ein Gespräch mit Robert Steiner.

Aleksandr Rutschkin bei einer Erstbegehung am Great Sail Peak, Baffin Island (2002)

Soweit nicht anders angegeben, alle Fotos © Archiv Rutschkin

„Dranbleiben, nicht aufgeben – das ist der russische Stil"

Robert Steiner » *Wie bist du zum Bergsteigen gekommen? Was war deine Motivation?*

Aleksandr Rutschkin » Ich habe ziemlich spät, aber ganz bewusst angefangen. Mit 21 Jahren. Davor habe ich alles Mögliche ausprobiert – Handball, Fußball, Basketball, Zehnkampf, Schießen, Judo … die Sportliste wäre noch länger und umfangreicher, wenn es nicht … ja, wenn es Bergsteigen nicht gäbe. Dies hat mich ernsthaft getroffen – diese Symbiose zwischen Sport und Romantik. Nach der Schule habe ich fünf Jahre in der Ukraine beim Militär Raketentechnik studiert und um mein Leben gekämpft. Wie ich dort den Sport für mich entdeckte – darüber kann ich ein paar wahre Geschichten erzählen … Die Sportuniform wurde in die Waffenkammer gesteckt und unter Verschluss gehalten – um Gottes willen, man wollte keine jungen Rotarmisten, die eigenwillig ums Haus herum joggen! Wie habe ich mich damals nach Freiheit gesehnt! In der Früh, noch vorm Aufstehen, war ich schon weg, bin 10 Kilometer gejoggt, Morgengymnastik, volles Programm. Und nach den Vorlesungen war ich ebenso weg – um Judo zu trainieren. Das Territorium vom Schulgebäude war ziemlich groß und dieses ohne Erlaubnis zu verlassen war verboten. Also musste ich die Wache überlisten – d. h. beschleunigter Hindernislauf über Zäune und deren blitzschnelle Bewältigung. Gutes Training. Der zweite Platz im Judowettkampf gab meiner Dreistigkeit noch mehr Rückenwind und bescherte mir dreimaliges ungestörtes Training pro Woche.

Ich habe ständig nach Training und Sport gesucht, so, dass die Offiziere mich disziplinär beinahe aufgaben. Der Sport war meine Rettung, seelische Nahrung – einfach alles! Ohne ihn hätte ich gekündigt, wenn das möglich gewesen wäre. Ging aber nicht – ein Sportler, ein Einserschüler, der kündigt!? Ich bin geblieben. Dann habe ich den Alpinismus entdeckt und war für die große Karriere beim Militär endgültig verloren.

Zum ersten Mal habe ich die Berge nach dem dritten Studienjahr 1984 gesehen. Ganz zufällig habe ich eine Wandergruppe kennengelernt und im Sommer ein großes Bergtrekking im Kaukasusgebirge gemacht. Eine schöne Unternehmung mit Jungs und Mädels – schwer beladen mit großen Rucksäcken stiegen wir über Pässe und Berge und alles nur, um einen am Gipfel versteckten Zettel zu lesen und herauszufinden, wo wir waren … Das nächste Trekking war noch viel anspruchsvoller – mehrere eingeschneite und steile Pässe. Zwei Teilnehmer aus dieser Wandergruppe haben mich gleich zum Training im Stadion „Kirovez" eingeladen und so bin ich bei der Alpinsektion gelandet. An der senkrechten Wand, die so hoch war wie ein dreistöckiges Gebäude, kletterten alle mühe- und furchtlos bis ganz nach oben und konnten sich an den mickrigsten Griffen festhalten. Ich wurde in irgendwas Komisches gesteckt (einen Gurt, wie sich herausstellte), an das Seil gebunden und kroch mit Turnschuhen die 14 Meter hohe Wand herauf. Noch nie in meinem ganzen Sportleben hatte ich solche Schmerzen wie am nächsten Tag. Ich war kein Schwächling, aber doch kam es mir vor, als ob ich bis jetzt nur Schach gespielt hätte.

Also bin ich geblieben. Ich wollte genauso klettern wie die anderen, mich genauso leicht und elegant bewegen und ebenso frei und humorvoll sein, „ohne Komplexe". Eine Flucht vom strengen Militärleben war das. Das Schicksal hat mich in der Alpinsektion mit vielen hervorragenden Menschen zusammengeführt, auch legendären Bergsteigern. Wir kletterten zusammen, ich schaute zu ihnen wie zu Göttern auf. 1985 bin ich zum ersten Mal ins „Alplager" Elbrus [Staatliches Bergsteigerzentrum in der UdSSR; Anm. d. Verf.) im Kaukasus gekommen. Hier war ich den ganzen Sommer unterwegs und durfte die Grundlagen der hohen Künste des Bergsteigens begreifen.

RS » *Du hast mit deiner Karriere im Bergsport bereits in der Sowjetzeit begonnen. Wie hast du diese Zeit in Erinnerung?*

AR » Der sowjetische Bergsport war für jeden bezahlbar und diese Sportart konnte jeder ausprobieren. Die Anmeldung hat über die Gewerkschaften 48 Rubel gekostet, Fahr- und Flugtickets waren ganz günstig und die nötige Ausrüstung bekam man gratis vor Ort, im Alpinlager. All inclusive sozusagen. Die Wettbewerbe wurden durch die Gewerkschaften und staatliche Bergsportförderung finanziert. Warum denn nicht mitgehen, wenn alles gratis war?

Meiner Meinung nach hatten wir damals ein sehr gut organisiertes System in der Vorbereitung und Ausbildung. Dieses System förderte das Bewusstsein für die Sicherheit und die Gemeinschaft. Jede Etappe dauerte zwanzig Tage lang, enthielt Theorie- und Praxisteile mit steigender körperlicher

Volles Portaledge Marke Eigenbau an der Nordwand des „Svobodnaja Korea“ (4740 m), Kirgisistan (1990) *© Anatoli Petrovich Rodikov*

Die beiden Jungleutnants Sergej Kapralov und Aleksandr Rutschkin auf dem Gipfel des Chirs, Tadschikistan (1986)

und technischer Belastung. Wer wollte, kam jedes Jahr wieder und wurde besser und besser. Sehr viele Studenten und Studentinnen aus Sektionen bei Unis und Hochschulen wollten so eine „Reifeprüfung“ ablegen und stürmten die Alplager. Dort ist das Herz von vielen geblieben. Die Wettbewerbe waren freilich sehr subjektiv, man konnte die Ergebnisse leicht manipulieren.

RS » *Erzähl uns bitte über die bedeutendste Route aus dieser Zeit.*

AR » Es ist schwer, aus Hunderten von Routen eine auszuwählen. Oh ja, da fällt mir dieser Ak Suu ein! Das war eine meiner schwierigsten Routen überhaupt. 1993 wollten mein guter Freund Valery Babanov und ich unbedingt die Erstbegehung der „Nase“ – ein technisch anspruchsvoller Turm an der Nordwand des Ak Suu in Kirgisistan – machen. Trotz aller Versuche des Profibergsteigers Pavel Schabalin, uns zu überreden, die Finger von der Wand zu lassen – ihr seid nicht in der Lage, dort sind selbst die Besten nicht durchgekommen – blieben wir stur. Na, selber schuld! Der Supergau hat uns in der Mitte der Wand erwischt. Das Wetter spielte verrückt, eine ganze Woche lang. Jede Minute kamen Schneelawinen die Wand herunter in der Bereitschaft, uns unwillkommene Gäste mitzureißen.

Bei solchem Unwetter ist es vor allem unmöglich, gute Sicherungen anzubringen. Wir schafften gerade mal eine Seillänge pro Tag, zerstörten alle Bohrmeißel, kämpften mit gefrorenen Friends, die wir wieder funktionstüchtig machten, indem wir sie im Mund auftauten, dann in die Risse steckten, wo sie in der richtigen Stellung festfroren, damit wir weiterklettern konnten.

Die Erstbegehung war kein Thema mehr – uns ging es eher ums Überleben. Wir flohen in die Popov-Route nebenan, kämpften weiter, es war beileibe kein Zuckerschlecken. Zwei Tage hatten wir schon kein Wasser, unser Gaskocher hatte den Geist aufgegeben, und uns sollte es wohl in nicht allzu ferner Zukunft ähnlich gehen wie ihm. Eine andere Gruppe aus Taschkent rettete uns zufällig vom Hungertod. Sie stiegen über den schwierigen Grat ab und dachten, uns abgemagerte, armselige Gestalten zu Tal zu bringen. Kaum hatten wir gegessen und getrunken, setzten wir den Weg, im Gegensatz zu ihnen, nach oben fort – unsere Retter tippten mit dem Finger an die Stirn: Was für Idioten! 15 Tage waren wir in der Wand, haben die anspruchsvolle Popov-Route wiederholt und immens viel Erfahrung gesammelt. Ich habe gelernt, durchzuhalten und zu überleben. Diese Ak-Suu-Nordwand war für mich persönlich eine harte Reifeprüfung. Ich bin später immer wieder zu ihr zurückgekehrt.

RS » *Der Zusammenfall der UdSSR war für ausnahmslos alle Bereiche des normalen Lebens schockierend. Wie hast du es erlebt? Was hat sich für die Bergsteiger verändert?*

AR » Die Sowjetunion fiel auseinander wie eine Südwand unter den Sonnenstrahlen. Plötzlich waren wir Kasachen, Ukrainer, Russen … Und es stellte sich für mich die Frage: Wie konnte ein in Kirgisien lebender Ukrainer die kasachische Spitzenbergsportmannschaft ZSKA trainieren und in Kasachstan angestellt sein? Ich habe bis jetzt nichts Dümmeres als diese Staatsgrenzen gesehen! Aber was geschehen ist, ist geschehen. Viele der neuentstandenen Staaten haben sich bis heute nicht erholt. Die Folge für die Bergsteiger – die meisten Alplager sind aufgelassen, man-

Queen Maud Land, Antarktis, 2010. Links der Basejumper Valery Rozov, in der Mitte Rutschkin, rechts der Fotograf Thomas Senf

Sichuan, China (2009): Mit Misha Michailov an der Wand des Pik 6134 Meter, auf dessen Gipfel noch nie jemand stand

che umgebaut. Ohne ein paar Enthusiasten wären auch die letzten kaputtgegangen. Die Anzahl der Sportsektionen ging stark zurück. Heutzutage ist der Alpinismus eine teure Elitesportart geworden und nicht jeder Sterbliche kann sich so was leisten.

RS » *In den 1990er-Jahren hast du viele erstklassige Routen auf der ganzen Welt durchstiegen. So hast du z. B. eine der schwierigsten Routen an der Nordwand der Grandes Jorasses, „No Siesta", wiederholt. Erzähl uns darüber!*

AR » 1998 schlug der starke Bergsteiger Alexander Pogorelov vor, einen Wettkampf mit den erfahrensten Alpin-Profi-Teams Russlands und Europas zu organisieren, und zwar im Herzen der Alpen, in Chamonix. Der Wettkampf hieß „International Mountaineering Trophy". Die Einladungen zum Ereignis des Jahres gingen um die halbe Welt herum. Sieben Teams meldeten sich an, alle aus Russland, kein einziger Europäer.

Auf der Liste standen zwei Kultgipfel – die Grandes Jorasses und die Petit Drus. Ein paar französische Bergsteiger und Valery Babanov halfen uns damals, das Rating der Routen zu erstellen. Diejenige Mannschaft sollte gewinnen, die zwei schwierige Routen am schnellsten bestieg. Mit Rinat Zaitov in einer Seilschaft habe ich eine Grandes-Jorasses-Speedbegehung der „No Siesta" in eineinhalb Tagen gemacht und eine neue Route an der Petit-Drus-Nordwand in drei Tagen erschlossen.

Vor dem Start war das Wetter nicht besonders zimperlich mit uns. In diesem Gebiet wiederholten sich die Unwetterabschnitte mit schöner Regelmäßigkeit – nach zwei bis drei Tagen Sonnenstrahlen kamen drei Tage übelstes Unwetter. Mitgenommen haben wir Folgendes: ein Zelt mit 900 Gramm bzw. genauer gesagt, einen Sack mit zwei Löchern, einen Mini-Gaskocher, eine kleine Gaskartusche und ein wenig Essen. Im Morgengrauen starteten wir. Das Eis war so dünn, dass nur die Spitzen der Eisgeräte eindrangen. Nachdem der Erste mit Steigeisen hochgeklettert war, blieb überhaupt keine Eisschicht mehr für den Zweiten. Rinat schüttelte nur mit dem Kopf: Hier kann man nicht mehr klettern! Steigeisen völlig überflüssig! Wir kletterten bis zur Dämmerung und hofften, ein Band zu finden. Nichts da. In voller Dunkelheit organisierten wir die Übernachtung in der Senkrechten, in der Selbstsicherung hängend und auf den Rucksäcken sitzend, mit dem Zelt respektive dem Sack zugedeckt. Die Nacht war zum Glück nicht allzu eisig, wir hatten ja gar keine Schlafsäcke dabei. Im Morgengrauen stiegen wir in gefühlter Lichtgeschwindigkeit weiter zum Gipfel, nur um aufzutauen, um abzusteigen, alles andere war egal. Gegen Ende der Wand fanden wir sehr viele Ausrüstungsgegenstände, wahrscheinlich gab es hier einen Unfall – Seile, 20 Karabiner, Schlingen und Keile, Friends. Dieser Fund bestimmte den weiteren Abstieg. Wir seilten schnurstracks über die Route ab, anstatt ins Unbekannte zu laufen. Wir kamen jedoch in ein Unwetter, seilten ins Nichts ab. Erst auf dem Gletscher begriffen wir wieder, wo wir waren.

RS » *Und was ist mit deiner Begehung an der Petit Drus? Woran erinnerst du dich am meisten?*

AR » Wir beobachteten die Route erst mit dem Fernglas, machten auch Aufnahmen. Eine Linie interessierte uns sehr und die Franzosen meinten, dass dieses Stück noch jungfräulich sei. Also gingen wir los. Nach einem dreitägigen Ge-

In der Direkten Nordwand des Jannu (7710 m), Nepal. Rutschkin steigt auf 7100 Meter vor.
© Misha Michailov

witter war unsere Wand von Kopf bis Fuß mit Eis bedeckt. Dies erleichterte und erschwerte die Kletterei zugleich. Die Eiskruste taute unter der Sonnenstrahlung und die Platten krachten auf unsere Köpfe, Schultern, Hände … als ob sie uns daran erinnerten, dass wir auf die Drus höchstpersönlich stiegen und nicht auf irgendeinen Berg! Am zweiten Tag war es plötzlich wärmer und wir wurden von Wasserströmen überschüttet. Wir waren durchnässt bis auf die Unterhose! Irgendwie schafften wir es, auf schmalen Bändern zwei Mal zu biwakieren. Der dritte Tag war ein Geschenk der Götter – die Sonne trocknete die Wand und uns, der Fels war warm – wir hatten irre Spaß am Klettern. Am späten Abend, wir waren schon am Gipfel, über uns der Sternenhimmel, hörten wir aus dem Tal von Chamonix Gejubel, Freudenrufe, sahen ein Feuerwerk. Fast hätten wir geglaubt, es sei wegen uns. Niemand hatte gedacht, dass die Franzosen gegen Brasilien im Finale gewinnen. Doch 1998 geschah das Wunder.

RS » *Du machst im Projekt „Russischer Weg. Wände dieser Welt" mit. Du warst bei vielen schwierigen Expeditionen dabei. Wie ist diese Idee entstanden?*

AR » 1996 habe ich mir vorgenommen, eine neue Route zu erschließen, und zwar wieder an der Nordwand des Ak Suu. Zusammen mit Alexander Odinzov stand ich auf dem Gipfel. Dort oben sagte er mir, er höre auf mit dem Bergsteigen – es mache keinen Sinn mehr, es gebe keine Routen mehr für ihn. Ich kratzte mich am Hinterkopf und schaute ihn komisch an, dann erinnerte ich mich an ein Foto von der Baghiratiwand in Indien. Ha, sagte ich ihm, wenn wir unten sind, zeig ich dir was und du wirst begreifen, es gibt noch wunderbare Dinge zum Bergsteigen auf diesem Planeten. Nachdem er wieder zum Leben erweckt war, spuckte er eine Bergsteigeridee nach der anderen aus: Erstbegehungen an 10 schwierigen Wänden auf der Welt mit jeweils mehr als einem Kilometer Höhenunterschied.

1995 begann das Projekt mit einer Erstbegehung am 4810 in Kirgisien, danach folgte 1996 wieder einmal der Ak Suu (5217 Meter), 1997 zwei neue Routen an der berüchtigten Trollwand in Norwegen. Da wir keine Sponsoren für Expeditionen hatten, sparten wir das ganze Jahr über für den Spaß. Zwei Mal konnte ich aus finanziellen Gründen nicht mit, zum Baghirati und zum Trango Tower. Ich persönlich war 2000 und 2001 am Latok, 2002 in Baffinland, am Great Sail Peak. Danach folgte 2003 und 2004 jeweils ein Fiasko an der Nordwand des Jannu (7710 Meter) in Nepal, schließlich beim dritten Mal der Erfolg.

2006 kamen wir am Masherbrum nur bis 5800 Meter. 2007 gelang uns eine schöne Erstbegehung am Kyzyl Asker

(5842 m) in Kirgisistan, dann verließ ich das Projekt, kletterte andere Routen, in Grönland, China usw.

RS » *Während der Expedition der Westwand am K2 und der Nordwand am Everest warst du nicht dabei. Dürfen wir fragen, warum?*

AR » Erstens ich bin kein Fan vom Höhenalpinismus und sehe mich selbst nicht als Höhenbergsteiger. Zweitens bevorzuge ich eher anspruchsvolle technische Routen. Und drittens – ich mag diese bunten Mannschaften nicht. Hier hat jeder eine eigene Vorstellung vom Bergsteigen, vom Stil, seine eigene Erfahrung. Es stört und verwischt das eigentliche Ziel. Dann diese schwere Ausrüstung. Du vergisst, dass du ein Alpinist bist und kein Packesel. In der Seilschaft, zu zweit, hast du immer eine große Verantwortung und den Kick, den Nervenkitzel. Jeder hat seine Aufgabe – Klettern und Sichern – man sitzt nicht im Zelt herum. Viertens hat man mich nicht eingeladen. Und wenn man mich eingeladen hätte – siehe drittens.

RS » *Das größte Projekt in deinem Leben war die Erstbesteigung der Jannu-Nordwand. Nach zwei Versuchen schien der Gipfel unerreichbar zu sein. Doch es klappte. Worin bestand der Unternehmungserfolg?*

AR » Wir hatten zwei missglückte Versuche. Herbst 2003, wir waren sechs Mann. Auf 7100 Meter Höhe blieben nur noch zwei übrig, die einigermaßen fähig waren, zu klettern und zu denken. Zu wenig. Im Frühling 2004 waren wir zehn Mann, aber fünf waren außer Gefecht. So eine drei Kilometer hohe Wand auf so einer Höhe verlangt einem alles ab, körperlich und geistig. Außerdem nahmen der Steinschlag und Krankheit ihren Zoll. Wieder war es nichts. Die Wand ist ja oft versucht worden, u. a. von Franzosen, Amerikanern, einer russisch-usbekischen Expedition. Niemand kam so richtig über 7000 Meter, wo die Schwierigkeiten erst richtig anfangen. Wir hatten Glück. Und vor allem sehr starke Bergsteiger in der Mannschaft, die dieses Projekt gemeinsam angingen.

RS » *Du hast auch in Valery Rozovs „Russian Extreme Project" teilgenommen. Es besteht daraus, möglichst viele bekannte steile Berge hochzuklettern, damit der Basejumper Rozov mit dem Wingsuit hinunterspringen kann. So warst du u. a. am Cerro Torre, in der Antarktis, auf dem Shivling usw. Ist das alles Marketing oder noch echtes Bergsteigen?*

AR » Mir gefällt dieses Projekt. Für mich steht primär das Abenteuer im Vordergrund und die Möglichkeit, neue Gebiete zu erkunden: Chile, Argentinien, die Antarktis, Indien. Und wenn ich dann auf einen schönen Berg steigen darf, dann sage ich mit Händen und Füßen nur „JA"! Klettern und Runterspringen ist ein bisschen komplizierter als nur zu klettern. Man hat einen Haufen zusätzliches Gepäck dabei, diesen Anzug, den Fallschirm, lauter Kameras, den Basejump-Helm. Alles muss sehr gründlich vorbereitet sein, Wetter und Wind müssen stimmen, man muss warten können.

RS » *Du warst in vielen Expeditionen mit ausländischen Bergsteigern unterwegs. Worin besteht für dich der Unterschied zwischen dem russischen Stil und dem westlichen im Alpinismus?*

AR » Ich denke, es gibt keinen großen Unterschied, beide können bergsteigen. Nur die Methoden sind anders. Zu den Zeiten des Eisernen Vorhanges hatten russische Bergsteiger auf Grund des Informations- und Geldmangels sehr bescheidene Möglichkeiten zu reisen und mussten, wenn sie in den Bergen waren, quasi um jeden Preis auf den Gipfel kommen, egal wie. Es gab keine zweite Chance. So entstand der russische Stil – schwer, hart, dranbleiben, nicht aufgeben, egal wie das Wetter ist. Der westliche Stil ist leichter, flexibler – wenn das Wetter nicht mitmacht, dann gehe ich gemütlich Kaffee trinken und komme einfach später wieder. Ich trainiere noch ein bisschen, schaue, wo ich das Material-

Aus Alexandr Rutschkins Tourenbuch

Bis 1996: Mehrere hundert alpine Routen in Zentralasien, darunter schwierige Winter- und Erstbegehungen am Pik Odessa (4810 Meter) und am Ak Suu (5217 m)
1997 Erstbegehung an der Trollwand in Norwegen
1998 Wiederholung der „No Siesta" an den Grandes Jorasses in eineinhalb Tagen, Erstbegehung einer neuen Route an der Nordwand des Petit Dru
1999 Neue Route am Grand Capucin
2000 und 2001 zwei gescheiterte Expeditionen zum Latok
2002 Erstbegehung am Great Sail Peak, Polarkanada
2003–2004 zwei Versuche an der Jannu-Nordwand (7710 m). Beim dritten Anlauf Gipfelerfolg. Dafür wurde Rutschkin 2005 mit dem „Piolet d'Or" ausgezeichnet.
2005 Versuch einer undurchstiegenen Wand am Masherbrum
2007 Erstbegehung am Kyzyl Asker, Kirgisistan (5842 m)
2009 Erstbegehung am Pik 6134 (6134 m), Tibet. Nominiert für den Piolet d'Or.
2010 Erstbegehungen in der Antarktis
2012 Erstbegehung in Grönland am „Shark Tooth" (1555 m)
Seit mehreren Jahren Begleiter und Vorsteiger des Basejumpers Valery Rozov, in diesem Zusammenhang u. a. Besteigungen von Shivling und Cerro Torre

Nordwand des Ak Suu (5217 m), Kirgisistan. Im Zentrum der Wand verläuft eine neue, von Aleksandr Rutschkin und Aleksandr Odintsov erstbegangene Route.

Kyzyl Asker (5842 m), Kokshal-Too, Kirgisistan. Erstbegehung der Südwestwand durch Aleksandr Rutschkin, Aleksandr Odintsov und Misha Michailov

gewicht reduzieren kann, klettere noch schneller, schaffe es. Die Alpen sind doch vor der Haustüre, es gibt Hütten und Hotels, man bekommt alle Information über die Verhältnisse. PR spielt eine große Rolle. Im Westen ist eine mächtige Industrie auf den Alpinismus aufgebaut worden mit großem Sponsoring für Expeditionen, mit Ausrüstung, Werbung, Marketing – davon hängt wiederum der Verkauf ab, also ein geschlossener Kreis. Das alles gibt es in Russland nicht, es entsteht gerade in den ersten Anfängen. In Russland braucht niemand den Alpinismus außer du selbst, dir hilft niemand, höchstens deine Freunde. Während der Sowjetzeit gab es etliche völlig außergewöhnliche Besteigungen im Tien Shan und im Pamir. Von diesen Extremleistungen ist nichts erhalten als ein paar Berichte, Routenskizzen und Fotos in den Archiven.

RS » *Valery Babanov hat seine Karriere im Westen gemacht. Hast du mit diesem Gedanken nie gespielt?*

AR » Ja, das kann man so sagen, das hat er. Die Idee war natürlich sehr attraktiv. Als ich noch jung und heißblütig war, fehlte mir das Geld und ich hatte Verpflichtungen, da haben viele Projekte nicht geklappt. Jetzt bin ich alt und gleichgültig.

RS » *Russische Bergsteiger sind dafür bekannt, besonders hart im Nehmen und mutig zu sein. Warum?*

AR » Wegen unserer Geschichte.

RS » *Das Profibergsteigen ist mit hohem Lebensrisiko verbunden. Hast du nie über den möglichen Tod nachgedacht? Wolltest du deswegen nie mit dem Bergsteigen aufhören?*

AR » Ich versuche, das Risiko zu minimieren. Aber alles vorherzusehen ist unmöglich. Der Tod holt einen zu sich – im Auto, auf der Straße, im Bett. Wenn ich jetzt vor allem und jedem Angst habe, dann bleibe ich zu Hause, mache nichts mehr, auch das nicht, was mir Freude bereitet und was ich kann. Deswegen wähle ich das Bergsteigen und lebe nicht in Erwartung meines Todes.

RS » *Frauen gab es im russischen Alpinismus zwar, aber meist sind die erfolgreichen Mannschaften doch rein männlich. Was denkst du darüber?*

AR » Bergsteigen ist wie die Armee, zumindest die russische. Beschwerlich, erschöpfend, unhygienisch, oft sind die Umstände sehr schwierig. Vor allem ist nicht klar: warum das Ganze? Nicht jeder Frau gefällt das: sich wochenlang nicht waschen können, schwere Rucksäcke zu schleppen usw. Frauen sind meist einfach zarter gebaut als grobe Männer. Natürlich gab und gibt es Ausnahmen, die zeigen, wie belastbar und ausdauernd Frauen am Berg sein können, dass sie kein schwaches Geschlecht sind. In der Sowjetzeit gab es mehr Frauen, die bergsteigen gingen. Aber nach der tödlichen Katastrophe, bei der eine gesamte weibliche Expedition am Pik Lenin starb, sieht man diese Sache mit dem Frauenalpinismus viel vorsichtiger. Heutzutage gibt es ein paar fähige Alpinistinnen in Russland, aber es sind wenige, genauso wie überall sonst auf der Welt.

RS » *War deine Frau gegenüber deiner Bergsteigerei immer tolerant?*

AR » Ganz am Anfang war sie sehr nervös und unruhig. Sie war neidisch auf die Berge und Wände und meine Kameraden und sagte, dass ich öfter mit denen übernachten würde als mit ihr. Gegenbeweis: Ich bekam einen Sohn. Am schlimmsten aber waren die schlaflosen Nächte, vor allem wenn es keine Nachrichten von mir gab. Damals war es schwierig mit der Telefonverbindung. Heute gibt es das Satellitentelefon, ich rufe an, ich bin am Leben, alles ist in Ordnung. Wahrscheinlich hat sie sich dran gewöhnt.

RS » *Kann man in Russland heute vom Alpinismus leben?*

AR » Wahrscheinlich schon, aber mehr schlecht als recht. Es gibt ein paar Bergschulen, die ab und zu Bergsteiger als Bergführer anstellen. In Russland gibt es so was nicht, Bergsteigen als Beruf. Vor 15 Jahren war es anders – ich war als Alpin-Trainer in Vollzeit eingestellt, habe junge Bergsteiger und Soldaten ausgebildet und bekam dafür mein Gehalt.

RS » *Du bist 1963 geboren. Worin unterscheiden sich die jungen Bergsteiger damals und heute?*

AR » Wir älteren Bergsteiger sind alle durch die sowjetischen Alpinschule gegangen, wir sind uns recht ähnlich: alt, erfahren, vorsichtig, praktisch denkend. Die Jungen sind keine so homogene Gruppe. Da gibt es welche, die sehr vorsichtig sind, andere denken überhaupt nicht nach, manche sind sehr schnell ausgebrannt und hören bald auf, andere haben einen starken Willen und wollen alles sofort erreichen, ohne Ahnung, warum und wozu. Sie haben mehr Freiheit und verlieren sich angesichts der freien Auswahl.

RS » *Was wünschst du den jungen Bergsteigern in Russland?*

AR » Findet euch selbst und euren Weg. Dann werden eure Wünsche wahr. Ich wünsche euch alles Glück dazu.

Nordwand des Jannu: Tiefblick durch einen überhängenden Kamin auf 7500 Meter; am Stand ist Misha Michailov.

Erwin Schneider – eine stille Bergsteigergröße

Ein Porträt des „Siebentausenderkönigs"

>> Ulrich Wörz

Erwin Schneider galt als der leistungsfähigste Höhenbergsteiger der 1930er-Jahre und als einer der weltweit führenden Hochgebirgskartografen. Die nach ihm benannten ersten Karten zur Everestregion stehen bis heute in exzellentem Ruf. Vor allem aber war er ein weltoffener, unabhängiger Geist.

„Es ist vielleicht noch zu wenig erkannt,
dass technisches Können und mancherlei
andere Eigenschaften sehr viel weniger
ins Gewicht fallen als der Wille,
das Ziel zu erreichen."

Erwin Schneider

Die Mannschaft der deutschen Nanga-Parbat-Expedition 1934. Erwin Schneider (ganz links) und Peter Aschenbrenner (1. Reihe 3. v. l.) erweisen sich im Laufe der Unternehmung als das stärkste Team.

© Archiv des DAV, München

Vor mir liegt ein Foto der Expeditionsmannschaft der „Deutschen Himalaya Expedition 1934". Bärtige Männer in gestrickten Pullovern, in Lodenhosen, mit Hemd und Jacke, auf dem Kopf tragen manche von ihnen etwas skurrile Hüte. Irgendwie sind sie durch ihre Kleidung und ihre Körpersprache miteinander verbunden und einander ähnlich. Nur einer sticht heraus, und das nicht nur, weil er als Einziger keinen Bart trägt.

Heute würde man seine Körperhaltung wohl als „dynamisch" bezeichnen; gespannt wie eine Feder, nicht statisch aufgestellt wie ein Zinnsoldat, nicht stämmig wie der sprichwörtliche Fels in der Brandung, sondern feingliedrig, eher von kleinerer Statur, dafür aber geradezu wippend und tänzelnd. Er steht am Rand der Mannschaft, gerade noch im Ausschnitt des Bildes, und auf einem Bein. Als wäre er gerade im letzten Moment vor der Belichtung noch hinzugekommen und als würde er gleich wieder zur Seite springen und weitereilen. Es wirkt, als ob er nur am Rande mit dem Geschehen, mit der hier zum obligaten Gruppenbild versammelten Expedition zu tun hätte.

Dabei ist in Wahrheit gerade er der geheime Star der Truppe, der „Knipser" mit den meisten Gipfelerfolgen auf den damals noch weitgehend unerforschten höchsten Bergen der Welt und so gesehen der erfahrenste, vielleicht auch leistungsfähigste Bergsteiger der Mannschaft. In Bergsteigerkreisen ist er als „der Siebentausender-Schneider" bereits weltbekannt, als das Bild irgendwann im Frühsommer des Jahres 1934 am Fuße des Nanga Parbat aufgenommen wurde.

Erwin Schneider, zu diesem Zeitpunkt 28 Jahre alt, ist in absoluter Höchstform, als sich diese Gruppe von Bergsteigern unter der Führung des deutschen Expeditionsleiters Willy Merkl Anfang Juli im Aufstieg für einen letzten Versuch zur Erstbesteigung des 8125 Meter hohen Berges befindet. Er und Peter Aschenbrenner, der zweite Österreicher im Bunde, bilden das prädestinierte und logische Gipfelteam. Alles, was sie brauchen, sind ein paar Tage stabilen Wetters und eine gut besetzte und mit allem Nötigen ausgestattete Lagerkette. Schneider weiß, dass sie den Berg besteigen können, und sein Gefühl hat ihn im Hochgebirge noch nie betrogen. Schon öfters hat er Gipfel mit Höhen bis über 7400 Meter in kleinen Seilschaften erreicht, manche auch ohne fixe Lagerketten, manche sogar im Alleingang.

Doch der Expeditionsleiter ist anderer Meinung. Entweder unterschätzt Merkl auch nach den Erfahrungen seines ersten Versuchs am Nanga Parbat im Jahr 1932 noch immer die Schwierigkeiten und Gefahren des hohen Berges oder er blendet sie angesichts des großen Erfolgsdrucks, unter dem die Expedition im Jahr 1934 steht, schlichtweg aus. Denn die nationalsozialistischen Machthaber in Deutschland erwarten einen propagandistisch zu verwertenden großen deutschen Mannschaftserfolg und nicht „nur" die erste Ersteigung des Achttausenders. Langsam schiebt sich daher eine große Gruppe aus Bergsteigern und Trägern geschlossen die zähen Etappen des langen Weges über den zerklüfteten Raikotgletscher wieder hinauf. Ab Lager IV in 6185 Metern muss der Weg erst gefunden und versichert werden. Über Tage und letztlich Wochen hinweg sind die Bergsteiger und Träger daher in großer Höhe

Der zielstrebige Bergsteiger mit dem unbeschwerten Gemüt. Trotz schwerer Erfrierungen an den Füßen lächelt der 22-jährige Erwin Schneider nach der Erstbesteigung des 7130 Meter hohen Pik Lenin zufrieden in die Kamera.

© Erwin Schneider Archiv, Lech am Arlberg

Unter großen Schwierigkeiten wird der tote Alfred Drexel von Lager II durch den wilden Eisbruch ins Hauptlager transportiert und dort bestattet.

Quelle: Bechtold, Fritz: Deutsche am Nanga Parbat – Der Angriff 1934, Verlag F. Bruckmann, München 1935

© Archiv des DAV, München

unterwegs, ohne dazwischen abzusteigen. Möglichst viele, vielleicht sogar alle, sollen ja bald auf dem Gipfel des Berges stehen. Doch der Weg dahin ist weit und niemand weiß, welche Schwierigkeiten er noch bereithält.

Unter dem Hakenkreuzbanner

Mehr und mehr lähmt Merkls enges Führerprinzip unter dem Hakenkreuzbanner, das bei jedem dokumentierten Schritt ins rechte Bild gerückt werden soll, das gesamte Unternehmen, obwohl der Beginn der Expedition von guter Stimmung unter den Teilnehmern geprägt gewesen ist. Immer wieder fehlte es dem Expeditionsleiter an Überblick und Geschick, um das Errichten der Lager effizient zu lenken. Vorschläge aus der Mannschaft wertete er eher als persönliche Angriffe ab. Vielleicht nahm er selbst insgesamt oft noch zu sehr die Rolle des „Bergsteigers" und zu wenig jene eines „Leiters" ein. Und spätestens seit dem krankheitsbedingten Tod des Expeditionsmitgliedes Alfred Drexel am 8. Juni in einem Hochlager traten die entstandenen Spannungen innerhalb der Gruppe auch offen zu Tage. Auf Befehl Merkls wurde der Tote ins Tal transportiert, alle Bergsteiger vom Berg heruntergerufen und ein großes Begräbnis inszeniert.

Besonders Erwin Schneider, der schon im Vorfeld der Expedition durch seine ironisierende Unterfertigung von Briefen an seine Freunde mit „geziemlichen" oder auch „treudeutschen Heilsgrüßen" kein Hehl aus seiner grundsätzlichen Einstellung zum Nationalsozialismus gemacht hatte – Schneider hatte wohl aufgrund seines politisch wachen Geistes schon im September 1933 (!) einen Brief an seinen Freund Hermann Hoerlin mit dem aus heutiger Sicht fast schon makaber anmutenden Scherz „aus dem Konzentrationslager Oranjenburg" begonnen – geriet dabei mit Merkl in heftigen Streit über die offensichtliche propagandistische Ausschlachtung des tragischen Todes eines Kameraden.

Bis nun am 5. Juli nach dem mühsamen neuerlichen Start des Aufstiegs endlich auf etwa 7000 Metern Höhe ein Hochlager für einen möglichen Gang zum Gipfel steht, waren einige wertvolle Schönwetterperioden des Juni ungenützt verstrichen. Insgesamt 19 Bergsteiger und Träger tummeln sich jetzt in einer kleinen Zeltstadt auf dem Firngrat unterhalb des sogenannten „Silbersattels", die Lager darunter jedoch sind weitgehend unbesetzt. Das sind nicht jene Bedingungen, die Erwin Schneider während seiner drei großen vorangegangenen Auslandsbergfahrten 1928, 1930 und 1932 zu seinen spektakulären Erfolgen geführt haben. Und solcherart militärisches Vorgehen ist schon gar nicht Bergsteigen nach seinem Geschmack. Am allerwenigsten aber konnte er seit jeher mit der hier herrschenden Helden- und Kampfrhetorik anfangen, welche eine ganze, durch den Ersten Weltkrieg geprägte Bergsteigergeneration, vor allem in Deutschland, gern pflegte.

Schon in der Einleitung zu einem Bericht über die Erstbesteigung des 6767 Meter hohen Huascaran im Zuge einer Expedition in die Cordillera Blanca im Jahre 1932 hatte er in der Zeitschrift „Der Bergsteiger" ein bemerkenswertes schriftliches Zeugnis seiner gegenteiligen Gesinnung abgelegt: *„Am 20. Juli 1932 haben fünf Teilnehmer der Cordillera-Blanca-Expedition […] den Hauptgipfel des Huascaran, den höchsten Gipfel Perus zum erstenmal erstiegen. Dieses Ereignis zeitigte zwei Folgen: Einmal nächtliche Ruhestörung von Yungay durch bedenklich sinnlos betrunkene Träger. Zum anderen eine für mich unangenehme Sache, diesen Schrieb, den ich im Auftrag von ‚Vater', wie wir unseren Expeditionsleiter nennen, auf der Expeditionsschreibmaschine an einem sogenannten Ruhetag herunterhauen muß. Es bleibt ja eigentlich immer dasselbe, wie solche Berichte geschrieben werden, entweder Schema F oder G, in Moll ein Erguß über die leuchtenden, firngekrönten Hochzinnen, als würdiger Höhepunkt die stolzgeschwellte Helden-*

brust auf dem höchsten Punkt mit der unendlichen Fernsicht, einschließlich der sogenannten Gipfelgefühle. (Das ist nur ein Beispiel sagen wir 3a, es gibt natürlich noch viele Abarten, die anzuführen ich mir aber schenke.) In Dur ein Tatsachenbericht, den ich hier schreiben will, da es mir leider nicht liegt über eine nüchterne und über 5000 Meter ziemlich kalte Tat Gefühle herauszupressen und in der Seele herumzutreten, was doch niemand versteht, der es nicht selbst erlebt hat."[1]

Erwin Schneider war immer schon ein ebenso humorvoller wie individualistischer Bergsteiger. Einer, der es verstand, dem eigenen Tun mit Witz und Ironie gegenüberzustehen, ohne dessen Sinn- und Ernsthaftigkeit tatsächlich in Frage zu stellen. Zumindest wenn man die Anzahl und die technische Schwierigkeit der ausgeführten Unternehmungen als Indikatoren für das Ausmaß der alpinistischen Leidenschaft heranzieht, ließ er seit dem Beginn seiner bergsteigerischen Laufbahn keine Zweifel daran aufkommen, dass er ein „echter Bergsteiger" ist.

Schon als Schüler unternahm er Klettertouren in der Umgebung seines damaligen Schul- und Wohnortes Salzburg. 1924 aber – der 1906 im böhmischen Joachimstal geborene Schneider war gerade 18 Jahre alt und, um Bergbau zu studieren, ausgerechnet nach Berlin übersiedelt – steigerte sich die Zahl seiner *„Ausflüge ins Gamsgebirg"* durch seinen Beitritt zum Akademischen Alpenverein Berlin (AAVB) sprunghaft und erreichte in den Jahren 1926 und 1927 ein mehr als erstaunliches Ausmaß, vor allem in Anbetracht der geografischen Entfernung zu den Alpen. Schon im Vorwort zum entsprechenden Jahresbericht des AAVB ist dazu vermerkt: *„Unsere Turenberichte 1926 und 1927 erfüllen uns mit aufrichtiger Freude. Mit 643 und 660 Turen haben wir eine Ziffer erreicht, die ohne Erhöhung unserer Mitgliederzahl beinahe das Doppelte der früheren Jahre beträgt. Wir bekennen gerne, daß das Wetter gut war und daß auf unseren Unentwegtesten 276 und 151 Turen entfallen."*[2] Ganze vier Seiten umfasst die folgende Auflistung von Schneiders zahlreichen Unternehmungen und sie ist gespickt mit „Querstrichen" und „kleinen Kreisen", den Zeichen für die *„Verbindung von Turen, die an einem Tag unternommen wurden"*, und der Kennzeichnung von Alleingängen. Auch heute noch erscheint es eigentlich nicht wirklich verwunderlich, dass Schneider dabei oft ohne Partner unterwegs war, denn solchen wurde nicht wenig abverlangt. Fast jede Tour umfasst drei bis sechs, in manchen Fällen bis zu sechzehn! eigenständig vermerkte Gipfel in einem Zug, und Schneider unternahm auch Solo-Erstbegehungen im Fels mit bemerkenswerten Schwierigkeiten sowie große und lange Touren in den Westalpen.

1 Schneider, Erwin: *Die erste Ersteigung des Huascaran* in: Der Bergsteiger 1932–33; 3. (IX.) Jahrgang 1. Band.

2 Jahresbericht AAVB, S. 9.

Über 400 alpine Unternehmungen in den West- und Ostalpen füllen das Tourenbuch Erwin Schneiders allein in den beiden Jahren 1926 und 1927.

Beim Abseilen während der ersten Winterbegehung von Les Droites im März 1928, fotografiert von Hermann Hoerlin

© Archiv des DAV, München

Eine unangenehme Form der Geisteskrankheit

Seine Berichte von diesen Fahrten sind allesamt lebhafte und unterhaltsame Schilderungen, die kaum eine Seite dieser *„unangenehmsten Form der Geisteskrankheit"*, wie er das Bergsteigen in Anlehnung an das berühmte Zitat eines englischen Bergsteigers einmal nannte, ausließ. Wie kaum einem anderen gelang es ihm, ohne große Selbstdarstellung und Eitelkeiten, aber dennoch packend und spannend von seinen herausragenden Unternehmungen zu berichten. Im Vordergrund steht immer das Geschehen, das Tun und nicht der Alpinist Schneider, der bis zum Ende seines Lebens dem Bergsteigen als Beruf ablehnend gegenüberstand.

Den im Rahmen der schon erwähnten 1932er-Expedition erstiegenen Aconcagua charakterisierte er so auf ironische Weise: *„Es ist immerhin ein Trost, dass der Aconcagua über 7000 Meter hoch ist. Seine sonstigen Vorzüge sind so bescheiden, um nicht zu sagen: er ist so langweilig, und seine*

Besteigung ist so geisttötend, daß einen wenigstens diese Tatsache aufrecht hält. Bei dieser Höhe verzeiht man einem Berg vieles. […] Denn die Nordwestflanke des Aconcagua ist eine dreitausend Meter hohe Halde sortierten Gerölls." Und weiter fuhr er über die Besonderheiten des Aufstiegs fort: *„Der Weiterweg zum Gipfel ist einfach. Mit nichten etwa rechts die Schutthalde, den an sich kürzesten Weg. Der Wanderer würde da nach wenigen hundert Metern weinend verzichten müssen. […] Dem Auge sind immer kleine Ziele gesetzt, man hat den Blick zu beiden Seiten in die Tiefe und in die Ferne, falls man es nicht lieber vorzieht, auf den nächsten Stein am Weg zu blicken. Die Aussicht, und sie ist wirklich schön, kann man auch beim Rasten genügend bewundern, wenn man nicht lieber schläft. (So wie wir es getan haben.)"*[3]

Zum Glück wurde erst später nachgewiesen, dass der Berg mit seinen 6962 Metern die 7000-Meter-Marke knapp verfehlt.

Der „junge wilde Dachs" bewährt sich

Seine alpine Umtriebigkeit in den 1920er-Jahren brachte Schneider aber nicht nur lange Listen an Einträgen in den Jahresberichten des AAVB ein, sondern im Jahre 1928 auch eine Einladung zur deutsch-russischen Alai-Pamir-Expedition unter der Leitung des Abenteurers, Skipioniers und Gelehrten Willi Rickmer-Rickmers. Obwohl Schneider noch Student war, waren seine Kontakte in die „science community" dafür sicher ebenso maßgebend wie seine rein bergsteigerischen Qualitäten, denn die Unternehmung – sie war nach dem Ersten Weltkrieg eine der ersten deutschen Auslandsexpeditionen überhaupt – verfolgte in erster Linie wissenschaftliche Ziele. In Zusammenarbeit mit russischen Wissenschaftlern und Bergsteigern wollte man das weitgehend unbekannte Gebiet des zentralen Pamir erforschen. Zudem sollte bestimmt werden, welcher Gipfel der höchste Berg der Sowjetunion sei, und dieser nach Möglichkeit auch bestiegen werden. Der „Bergsteigergruppe", der Erwin Schneider angehörte, waren also durchaus große alpinistische Ziele gesetzt, in erster Linie sollte sie aber die Wissenschaftler bei der schwierigen Feldarbeit unterstützen.

Für Erwin Schneiders späteres Leben stellte die sechs Monate dauernde Reise in mehrfacher Hinsicht ein sehr prägendes Erlebnis dar. Vor allem die Beobachtung der Kartografen Hans Biersack und Richard Finsterwalder bei ihren topografischen und photogrammetrischen Arbeiten zogen ihn in ihren Bann. Sie waren später die Grundlage für Schneiders eigene umfangreiche Arbeiten auf dem Gebiet der Kartografie, obwohl vor allem Finsterwalder zu Beginn den diesbezüglichen Ambitionen des *„jungen wilden Dachs"* skeptisch gegenüberstand. Dies mag allerdings auch in einer anfänglichen Skepsis der Wissenschaftler gegenüber dem grundsätzlichen Kulturzustand der Bergsteiger begründet gewesen sein. Denn obwohl Schneider vor allem in Berlin sein Interesse für das Theater und die Musik entdeckt hatte und später davon berichtete, dass sogar in den Hochlagern des Himalaya vor dem Einschlafen *„… noch etwas im Faust gelesen wurde*[4]", ließ die durch Karl Wien im Bericht dieser Reise gegebene Charakterisierung der Bergsteiger Erwin Schneider, Eugen Allwein und Phillip Borchers diesbezügliche Zweifel auch berechtigt erscheinen. Jedenfalls war Finsterwalder vorerst der Meinung, *„…es wäre eigentlich das einzig mögliche die ganz wilden Kraxler in einen verlöteten Kasten eingesperrt bis an den eigentlichen Bestimmungsort im Gebirge zu schaffen und sie erst dort auszulassen."*[5]

Aber im Bericht über die Expedition wird über Erwin Schneider bald anderes zu lesen sein: *„Schneiders künstlerischer Blick und zeichnerische Begabung waren die Unterlagen für Kartenskizzen und Aufrisse. Als Student des Bergbaus hatte er ferner genügend eingehende geologische Kenntnisse, um nach Nöths Weisungen geologische Feststellungen zu treffen."*[6]

Noch entscheidender für sein weiteres Leben aber war, dass Schneider neue Seiten seiner bergsteigerischen Fähigkeiten entdeckte. Seine enorme Ausdauer und Schnelligkeit waren bekannt, seine Höhentauglichkeit stellte sich nun aber als ebenso bemerkenswert heraus wie sein feines Gespür für den richtigen Weg und seine unglaub-

---

3 Schneider, Erwin: Aconcagua!; in: Der Bergsteiger, 3. (IX.) Jahrgang Oktober 1932–September 1933, S. 272 ff.

4 G. O. Dyhrenfurth: Himalaya, S. 91.

5 Sieberts, Paul: Alai-Expedition 1928, S. 6.

6 Rickmers, Willi Rickmer: Die Alai-(Pamir)-Expedition 1928, S. 170.

liche Willensstärke. Unermüdlich schleppte er die Ausrüstung durch das schwierige Gelände, erkundete mit seinen Partnern den Verlauf von Tälern und Gletschern, überquerte schwierige Pässe und bestieg zahlreiche Gipfel – es sind alles Erstbesteigungen und die Zustiege mussten jeweils erst erkundet werden. Lehrreiche Erfahrungen, die er bei seinen folgenden Expeditionen erfolgreich zum Einsatz bringen sollte; ausgerechnet an jenem Achttausender allerdings, an dem für ihn die größten Aussichten auf einen Gipfelerfolg bestanden, sollte er sie sich durch das starre System des Expeditionsleiters Willy Merkl und die dadurch erzwungene völlige Einordnung in eine inhomogene Mannschaft nicht wirklich zu Nutze machen können.

Im Pamir dagegen waren die Bergsteiger meist zu zweit oder zu dritt unterwegs, trugen Zelte und Proviant selbst von einem Lagerplatz zum nächsten, und am Berg hatten sie allein die volle Entscheidungsfreiheit: Bedingungen, die Erwin Schneider und seine Bergkameraden zu herausragenden Leistungen anspornten.

Als sie sich an die letzte große Aufgabe, die Besteigung des vermeintlich höchsten Berges der Sowjetunion, machten, war es bereits Mitte September, und Schneider, Allwein und Wien wussten noch nicht einmal genau, wie sie den Fuß des Berges erreichen sollten. Zehn Tage waren sie unterwegs, bevor sie wieder in einem sicheren Lager mit ihren Freunden zusammentrafen. Die meisten Nächte verbrachten sie zu dritt in einem kleinen Biwakzelt bei eisigen Temperaturen. Und schließlich ging auch noch ein Tag verloren, da vom letzten Lagerplatz in 5700 Metern Höhe nach langer Diskussion und demokratischer Entscheidung zuerst ein „falscher" Gipfel angegangen wurde. Nur Schneider hatte sich für jenen Punkt ausgesprochen, der sich letztlich als der höchste herausstellen sollte, und Wien bemerkte in seinem Bericht anerkennend: *„… ausschlaggebend war ein Unterschied in der Höhe durch Augenmaßschätzung, auf die ich gar nichts geben kann – wissenschaftlich angehaucht, wie ich bin – während Schurl – mehr Künstlernatur – hier intuitiv das Richtige erfasst."*[7] Doch die drei erreichten den Gipfel.

Erst als sie wieder bei den unteren Lagerplätzen eintrafen, wurde der Preis der langen Stunden in der Höhe sichtbar. Alle hatten schwere Frostschäden an den Zehen, vor allem Schneider, der über den letzten Rückmarschtag durch endlosen Moränenschutt bemerkte: *„Es war wohl der größte ‚Klaviertransport' den ich je mitgemacht habe."*[8]

Mit 7130 Metern ist der nunmehr Pik Lenin genannte Gipfel im Jahr 1928 der höchste bisher erreichte weltweit, wenngleich die Auswertung der Ergebnisse der Expedition später ergab, dass er nicht der höchste Berg Russlands ist.

1928 unternimmt Erwin Schneider (3. v. re.) im Rahmen einer wissenschaftlichen Pamir-Expedition seine erste große Auslandsreise. Mit Eugen Allwein (unten rechts) und Karl Wien (links) gelingt die Erstbesteigung des 7130 Meter hohen Pik Lenin.

© Archiv des DAV, München

Aufbruch zum Kangchendzönga

Erwin Schneider hatte nicht nur Geschmack an einem „Leben auf Reisen" gefunden, sondern er gehörte mit einem Mal auch zur Elite der Höhenbergsteiger und erhielt von Günther Oskar Dyhrenfurth eine Einladung zu dessen Expedition zum Kangchendzönga im Jahre 1930. Zum ersten Mal war er dabei mit seinen engen Freunden und Bergkameraden Hermann Hoerlin und Ulrich Wieland an den hohen Bergen der Welt unterwegs.

Auch wenn die Expedition an ihrem eigentlichen Ziel, der Besteigung des 8586 Meter hohen Kangchendzönga, scheiterte, schrieb Schneider – der nur mit großem Glück einer Eislawine entkam – mit der Erstbesteigung von insgesamt drei Siebentausendern, einem davon sogar im Alleingang, neuerlich Alpingeschichte. Durch die Be-

7 *Karl Wien: Tagebuchaufzeichnungen Pamir-Expedition 1928, S. 88.*

8 *Schneider, Erwin: Pik Lenin 7130 m; in: Jahresbericht XXV. AAVB 1927/28.*

Im Rahmen der Dyhrenfurth'schen Expedition zum Kangchendzönga 1930 gelingt Erwin Schneider die Erstbesteigung von vier Siebentausendern, unter anderm des 7462 Meter hohen Jongsang Ri (oben).

Rechts: George Wood Johnson, Erwin Schneider und Frank Sydney Smythe im Lager 1 am Jongsang Ri

© Archiv des DAV, München

steigung des Jongsang Ri, der letztlich von insgesamt sechs der sieben Bergsteiger der Expedition erreicht wurde, wurde die Rekordmarke des höchsten erreichten Gipfels auf 7462 Meter hinaufgesetzt. Nur zwei Jahre später fügte Schneider seiner Liste hoher Gipfel im Rahmen der bereits erwähnten Expedition in die Cordillera Blanca in Peru zahlreiche weitere hinzu. Und er war dabei zusammen mit dem österreichischen Geografen Hans Kinzl wesentlich an der kartografischen Erfassung des Gebirges beteiligt.

In alpinistischer Hinsicht nützte Schneider bei allen Expeditionen persönliche Entscheidungsfreiheiten, die ihm und den anderen Bergsteigern von der Expeditionsleitung eingeräumt wurden. Als auf dem Weg zum Gipfel des Nepal Peak im Kangchendzönga-Massiv sein Gefährte Ulrich Wieland aufgeben musste, zögerte er nicht, alleine weiterzugehen. Über seine Gedanken schrieb er: *„Mit Sorge betrachte ich das Wetter: die Gipfel sind schon alle im Nebel verschwunden, und bei 6600 m komme ich selbst in die grauen Schwaden, die sich von jetzt an immer seltener lichten und immer dichter werden. An Umdrehen dachte ich aber nicht, das schlechte Wetter bewirkte nur, dass ich noch schneller ging. Es ist vielleicht noch zuwenig erkannt, daß technisches Können und mancherlei andere Eigenschaften sehr viel weniger ins Gewicht fallen als der Wille, das Ziel zu erreichen. Gerade bei Himalaya-Bergfahrten ist es ganz besonders wesentlich, daß kein Gedanke an Umkehr das Handeln verzögern darf, solange man nicht geradezu gezwungen ist aufzugeben. In dieser Hinsicht werden Mallory und Irvine immer Vorbild bleiben."*[9]

Es mag sein, dass er sich nun an diese Zeilen erinnert, als er am 6. Juli 1934 neben seinem Freund Peter Aschenbrenner auf dem großen Hochplateau knapp unterhalb des 7900 Meter hohen Vorgipfels des Nanga Parbat sitzt und über mehrere Stunden vergeblich darauf wartet, dass Willy Merkl, Ulrich Wieland und Willo Welzenbach mit der großen Gruppe an Trägern endlich zu ihnen aufschließen. Schneider und Aschenbrenner fühlen sich prächtig, in erstaunlich kurzer Zeit haben sie den Weg vom Gratlager bis hinauf auf den Silbersattel und noch weiter über das große Plateau hinter sich gebracht. Der spätere Erstbesteiger des Berges, Hermann Buhl, sollte für diesen Weg um einiges länger brauchen. Dabei wurden von Schneider und Aschenbrenner sogar noch Versicherungen für die Träger angebracht. Als erste Menschen sehen sie nun den Grat, der weiter zum Gipfel führt, aus der Nähe. Eigentlich könnten sie schon dort unterwegs sein. Doch es dauert lange, bis die ganze Gruppe hinter Ihnen überhaupt nur den Silbersattel erreicht. Bald darauf aber wird klar, dass Merkl am Beginn des Plateaus stehen bleibt und an Ort und Stelle ein Lager errichtet wird. Widerwillig muss Schneider mit Aschenbrenner wieder absteigen.

Wir könnten es machen, aber nur mit einem „pfunds Stunk"

Hätte er sich doch lieber neuerlich der Expedition Günter Oskar Dyhrenfurths anschließen sollen, die zur gleichen Zeit im Karakorum unterwegs ist, um einen Versuch am 8080 Meter hohen Hidden Peak zu unternehmen? Lange hatte er die Vor- und Nachteile beider Unternehmungen abgewogen und diese in langen Briefen mit seinem Freund und Wunschpartner Hermann Hoerlin erörtert. Dyhrenfurth war für ihn seit der „Kantsch"-Expedition ein väterlicher Freund, aber Schneider

9 G. O. Dyhrenfurth: Himalaya, S. 104 ff.

wusste auch, dass dessen Unternehmungen mit finanziellen Schwierigkeiten zu kämpfen hatten. Merkl dagegen kannte er nur als Bergsteiger und von ein paar Begegnungen. In seiner typischen direkten, aber gerade dadurch auch wieder herzlichen Art und Weise analysierte er in einem Brief vom 6. September 1933 trocken, aus späterer Sicht jedoch geradezu prophetisch: *„Merkl ist, trotzdem er sicher ein netter Kerl ist, eitel und eingebildet und ein Dickschädel (wie ach, fast alle Expeditionsleiter, mit einer rühmlichen Ausnahme, die ich kennen gelernt habe und der mir das Ideal erscheint: Rickmers).* […] *Bei B. S.* [„Bara Sahib", gemeint ist G. O. Dyhrenfurth, der diesen Titel auf der „Kantsch"-Expedition verliehen bekommen hat; Anm. d. Verf.] *wissen wir heute schon wie wir mit ihm arbeiten werden, nämlich mehr oder weniger so, wie wir es wollen; das ist bei Merkl die große Frage; das wir es machen könnten, sicher, aber vielleicht nur mit einem pfunds Stunk, bei B. S. geht es bestimmt reibungslos* […]"[10]

Letztlich hatte wohl den Ausschlag gegeben, dass es ihm als sehr unsicher erschienen war, ob die Expedition Dyhrenfurths überhaupt zustande kommen würde, obwohl er ursprünglich die Dyhrenfurth'sche Unternehmung favorisiert hatte, solange seine Freunde Hermann Hoerlin und Ulrich Wieland mit von der Partie wären. Doch Hoerlin musste aus privaten und beruflichen Gründen im Jahr 1934 ganz auf die Teilnahme an einer Himalaya-Expedition verzichten.

Dass die Dyhrenfurth-Expedition 1934 zu gar keinem ernsthaften Besteigungsversuch an einem Achttausender kommen wird, weiß Schneider am Abend des 6. Juli 1934 allerdings noch nicht. Seine eigene Chance für einen historischen Gipfelgang über 8000 Meter ist endlich da. Auch wenn er neuerlich durch den Expeditionstross eingebremst wurde, ist Schneider davon überzeugt, am folgenden Tag den Gipfel erreichen zu können.

Doch am Morgen des 7. Juli ist wider Erwarten an einen Aufbruch nicht zu denken. Ein heftiger Sturm ist losgebrochen und beschränkt die Herausforderungen des Tages darauf, die Zelte zu halten und etwas Schnee zu schmelzen, was kaum

So ist Erwin Schneider am liebsten unterwegs. Allein oder zu zweit, unabhängig, schnell und auf neuen Wegen. Zusammen mit Peter Aschenbrenner in den wilden Eisbrüchen des Raikot-Gletschers im Jahr 1934.

Quelle: Bechtold, Fritz: Deutsche am Nanga Parbat – Der Angriff 1934, Verlag F. Bruckmann, München 1935

gelingt. Und am nächsten Morgen ist klar, dass der zunehmende Orkan nicht auszusitzen ist: Alle entschließen sich zum Abstieg. Schneider und Aschenbrenner werden mit drei Trägern vorausgeschickt, um für die anderen eine Spur in den tiefen Schnee zu treten.

Die Bergsteiger wissen nicht, dass aufgrund des heftigen Schneefalls an den unteren Hängen des Berges und durch den Ausfall vieler Träger die Nachschubverbindung bereits völlig abgerissen ist. Nur das Lager IV (6185 m), das unterhalb der technisch schwierigen Passage am Raikot-Peak rund 1500 Höhenmeter tiefer liegt, ist besetzt, aber bereits seit dem 5. Juli war jeder von dort unternommene Versuch, die höheren Lager zu erreichen an den großen Neuschneemengen gescheitert.

Der folgende Abstieg im Sturm gerät zu einer der größten und meist diskutierten Katastrophen in der Geschichte des Himalaya-Bergsteigens. Und er wird zu einer sich über Tage hinziehenden menschlichen Tragödie, im Zuge derer neun Menschen zu Tode kommen. Von den Bergsteigern überleben nur Erwin Schneider und Peter Aschenbrenner, die bei der anstrengenden Spurarbeit im Abstieg viele Irrwege in Kauf nehmen müssen, um unter den extremen Wetterbedingungen und in

10 Brief an Hermann Hoerlin vom 06. 09. 1933: Archiv DAV München, Sig.: DAV NAS 63 SG/5/0

Auf der Rückreise vom Nanga Parbat sind Schneider und Aschenbrenner von den tragischen Ereignissen am Berg schwer gezeichnet.
© Erwin Schneider Archiv Lech am Arlberg

dem schwierigen Gelände einen gangbaren Weg ausfindig zu machen. Ihr Schlafsack geht im Sturm verloren, weshalb sie unter allen Umständen Lager V erreichen müssen, nachdem sie die oberen Zelte leer und mit Schnee gefüllt vorfinden. Schließlich seilen sie sich im leichteren Gelände auch von den Trägern los, da die große Seilschaft bei dem vielen Hin und Her nicht recht weiterkommt und sich die Träger einverstanden erklären, alleine in der Spur abzusteigen. Sowohl Schneider als auch Aschenbrenner haben während ihres langen Marsches allen Grund anzunehmen, dass die vierzehn Menschen hinter ihnen in ihrer Spur wesentlich leichter vorankommen und daher bald in Lager V oder sogar Lager IV ankommen werden, das sie selbst nach einem langen Tagesmarsch völlig erschöpft erreichen.

Doch es kommt niemand.

Erst am 10. Juli gelingt es vier Trägern, das rettende Lager zu erreichen, und am 13. Juli trifft schließlich der letzte Überlebende ein. Noch fünf weitere Tage harren Schneider und Aschenbrenner mit dem Arzt Bernard, Peter Mühlritter und einigen Trägern im Lager IV aus und versuchen verzweifelt wieder aufzusteigen, um die Hilfe zu bringen, auf die Merkl, Welzenbach, Wieland und die sechs Träger oben am Berg warten. Immer wieder sehen und hören sie die Kameraden auf dem Grat, aber von unten ist dieser durch den tiefen Schnee nicht mehr zu gewinnen und oben gibt es kaum mehr Bewegung. Fast einen Monat sind sie bereits in Höhen über 6000 Metern unterwegs, als sie letztlich alle Hoffnung für die Gefährten aufgeben müssen und absteigen.

Alle sind von den Ereignissen gezeichnet, aber bereits auf dem Rückweg in die Heimat beginnt Erwin Schneider einen neuen Versuch für das folgende Jahr zu planen. Und diesmal will er selbst die Leitung der Expedition übernehmen, was vorerst auch vom Hauptausschuss des Deutschen und Österreichischen Alpenvereins unterstützt wird.

Wie in vielen anderen Situationen in seinem Leben richtet Schneider auch angesichts der tragischen Erlebnisse am Nanga Parbat seinen Blick vor allem nach vorne. Wovon er überzeugt ist, das packt er an und das unternimmt er auch. So hat er es bisher gehalten, und so wird er es auch später halten. Als ihm 1939 nach schweren Erfrierungen, die er sich bei der ersten Winterbesteigung der Cima di Vazzeda zugezogen hatte, alle Zehen und Teile der Mittelfußknochen abgenommen werden, betätigt er sich trotz aller Schwierigkeiten und anfänglichen Schmerzen weiter als Bergsteiger und vor allem auch als Skifahrer. Im Alter von 49 Jahren noch wird er 1955 als erster Mensch den Khumbu-Eisfall am Mount Everest mit Ski befahren. Und trotzdem er in den 1920er- und 30er-Jahren der vielleicht ausdauerndste Höhenbergsteiger und ein unermüdlicher Geher ist, wird er später kein Problem damit haben, sich mit dem Flugzeug an den Hängen des Mont Blanc absetzen zu lassen, um mit seiner Frau und seinen Freunden im unverspurten Pulverschnee an den Aufsteigenden vorbei ins Tal zu fahren.

Den Blick nach vorne richten und was möglich scheint versuchen

Ebenso hält er es bei seiner langjährigen Arbeit als Kartograf. Bis in die 1980er-Jahre setzt er immer wieder auf technische Neuerungen. So entwickelt er ein Verfahren zur photogrammetrischen Erkundung vom Flugzeug aus und unternimmt dabei jeden möglichen „mountain flight" im Himalaya, zu dem sich nur Gelegenheit bietet, auch und gerade ohne den langen und das eine oder andere Unternehmen sicher verunmöglichenden Behördenweg einzuschlagen. Immer wieder bricht er in den folgenden Jahrzehnten ohne direkten Auftrag zu Erkundungen in den Himalaya und nach Afrika auf. Ganz einfach, um das zu tun, was er so gerne tut: Gebiete und Landschaften des vergletscherten Hochgebirges aufzunehmen, zu kartografieren, zu fotografieren und zu begehen.

1935 aber ist er noch ganz der Bergsteiger und mehr noch als ein Jahr zuvor zählt er zu jenen Menschen, denen in Fachkreisen am ehesten zugetraut wird, den Gipfel des Nanga Parbat tatsächlich erreichen zu können. Das weiß auch Paul Bauer, der im nationalsozialistischen Deutschland den Posten eines „Kommissars für Bergsteigen" innehat und Schneider vor allem wegen dessen politischer, aber auch alpinistischer Einstellung skeptisch gegenübersteht. Bauer, der selbst schon Expeditionen zum Kangchendzönga geleitet hat und sicher ein sehr leidenschaftlicher Bergsteiger ist, versteht den Alpinismus vorwiegend als heroisches Kampfgeschehen, welches der Förderung und Herausbildung deutscher Volkstugenden gemäß der nationalsozialistischen Ideologie dienen soll. Geschickt und skrupellos nützt Bauer die Katastrophe von 1934, um Schneider und auch Aschenbrenner, die als „Leitfiguren" für solche „Volkserziehung" wenig taugen, ja seiner Ansicht nach diese Ziele geradezu gefährden, sowohl als Leiter als auch bloße Teilnehmer einer neuen Expedition auszuschalten. Zudem versucht er damit im Hintergrund, den bis dahin noch weitgehend unabhängigen Alpenverein politisch und institutionell unter seine Kontrolle zu bringen.

Anstatt im März des Jahres 1935 wieder unterwegs zum Nanga Parbat zu sein, müssen sich die beiden Österreicher daher sowohl gegenüber dem nationalsozialistischen Regime als auch gegenüber dem Hauptausschuss des Alpenvereins im Rahmen eines grotesken Ehrengerichts und einer umfangreichen Untersuchung betreffend der ihnen zur Last gelegten Mitschuld am Tod der Bergsteiger und Träger im Jahr 1934 verantworten. Das sind Geschehnisse, die durchaus Folgen haben werden. Obwohl alle Vorwürfe entkräftet werden, werden Schneider und Aschenbrenner für „ehrlos" erklärt und müssen zudem betreffend der Ereignisse am Berg ein Schweigegelübde ablegen. Auch innerhalb des Alpenvereins verliert Schneider die Unterstützung als Expeditionsleiter einer neuen Unternehmung, und schließlich wird es Paul Bauer überhaupt gelingen, die weiteren Expeditionen zum Nanga Parbat unter die Kontrolle der von ihm gegründeten „Deutschen Himalaya-Stiftung" zu bekommen.

Erwin Schneider wird erst im Jahr 1955 im Rahmen einer Expedition zum Lhotse unter der Leitung von Norman Dyhrenfurth, dem Sohn Günter Oskar Dyhrenfurths, zu den Achttausendern des Himalaya zurückkehren, wenn auch nicht mehr in erster Linie als Bergsteiger, sondern als Kartograf. Immerhin wird er vor dem Krieg vom DuOeAV noch als Teilnehmer einer weiteren Perufahrt im Jahr 1936 akzeptiert und setzt dort mit Teilen der erprobten Mannschaft von 1932 seine aufsehenerregende Laufbahn als Erschließer und Erstbesteiger in gewohnter Weise fort.

Über die Ereignisse am Nanga Parbat schwieg er zeit seines Lebens eisern. Trotzdem verfolgte er die weiteren Expeditionen und Unternehmungen aufmerksam und machte zumindest unter Freunden kein Hehl daraus, was er darüber dachte. 1939

Auch nach den Ereignissen von 1934 bleibt Schneider ein begeisterter Bergsteiger. Den Großteil seines Lebens aber widmet er nun dem Erkunden und Vermessen vergletscherter Gebirgsregionen und wird so zu einem weltbekannten Kartografen.

© Archiv des DAV, München

schrieb er in seiner unvergleichlichen Art an seinen väterlichen Freund G. O. Dyhrenfurth: *„Gestern habe ich das Himalayan Journal bekommen und mir sind im wahrsten Sinne des Wortes die Tränen heruntergestürzt. Wenn ich denke was für Flaschen da so herummauern und man liegt da auf der Schnauze und wird vielleicht nie mehr den Himalaya aus den ‚Regenschleiern' auftauchen sehen und nicht mehr dorthin kommen, wo ‚um die letzten Höhen der Erde gekämpft' wird (Beides Zitate nach Paulchen […] Letztes Mal müssen sie entsetzlich gemauert haben, absolutes Führerprinzip, er nur mit ‚Sie' angesprochen, Unliebsame kamen auf die ‚Insel', lies Lager 2 usw. Fast alle, die mit ihm waren, haben die Schnauze voll […]) Weißt du, worauf ich bleich wurde? Auf den Aufsatz und die Bilder von Houston über K2. Du, der geht! […] Und da hat man kein Geld und kann nicht hin!"*[11]

Und dennoch wandte er sich seinen neuen Aufgaben mit der gleichen Energie und Leidenschaft zu wie einst dem Höhenbergsteigen. Die bergsteigerische Bilanz seiner einzigartigen Erfahrungen und Leistungen legte er in einem der letzten Expeditionsberichte über die bemerkenswerten Erfolge der Mini-Expedition in die Cordillera Blanca im Jahr 1936, im Zuge derer er wiederum einen Gipfel von 6100 Metern im Alleingang erstbestieg, knapp, aber deutlich nieder: *„Es ist vielleicht auch ein Beweis mehr für die Richtigkeit und Wirtschaftlichkeit der Arbeit in* kleinen *Gruppen, wenn es die Verhältnisse gestatten."*[12]

---

11 Brief an G. O. Dyhrenfurth vom 20. 06. 1939; Archiv Norman Dyhrenfurth

12 Schneider, Erwin: Die Cordillera Blanca-Expedition 1936; in: Die Alpen – Monatsschrift des Schweizer Alpenclub XIII – 1937: S. 162

Che donna!

Auf Tour mit der Grödner Bergführerin Vroni Schrott

>> **Ingrid Runggaldier**

Schon lange hegte ich den Wunsch, einmal mit der Bergführerin Vroni Schrott zu klettern. Nicht dass ich eine Bergsteigerin wäre, doch im Laufe meiner Beschäftigung mit der Rolle der Frauen im Alpinismus hatte ich sie kennengelernt, die zierliche junge, aber resolute Frau, die nicht so leicht aus der Ruhe zu bringen war und genau zu wissen schien, was sie will.

Der Beruf war ihr nicht an die Wiege gesungen: Trotz des relativ späten Einstiegs in den Bergsport ist Vroni Schrott heute eine der wenigen Frauen, die hauptberuflich als Bergführerin tätig sind.

© Ingrid Runggaldier

Ihre Tourenliste ist lang: *Soldà* am Langkofel, *Cassin* an der Torre Trieste, *Ey de Net* an der Tofana de Rozes, *Aste/Susatti* in der Brenta, *N salut a Karl* auf den Fünffingerspitzen (als erste Wiederholung), *Oceano irrazionale* im Val di Mello, *Comici* an der Großen Zinne, verschiedene Routen durch die Südwand der Marmolada, Überschreitung der Langkofelgruppe an einem Tag und Überschreitung der Geislerspitzen an einem Tag, mit den Skiern Monte Rosa, durch die Venedigergruppe, die Stubaier Alpen usw.; kombinierte Touren am Mont Blanc und in anderen Gebieten der Westalpen, die Besteigung des Aconcagua (6962 m) …

Was habe ich mir da nur eingebrockt?

Ich dagegen habe überhaupt keine Tourenliste vorzuweisen. Ja, als Kind und Jugendliche kletterte ich mit meinem Vater, der Bergführer war. Er führte mich auf viele Gipfel der Grödner Dolomiten und ich stieg auch brav nach, aber nie habe ich irgendeine extreme oder außerordentlich schwierige Tour oder gar eine aus eigener Initiative unternommen. Deshalb wurde mir, als ich mit dem Zug um halb acht Uhr morgens von Bozen nach Waidbruck fuhr, ein wenig mulmig zumute. Was hatte ich mir da eingebrockt? Eine Tour? Eine BERGtour? Musste das denn jetzt sein?

Wir hatten die Tour auf den 11. Juni festgelegt. Ziel war der Gipfel des Ersten Sellaturms. Bis dahin war das Wetter ziemlich schlecht gewesen, vor allem an den Wochenenden, und in den Höhen lag immer noch viel Schnee. Ich war gerade fünfzig geworden und brauchte das alles doch nicht, dachte ich, und schon gar nicht Anstrengendes oder Aufregendes. Der jährliche dreiwöchige Aufenthalt in meiner Almhütte auf der Seceda reichte mir vollkommen. Plötzlich fielen mir allerlei Sager ein, wie etwa jener, dass man die Berge besser von unten, die Kirchen von außen und die Gasthäuser von innen genießen solle. Oder auch der Satz, den Eva Menasse in ihrem Roman „Vienna", ihren Großvater, der sich lieber als wandern zu gehen, im Kaffeehaus aufhielt, sagen lässt: „Bin i a Reh?" Und ich fügte für mich im Stillen hinzu: „ein Mauerläufer bin ich schon gar nicht …"

Überhaupt bin ich ein eher unsportlicher Mensch. Seit mindestens zwanzig Jahren versuche ich mich dem allgemeinen, den Südtirolern (und anderen Alpenbewohnern) eigenen Freizeit- und Wochenendstress zu entziehen, immer etwas Sportliches unternehmen zu müssen, eine Wanderung, einen Klettersteig, eine Rad- oder Skitour; der Sonntag, seit dem vorhergehenden Montag oder noch früher geplant, alles vorhersehbar, alles ausgebucht, um ja keine ungeplante Minute zu riskieren …

Doch jetzt hatte ich mich verpflichtet. Ohne professionelle, „gestylte" Ausrüstung, sondern, im Gegenteil, in einem für „Profi"-Freizeitsportler höchst lächerlichen 90er-Jahre-Outfit und den obligaten Aku-Bergschuhen. Vroni hatte mich gefragt, was ich an Ausrüstung brauchen würde und ich hatte ihr geantwortet: „Alles, ich hab gar nichts". Also wollte sie mich mit Klettergurt und Helm ausstatten, und auch die übrige Kletterausrüstung konnte sie zur Verfügung stellen. Viel brauchten wir für die kleine Tour nicht.

Nachdem mich von Waidbruck ein Bekannter und Nachbar aus St. Ulrich in seinem Auto mitgenommen hatte, kam ich dort überpünktlich an, so dass ich bei meiner Mutter noch einen schnellen Kaffee trinken konnte, um mich dann zum Antonius-Platz zu stürzen, wo ich mit meiner Bergführerin verabredet war. Als ich dort ankam, fuhr ihr Wagen gerade auf die Bushaltestelle vor und ich stieg ein. Schnell kommen wir ins Gespräch.

*Ich **lebe die Berge** lieber, als sie durch die Augen anderer zu betrachten*

Wer ist Vroni Schrott?

Vorab: Sie ist für mich das Paradebeispiel einer Frau, der es gelungen ist, sich in einem schwierigen und dazu noch typisch männlichen Beruf zu behaupten und dabei respektiert zu werden. Seit

Ob im steilen Eis, beim Sportklettern oder in klassischen Dolomitenrouten: Vroni Schrott liebt es sommers wie winters, den Großteil ihrer Zeit unter freiem Himmel zu verbringen.

© Vroni Schrott, Ingrid Runggaldier (rechts)

2010 arbeitet sie hauptberuflich als Bergführerin. Es gibt nicht viele, die das tun, schon gar nicht Frauen. Vroni war erst die zweite Bergführerin, die in den Südtiroler Bergführerverband aufgenommen wurde. Dabei war ihr Zugang zu den Bergen gar nicht so selbstverständlich. Sie wuchs zwar in Gröden auf, kam aber nicht, wie viele andere Bergsteiger und Bergsteigerinnen, aus einer ausgesprochenen Bergsteigerfamilie – allerdings hätten ihre Eltern vielleicht bereits, als sie noch ein kleines Mädchen war, ob ihrer Vorlieben doch Verdacht schöpfen müssen, als sie feststellten, dass sich ihre kleine Tochter auffallend oft auf den zwei Kirschbäumen vor dem Haus aufhielt. Dennoch folgte sie zunächst den Spuren ihres musikalischen Vaters, lernte Geige und dann Trompete spielen und war in der Folge für zehn Jahre in der Musikkapelle aktiv (auch hier anfangs als einziges Mädchen).

Mit dem Klettern begann sie relativ spät, mit achtzehn Jahren – einfache Touren mit ihren Freundinnen. In dieser Zeit war es, als in ihr plötzlich das Interesse für den Bergsport sowie die Liebe zur Natur erwachten und zu jener großartigen Bergwelt, wo der Mensch klein ist und sich nach ihr zu richten hat. Nun war sie jede freie Minute am Berg, an jedem Wochenende, an jedem halben arbeitsfreien Tag. Ihre Eltern waren freilich nicht begeistert darüber. Währenddessen wuchsen auch ihre Entschlossenheit und Leidenschaft. Für ihre Freundinnen wurde sie bald zu gut und so musste sie sich andere Kletterpartner suchen, die sie gerne mitnahmen. 2002 wurde sie Mitglied der Bergrettung und damit die erste in Rettungseinsätzen aktive Frau des Bergrettungsdienstes Gröden. So lernte sie mehrere gute Bergsteiger kennen. Im darauffolgenden Jahr begann sie als Sekretärin des „Aiut Alpin Dolomites" (Alpine Flugrettung) zu arbeiten, merkte allerdings bald, dass die Büroarbeit auf Dauer nichts für sie war. Viel lieber verbrachte sie ihre Zeit mit ihren neuen Kletterfreunden und führte mit ihnen viele klassische und schwierige Routen in den Dolomiten und in anderen Klettergebieten durch. Dabei hatte sie des Öfteren auch die Gelegenheit, im Vorstieg zu klettern. Dies war gar nicht so selbstverständlich, da manche Männer auch heute noch Schwierigkeiten haben, sich von einer jungen Frau führen zu lassen und ihr die Verantwortung für die Seilschaft zu übergeben. Für Vroni war dies ein wichtiger Schritt. Bald konnte sie eine so überzeugende Tourenliste vorzeigen, dass ihr 2005 wegen ihrer bergsteigerischen Leistungen die Auszeichnung eines *Cator* verliehen wurde, womit sie als erste Frau Aufnahme in die entsprechende Elitebergsteigergruppe *Catores* (ladinisch Steinhühner) fand.

Nicht als Seilerste klettern zu dürfen, passiert ihr heute nicht mehr. 2009 schrieb sie sich nämlich in die für die Bergführerprüfung nötigen Vorbereitungskurse ein, die sie in eineinhalb Jahren allesamt glänzend abschließen konnte und die sie befähigten, als professionelle Bergführerin zu arbeiten. Als solche ist sie nun in vielerlei Hinsicht doch in einer anderen Position. Nur gelegentlich, wenn sie in einer Gegend ist, wo man sie nicht kennt und sie nicht als Bergführerin erkennt, kommt es noch vor, dass einer etwas verdutzt schaut, während sie souverän im Vorstieg klettert oder ihrem Seilgefährten Anweisungen gibt.

Es gibt nicht viele Bergführerinnen, die hauptberuflich in diesem Beruf arbeiten. Vroni Schrott tut es. Dass ihr Betätigungsfeld die viel besuchten Dolomiten sind, wo sie im Sommer wie auch im Winter aktiv sein kann, kommt ihr entgegen.

„A nice day for a lady"

Zurück ins Auto auf der Fahrt Richtung Sellajoch. Ein diffuses Gefühl der Unzulänglichkeit für die bevorstehende Tour wächst in mir, gleichzeitig will ich mir aber auch keine Blöße geben … Zaghaft sage ich zu meiner Bergführerin, dass ich heute eigentlich nicht beabsichtige, einen Rekord zu brechen, weder was Schwierigkeiten noch Anstrengung anbelangt. Es soll eher so etwas wie „a nice day for a lady" werden, also „ein angenehmer Tag für eine Dame", wie die viktorianischen Alpinisten spöttisch eine leichte Bergtour zu bezeichnen pflegten. Wie werde ich reagieren, mich fühlen, nachdem ich mich der Höhe über Jahrzehnte nicht ausgesetzt habe, nie mehr die Leere unter mir gespürt habe? Eine Art Angst vor der Angst beginnt sich in mir auszubreiten.

Ich will mich ablenken und erzähle Vroni von einem Vortrag, den ich zwei Tage später in St. Christina halten soll. Dieser handelt vom ersten Gipfelbuch der Langkofelhütte, das dem Museum Gherdëina, dem Grödner Heimatmuseum, vor einigen Jahren angeboten wurde und kürzlich erstattet werden konnte. Ein interessantes Objekt, in dem vierzehn Jahre lokaler und überregionaler Alpingeschichte festgehalten sind, nämlich jene von 1894 bis 1908. Einige der bekanntesten Bergsteiger und Bergsteigerinnen dieser Zeit haben sich in das Buch eingetragen, und so finden sich darin so klingende Namen wie Baron Roland Eötvös, Ludwig und May Norman Neruda, Rose Friedmann, Hermann Delago, Cenzi von Ficker, Günter Oskar Dyhrenfurth, Graf Aldo Bonacossa, aber auch Bergführerlegenden wie Antonio Dimai, Santo Siorpaes, Luigi Bernard, Josef Pescosta, Franz Fistill und viele andere. Natürlich waren damals und auch hundert Jahre später die Bergführer noch ausschließlich Männer.

Besser als jedes Büro: Für Vroni Schrott sind die Gipfel der heimatlichen Grödner Dolomiten, wie hier der Erste Sellaturm, der bevorzugte Arbeitsplatz.
© Anette Köhler

Vroni erzählt mir, dass sie dieser Tage gerade viel Zeit auf der Langkofelhütte verbringt, da sie dabei ist, einen Klettergarten an einer Wand oberhalb der Hütte einzurichten. Die Idee dazu hatten bereits viele. Immer wieder kam dieser Vorschlag zur Sprache, auch der am Nanga Parbat verstorbene Karl Unterkircher sprach öfters darüber. Doch bis dato wurde der Klettergarten nie realisiert. Mir fällt Margaret Thatchers Satz ein, dass du dich, wenn du eine Rede hören willst, an einen Mann wenden, wenn du aber Taten sehen willst, du zu einer Frau gehen musst (*„If you want to have things said ask a man, if you want to have things done ask a woman"*). Und ja, dass es nicht nur darum geht, Ideen zu haben, sondern diese auch umzusetzen, denn gute Ideen haben viele.

Am Sellajoch, wo wir das Auto stehenlassen, steigen schon die ersten Touristen aus den Vier-Pässe-Rundfahrt-Bussen, um die Gegend zu bewundern. Vroni reicht mir Helm und Klettergurt und wir machen uns auf zum Einstieg. Die Landschaft ist für die Jahreszeit ungewöhnlich winterlich: Von überall leuchten weiße Schneeflecken, besonders aus den schmalen Scharten und Rinnen, während auf den grau-braunen Wiesen nur wenige Krokusse und Kuhschellen blühen. Unsere Füße rutschen auf dem schmalen lehmigen Weg und bald sind die Schuhsohlen von einer dicken glitschigen Erdschicht bedeckt. Während des Anstiegs unterhalten wir uns über den Bergführerberuf, über dessen Anforderungen und die damit verbundene Verantwortung heute und in der Vergangenheit. Wir lachen über die Vorstellung, dass sie in dreißig oder vierzig Jahren wohl wieder als Ausnahme hervorgehoben wird, wenn sie nämlich als erste oder eine von wenigen Frauen zu einem Bergführer-Veteranentreffen eingeladen werden wird.

Der Körper geht dem Kopf voraus

Wir stehen unter dem Ersten Sellaturm, steigen in die Wand ein. Der Fels fühlt sich gröber an, als ich dachte, die Griffe kleiner, als ich sie in Erinnerung hatte. Bald bin ich außer Atem. Meine Glieder sind steif. Nach dem ersten Stand legt sich das. Bald fühle ich mich in meine Kindheit zurückversetzt. Nicht dass ich von Routine sprechen könnte. Bei weitem nicht. Die Situation ist für mich immer noch ungewohnt, doch der Körper, nicht das Gehirn (wohlgemerkt!), beginnt sich an diese bestimmte Art von Bewegungen zu erinnern: Die Hände wissen wieder um das Gefühl beim Anfassen des Felsens, die Finger um das Ertasten von kleinen Vorsprüngen, die Arme wissen plötzlich wieder, was zu tun ist, um sich nach einem Halt zu strecken und sich daran emporzuziehen, die Fußspitzen erinnern sich, wie es sich anfühlt, auf einer winzigen und prekären Unterlage zu balancieren. Das Herz schlägt schneller, im Hals spüre ich die kühle Luft, die ich in schnellem Rhythmus einatme. Doch ja, noch einmal: Es ist mein Körper, der sich an die Bewegungsabfolgen erinnert, nicht mein Kopf. Er führt aus, was er zu tun hat, was von ihm verlangt wird. Erst allmählich stellt sich auch in meinem Kopf die Zuversicht, das Vertrauen zum Fels und zu meiner Umgebung ein. Es ist wirklich das abgedroschene Gefühl der Freiheit, das Entzücken beim Hinunter- und Um-mich-herum-Schauen, das sich einstellt und eine Art von „Sich-eins-fühlen-mit-der-Natur". Es klingt sehr kitschig, ich weiß. Und da tauchen Erinnerungen auf, wie ich meinem Vater als kleines Mädchen, vertrauensvoll, heiter und leichtfüßig, hinterherkletterte. Zugegeben: leichtfüßiger als heute.

Wir reden nicht viel. Nur das Nötigste. Einige Anweisungen ihrerseits. Ich versuche alles richtig zu machen. Rechts vor mir erhebt sich die mächtige Pordoiwand. Doch ich bin gerührt vom Anblick einiger kleiner gelber Blumen – Saxifragae oder Androsacee – in einer winzigen, etwas erdigen Felsnische von der Größe einer Handkuppe. Der Alpinschriftsteller Arturo Tanesini hatte sie, einen französischen Kuraten des 19. Jahrhunderts zitierend, als die einzigen weiblichen Geschöpfe bezeichnet, die berechtigt seien, in solchen Höhen angetroffen zu werden. Immer eindringlicher und lästiger dringt der Motorradlärm von der Passstraße herauf. Ich blicke hinunter, auf die zahllosen Motorräder, die wie Ameisenkolonnen die Serpentinen entlangfahren. Das war früher anders.

Ich bin fast überrascht, als wir nach wenigen Seillängen und ohne nennenswerte Hindernisse am Gipfel stehen. Unser Aufenthalt dort ist kurz. Wir tragen uns in das Gipfelbuch ein, ich vergesse zu fotografieren. Es scheint alles so selbstverständlich zu sein. Dank meiner Bergführerin: Die Ruhe, die sie ausstrahlt, hat sich auf mich übertragen und mir das Gefühl vollkommenen Vertrauens in sie und somit auch in mich gegeben. Sie war es, die in mir die Erinnerung an die Vertrautheit mit dem Fels und mit der Höhe wiedergeweckt hat. Das sind so meine Gedanken, und es kommt mir gleich darauf in den Sinn, dass eine Bergtour bekanntlich erst dann zu Ende ist, wenn man wieder unten ist. Und das sind wir nach ein paar Mal Abseilen auch bald. Der einmal andere Vormittag, fern von Schreibtisch, Computer und Papieren, hat richtig Spaß gemacht. Nach einem gemütlichen Mittagessen in St. Christina fahren wir nach Bozen. Gemeinsam. Denn Vroni Schrott hat in Bozen zu tun. Sie muss Schrauben und Bohrhaken für ihren Klettergarten kaufen und eine Reihe anderer Besorgungen erledigen, um dann weiter nach Fiera di Primiero zu fahren. „Che donna!" – Was für eine Frau! – denke ich, die hingegen alles tut, um bloß nicht Auto fahren zu müssen. Jedenfalls haben wir so noch ein wenig Zeit, uns zu unterhalten.

Leben retten

Ich frage sie nach einer Begebenheit des letzten Winters aus, eine spektakuläre Rettungsaktion, in der sie sich unversehens als Protagonistin wiederfand. Ein Freund von mir hatte mir davon erzählt. Vroni selbst ist viel zu bescheiden, um von sich aus darüber zu sprechen. Was war passiert? Eine

Frau, die mit einer von einem Skilehrer geführten Gruppe die Val de Mesdì hinunterfuhr, bekam es unterwegs mit der Angst zu tun, wollte nicht mehr weiterfahren, zog sich ihre Skier aus und versuchte, weiter zu Fuß abzusteigen. Dabei brach sie in ein tiefes Schneeloch ein und verschwand darin. Es war später Nachmittag. Als die Frau sich nicht am vereinbarten Ort einfand, schlug die Skifahrergruppe Alarm. Der sogleich eingetroffene Hubschrauber des „Aiut Alpin Dolomites", in dem sich unter anderen Vroni Schrott an Bord befand, suchte die Rinne ab, ohne zunächst jemanden zu sehen. Erst bei mehrfacher genauer Erkundung erspäht Vroni fast zufällig einige Geh- und Rutschspuren oberhalb des Loches.

„Sie wird um Gottes willen nicht da hineingerutscht sein!", denkt sie sich. Mit einer Seilwinde wird Vroni vom Hubschrauber hinabgeseilt, sie bemerkt, dass der Rand des Schneelochs nicht fest ist, und versucht vorsichtig sich über die Öffnung zu lehnen. Außer fließendem Wasser kann sie jedoch nichts erkennen. Ein sich gerade in der Nähe befindender Bergretter wird zum vermutlichen Unfallort geschickt und hört tatsächlich Klagerufe aus dem Schneeloch kommen. Vroni lässt sich in den Hubschrauber ziehen, um sogleich wieder samt Stirnlampe, Seil und Rettungswindel hinabgeseilt zu werden. Mit dem an der Stelle anwesenden Retter baut sie eine Verankerung. Vroni wird ins Loch geseilt. Die Rufe der Frau sind nun deutlich hörbar. Vroni wird von einem plötzlichen Wasserschwall überschüttet und entdeckt die kauernde Frau ein wenig abseits des am Boden strömenden Wassers. In diesem Moment muss ihr Vroni wie ein Engel erscheinen. Geschwind setzt sie die völlig durchnässte und frierende, doch bei vollem Bewusstsein Verunfallte in die Rettungswindel und hängt sie ans Seil. Die weitere Bergung erfolgt in kurzer Zeit dank der Hilfe zweier herbeigeeilter Bergretter. Erst als Vroni selbst wieder aus dem Schneeloch herausgekommen ist und sich platschnass mit klammen Fingern an den fast zeitgleich aus dem Hubschrauber herabgelassenen Haken der Seilwinde hängt, bemerkt sie, dass die Frau weder Mütze noch Schuhe anhat. Der Hubschrauber fliegt die beiden Frauen fort. Es wird bald dunkel, doch die Rettung ist gelungen! Natürlich erfüllen einen solche Momente mit Freude.

„Ein Leben zu retten ist das Beste, was ein Mensch tun kann", denke ich. Vroni selbst äußert sich nicht darüber, es scheint, als wäre es ihr unangenehm, sich damit zu brüsten. Wir kommen noch über vieles zu sprechen, über die Bedeutung des Internets und von Social Media und die damit verbundenen neuen Formen der Kommunikation und Vermarktung; über Erwartungen und ob und wie man diese erfüllen kann und will.

Wir erwähnen auch die eine oder andere Veranstaltung zum Thema Bergsteigen und sind uns einig, dass diese eigentlich selten wirklich von Interesse sind. Vroni bringt es auf den Punkt: „Ich lebe die Berge lieber, als sie durch die Augen anderer zu betrachten. Lieber als Bergliteratur, Bergfilme oder Vorträge über Expeditionen, die mich meistens extrem langweilen, sind mir beispielsweise Romane aus dem 19. Jahrhundert."

Vroni Schrott, eine Romantikerin? Warum nicht? Passen würde es zu ihr, zu dieser vielschichtigen Persönlichkeit mit den vielen Interessen, die sich nicht in eine Schublade, auch nicht in die Bergfex-Schublade, einordnen lässt.

Noch am gleichen Tag sitze ich nachmittags um 14.30 Uhr in meinem Büro in Bozen und übersetze. Es ist ein Text über den Grödner Künstler Guido Muss, der fantastische Skulpturen von Frauen (alle Darstellungen seiner Frau) aus Holz und Bronze schuf. Obwohl mein Kopf noch ganz erfüllt ist von den Erlebnissen des Vormittags, geht mir die Arbeit besonders leicht von der Hand. Es war so wunderbar selbstverständlich, die natürlichste Sache der Welt, zwei Frauen – „allein" hätte man früher gesagt – am Gipfel. Für die eine Routine, für die andere ein außergewöhnlicher Glücksfall.

Vroni Schrott

Alter: 37 Jahre
Wohnhaft: St. Ulrich in Gröden
Ausbildung: Kunstschule mit Matura in Grafik
Beruf: Bergführerin (lad. meinacrëp) seit 2010, Bergretterin (lad. judacrëp) seit 2002
Auszeichnungen: Cator (seit 2005)
Sprachen: Ladinisch, Italienisch, Deutsch, Englisch
Hobbys: Musik, Lesen, Reisen
Ein Charakterzug: Geselligkeit
Sternzeichen: Stier

© Ingrid Runggaldier

BergWissen

Gehen wir trotz der damit verbundenen Risiken in die Berge oder vielleicht sogar genau deswegen? Eine nahezu philosophische Frage, über die sich im Folgenden nachzudenken lohnt. Wie auch immer Ihre persönliche Antwort darauf ausfallen wird, fest steht, dass Wissen unabdingbar ist, um Risiken einschätzen zu können. Wissen allerdings wandelt sich, das erfahren wir täglich, und gibt immer nur den gegenwärtigen Stand des Irrtums wieder. Es lohnt sich trotzdem dranzubleiben. Oder gerade deswegen.

Der momentane Stand des Irrtums

… oder die „neueste“ Lawinenkunde

>> Walter Würtl

Nachdem die Lawinenkunde dem interessierten Anwender über Jahrzehnte hinweg in recht überschaubaren Portionen Neuigkeiten brachte, läutete Werner Munter mit seiner „Neuen Lawinenkunde“ 1991 eine Zeit des Umbruchs ein, die 1997 mit der Einführung der Reduktionsmethode zu einem wirklichen Paradigmenwechsel führte. Seither hat sich das Entwicklungstempo derart beschleunigt, dass es schon einigermaßen schwierig ist zu wissen, was denn nun in der Lawinenkunde aktueller Stand der Technik oder schon wieder Schnee von gestern ist. Alpinwissenschaftler Walter Würtl stellt im folgenden Beitrag dar, wie sich die Lawinenkunde in groben Zügen entwickelte, mit welchen verschiedenen Werkzeugen derzeit gearbeitet wird und was man sowohl als „Profi“ als auch als „engagierter Laie“ kennen sollte.

Wann die Lawinenkunde ihren Anfang nahm, ist tatsächlich nur schwer festzustellen, sicher ist jedoch, dass sich Menschen schon seit jeher, also schon seit Tausenden Jahren mit den Naturgewalten und damit auch mit Lawinen in den Bergen auseinandergesetzt haben. Sehr anschauliche und aus heutiger Sicht amüsant zu lesende Reiseberichte aus der Römerzeit oder aus dem Mittelalter sind dazu schriftliche Zeugen. Dass der Aufbau der Schneedecke in Schichten schon damals bekannt war, geht u. a. aus diesen Dokumenten hervor. Spannend zu lesen ist auch das 1773 von Joseph Walcher geschriebene Büchlein: Nachrichten von den Eisbergen in Tyrol, wo es in erster Linie um das Ötztal geht und in dem ein eigenes Kapitel den Schnee- und Windlahnen (Lawinen) gewidmet ist.

Forschungsbeginn

Zu Beginn des 20. Jahrhunderts verdichten sich die Arbeiten rund um das Thema Lawine, und so sind bis heute nicht nur Theorien aus dieser Zeit gültig, sondern man kennt auch noch die Köpfe dahinter. Ein Beispiel dafür ist der Begründer der alpinen Skilauftechnik und Erfinder des Biwaksacks Mathias Zdarsky (* 25. 2. 1856, † 20. 6. 1940), der sehr bildhaft sagte: „Die Lawine ist nicht der Wolf im Schafspelz, sondern der Tiger im Lammfell!" Er musste es immerhin wissen, da er 1916 bei einer Rettungsaktion von einer Nachlawine erfasst wurde und sich dabei zahlreiche Knochenbrüche zugezogen hat.

Von Wilhelm Paulcke (* 8. 4. 1873; † 5. 10. 1949), dem bekannten Alpinisten, Geologen und Lawinenforscher, stammt das Zitat: „Der Wind ist der Baumeister der Lawinen!" Selbst im Jahr 2014 wird kaum ein Lawinenkurs vergehen, ohne dass dieser Satz zitiert wird. Nicht zuletzt war er auch Autor des 1938 erschienenen Standardwerks: „Praktische Schnee- und Lawinenkunde". Sie und andere begannen bzw. verstärkten ihre Arbeiten zu Lawinen nicht zuletzt unter dem Eindruck des brutalen Gebirgskampfes im Ersten Weltkrieg, bei dem es Zehntausende Lawinentote gab.

1936 begannen am Weissfluhjoch bei Davos die ersten „Schneeschmöcker" ihr Unwesen zu treiben, Schneeprofile zu graben und selbstgebaute Schnee-Messgeräte aufzustellen mit dem Ziel, die Beschaffenheit der Schneedecke und die Entstehung von Lawinen zu erforschen. 1945 wurde dem Institut die nationale Lawinenwarnung übertragen, eine Aufgabe, für die bis dato die Armee zuständig war.

In den 50er-Jahren (1951 und 1954) waren es schließlich die Hunderten Lawinentoten im Alpenraum, die letztlich dafür gesorgt haben, dass z. B. in Österreich die Lawinenwarndienste entstanden, die Lawinenverbauungsmaßnahmen intensiviert und verschiedene Forschungsprojekte initiiert wurden. Vor dem Hintergrund, dass sich mit der zunehmenden Freizeit auch langsam ein alpiner Massentourismus entwickelte, wurde die Lawinenkunde für Tourengeher und Skiläufer immer wichtiger. Bekannte Namen bzw. Autoren von Lehrbüchern aus dieser Zeit sind: Walther Flaig (ab 1935), Albert Gayl (ab 1965) oder Melchior Schmid (ab 1972). Insgesamt war die Lawinenkunde von ihrem Beginn bis in die 1990er-Jahre gekennzeichnet von einem analytischen Zugang, wie ihn Wissenschaftler in der Regel pflegen. Es ging darum, die Schneedecke, das Gelände bzw. die Lawinensituation zu erfassen, zu beschreiben und zu erklären.

Strategische Lawinenkunde und probabilistische Entscheidungsfindung

Obwohl Werner Munter mit seiner „Neuen Lawinenkunde" 1991 u. a. mit der Auflistung von 13 fatalen Irrtümern des gesunden Menschenverstandes und 1994 mit der „Bormiofrage" zur Vorhersehbarkeit von Lawinen schon für gehöriges Aufsehen gesorgt hatte, blieb die Lawinenkunde vorerst noch stark analytisch geprägt. 1997 leitete er schließlich mit der Entwicklung seiner Reduktionsmethode, eingebettet in das System 3 x 3[1], einen Paradigmenwechsel in der Lawinenkunde ein. Werner Munter erkannte als Erster, dass der Komplexität der lawinenbildenden Faktoren selbst vom besten Experten auf dem bislang beschrittenen analytischen Weg nicht beizukommen ist. Tatsächlich sind wir bis heute nicht imstande, die drei „lawinenrelevanten" Bereiche **Schneedecke** (Strahlung, Wind, Temperatur, Niederschlagsmenge, Niederschlagsintensität ...);

Abfahrt vom Mittagskogel/Pitztal: „Die Schneedecke ist ein zerbrechliches Gebilde, behandle sie so schonend als möglich." (Werner Munter)

© Lea Hartl

---

1 Unter dem System 3 x 3 versteht man die Betrachtung der Punkte Verhältnisse, Gelände und Mensch in den drei räumlichen Ebenen: regional, lokal und zonal.

Wenn man bereit ist, bestimmte Limits und elementare Regeln einzuhalten, wird die Unfallwahrscheinlichkeit deutlich reduziert.

© Walter Würtl

Gelände (Hangneigung, Exposition, Hanggröße, Hangform, Untergrund …) und den **Faktor Mensch** (Gruppengröße, Spurwahl, Verhalten, Risikobereitschaft, Gruppendynamik …) gänzlich zu erfassen und richtig miteinander zu verknüpfen. Da uns immer eine Vielzahl an relevanten Informationen fehlt, können wir einen Hang auch niemals 100 % zuverlässig beurteilen.

Als Werner Munter mit der revolutionären Idee einer probabilistischen (wahrscheinlichkeitsbasierenden) Entscheidungsfindung einen völlig neuen Weg aufzeigte, waren Verwirrung, Ablehnung und Begeisterung gleichermaßen groß. Mittlerweile wird der zentrale Wert der probabilistischen Lawinenkunde nur mehr von wenigen „Hardlinern" angezweifelt, und die angewandte Praxis bestätigt Tag für Tag, dass die Unfallwahrscheinlichkeit deutlich reduziert werden kann, wenn man bereit ist, bestimmte Limits und elementare Regeln einzuhalten. Die Basis der Reduktionsmethoden liegt in der Kombination von Wahrscheinlichkeiten, welche auf Mustern beruhen, mit dem Hintergrund, dass komplexe Situationen – mit vielfach unvollständiger Informationslage – einfache Denk- und Handlungsstrukturen erfordern. Werner Munter postulierte in diesem Zusammenhang sehr pointiert: „Wer regelbasiert entscheidet, schlägt auf Dauer jeden Experten, der wissensbasiert oder auf Intuition beruhend entscheidet!" Von den Reduktionsmethoden, die Werner Munter begründet hat, sind insbesondere drei Methoden in der gängigen Praxis nachhaltig verankert:

- Bei der **Elementaren Reduktionsmethode** muss der Anwender den Lawinenlagebericht kennen und die Hangneigung in Größenordnungen schätzen können. Die Gefahrenstufe bezieht sich jeweils auf die im Lagebericht genannten Bereiche. Herrscht beispielsweise Lawinengefahrenstufe 3 (erheblich), dann bleibt man sowohl im Aufstieg als auch bei der Abfahrt in Geländebereichen unter 35°, wobei der gesamte Hang als Einzugsgebiet zu berücksichtigen ist.

  Umgesetzt in einer Strategie findet man die Elementare Reduktionsmethode beispielsweise im Check 1 von Stop or Go, der Lehrmeinung des Oesterreichischen Alpenvereins.

Die Grundzüge der Elementaren Reduktionsmethode von Werner Munter

Lawinengefahrenstufe	maximale Hangneigung (über 20 Höhenmeter)	Einzugsbereich
Stufe 1 – gering	keine Einschränkungen	–
Stufe 2 – mäßig	weniger als 40°	im Bereich der Spur (ca. 20 m)
Stufe 3 – erheblich	weniger als 35°	gesamter Hang
Stufe 4 – groß	weniger als 30°	Gesamter Hang + weiter Auslauf
Stufe 5 – sehr groß	keine Touren möglich!	–

Kriterien		Bonus	Schneedecke trocken	Schneedecke nass
1. unter 40° oder 2. unter 35°	steilste Hangpartie	★ / ★★		
3. außerhalb Sektor Nord (NW–N–NE)		★		
4. sichtbare Spuren*		★		
5. Abstände		★		
ERHEBLICH	★★★	(ein Stern aus 1. oder 2.)		
MÄSSIG	★★	(beliebig)		
GERING	★	(beliebig)		

* Hang ständig befahren oder eine Gruppe ist schon abgefahren

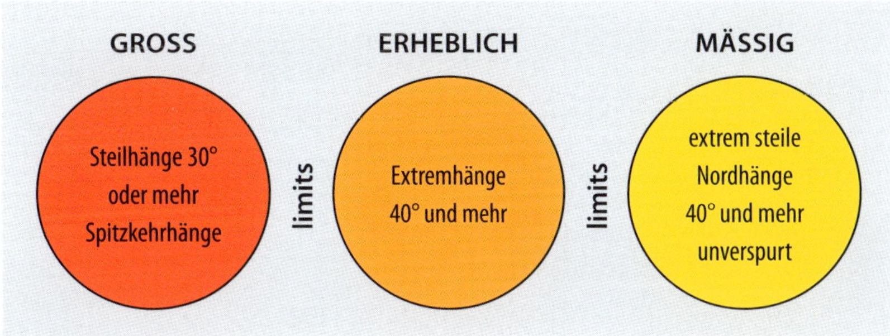

Links: Werner Munters „Bierdeckel“

Oben: Die Limits von Werner Munter und Peter Geyer, DAV-Summit Club

- Aufbauend auf den Überlegungen zur professionellen Reduktionsmethode, zu den Limits und der goldenen Regel entwickelte Werner Munter die **Bierdeckel-Methode**, die ihren Namen davon ableitet, dass Risikobeurteilung so einfach sein muss, dass sie auf einem Bierdeckel Platz hat. Munter ist es dabei gelungen, die Grundlagen der professionellen Reduktionsmethode nochmals so weit zu vereinfachen, dass kein Rechnen mehr notwendig ist und dennoch alle relevanten Reduktionsfaktoren berücksichtigt sind. Grundlegend an dieser Methode ist, dass man bei Gefahrenstufe 3 drei Bonussterne; bei Gefahrenstufe 2 zwei Bonussterne und bei Gefahrenstufe 1 einen Bonusstern haben muss, um einen Hang – mit akzeptablem Restrisiko – befahren zu können. Bei Stufe 3 ist ein „erstklassiger Reduktionsfaktor“ (aus Punkt 1 oder 2) nötig. Bei Gefahrenstufe 4 bleibt man wie in allen Reduktionsmethoden unter 30° Hangneigung.

  Zusätzlich ist im „Bierdeckel“ berücksichtigt, dass bei starker Durchfeuchtung der Schneedecke nicht alle Bonuspunkte verwendet werden dürfen.
- Als Folge des dramatischen Lawinenunglücks vom 28. 12. 1999 im Jamtal (Tirol), wo neun Tourengeher in einer Lawine starben, entwickelte Werner Munter gemeinsam mit einer Expertenrunde des DAV-Summit Clubs unter Leitung von Peter Geyer die sogenannten **Limits**. Sie stellen sozusagen die Obergrenzen dar, welche zur Vermeidung von Klumpenrisiken auch Experten wie Bergführern empfohlen werden. Zahlreiche renommierte Bergsteigerschulen verwenden diese Limits bis heute als eine Art „Betriebsordnung“.
- Die erste **Grafische Reduktionsmethode** stammt von Martin Engler und Jan Mersch bzw. vom DAV. Umgesetzt wurde sie in der **SnowCard**. Zentral ist auch hier der Zusammenhang zwischen Lawinengefahrenstufe und Hangneigung. Dies geschieht bei der SnowCard auf sehr raffinierte Art und Weise, da mittels einer farbigen „Prismen-Karte“ durch Änderung des Betrachtungswinkels zwei unterschiedliche Grafiken (günstige und ungünstige Exposition) sichtbar werden und so auch eine differenzierte Einschätzung des Risikos in unterschiedlichen Expositionen (Verhältnissen) möglich ist. Liegt man bei der Verbindung von Hangneigung und Gefahrenstufe im „grünen Bereich“, ist das Risiko gering; im „gelben Bereich“ ist Vorsicht geboten bzw. sind Maßnahmen wie Entlastungsabstände einzuhalten oder die Gruppengröße zu reduzieren und im „roten Bereich“ besteht hohes Risiko. Die SnowCard wurde mittlerweile als Grafische Reduktionsmethode in das Konzept „Achtung Lawinen“ integriert, über das in Deutschland Konsens besteht. Dass es in der Grafischen Reduktionsmethode keine so scharfen Abgrenzungen gibt wie beispielsweise in der Elementaren Reduktionsmethode, wird von vielen Nutzern als hilfreich empfunden. Für die meisten geht es ja nur darum, zu wissen, in welchem Risikobereich (grün – gelb – rot) man sich befindet.

  Werner Munter selbst lehnt diese Umsetzung seiner Grundidee eher ab und bezeichnet sie als „Weichmacher“, weil klare Grenzen fehlen!

Die „neuen“ analytischen Zugänge

Nach Erscheinen der Reduktionsmethode(n) kam die „analytische“ (klassische) Lawinenkunde in eine große Krise. Dies insbesondere deshalb, weil

Martin Engler (DAV): Snow Card

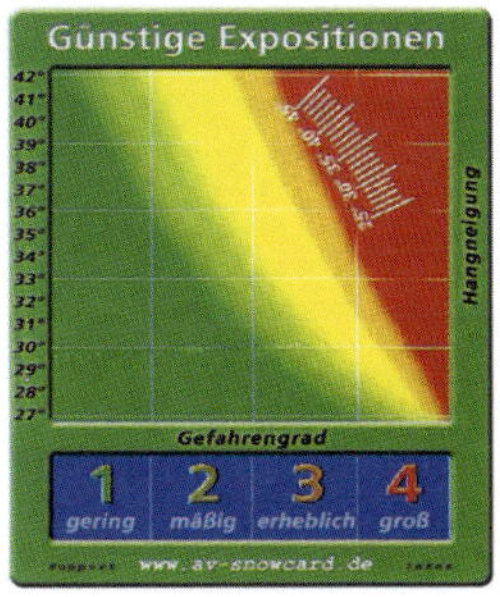

Werner Munter: Nivocheck

Einschätzung der lokalen Gefahrenstufe mit Nivocheck					7 / 8
1. Teil : Schneedeckenaufbau lokales Filter „Einzugsgebiet der Tour"	Ort: Datum:	Höhenlage: Ortszeit:			
Kriterien (gut / mittel / schlecht / sehr schlecht) Zutreffendes ankreuzen X		+	±	-	--
01 Erster Eindruck / allgemeines Erscheinungsbild					
02 Schneehöhe total (schneereich / schneearm, bezogen auf die Jahreszeit)					
03 Verteilung der Schneehöhen					
04 Schneeoberfläche und Wind : Wächten / Zastrugis / Dünen / sturmgebänderter Schnee					
05 Einsinktiefe ohne Ski im Neuschnee (schuhtief / knietief / hüfttief oder mehr)					
06 Setzung der Schneedecke					
07 Schneedecke feucht / isotherm (Regen oder Frühjahr), siehe auch Zeile 31					
08 Anzahl Schichten (wenige mächtige Schichten sind günstig)	S. 12				
09 Aufeinanderfolge der Schichten (brüske Wechsel ungünstig, z.B. hart / weich, locker / gebunden, feinkörnig / grobkörnig, feucht / trocken	S. 12				
10 Auffällige Schwachschichten z.B. Reif in Zwischenschicht	S. 12				
11 Böschungstest					
12 Hat es Spannungen in der Schneedecke ? wie grossflächig ?					
13 Einfluss der Temperatur auf Schneedecke / Wald und Felsen noch weiss? (evtl. Zeile 31)					
14 Gesamtbeurteilung Schneedecke (Mittelwert aus 01-13) in Zeile 25 übertragen					
2. Teil : Einschätzung der lokalen Gefahrenstufe (Einzugsgebiet der Tour)		GE	MÄ	ER	GR
15 Eigene Einschätzung der Gefahrenstufe					
16 Lawinenbulletin (Lawinenlagebericht)					
17 Wummgeräusche	Alarmzeichen Seite 10				
18 Spontane Lawinen (frisch abgegangen)	Alarmzeichen Seite 10				
19 Fernauslösungen	Alarmzeichen Seite 10				
20 Kritische Neuschneemenge, Seite 10					
21 Eine der drei typischen Situationen Seite 11					
22 Welche Beschreibung der Gefahrenstufen auf Seite 16 passt am besten ?					
23 Erfolgreiche Sprengungen (nur grössere Schneebretter)					
24 Auslösungen durch Skifahrer, Snowboarder oder Fussgänger					
25 Resultat Schneedecke (Übertrag)					
26 Gefahrenstufe (Endresultat = Durchschnitt 15-25)					
27 Gefahrenpotential					
28 Ungünstige Expositionen (Kernzone)............................und Höhenlage (oberhalb / unterhalb) ....m					
29 Tendenz : gleichbleibend / langsame / schnelle / Verbesserung / Verschlechterung der Lawinengefahr					
30 Wie sieht es vermutlich in höheren / tieferen Lagen aus : ähnlich / besser / schlechter					
31 Typische Frühjahrsverhältnisse (nach klarer Nacht GE, im Laufe des Tages auf ER ansteigend)					
32 Sicht im Tourengebiet : gut / mässig / schlecht / wechselnd / diffus (reliefblind) / white-out					
33 Wo liegt das Hauptproblem heute ? Sicht / Niederschlag / Wind / frische Triebschneeablagerungen / unregelmässiger Schneedeckenaufbau / Temperatur / Einstrahlung / andere...					

Beim ersten Teil des Nivocheck (01–13) werden beobachtete Kriterien zum Schneedeckenaufbau mit einer vierstufigen Skala bewertet, Zwischenwerte sind dabei problemlos möglich. Der Durchschnitt dieser Bewertungen wird in Zeile 14 notiert und dann in Zeile 25 übertragen.
Der zweite Teil stellt Fragen zur Einschätzung der Gefahrenstufe (im Einzugsgebiet der Tour) und ergibt gemeinsam mit dem ersten Teil als Endresultat die lokale Gefahrenstufe gemäß der Europäischen Gefahrenskala.
Nach dem Prinzip der „Fuzzy Logic" wird der Durchschnitt der Ergebnisse in den Zeilen 15–25 visuell bestimmt und in Zeile 26 eingetragen. Dabei bedeutet: + gut, günstig / ± mittel, normal, durchschnittlich, weder gut noch schlecht / – schlecht, ungünstig, kritisch / –– sehr schlecht, ausgeprägt schlecht (selten), miserabel

die wissenschaftlichen Forschungen für die Praktiker nicht umsetzbar und einfache systematische Zugänge noch nicht entwickelt waren. Spitz formuliert hat die Kritik am klassischen (analytischen) Zugang wiederum Werner Munter, der jedem Experten, der (auch) auf Schneeprofile zur Beurteilung gesetzt hatte, die motivierenden Worte „Denken statt Graben!" mitgab.

Erst in den letzten fünf bis zehn Jahren entstanden, basierend auf umfangreicher Forschungstätigkeit insbesondere in der Schweiz und in Nordamerika, mehrere ausgeklügelte Instrumente mit stark analytischem Charakter und hoher Praxistauglichkeit.

Warum die analytische Lawinenkunde wieder zunehmend an Stellenwert gewonnen hat, liegt auch darin begründet, dass für die probabilistischen Methoden immer der Lawinenlagebericht als Grundlage verwendet werden muss. Steht aber kein Lagebericht zur Verfügung oder möchte man die Gefahrenstufe in einem Gebiet verifizieren, so kann man das nur auf Basis fundierter Daten und Beobachtungen bzw. systematischer Untersuchungen machen.

In diesem Zusammenhang darf auch erwähnt werden, dass eine regionale Lawinen-Gefahrenstufe in der Regel ein Gebiet von ca. 1000 km^2 abdecken muss. Klarerweise können aber auch innerhalb dieser Fläche mehr oder weniger große Unterschiede in der Schneedeckensituation und damit in der lokalen Lawinengefahr vorhanden sein, die sich letztlich nur mittels analytischen Werkzeugen erfassen lassen. Auf den Punkt gebracht lautet nun das Motto der analytischen Lawinenkunde frei nach Munter: „Denken und Graben!"

Da die Problematik der fehlenden oder falschen Gefahrenstufe auch Werner Munter vollumfänglich bekannt war, war es wiederum er, der mit dem Nivocheck ein Instrument zur systematischen Beurteilung der Schneedecke entwickelt hat. Es erlaubt dem Experten eine gute Einschätzung der Schnee- und Lawinensituation bzw. eine Ermittlung der Gefahrenstufe auf einen halben Grad genau.

Auch der Faktorencheck von Martin Engler, der Nivotest von Robert Bolognesi oder das von Stefan Harvey als Planungs- und Entscheidungshilfe erstellte Tool zur „Reduktion des Lawinenrisikos" haben einen ausgeprägt analytischen Hintergrund; wobei in diesen Werkzeugen nicht nur die Schneedecke, sondern vielfach auch die Bereiche Gelände und Mensch berücksichtigt sind. Mittlerweile sind sie jedoch von nachrangiger Bedeutung, und zwar nicht unbedingt aus fachlichen, sondern eher aus marketingtechnischen Gründen.

Systematische Schneedecken-diagnose und Prozessdenken

Wie schon angesprochen, hat sich die Nivologie in den letzten Jahren nicht nur auf wissenschaftlicher Ebene weiterentwickelt, sondern auch in der praxisorientierten Beurteilung der Schneedecke wurden Fortschritte gemacht. Ein Beispiel dafür ist die systematische Schneedeckendiagnose bzw. das Prozessdenken, das vom Bayerischen Lawinenwarndienst unter Bernhard Zenke und Georg Kronthaler entwickelt wurde. Dabei ist nachdrücklich festzuhalten, dass es ohne diese oder eine ähnliche (systematische) Vorgehensweise faktisch unmöglich und praktisch gesehen unsinnig ist, ein Schneeprofil oder eine Schneedeckenuntersuchung zu machen.

Der erste Schritt der systematischen Schneedeckendiagnose ist die vereinfachte Analyse des Schneedeckenaufbaus mittels Handprofil, wobei möglichen Schwachschichten besonderes Augenmerk gilt. Zur Schwachschichtanalyse wurden in den letzten Jahren mehrere Methoden entwickelt oder verbessert, die auch einem Praktiker zuzumuten sind. Die Bayern empfehlen dazu explizit den kleinen Blocktest, doch auch andere Schneedeckentests (siehe unten) führen zu sehr ähnlichen Ergebnissen. Letztlich geht es immer darum, Schichten mit ungünstigen mechanischen Eigenschaften (Schwachschichten) in der Schneedecke zu finden, die dann genauer analysiert und beurteilt werden. Als solche ungünstigen Eigenschaften gelten:

- Die Schwachschicht bricht leicht bzw. die Bruchfläche beim Test ist glatt.
- Die Schwachschicht ist dünn.
- Die Schwachschicht liegt im obersten Meter der Schneedecke.
- Die überlagernde Schicht ist weich.
- Die Kristalle der Schwachschicht sind groß.

Weiters geht es darum festzustellen, welcher Prozess hinter der Entstehung dieser Schwachschicht steht. Dieses Prozessdenken hilft zu klären, ob es sich um eine großflächige oder nur um eine punktuelle Schwachschicht handelt, d. h., man kann die Frage nach der Variabilität der Schneedecke beantworten.

Vielfach wurde die analytische Lawinenkunde mit dem Argument kritisiert, dass das Wesen der Schneedecke die Unregelmäßigkeit bzw. die hohe **Variabilität** sei. Punktuelle Untersuchungen wären daher sinnlos. Tatsächlich bedarf es aber einer großflächigen, zusammenhängenden Schwachschicht, um ein Schneebrett auszulösen. Anders gesagt, muss die Schneedecke eine geringe Variabilität bei einer durchschnittlich geringen mittleren Stabilität haben, um als Lawine abgleiten zu können. Bei hoher Variabilität stabilisieren nämlich die gut verfestigten Bereiche die instabilen Zonen und es können sich maximal sehr kleine Lawinen bilden. Bei gering variablen Schneedecken, die eine hohe Stabilität haben (z. B. Schmelzharschdeckel), sind Lawinenauslösungen letztlich (fast) ausgeschlossen. Eine gezielte Schneedeckenuntersuchung und Prozessdenken sind hier perfekt geeignet, um zu klären, *was* das Problem ist und *wie groß* das Problem ist.

*Das Motto der analytischen Lawinenkunde lautet frei nach Munter **„Denken und Graben!“***

Nachdem die Schneedecke untersucht wurde, gilt es in der systematischen Diagnose einen Fragenkatalog zu beantworten, aus dem sich schließlich auch das richtige Verhalten ableiten lässt:

- Sind vorwiegend Lockerschnee- oder Schneebrettlawinen möglich?
- Kann es zu Selbstauslösungen kommen?
- Genügt geringe Zusatzbelastung für eine Auslösung?

Aufwändig, aber im Detail aussagekräftig sind Schneeprofiluntersuchungen wie der klassische Rutschblock- oder der Kompressionstest.

© Walter Würtl

- Braucht es eine große Zusatzbelastung für eine Auslösung?
- Herrschen weitgehend sichere Verhältnisse?

Auf dieser „systematischen Schneedeckendiagnose" aufbauend kann der qualifizierte Anwender zu einer schlüssigen Beurteilung der Gefahrensituation kommen, insbesondere dann, wenn seine Erkenntnisse nicht nur aus einer einzelnen Schneedeckendiagnose stammen.

Moderne Schneedeckentests

Moderne Schneedeckentests stellen einen wichtigen Baustein für die Beurteilung der Lawinengefahr dar und werden in der Praxis häufig in Zusammenhang mit detaillierten Schneeprofiluntersuchungen durchgeführt. Als neuen Trend kann man die Entwicklung von Testmethoden bezeichnen, mit deren Hilfe weniger die Stabilität (Auslösestufe) bestimmt wird, sondern wo es um die Bruchflächendiagnose im Sinne einer möglichen Bruchfortpflanzung geht. Ungünstig in diesem Zusammenhang sind Testergebnisse wie plötzlicher Bruch, sichtbarer Kollaps einer einzigen Schwachschicht oder glatte Bruchfläche. Eher günstig sind Teilbrüche, raue oder unregelmäßige Brüche bzw. wenn kein Bruch ausgelöst werden konnte.

- Sozusagen der „Vater" aller Testmethoden und seit Jahrzehnten bekannt ist der **Rutschblocktest (RB)**. Er ist zwar eine etwas aufwändigere Methode, die allein nicht durchzuführen ist, tatsächlich lässt sich mit dem Rutschblock aber die basale Scherfestigkeit bzw. die Stabilität der Schneedecke an einem bestimmten Standort am besten feststellen. Dazu legt man einen Block mit einer Breite von 2 Metern und einer Tiefe von 1,5 Metern in einem repräsentativen Hang (> 30°) frei. Danach wird der Schneeblock progressiv (stufenweise steigend) bis zum Scherbruch belastet.
- Seit etlichen Jahren in der Praxis bewährt ist der **Kompressionstest (CT)**. Er dient zur Schwachschichtdiagnose und hat den Vorteil, dass er schnell durchzuführen ist. Als Erstes legt man eine 30 x 30 cm große Schneesäule frei. Auf die Säule wird ein Schaufelblatt gelegt und stufenweise steigend belastet. Entlang einer Schichtgrenze bzw. einer Schwachschicht kommt es dadurch zur Bildung eines Bruchs und zur Verschiebung der aufliegenden Schneeschichten.
- Eher neu und in den Ergebnissen zuverlässiger als der CT ist der **Erweiterte Kompressionstest (ECT),** durch den aufgrund der größeren Grundfläche eine bessere Abschätzung der Bruchfortpflanzung in der Schneedecke und damit der Lawinenauslösung gemacht werden kann. Man legt dazu eine 90 x 30 cm große Schneesäule frei. Am Rand wird dann das Schaufelblatt aufgelegt und wiederum stufenweise steigend (wie beim CT) belastet.

- Noch immer aktuell ist auch der **Stocktest**, bei dem man die Schneedecke mittels Skistock untersucht. Obgleich die Aussagekraft zur Stabilität einer Schneedecke sehr eingeschränkt ist, lässt sich dennoch einiges über den Schneedeckenaufbau (z. B. über ein vorhandenes Schwimmschneefundament) sagen. Sein größter Vorteil besteht darin, dass man ihn auf Tour unzählige Male wiederholen kann, ohne Zeit zu verlieren. Weitere aktuelle Testmethoden wie beispielsweise der „Propagation Saw Test" sind für den Praktiker von geringerer Bedeutung.

Schneeprofil und Nietentest

Die seit Aufkommen der Reduktionsmethoden stark in Verruf gekommenen Schneeprofile haben also in den letzten Jahren insofern wieder an Bedeutung zurückgewonnen, da es durch die Einführung einer systematischen Beurteilung gelungen ist, ungünstige Faktoren nicht nur zu benennen, sondern auch in Beziehung zu setzen. Diese Einsichten verdanken wir im deutschsprachigen Raum nicht zuletzt Jürg Schweizer vom Schweizer Institut für Schnee- und Lawinenforschung (SLF), der mit seinen vorwiegend europäischen und nordamerikanischen Kollegen sehr viel Grundlagenarbeit leistete. Die Interpretation eines Schneeprofils ist daher im Vergleich zu früher viel leichter und auch zuverlässiger möglich. Dabei gilt der Grundsatz, dass bei jedem Schneeprofil auch ein Auslösetest (siehe oben) gemacht werden muss.

Der „Nieten"-Test selbst bezieht sich dabei nur auf den Schichtaufbau und nicht auf die Resultate eines Auslösetests. Er dient vor allem dazu, den Schneedeckenaufbau im Hinblick auf mögliche, kritische Schwachschichten in der Altschneedecke zu beurteilen. Von oben nach unten wird die Schneedecke nach sogenannten „Nieten" untersucht. Darunter versteht man Schichten bzw. Schichtgrenzen mit bestimmten (negativen) Eigenschaften. Je mehr „Nieten" in einer Schicht gefunden werden, desto kritischer ist der Schneedeckenaufbau zu beurteilen. Sind fünf oder mehr Kriterien erfüllt, so befindet sich recht sicher eine Schwachstelle in der Schneedecke. Die „Nieten" sind dabei:

- Große Kristalle (> 1 mm)
- Weiche Schichten (Härte 1 – Faust)
- Kantige Kristallformen (Schwimmschnee, Oberflächenreif …)
- Korngrößenunterschied zwischen den Schichten > 1 mm
- Härteunterschied über 2 Stufen
- Schwachschicht im obersten Meter

Dass die systematische Schneedeckendiagnose große Ähnlichkeiten zu den „Nieten" aufweist ist natürlich sehr erfreulich und zeigt, dass sich die führenden Köpfe nicht nur fachlich einig, sondern auch vernetzt sind und neue Erkenntnisse jeweils individuell umsetzen.

Zehn Lawinengefahrenmuster

Einem ebenso analytischen Zugang zuzurechnen sind die sogenannten zehn Lawinengefahrenmuster. Die Festlegung dieser zehn Punkte bzw. die Herausgabe eines Praxishandbuchs zu diesem Thema hat zweifellos zu einem neuen Verständnis für die klassische Lawinenkunde bzw. für die physikalischen Hintergründe geführt. Dabei haben Rudi Mair und Patrick Nairz vom Tiroler Lawinenwarndienst klassische Gefahrensituationen herausgearbeitet, welche sie in ihrer langjährigen Arbeit mit Lawinen identifizieren konnten. Das Problem in der Praxis bestand eigentlich darin, dass diese immer wiederkehrenden lawinenrelevanten Situationen zwar vielen Experten prinzipiell „als ein diffus gespeichertes Etwas" bekannt waren, jedoch eher selten bewusst in den Entscheidungsprozess mit eingeflossen sind.

Angesichts der Tatsache, dass diese Gefahrensituationen typischerweise zu ganz bestimmten Zeiten während eines Winters in eingrenzbaren Bereichen (in Bezug auf Höhenlage und Exposition) auftreten, wurden sie als Lawinengefahrenmuster bezeichnet und in Tirol auch seit einiger Zeit vom täglichen Lagebericht angeführt. Kann man ein bestimmtes Lawinengefahrenmuster identifizieren, ist es viel einfacher, darauf adäquat zu reagieren. Die zehn Gefahrenmuster sind:

- Der zweite Schneefall
- Gleitschnee
- Regen
- Kalt auf Warm / Warm auf Kalt
- Schnee nach langer Kälteperiode
- Alter lockerer Neuschnee und Wind
- Schneearme Bereiche in schneereichen Wintern
- Eingeschneiter Oberflächenreif
- Eingeschneiter Graupel
- Frühjahrssituation

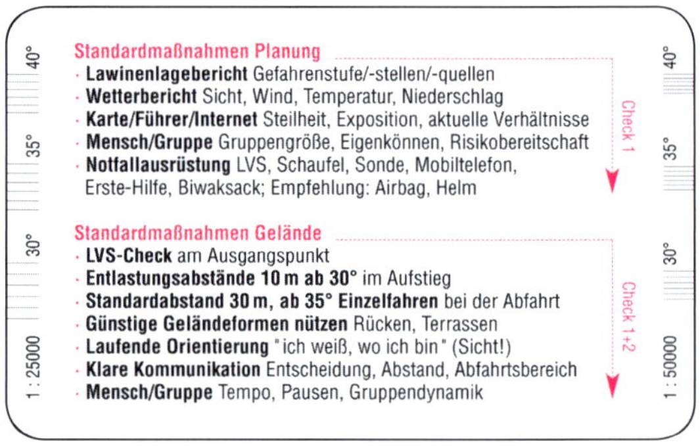

Die Entscheidungshilfe von Stop or Go (Michael Larcher, OeAV) basiert auf einem zweiteiligen Gefahrencheck.

Durch eine systematische Schneedeckenuntersuchung mithilfe von repräsentativen Schneeprofilen (inkl. Nietentest), modernen Auslösetests und Mustererkennung kann es insgesamt sehr gut gelingen, die herrschende Lawinenproblematik zu erfassen und die Lawinengefahr – auch im Einzelhang – zu bestimmen. Die zeitweise verpönte analytische Lawinenkunde hat damit auch wieder an Stellenwert gewonnen und ist heute unverzichtbarer Bestandteil jeder ganzheitlichen Bewertung.

Kombinierte Entscheidungsstrategien

Schon geraume Zeit gibt es Strategien, die nicht nur auf einen Aspekt Wert legen, sondern versuchen, sowohl probabilistische als auch analytische Ansätze in einem Werkzeug zu vereinen. Zusätzlich leisten diese Methoden auch einen wichtigen Beitrag, was die Festlegung sogenannter Regeln (Standardmaßnahmen) betrifft.

- **Stop or Go** wurde von Michael Larcher und Robert Purtscheller bzw. im OeAV entwickelt und ist ein Konzept, welches die auf einer Skitour oder Variantenabfahrt notwendigen Entscheidungsprozesse strukturiert. Alle wichtigen, das Risiko mindernden Handlungsanweisungen sind explizit angeführt – dadurch sind sie einfacher umzusetzen und risikobewusstes Verhalten erfährt damit eine höhere Akzeptanz. Als übergeordnetes Handlungsschema dienen die Standardmaßnahmen, die in einer Art Checkliste die Bereiche Planung und Gelände umfassen. Diese besitzen insofern einen hohen Stellenwert, als sie sicherstellen, dass wichtige Punkte bei jeder Tour/Variante (ohne Ausnahme) berücksichtigt werden.

  In die Standardmaßnahmen eingebettet ist die **Stop or Go-Entscheidungsstrategie,** welche aus zwei Teilen (Check 1 und Check 2) besteht. Check 1 entspricht dabei der elementaren Reduktionsmethode (von Werner Munter), Check 2 einem einfachen analytischen Werkzeug. Konkret sind im Check 2 die Gefahrenzeichen Neuschnee, frischer Triebschnee, frische Lawinen, Setzungsgeräusche und Rissbildung sowie starke Durchfeuchtung wahrzunehmen und zu beurteilen. Sind keine Gefahrenzeichen festzustellen, so kann weitergegangen werden, treten Gefahrenzeichen auf und werden diese als „gefährlich für mich" bewertet, so muss man der Gefahrenstelle ausweichen oder die Tour/Fahrt überhaupt abbrechen. Für das gesamte Konzept gilt, dass Zumutbarkeit und Praxisrelevanz aller Maßnahmen an oberster Stelle stehen.

  Aufgrund der Tatsache, dass in Stop or Go die Elementare Reduktionsmethode nochmals durch den Check 2 der Gefahrenzeichen abgesichert wird, ergibt sich eine noch größere Sicherheitsreserve. Dies ist einerseits sehr positiv, da das Risiko einer Lawinenauslösung reduziert wird, andererseits sinkt durch einen relativ hohen Verzichtfaktor auch die Akzeptanz der konsequenten Anwendung. Um die Akzeptanz dennoch hoch zu halten, wurden in der letztgültigen Version sogenannte „Go-Faktoren" eingeführt wie: stark verspurt, Wald, Schmelzharschdeckel, die den Check 1 außer Kraft setzen.
- **„Achtung Lawinen!"** ist im deutschsprachigen Raum unzweifelhaft das mittlerweile verbreitetste ganzheitliche Konzept, das sowohl probabilistische als auch analytische Aspekte in einer Strategie vereint. Ursprünglich herausgegeben vom Kern-Ausbildungsteam „Lawinenprävention Schneesport", in dem alle relevanten Institutionen und Verbände der Schweiz vereint sind, stellt es den Konsens in der eidgenössischen Lawinenprävention dar. Alleine die Tatsache, dass

alle beteiligten Expertengruppen ihr Einverständnis zu dieser Strategie gaben, weist auf den hohen Stellenwert hin. Dass sich mittlerweile auch alle Fachverbände in Deutschland auf dieses Konzept bzw. eine leichte Adaptation dessen als Ausbildungsgrundlage geeinigt haben, zeigt, was in der angewandten Lawinenkunde derzeit „Stand der Technik“ ist.

Eingebettet in den von Werner Munter entwickelten Beurteilungs- und Entscheidungsrahmen 3x3, werden die wichtigen Faktoren zu Verhältnissen, Gelände und Mensch auf den drei räumlichen Ebenen der Planung, der Beurteilung vor Ort und der Einzelhangentscheidung betrachtet.

Als Hilfsmittel bei der Beurteilung dienen die Grafische Reduktionsmethode (bzw. die SnowCard) und die vier typischen Lawinenprobleme (Muster). In der Planung spielt dabei die Reduktionsmethode eine höhere Rolle, bei der Einzelhangentscheidung sind es die Muster.

- Als analytischer Bereich innerhalb der Strategie „Achtung Lawinen!“ sind die vier **„Schweizer Muster“** (Neuschnee, Triebschnee, Nassschnee und Altschnee) zu sehen, die als Hilfsmittel in den 3x3-Beurteilungs- und Entscheidungsrahmen einfließen. Sie stellen typische Lawinenprobleme dar, die immer wieder bei Lawinenunfällen festzustellen sind. Bestechend an den vier Mustern ist die Tatsache, dass mit relativ wenig Aufwand ein Großteil der riskanten Situationen erfasst werden kann. Interessant auch, dass die Muster ziemlich genau den Fragen des Check 2 von Stop or Go entsprechen bzw. die exakt gleichen Punkte damit abgedeckt werden.

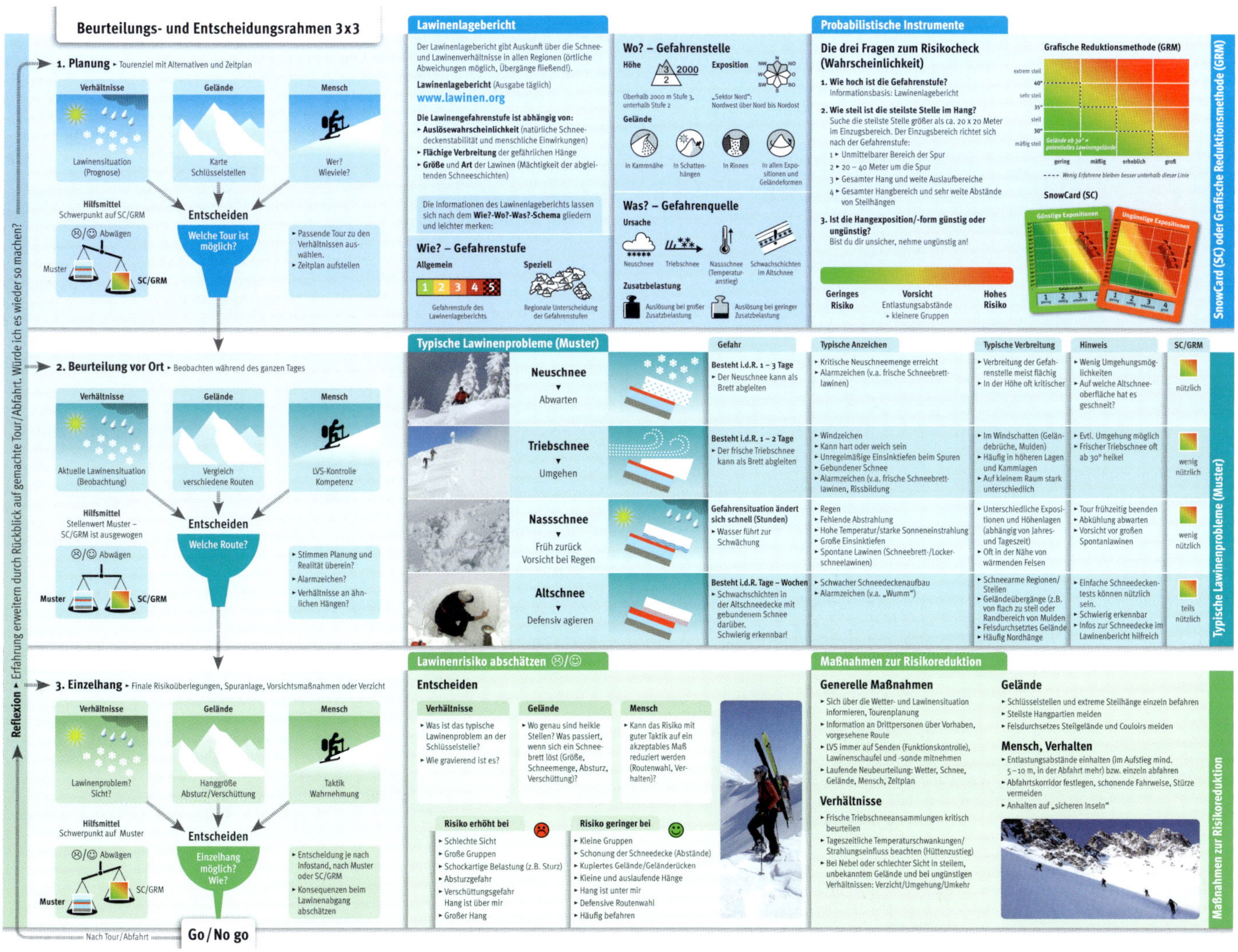

Derzeit „State of the Art“ und auf breiter Basis anerkannt: der Folder „Achtung Lawinen!“

Zusätzlich liefert das Faltblatt „Achtung Lawinen!“ noch eine ganze Reihe von nützlichen Informationen: zum Lawinenlagebericht, zu Risiko erhöhenden und mindernden Faktoren, generellen Maßnahmen der Risikoreduktion, Gefahrenstufen, Lawinenbildung, Lawinenrettung und zur Beurteilung der Lawinengefahr in den Bereichen Verhältnisse, Gelände, Mensch.

- Der **Avaluator** ist eine ganzheitliche Strategie, die vom Canadian Avalanche Centre entwickelt wurde und in den Alpen bislang weniger bekannt ist. Dies zu Unrecht, da der Avaluator in der aktuellen Version 2.0 eine „analytisch“ modifizierte Lawinengefahrenstufe nicht nur mit der Steilheit, sondern auch mit der Komplexität des Geländes in Beziehung setzt. Dadurch gelingt es besser als mit anderen Strategien, schon von vornherein sogenannte Geländefallen bzw. schwieriges Gelände in die Planung und die Beurteilung vor Ort einzubeziehen. Auch die Einführung des sogenannten *Avalanche Conditions Score* ist ein äußerst spannender Ansatz, um auf Basis des regional verfügbaren (amtlichen) Lawinenlageberichts eine lokal zutreffendere Bewertung der Lawinengefahr zu bekommen. Dass sich darin sehr ähnliche Inhalte finden wie bei den vier Mustern von Achtung Lawine oder dem Check 2 in Stop or Go, ist natürlich kein Zufall, sondern ein Ausdruck dafür, dass man sich weltweit (fast) einig darüber ist, wie man der Lawinenproblematik am wirkungsvollsten beikommen kann.

Durch die Verknüpfung der Lawinenverhältnisse mit der Geländecharakteristik kommt man mit dem Avaluator zu einer Einschätzung, ob eine Tour (unter Vorsichtsmaßnahmen) empfohlen werden kann oder nicht. Dass es in Kanada für viele Gebiete bzw. Touren schon bestehende Einschätzungen zur Komplexität des Geländes (*Terrain Characteristics Score*) gibt, macht die Anwendung des Avaluator einfacher. Natürlich ist es aber auch dem fachkundigen Tourengeher möglich, selbstständig eine Einschätzung zum Gelände zu machen. Übrigens gibt es in Europa auch schon erste Winterkarten bzw. Übersichtsaufnahmen, in denen die Geländekomplexität dargestellt ist. Bestimmt wird man von diesem Ansatz oder ähnlichen Methoden der Beurteilung in der Zukunft noch einiges hören.

Intuitive Entscheidungsfindung

Vor allem Experten mit großer Erfahrung treffen Entscheidungen nicht selten auf Basis ihrer Intuition. Die Trefferquote der Entscheidungen ist in der Regel sehr hoch und führt sehr oft zu richtigen bzw. optimalen Ergebnissen.

Intuition ist die Fähigkeit, gute Entscheidungen aus dem „Bauch“ heraus zu treffen, ohne die zugrunde liegenden Zusammenhänge explizit zu verstehen oder erklären zu können. Intuition hat einen Zusammenhang mit der „inneren“ Logik der Gegebenheiten und früheren Erfahrungen. Als grundlegende menschliche Kompetenz verstanden, ist Intuition die zentrale Fähigkeit zur Informationsverarbeitung und zur angemessenen Reaktion bei großer Komplexität der zu verarbeitenden Situation.

Die Theorie dahinter ist, dass das Unbewusste in der Lage ist, weitaus mehr Informationen zu berücksichtigen als das Bewusstsein, das zwar sehr präzise ist, jedoch nur mit wenigen Informationen klarkommt. Intuition wird oft auch als „blitzartige“

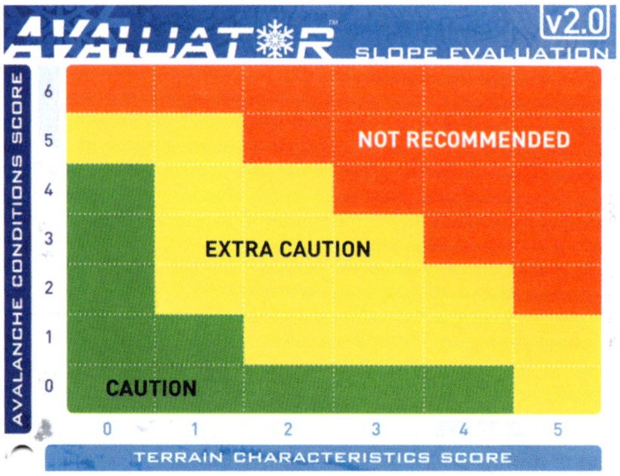

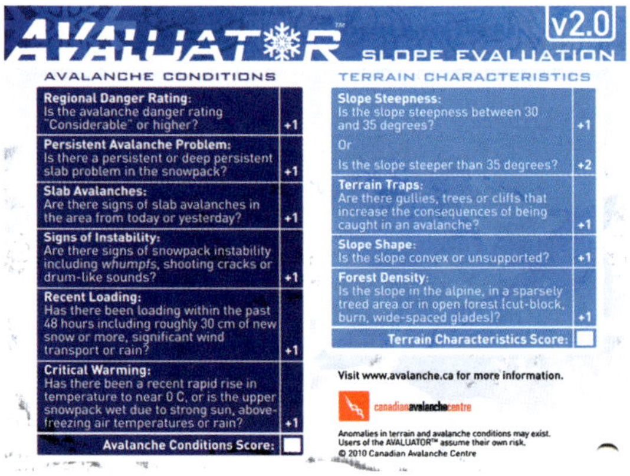

In den Alpen bislang zu Unrecht wenig bekannt: der in Kanada entwickelte Avaluator

Einsicht erlebt, die fast mühelos zum richtigen Ergebnis führt. So „genial" die Intuition auch ist, hat sie dennoch auch Nachteile. Zum einen lässt sich intuitives Entscheiden bzw. das intuitive Verstehen der Natur nicht oder nur schwer in einem Kurs vermitteln. Zum anderen scheint die Intuition vielfach nicht stark genug ausgeprägt zu sein, dass Unfälle auch tatsächlich vermieden werden können. Obgleich sehr viele Experten – nach Unfällen – angeben, ein „ungutes" Bauchgefühl gehabt zu haben, reichte es offensichtlich nicht aus, zu einer klaren Verzichtsentscheidung zu kommen. Dass Intuition auch einmal grundsätzlich fehlerhaft sein kann, ist ein weiterer Aspekt, der nicht unbeachtet bleiben darf. Eine weitere Problematik stellt sich im Zusammenhang mit intuitiven Entscheidungen insofern, da bei einem Unfall nachvollziehbare Argumente, die eine Vorgehensweise begründen können, zwangsläufig fehlen. Wer in Garantenstellung (Bergführer, Skilehrer, Tourenführer ...) aufgrund eines „guten Bauchgefühls" einen Unfall vor Gericht verantworten muss, ist naturgemäß nicht im Stande, die Sorgfalt nachzuweisen, die eine „Maßfigur" an den Tag hätte legen müssen.

Als Fazit lässt sich daher zusammenfassen, dass sich die richtige Intuition bei Anfängern aufgrund fehlender Erfahrung nicht oder nur selten einstellen kann und dieser Entscheidungsweg damit flachfällt. Experten hingegen können und müssen in der Entscheidungsfindung auf ihre Intuition zurückgreifen. Doch Achtung: Die Fähigkeit, die eigene Intuition zu ignorieren, scheint insbesondere bei den Profis (bislang noch) besser ausgeprägt zu sein als die Intuition selbst.

Was muss wer können?

Dass sich Wochenendtourengeher nicht unbedingt mit der systematischen Schneedeckendiagnose auseinandersetzen müssen oder sich nun auf Schneeprofile spezialisieren werden, liegt auf der Hand, dass aber jeder, der abseits der gesicherten Pisten unterwegs ist, mit einer der gängigen (ganzheitlichen) Strategien (z. B. Achtung Lawine oder Stop or Go) vertraut sein sollte, muss in aller Deutlichkeit unterstrichen werden.

Anders sieht es natürlich bei der Gruppe der Experten (z. B. Bergführer) aus. Sie müssen nicht nur die regelbasierten Systeme kennen und können, sondern sich auch in der modernen analytischen Lawinenkunde zurechtfinden. Das Mehr an Wissen zahlt sich natürlich auch aus, denn wer mehr weiß, kann auch mehr machen, ohne gleich ein höheres Risiko eingehen zu müssen. Gerade die Fähigkeit, eine Lawinensituation in der Praxis besser einschätzen oder den amtlichen Lawinenlagebericht verifizieren zu können, ist im Profikontext extrem wichtig. Trotzdem muss man an dieser Stelle betonen, dass ein Bergführer oder ein Tourenführer auf Skitour zur Gefahrenbeurteilung kein Schneeprofil graben muss. Vielmehr geht es darum, dass man alle zur Verfügung stehenden Informationen, welcher Natur auch immer sie sind, in die Beurteilung einfließen lassen kann. Dass darüber hinaus eine gut entwickelte Intuition, basierend auf einer umfangreichen und reflektierten Erfahrung, gute Dienste leistet, versteht sich von selbst.

> *Die **Kunst des Handelns** unter dem Druck der schwierigsten Bedingungen*

Fazit

Dass wir selbst mit der besten Strategie – als „Kunst des Handelns unter dem Druck der schwierigsten Bedingungen" – niemals zu 100%iger Sicherheit kommen, ist hinlänglich bekannt. Die Herausforderung besteht aber darin, nur Risiken einzugehen, die für uns oder die Person, für die wir verantwortlich sind, akzeptabel sind. Im Bewusstsein um die hohe Komplexität der Entscheidungssituation bzw. aufgrund der Tatsache, dass Wissen und Erfahrung zwar notwendig, aber letztendlich unzureichend sind, sollte man daher von Dogmen abgehen und alle verfügbaren „Werkzeuge" sinnvoll kombinieren, um zu einer optimalen Lösung zu kommen.

[RISKANT] – [TROTZDEM] – [WEGEN]

Ein Plädoyer für das Risiko im Bergsport

>> Philip A. Ebert und Simon Robertson

Bergsteigen ist gefährlich. Über die Höhe und Art des Risikos haben Bergsteiger und Nicht-Bergsteiger jedoch oft sehr unterschiedliche Meinungen: Während viele Nicht-Bergsteiger Bergsportler als waghalsig, rücksichtslos und leichtfertig ansehen, erkennen Bergsteiger die bestehenden Risiken und sind bestrebt, diese als „akzeptabel" einzuordnen. Können und Erfahrung, so die Haltung der Aktiven, würden die Risiken reduzieren – und die verbleibenden seien es wert, in Kauf genommen zu werden. Ausgehend von der genaueren Betrachtung dieser beiden unterschiedlichen Standpunkte, verfolgt dieser Beitrag die These, dass Bergsteigen nicht trotz, sondern gerade wegen seiner Risiken gerechtfertigt sein kann.

Zunächst sollte man zwischen verschiedenen Aspekten des Begriffs Risiko unterscheiden. Ein Aspekt betrifft die Wahrscheinlichkeit, mit der ein bestimmtes Ereignis eintritt. Ein anderer ist der Aspekt des Schadens, also die Frage, mit welchen negativen Folgen ein Ereignis verbunden sein kann. Das Risiko ist eine Kombination aus beiden Aspekten: Ob etwas risikoreich ist, hängt von der Wahrscheinlichkeit ab, mit der ein Ereignis eintreten kann, und von der Höhe des möglichen Schadens. Die Unterschiede der Risikoeinschätzung beim Bergsteigen können auf die unterschiedliche Einschätzung zumindest einer dieser beiden Aspekte zurückzuführen sein. Zunächst soll kurz auf die Schadens-Komponente eingegangen werden.

Es ist möglich, dass Bergsteiger Verletzungen generell als weniger gravierend einschätzen als Nicht-Bergsteiger, weil sie Verletzungen als Teil des Bergsports akzeptieren und durch Erfahrungen dieser Art desensibilisiert werden. Dadurch können unterschiedliche Ansichten darüber entstehen, wie schlimm ein Schaden wirklich ist.

Heuristik oder die Kunst der Vereinfachung

Auch über die Wahrscheinlichkeit von Unfällen gibt es sehr unterschiedliche Ansichten; drei mögliche Erklärungen hierfür sollen im Folgenden erwähnt werden. Genaue Statistiken über die Gefahren beim Bergsteigen sind nur wenig bekannt. Statt auf genau ermittelte Daten stützt man sich zumeist auf eine „Heuristik", um sich eine Meinung zu bilden. Heuristiken sind nützliche und effiziente Vereinfachungen, die z. B. zu Aussagen über die Wahrscheinlichkeit des Eintretens eines bestimmten Ereignisses führen, aber mehr oder weniger verzerrt sein können. Psychologen haben auf einige solcher gängigen Heuristiken hingewiesen, darunter die Verfügbarkeitsheuristik und die Affektheuristik.[1]

Betrachten wir hier nur die Affektheuristik: Sie beschreibt, wie die Einschätzung von Wahrscheinlichkeiten durch Emotionen beeinflusst wird. Auf den Bergsport angewandt, heißt das: Die schwierige Frage über das tatsächliche Risiko beim Bergsteigen wird ersetzt durch einfachere Fragen, die sich um die eigene emotionale Beziehung zum Bergsport drehen. Die Affektheuristik lehrt, dass Differenzen bezüglich der Einschätzung von Risiken beim Bergsteigen nicht allein auf unterschiedlichen Meinungen über Unfall-Wahrscheinlichkeiten beruhen, sondern eben auch eine wichtige emotionale Dimension beinhalten. Nichtbergsteiger, die keine positive emotionale Einstellung zum Bergsteigen haben, neigen eher dazu, die Risiken höher einzuschätzen als Bergsteiger.

Die Massenmedien tragen dabei wesentlich zur Meinungsbildung bei. Nachrichten über Bergsteigen, die auch Nicht-Bergsteiger erreichen, sprechen fast nur von Katastrophen; über bergsteigerische Erfolge, egal wie groß diese sind, wird nur sehr selten berichtet. Dieses mediale Missverhältnis trägt dazu bei, dass Nicht-Bergsteiger Bergsteigen als sehr risikoreich einschätzen.

Ein weiterer Aspekt, der die Meinungsdifferenzen erklären kann, betrifft die Kompetenzen des Bergsteigers. Durch das regelmäßige Ausüben ihres Sports gewöhnen sich Alpinisten an bestehende Gefahren und entwickeln Fähigkeiten, diese zu erkennen, richtig einzuschätzen, sowie die entsprechenden Fertigkeiten, mit dem damit verbundenen Risiko umzugehen. Wo ein Nicht-Bergsteiger sich beim Anblick einer Felswand denkt, dass es wohl verrückt wäre, dort hinaufzuklettern, sieht der kompetente Kletterer vielleicht eine bekannte, gut gesicherte Route, die er als nicht sehr riskant beurteilt. Was für den Nicht-Bergsteiger eine unquantifizierbare Ungewissheit ist und daher als zu riskant angesehen wird, kann in den Augen eines Bergsteigers ein kalkulierbares – und wohl oft niedriges – Risiko sein. Kompetenz spielt also eine wichtige Rolle bei der Beurteilung von Risiken.

Wir haben versucht, verschiedene Wege anzudeuten, um die Unterschiede in der Risikobeurteilung beim Bergsport zu erklären. Diese Erläuterungen zeigen ein facettenreiches Bild der möglichen Ursachen der Meinungsverschiedenheit von Bergsteigern und Nicht-Bergsteigern. Ein Blick auf die Unfallstatistik soll nun helfen zu erkennen, ob Nicht-Bergsteiger die Risiken beim Bergsteigen eher überschätzen – oder die Bergsteiger selbst diese unterschätzen.

Bei der Einschätzung von Risiken scheiden sich die Geister: Valeri Viktorewitsch Balesin klettert einen kaum absicherbaren Körperriss an der Perja (Feder) im Klettergebiet Stolby bei Krasnojarsk in Sibirien und lehrt seinen Gästen aus Deutschland das Fürchten.

© Gerd Heidorn

1 *Daniel Kahneman & Amos Tversky: Judgement under Uncertainty: Heuristics and Biases, Science 185 (1974), 1124–31. Daniel Kahneman: Schnelles Denken, Langsames Denken (Siedler Verlag 2012), Kap. 12 u. 13.*

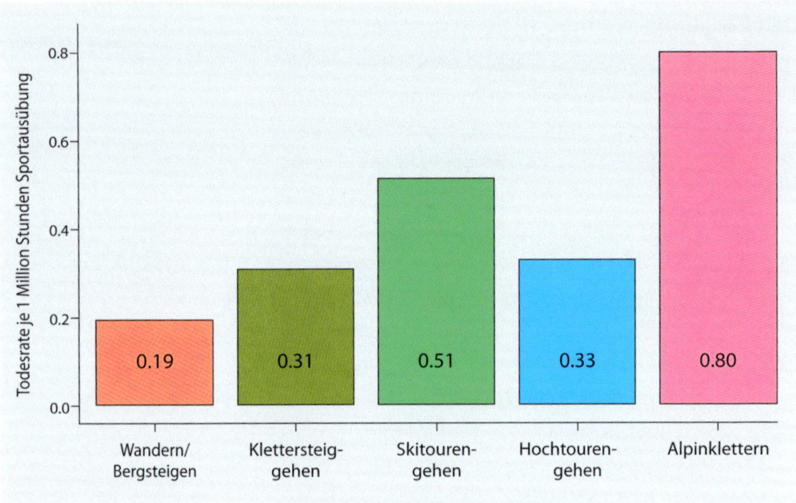

Um die Gefahr beim Bergsteigen quantifizieren zu können, muss ein Bezug zur Zeit hergestellt werden. Wie viele tödliche Unfälle ereignen sich in welcher Betätigungszeit? Diese Relation gibt die DAV-Unfallstatistik von 2010 wieder.

© DAV

Was sagen die Unfallstatistiken?

Die Statistiken, die von den europäischen Alpenvereinen erstellt werden, enthalten meist nur die Zahl der Unfälle (inklusive Todesfälle) beim Bergsteigen. Die Gesamtzahl der Unfälle allein liefert aber noch keine brauchbare Aussage über die Gefährlichkeit einer Sportart. Wir benötigen eine Bezugsgröße: die Zahl der Personen oder, besser noch, die Gesamtzeit, in der von diesen Personen die beobachtete Tätigkeit ausgeübt wurde. Um die Gefahr beim Bergsteigen quantifizieren zu können, müssen wir wissen, wie viele Unfälle sich pro Stunden Kletterzeit ereignen. Darüber gibt es nur wenige Statistiken; eine der wenigen wurde 2010 vom DAV veröffentlicht (siehe oben).[2] Zur besseren Beurteilung der verschiedenen in dieser Abbildung dargestellten Risiken kann man versucht sein, diese mit den entsprechenden Daten von anderen Sportarten zu vergleichen.

Man kommt so zu überraschenden Ergebnissen: Radfahren[3] ~0,46, Motorradfahren[4] 3,42-8,5, Marathonlauf (im Wettbewerb)[5] ~1,5 pro 1 Million Stunden Betätigungszeit. Alpines Klettern und Bergsteigen sind demnach in Bezug auf die Todesrate weniger gefährlich als andere übliche Sportarten. Jedoch sollte man vorsichtig mit solchen Vergleichen sein: Erstens basiert die Statistik nur auf Mitgliedern des Deutschen Alpenvereins, von denen anzunehmen ist, dass sie hinsichtlich ihrer Bergsportaktivität allgemein kompetenter sind. Zweitens werden sich die Aktivitäten der DAV-Mitglieder vorwiegend in und um Deutschland erstrecken; die höheren und objektiv gefährlicheren Berge befinden sich aber in anderen Regionen.

Außerdem gibt es verschiedene Spielarten des Kletterns[6]: Sportklettern, alpines Sportklettern, Alpinklettern, Big-Wall-Klettern, Soloklettern, Mixed Klettern usw. Diese Kletterarten bergen oft sehr unterschiedliche Risiken, und selbst innerhalb einer solchen Disziplin kann es eine große Variabilität des Risikos geben. So ist z. B. die Todesrate für Bergsteigen im Hochgebirge generell hoch, aber von Berg zu Berg sehr verschieden: Der Denali (6196 m) hat eine Todesrate von 6,3, der Cho Oyu (8201 m) eine von 10,6 und die Annapurna sogar eine von 83,3 pro 1 Million Kletterstunden.[7] Somit ist die Angabe einer Durchschnitts-Todesrate von allgemeinen Disziplinen oft nur von begrenzter Aussagekraft.

Dennoch lässt sich aus der DAV-Studie schließen, dass Bergsteigen als Sportart generell nicht so riskant ist, wie oft behauptet wird. Es ist aber unbestreitbar, dass einige Spielarten des Bergsteigens – statistisch gesehen – sehr gefährlich sind.

Vielleicht kann diese Feststellung dabei helfen, die Meinungsverschiedenheit zwischen Bergsteigern und Nicht-Bergsteigern über das Risiko beim Bergsteigen aufzulösen: Der Bergsteiger hat recht,

2 Peter Randelzhofer: Wie riskant ist Bergsport?, DAV Panorama 2 (2010) 68–70. Wir vereinfachen unsere Diskussion hier und beziehen uns im Folgenden nur auf Todesfälle und lassen Verletzungsrisiken außer Acht.

3 Transport-Statistiken für Großbritannien 1979–89, siehe http://ec.europa.eu/transport/road_safety/specialist/knowledge/pedestrians/crash_characteristics_where_and_how/data_considerations.htm

4 Transport-Statistiken für Großbritannien 1979–89 (niedrigere Rate) und National Highway Traffic Safety Administration USA (http://www-nrd.nhtsa.dot.gov/Pubs/811639.pdf) für 2010 bei Verwendung von ~55 Kmh (35 mph) als Durchschnittsgeschwindigkeit zur Berechnung der Betätigungszeit.

5 Simon Matthews: Mortality Among Marathon Runners in the United States, 2000-2009' Am J Sports Med 40 (2012), 1495–500. Die Todesrate im Training ist generell geringer als im Wettbewerb.

6 Eine Anspielung auf Lito Tejada-Flores, ‚Games Climbers Play' (1967), in The Games Climbers Play (London: Diadem Book, 1978).

7 Martin Burscher: Climbing the Himalayas more safely, BMJ (2012); 344:e3778.

wenn man den Bergsport im Allgemeinen betrachtet, während der Nicht-Bergsteiger recht hat bezüglich einiger spezieller Disziplinen des Bergsteigens. Es besteht daher kein wirklicher Widerspruch, da beide unterschiedliche Dinge meinen.

Könnte der Nicht-Bergsteiger, der die Statistik kennt, weiterhin behaupten, dass Bergsteigen im Allgemeinen zu riskant ist? Vielleicht würde dann seine Meinungsbildung mit einem differenzierteren Blick auf die *Art* der Risiken erfolgen. Demzufolge wäre die Frage, ob Bergsteigen zu risikoreich sei, am besten durch eine normative Bewertung zu beantworten; diese könnte helfen, die Meinungsverschiedenheit grundsätzlich zu klären.

Riskant, trotzdem und wegen

Die Meinungsverschiedenheit zwischen Bergsteigern und Nicht-Bergsteigern sollte daher nicht auf die Frage reduziert werden, wie riskant – statistisch gesehen – Bergsteigen ist, sondern ob die Art der Risiken zu rechtfertigen sind.

Der Einwand von Nicht-Bergsteigern kann so charakterisiert werden: [RISKANT] Wegen der dabei bestehenden Risiken ist Bergsteigen keine vertretbare Sportart.

Im Folgenden werden wir gegen diese These argumentieren und zeigen, dass Bergsteigen unter gewissen Voraussetzungen durchaus vertretbar ist. Man kann [RISKANT] widersprechen, indem man behauptet, dass Bergsteigen gerechtfertigt werden kann, trotz der Risiken, die damit verbunden sind, weil die Risiken durch andere Werte des Bergsteigens ausgeglichen werden.

Nennen wir diese These: [TROTZDEM] Bergsteigen kann gerechtfertigt sein; wenn es gerechtfertigt ist, dann (a) trotz der Risiken, die damit verbunden sind, und (b) durch weitere „Güter" (unabhängig vom Risiko), die beim Bergsport gewonnen werden.

[TROTZDEM] ist in den wenigen akademischen Diskussionen zu diesem Thema der gängige Standpunkt.[8] Dennoch glauben wir, dass [TROTZDEM] nicht die richtige Erklärung dafür liefert, warum Bergsteigen gerechtfertigt werden kann. Wir behaupten, dass das Risiko selbst eines der Dinge ist, das dem Bergsteigen – zumindest teilweise – seinen Wert gibt. Somit kommen wir zur These, die wir verteidigen werden: [WEGEN] Bergsteigen kann gerechtfertigt sein; wenn es gerechtfertigt ist, ist dies – zumindest teilweise – *wegen* der Werte, die die Auseinandersetzung mit Risiken mit sich bringt.

Indem wir [WEGEN] verteidigen, behaupten wir, dass zum Teil auch aufgrund der Restrisiken, die mit der Möglichkeit von Verletzungen oder des Sterbens verbunden sind, Bergsteigen seinen Wert hat und berechtigt ist.

Die Rolle des Risikos

Nehmen wir folgende vier Thesen an: 1. Bergsteigen ist mit Risiken verbunden. 2. Bergsteiger wissen das und setzen sich bewusst diesen Gefahren aus. 3. Bergsteiger setzen sich bewusst Situationen aus, von denen sie glauben, dass das Risiko „akzeptabel" ist. 4. Bergsteiger sind im Allgemeinen kompetent in der Beurteilung der Risiken von Routen, die sie unternehmen.

Diese Annahmen sind wichtig, denn sie zeigen, dass Bergsteiger – vorausgesetzt, sie sind kompetent in der Beurteilung von Risiken – nicht als rücksichtslose Abenteurer bezeichnet werden können, obwohl sie sich wissentlich in riskante Situationen bringen.

Wie vorher angedeutet, kann man gegen [RISKANT] sein, indem man [TROTZDEM] verteidigt. Es gibt verschiedene Versionen von [TROTZDEM], auf die wir hier nicht näher eingehen können, sondern lediglich auf einige allgemeine Annahmen hinweisen wollen:

1. Bergsteigen kann auf verschiedene Weise von Wert sein.
2. das Inkaufnehmen von Risiken ist ein Mittel zum Zweck.
3. Risiken haben an sich keinen Wert.

Folglich ist Bergsteigen gerechtfertigt – nicht durch die bestehenden Risiken, vielmehr trotz dieser Risiken und durch Werte anderer „Güter", die dabei entstehen.

Wir stimmen mit den Befürwortern von [TROTZDEM] darin überein, dass Bergsteigen auf verschiedene Weise von Wert sein kann – z. B.

8 *So z. B. Kevin Krein: Nature and Risk in Adventure Sports, in M. McNamee (ed.), Philosophy, Risk and Adventure Sports (Oxon: Routledge, 2007) und die Aufsätze von Charlton, Treanor und Sailors in S. E. Schmidt (ed.): Climbing: Because It's There (Oxford: Wiley-Blackwell, 2010).*

Das Sich-Aussetzen in eine nicht risikooptimierte Landschaft bildet einen wesentlichen Teil des Erlebnisses und der Herausforderung beim Klettern. In den entlegenen Bitterroot Mountains, Montana

© Philip A. Ebert

Rechts: Auf dem Weg zum Col de Cristaux, Chamonix

© Sean Haverstock

durch die Begegnung mit der Natur, durch die Herausforderung, die man selbst sucht, durch die Freiheit vom geregelten gesellschaftlichen Leben sowie durch Erfahrungen wie Wohlbefinden oder allgemeine positive Gefühle, die mit persönlicher Erfüllung verbunden sind.

Dennoch sind die Annahmen (2) und (3) nicht korrekt. Wir bezweifeln, dass viele der nützlichen Erfahrungen, die die Befürworter von [TROTZDEM] anführen, unabhängig vom Risiko spezifizierbar sind; somit ist das Risiko nicht nur ein Mittel zu diesen Erfahrungen, sondern spielt eine andere wichtige Rolle.

Eine solche positive Erfahrung, die von den Befürwortern von [TROTZDEM] häufig angeführt wird, ist eine Art Hochgefühl, das durch das Bergsteigen entstehen kann. Nun kann ein Hochgefühl auf sehr verschiedene Weise zustande kommen, nicht nur beim Bergsteigen. Jedoch ist es fraglich, ob Bergsteiger bei anderen Aktivitäten qualitativ vergleichbare Hochgefühle erfahren können. Denn die Arten von Hochgefühl, die Alpinisten beim Bewältigen der bestehenden Risiken erfahren, sind üblicherweise sehr spezifisch für das Bergsteigen und z. B. mit dem Klettern von technisch schwierigen, exponierten und ungesicherten Routen, der Einsamkeit einer steilen Bergwand oder den Widrigkeiten einer langen körperlichen Anstrengung u. a. m. verbunden. Ohne diese Herausforderungen würde das, was an Hochgefühl bleibt, qualitativ sehr verschieden sein von dem Hochgefühl, das mit dem Bewältigen der Risiken beim Bergsteigen verbunden ist. Beides kann nicht gleichgesetzt werden.

Somit glauben wir, dass Annahme (2) von [TROTZDEM] – nämlich dass die Risiken, die beim Bergsteigen bestehen, nur Mittel für andere unabhängig davon spezifizierbare Werte sind – problematisch ist. Plausibler ist es anzunehmen, dass das Inkaufnehmen von Risiken für das Bergsteigen grundlegend ist – für die Aktivität ebenso wie für die damit verbundenen Erfahrungswerte, wie z. B. das oben genannte Hochgefühl.

Risiko ist ein konstitutiver und nicht eliminierbarer Teil des Bergsteigens. Die Erfahrungswerte, die durch das Bergsteigen vermittelt werden, sind wesentlich durch die für das Bergsteigen spezifischen Risiken bestimmt. Diese These ist fundamental für unsere Einstellung zum Wert des Risikos. Damit behaupten wir nicht, dass das Eingehen und Bewältigen von Risiken grundsätzlich wertvoll ist. Sich auf die Risiken im Bergsport einzulassen, kann nur dann wertvoll und gerechtfertigt sein, wenn man diesen kompetent begegnen und sie überwinden kann. Schieres Glück fällt nicht in diese Kategorie.

Der Wert des Risikos

Zusätzlich zur These, dass Risiko ein konstitutiver und nicht eliminierbarer Teil des Bergsports ist, behaupten wir, dass das kompetente Annehmen von Risiken beim Bergsteigen einen Wert bildet, und zwar aufgrund der konstitutiven Rolle, die das Risiko im Verhältnis zu einigen anderen, ebenfalls wertvollen Merkmalen des Bergsteigens spielt. Welche Merkmale meinen wir damit?

Zum einen sind dies einige generelle Werte, die durch das Bergsteigen vermittelt und die oft als bewundernswerte menschliche Leistungen angesehen werden: Abenteuergeist und Forscherdrang, das Annehmen von Herausforderungen, die nur von wenigen bewältigt werden können, Mut, Geschicklichkeit, Entschlossenheit u. a. m. Zum anderen ist das Annehmen von Risiken nützlich für die Erfahrungswerte, die dabei gewonnen werden; zwei davon sind besonders erwähnenswert:

1. Das Annehmen eines Risikos kann z. B. ein hohes Lebensgefühl aufkommen lassen, und zwar in vielfältiger Form, vom rauschartigen Wohlbefinden bis hin zu einem ruhigen, meditativen Zustand. In jedem Fall bewirkt es eine höhere Aufmerksamkeit und Konzentration sowie eine bessere Wertschätzung sowohl von sich selbst als auch der Umgebung. Die eigene Situation wird so intensiv und bewusst erfahren, dass man sich sozusagen als Teil eines Ganzen, mit sich selbst und allem um sich herum im Reinen fühlt.
2. Bergsteiger erleben sich selbst als Akteure; als jemanden, der sich selbstbestimmt ein individuelles Ziel vornimmt und dies aus eigener Kraft durch die kompetente Überwindung der Risiken, die grundlegend für diese selbstgesetzte Herausforderung ist, erreicht. So führt z. B. das Erlebnis der fließenden, kontrollierten Bewegung beim Klettern zu einer tief empfundenen Erfahrung von wirksamem, selbstbestimmtem Handeln. So wird Klettern zu einer Tätigkeit, bei der man sich selbst näherkommt. Tatsächlich sprechen viele Bergsteiger davon, dass sie das Klettern brauchen, um sie selbst zu sein.

Wir haben bisher gesehen, dass die kompetente Überwindung von Risiken beim Bergsteigen mit Werten verbunden ist, die das Bergsteigen mit sich bringt: Herausforderungen annehmen, selbstbestimmt handeln, Erfahrung von Anstrengung und Erfüllung usw. Diese gelten allgemein als positive Werte, und somit kann man die These [RISKANT] verwerfen. All dies ist jedoch verträglich mit [TROTZDEM]. Es gibt aber zwei Punkte, in der sich unsere Auffassung von [TROTZDEM] unterscheidet: Zum einen ist Risiko ein konstitutives und unvermeidbares Element des Bergsteigens und der Art der Erfahrungen, die dabei gewonnen werden. Daraus ergibt sich die zweite grundlegende Behauptung: Bergsteigen und die damit verbundenen Erfahrungen sind von bestimmtem Wert *wegen* der bestehenden Risiken. Risiko ist ein konstitutiver Teil dieser Erfahrungswerte: Ihr Charakter ist im Wesentlichen durch die bestehenden Risiken bestimmt. Folglich hat das Bergsteigen den Wert, den es hat (zumindest teilweise), wegen der Risiken, die damit verbunden sind.

Weil es riskant ist

Die Argumente, die wir für [WEGEN] gefunden haben, setzen den kompetenten Alpinisten in eine starke Position, wenn es um unterschiedliche Meinungen über bergsteigerische Risiken zwischen Bergsteigern und Nicht-Bergsteigern geht. Zum einen sprechen die Statistiken dafür, dass Bergsteigen allgemein gesehen weniger gefährlich ist, als viele Leute glauben. Zum anderen sprechen, wie wir gesehen haben, starke Argumente dafür, dass die Inkaufnahme von Risiken beim Bergsteigen als gerechtfertigt angesehen werden kann. Eine Sorge war, dass die Art des Risikos Bergsteigen zu einem ungerechtfertigten Glücksspiel macht. Wir haben dagegen argumentiert, dass fachliches Können die Unwägbarkeiten bei diesem Spiel reduziert und wichtiger noch, dass die Art der bestehenden Risiken wertvoll ist, weil sie konstitutiv mit nützlichen Werten verbunden ist, die allgemein als solche anerkannt sind. Das heißt, dass Risiken es manchmal wert sind, in Kauf genommen zu werden. Wir behaupten natürlich nicht, dass sich jedermann/frau Risiken beim Bergsteigen aussetzen sollte oder dass das kompetente Überwinden von Risiken immer den Wert bringt, den wir angeführt haben. Trotzdem glauben wir mit diesem Beitrag eine Antwort auf die Frage geben zu können, die Bergsteiger (und Nicht-Bergsteiger) immer wieder beschäftigt: Warum Bergsteigen, wenn es dabei Risiken gibt? Die Antwort ist: *weil* es manchmal gut ist, solche Risiken in Kauf zu nehmen.[9]

---

9 Dieser Artikel ist eine gekürzte deutsche Version des Artikels „A plea for risk", Philosophy and Sport, (Cambridge University Press, 2013), Antony O'Hear (editor). Die Autoren möchten sich sehr herzlich bei Klaus Ebert für die Hilfe bei der Übersetzung und bei Anette Köhler für ihre Unterstützung bei der Bearbeitung der Endfassung bedanken.

Mit Bus und Bahn in die Berge

Auf der Freizeitschiene unterwegs. Ein Bekenntnis

>> Günter Auferbauer (Text und Bild)

Wie kommen Bergsteiger zum Zug? Und wie vom Zug an das eigentliche Ziel? Nicht nur Reisende, vor allem auch Bahnunternehmen sollte diese Frage interessieren. Günter und Luise Auferbauer, die in Graz wohnen, haben es gut: Bus und Straßenbahn – letztere salopp „Bim" genannt – halten nahe ihrer Wohnung. Ein Angebot, das sie von jeher gern annehmen. Als Start zu Ausflügen, Wanderungen, Berg- und Skitouren. Oder zu großen Reisen.

Die von Gärten gesäumten Vorstadtgassen liegen still inmitten des frischen Morgens. Luise und ich, soeben dem vom Hauptbahnhof Graz kommenden Stadtbus entstiegen, bewegen uns engagierten Schrittes heimwärts, samt Skiern, Rucksäcken und einem handlich führbaren Trolley. Die Fußwegstrecke ist uns vertraut: Wir nützen, öfter denn je, Bus und Bahn für unsere Unternehmungen, und ich bekenne mich, einmal mehr, zu meinem Credo: Die „Freizeitschiene" – das dritte Standbein im öffentlichen Verkehr – hat einen hohen inneren Wert; er möge verstärkt erkannt werden.

Während des Nachhause-Gehens fragen Luise und ich einander sinngemäß: Wer noch, außer uns beiden, kehrt ähnlich zurück?

Planmäßig, Punkt sieben Uhr, endete die Fahrt mit dem Nachtzug. Den EuroNight 465 „Zürichsee" hatten wir, am Abend zuvor, in Zürich bestiegen. Leider war bloß ein „Schlafröhrenwagen" eingesetzt. Dennoch. An diesem strahlend hellen Morgen des letzten Samstags im April trübt kein grauer Gedanke unsere insgesamt guten Eindrücke zur jüngst mit Bus und Bahn zurückgelegten Bergreise. Wir waren in der Berninagruppe auf Skitouren. Zwei Fieberbläschen und vier leuchtende Augen sind Zeugen.

Wenige Meter vor der Haustür empfängt uns der erste Nachbargruß: „Wie war's?" Und einen Atemzug später: „Ach! … Sie sind mit dem Zug gereist …" Mild formuliere ich der automobilen Nachbarin: „Wer so oft wie wir mit Sack und Pack per Bahn reist, weiß sich zu helfen – und denkt positiv." Bei all unseren Reisen mit Bus und Bahn in die Berge waren wir – überwiegend zumindest – zur jeweiligen Planzeit abgefahren und ebenso angekommen. Störten kleinere Zwischenfälle den Reiseablauf, mutierten dieselben längst schon zu Anekdoten.

„Die Zeit, die alte Bügelfrau, macht alles wieder glatt", lehrt Wilhelm Busch uns schmunzeln.

Das Schlüsselerlebnis

Meine erste wortecht ferne Reise mit Bus und Bahn hatte mich in den Kaukasus geführt, nach Mineralnyje Wody mit dem Zug und anschließend per Bus nach Adyl Su: Beginnend in Bern, mit dem Umweg über München – dort kaufte ich mir „beim Schuster" die Bergschuhe, mit welchen ich Wochen später auf dem Elbrus stand, die Nordwand des Pik Schirowsky durchstieg, den Dongus Orun, Nakra Tau, Tscheget Tau erstieg und überschritt. Anno 1962 – aus mitteleuropäischer Sicht – fast ein Niemandsland. Die Rückreise nach Bern erfolgte über Moskau. Die Kaukasusfahrt war für mich *das* Schlüsselerlebnis, was das Reisen mit öffentlichen Verkehrsmitteln betrifft.

Gute Logistik und kluge Reiseorganisation

Innerhalb fünf Jahrzehnten – so lange sind Luise und ich ein Bergsteigerpaar – brachen wir ungezählte Male „öffentlich" auf, reisten samt Alpinausrüstung, mit prall gefüllten Rucksäcken, per Bahn in Richtung Westösterreich, Schweiz, Westalpen, Atlantikküste, Pyrenäen. Ebenso nach Zakopane in Polen und auf Schwedens „Inlandsbanan". Endlich nach Elba, wo uns (wie davor auf Madeira und Teneriffa) Bus-Wochentickets die insulare Bergwelt erschlossen. Wie am Schnürchen verlief auch unsere Rückreise von Teheran über Täbris, Erzurum, Trabzon, Istanbul nach Österreich: mit Bus, Schiff und dem Balkan-Express – unsere Kabelzug-Tourenskier „Fan 2000" zigmal in unsere Hände nehmend. Wer sonst kehrte derart vom Demavend zurück?

Das Motto „Mit Bus und Bahn" generiert in mir seit eh und je unbändige Reisefreude. Luise objektiviert die von mir erdachten Relationen mit kritischem Blick. Wie recht sie hat: Gute Logistik basiert auf kluger Reiseorganisation, diese setzt Bedachtsamkeit voraus: *Die* Bahn ist feminin. Darin orte ich ein gutes Zeichen.

„Wer mit Bahn und Bus zur Wanderung oder zur Bergtour aufbricht, erfährt im wahrsten Sinne des Wortes Freiheit – **die Freiheit, nicht auf einen Parkplatz zurückkehren zu müssen**. Die Überschreitung hat sehr oft einen weit höheren Erlebnisgehalt als die erzwungene Rückkehr zum Ausgangspunkt. An- und Rückfahrt mit Bahn und Bus werden zudem zu einem **Teil eines unvergessbaren Gemeinschaftserlebnisses**."

Benedikt Weibel, Bergführer,
ehemals Chef der Schweizerischen Bundesbahnen,
Aufsichtsratsvorsitzender der WESTbahn

Das Herzstück des Weltkulturerbes „Albulabahn": der Landwasser-Viadukt

Im 30-Minuten-Takt verkehrt die Zillertalbahn.

Rechts: Die Nachtfahrt im Zug macht's möglich – Anreise aus dem Norden Deutschlands in den Nationalpark Hohe Tauern.

Hier ein Für ...

Ich steh dazu, öffentlich festzustellen: Im Zeitraum Montag bis Freitag verkehren Busse und Züge auch in Österreich, speziell im Nahverkehr, fast nach „schweizerischen Verhältnissen". Freilich, in Helvetien währt der Taktverkehr 365 Tage. Zusätzlich gelten derartige Bedingungen wohl auch bei der Berchtesgadener-Land-Bahn und ähnlichen Vorbild-Unternehmen. Statistiken belegen, dass Zugfahren sicheres und pünktliches Reisen gewährleistet. Bahnkunden setzen beide Fakten voraus. Am Bahnfahren nehmen im Prinzip alle sozialen Schichten teil. In Österreich steht allerdings noch ein Riesen-Kundenpotenzial abseits der „Freizeitschiene". Wer ist sich dessen bewusst, dass die Geselligkeit – zusätzlich zur Bewegungs-

Mit der Bahn in die Berge – die wichtigsten Internetadressen

Österreich
ÖBB, Österreichische Bundesbahnen, www.oebb.at
WESTbahn, www.westbahn.at
GKB, Graz-Köflacher Bahn, www.gkb.at
STLB, Steiermärkische Landesbahnen, www.stlb.at
ZB, Zillertalbahn, www.zillertalbahn.at
SLB, Pinzgauer Lokalbahn, www.pinzgauer-lokalbahn.info

Deutschland
DB, Deutsche Bahn, www.deutschebahn.com
BLB, Berchtesgadener-Land-Bahn, www.blb.info
Bayerwald-Ticket, www.bayerwald-ticket.com
BOB (Bayerische Oberlandbahn), www.bayerischeoberlandbahn.de

Italien
FS, Ferrovie dello Stato Italiane, Italienische Staatseisenbahnen, www.fsitaliane.it
FS, Betreibergesellschaft „Trenitalia", www.trenitalia.com
NTV, Nuovo Trasporto Viaggiatori, Privatbahngesellschaft, www.ntvspa.it
Südtirol-Bahn, mit Pustertalbahn (Innichen – Bruneck – Franzensfeste), Brennerbahn (Brenner – Franzensfeste – Bozen), Etschtal-Flügelstrecke (Bozen – Meran), Vinschger Bahn (Meran – Mals), www.vinschgerbahn.it

Schweiz
SBB, Schweizerische Bundesbahnen, www.sbb.ch
BLS, Lötschberg-Simplon-Bahn, www.bls.ch
RhB, Rhätische Bahn, www.rhb.ch
MG, Matterhorn-Gotthard-Bahn, www.mg-bahn.ch
DFB, Dampfbahn Furka-Bergstrecke AG, www.dfb.ch

Frankreich
SNCF, Société nationale des chemins de fer français, Französische Staatseisenbahngesellschaft, www.sncf.com, www.voyages-sncf.com

Slowenien
SŽ Slovenske železnice, Slowenische Eisenbahnen, www.slo-zeleznice.si

Tschechien
ČD, České dráhy, Tschechische Staatsbahn, www.cd.cz
Student Agency, private Eisenbahngesellschaft, www.studentagency.cz

freiheit – an Bord eines Zuges wesentlich zum „Erlebnis Bahnfahren" beitragen kann?

„Nerven sparen – Bahn fahren." Jahre-, gar jahrzehntelang überspannte dieser ÖBB-Slogan Eisenbahn-Unterführungen, um Autofahrern zu signalisieren, wo sie sich während ihrer Mobilität entspannen könnten. Diesem Versprechen zu glauben, bedarf es Einsichten. Vor allem, dass jeder, der mit Bus und Bahn reist, selber viel beitragen kann, dass seine Reise angenehm verläuft.

… und dort ein Wider

Hier ein Stadtbus, dessen Niederflur-Klappeinstieg so lange klemmte, bis es „höchste Eisenbahn war" und wir am Hauptbahnhof, buchstäblich in letzter Minute, unseren Zug erreichten. Seither fahren wir einen Bus früher. Dort ein Postbus-Chauffeur, der, inmitten der Dienstzeit, so lange seine hauseigene Baustelle inspizierte, dass wir beim Eintreffen am Bahnhof Imst-Pitztal nur noch das Schlusslicht des Richtung Innsbruck ausfahrenden InterCity-Zuges wahrnehmen konnten. Die Konsequenz? Ungeschminkte Kritik. Ein anderes Mal ein Weichenbruch, infolgedessen unser aus Graz abgefahrener Nachtzug über Wien, Linz, Salzburg nach Bregenz geführt wurde. Ankunft um 15 Uhr, anstatt 8 Uhr morgens. Schwamm drüber! Ich objektiviere: In jedem Straßennetz kommen fahrthemmende Zwischenfälle vor. Jedoch kann ich mich des Eindrucks nicht erwehren, dass im hochrangigen Straßennetz die Kommunikation bei Störfällen besser funktioniert als in Bus- und Bahnnetzen.

Die alpinen Vereine – allen voran der Alpenverein, die Naturfreunde, der Touristenklub – erwirkten über deren Dachorganisation, den „Verband der Alpinen Vereine Österreichs" (VAVÖ), für ihre Mitglieder Vorteile beim Bahnfahren: verbesserte Zugsverbindungen, zusätzliche Haltepunkte, ermäßigte Fahrpreise. Letztere hatten sich in den „ÖBB-Touristenkarten" niedergeschlagen; diese galten für Hin- und Rückfahrt und waren nach unterschiedlichen Distanzen bzw. Relationen gestaffelt. Beispielsweise galt die für 310 Tarifkilometer angelegte Relation ab Graz Hauptbahnhof – wahlweise – bis Hallwang-Elixhausen, Lendorf, Mallnitz, Mauterndorf, Niedernsill, Pressegger See, Rosenbach Grenze, Saalfelden, Tarvisio-Centrale, Vöcklabruck. Insgesamt waren vier Fahrtunterbrechungen zugelassen.

Einst und jetzt

Im Jahr 1958 kostete diese Relation umgerechnet 8,32 Euro (114,40 Schilling). Zum Vergleich: Dieselbe Entfernung kostete 55 Jahre später, konkret im Juni 2013, mit der ÖBB-VorteilsCard 48,80 Euro. Die ÖBB-Touristenkarten von anno dazumal bezogen alle Landeshauptstädte ein und waren anwendergerecht organisiert. Fakt ist: Österreichs Staatseisenbahn war für Anliegen des alpinen Tourismus aufgeschlossen. Die darauf abgestimmten Tarife waren österreichweit sozial ausgewogen.

Seit Mitte der 1980er-Jahre gilt bei mir der subjektive Imperativ, „veröffentliche dein Verständnis am öffentlichen Verkehr".

Im Val Müstair kann man ab der PostAuto-Endstation im Bergdorf Lü zu Dreitausendern der Sesvennagruppe starten.

Links: Von der Nationalparkbus-Endstation im Großsulzbachtal über den Westgrat bis zum Gipfel des Großvenedigers, mit Übernachtung auf der Kürsinger Hütte

Stark nachgefragt waren in Österreich die „Touristenkarten".

Mit dem BLS-Triebzug „Lötschberger" zum Wandern an der Lötschberg-Südrampe

Rechts: Gipfelglück mit kleinem ökologischen Fußabdruck – ab dem Nationalpark-Bahnhof Mallnitz-Obervellach auf den Gamskarlspitz (2833 m)

Alle Bundesländer offerieren Verkehrsverbünde und spezielle Tickets.

In der Steiermark wird während der Sommerferien das „Freizeit-Ticket" angeboten: als extra billiges Tagesticket, landesweit gültig – wahlweise – an Samstagen oder Sonntagen, auch für zwei Personen und mit bis zu vier Kindern. Die „KärntenCard" inkludiert Busse und Bergbahnen; nutzbar vom Dobratsch bis in die Reißeck-, Kreuzeck-, Ankogel- und Glocknergruppe. Der „Mallnitzer Wanderbus" reüssiert von Jahr zu Jahr. Mallnitz liegt an der Tauernbahn und gilt ihretwegen seit anno 1909 als Eingangstor zu den Hohen Tauern. Im Salzburger Land, konkret im Oberpinzgau, dieselt die Pinzgauer Lokalbahn „im Banne des Nationalparks Hohe Tauern und dessen Venedigergruppe" ganzjährig die junge Salzach auf und ab. Der Salzburger S-Bahn-Verkehr bedient – österreichisch: ausgenommen sonn- und feiertags – Anschlüsse zur Berchtesgadener-Land-Bahn. Dieselbe verbindet in das Herzstück des Rupertiwinkels; darin dominieren Königssee und Watzmann. Das Dorf Werfenweng, ausgezeichnet mit dem Prädikat „Alpinperle", hat zuwege gebracht, dass im Talort Werfen – eingebettet zwischen Tennen- und Hagengebirge – alle Schnellzüge halten.

Öffi-Tipps für die Steiermark

Fahrpläne zu Bus und Bahn in der Steiermark, auch Graz – Dachstein (sic!), sowie zu allen Zügen österreichweit: **www.verbundlinie.at**
Das Menü „Freizeit" enthält eine Riesen-Datenbank, viele GPS-Tracks sowie die von Günter und Luise Auferbauer verfassten Wanderfolder, Freizeitbroschüren und Tourentipps. Auch die Rother-Wanderführer „Gesäuse", „Hochschwab", „Grazer Hausberge" usw. enthalten umfassende ÖV-Informationen.

Auch Tirol rüstet landesweit ÖV-affin auf. Die Landeshauptstadt offeriert die bis zu 72 Stunden gültige „InnsbruckCard"; sie inkludiert Straßenbahnen, Autobusse, Bergbahnen, Museumseintritte. Die Zillertalbahn – das „eiserne Rückgrat im alpinen Zillertal- und Tuxertal-Tourismus" – ist mit ihrem Bus- und Zugbetrieb buchstäblich in die Überholspur eingeschwenkt. Nirgendwo sonst in Österreich wurde eine Schmalspurbahn derart selektiv zweigleisig ausgebaut, orientiert am Slogan „Ski & Fun, Bus & Bahn".

Vorarlberg schmeichelt das Kompliment, es habe österreichweit „das bestorganisierte Verkehrsverbundsystem"; eingebunden sind u. a. die Bodensee-Region, das Rheintal, der Bregenzerwald, das Montafon. Die Gemeinden bestellen alle Leistungen im ÖV und wirken an Fahrplänen, zusätzlich beim Bus-Design mit. Infolgedessen sind in Vorarlberg „Bus und Bahn ein Bestseller", nutzbar zum Wandern, Bergsteigen, Wintersporteln, Radfahren.

Aber: Wer unter www.oebb.at beispielsweise nach einer Verbindung „Graz – Dachstein" fragt, erfährt von einem gleichnamigen Ort in Frankreich: Dachstein (F). Grundsätzlich verweigert sich das ÖBB-Auskunfts- und Buchungssystem gegenüber Seilbahn-Bergstationen, privaten Buslinien, konkret der Skibuslinie Uttendorf – Enzingerboden. Andererseits koordiniert sich die Gemeinschaft „Sommer-Bergbahnen in Österreich" nirgendwo mit Bus- und Bahnlinien. Zur ÖBB-VorteilsCard classic äußern sich ÖBB-Postbus-Chauffeure, oft genug, kopfschüttelnd und barsch: „Gilt net bei mir." Laut angedacht: Bei einigermaßen gutem Willen der jeweiligen Eigentümer und Betreiber ließen sich die rot-weiß-roten Prellböcklein stark reduzieren, gar ausmerzen, und der öffentliche Verkehr reichte tiefer in die Fläche.

Der Kunde ist König

Die Teilnahme am öffentlichen Verkehr setzt Vertrauen voraus auf beiden Seiten, erst daraus folgert Kundenakzeptanz. Wer, aus welch lauterer Fügung immer, ohne ein gültiges Ticket in einen Nahverkehrszug der ÖBB zusteigt, wird von diesen grundsätzlich als Schwarzfahrer eingestuft.

Hingegen, wer einen Stadtbus der „Graz Linien" oder einen Regionalbus der sonstigen 40 steirischen Verkehrsverbund-Partner benutzt, kann an Bord jeder Straßenbahn, erst recht an Bord jedes Busses ein Ticket lösen. Wer in einen S-Bahn-Zug der Graz-Köflacher Bahn (GKB) oder der Steiermärkischen Landesbahnen (STLB) zusteigt, kann beim jeweiligen Zugpersonal sein Ticket nachlösen. Diesen kundenfreundlichen ÖV-Stil pflegen ebenso die Salzburger Lokalbahnen, die Zillertalbahn, die Rhätische Bahn, die Matterhorn-Gotthard-Bahn, miteingeschlossen die Gesellschaft der WESTbahn. Ich appelliere: Niemand soll fürchten müssen, das Zauberwort „der Kunde ist König" sei untergegangen.

Unser persönlicher Lernprozess

Die Entscheidung, ob wir mit dem Bus dahin oder mit dem Zug dorthin reisen wollen, ist selten diskussionsfrei. Das ist positiv, denn daraus sprießen kreativ entwickelte Alternativen. Trotz unserer alpinrelevanten Reise-Erfahrungen regt sich in Luise wie in mir manch ein Grübeln darüber, welche Reisestrecke – folglich welches Reisemittel – vorteilhafter sein könne. Jedenfalls, von Graz aus sind wir erst wenige Male mit dem Auto nach Westösterreich, noch nie mit unserem Auto in die Schweiz gereist. Jedoch haben wir öfter unser Auto auf dem Zug mitgenommen. Das Kalkül, der einfachst

Begegnung während der Anreise Graz – Selzthal – Hinterstoder: Diese Bergsteigergruppe will am Großen Priel den Klettersteig gehen, anschließend, bis Bad Aussee, das Tote Gebirge überqueren.

ablaufenden Logistik – konkret dem Autofahren – nachzugeben, macht allerdings durchaus hin und wieder auch Sinn: Beispielsweise, als wir mit Kind und Kegel, Zelt und Matten zum Sonnwend-Bergcampen in die Hochschwabgruppe ausgerückt waren. Hinzu kommen jede Menge Skitouren: Solche beginnen in der Hochschwabgruppe und in den Niederen Tauern überwiegend an Ausgangspunkten, die ausschließlich mit dem Auto erreichbar sind.

Den CO_2-relevanten Eintrag hielten wir während unserer wilden, jungen Jahre unbewusst niedrig, infolge von Fahrgemeinschaften. Zu jener Zeit war bei Berg- und Klettertouren auch das Reisen per Autostopp logistischer Standard. Nachträglich bewertet, war auch dies ein unbewusster Beitrag zum CO_2-Einsparen.

Mit Bus und Bahn: Beispiel Steiermark

Mittlerweile glänzt Österreichs weiß-grünes Bundesland, die Steiermark, mit ÖV-affinen Produkten zu naturnah-sportlichen „Freizeit-Aktivitäten mit Bus und Bahn". Die Steirische Verkehrsverbundgesellschaft firmiert nach außen als „Verbund Linie". Deren Folderserie „Wandern mit Bus und Bahn" und die Broschüren-Serie „Auf Schienen in die Freizeit" sind verlässliche Ratgeber und enthalten einfach nachvollziehbare Tourenvorschläge. Diese tragen „Zug um Zug" bei, latent vorhandene Schwellenängste abzubauen. Die Zauberformel lautet: „Bitte, einsteigen!" Wir kommen mit. Bus und Bahn geben uns Berge.

Waldforschung in Bhutan

Ein Beitrag zur Armutsreduktion in einer Bergregion

>> Georg Gratzer (Text) und Gerd Heidorn (Bild)

Bhutan, dieses kleine Land im Osthimalaya, ist bekannt geworden durch seinen besonderen Zugang zur Bemessung seines staatlichen und wirtschaftlichen Erfolges: Es ist das Bruttonationalglück der Bevölkerung und nicht das Bruttonationalprodukt, das hier zählt. Trotz seiner Anstrengungen, die Lebensumstände der Menschen zu verbessern, ist das Land überproportional von Armut betroffen. 70 % der Landesfläche Bhutans sind von Wald bedeckt – und damit ein interessantes Forschungsfeld der Waldökologie. Aber braucht Bhutan überhaupt Zusammenarbeit in diesem Bereich? Und inwieweit kann Waldforschung einen Beitrag zur Verbesserung der wirtschaftlichen Situation leisten?

„Nein, nein, so können wir das nicht machen, für dieses Experiment brauchen wir mehr Wiederholungen …" Eine ganz normale Intervention eines Wissenschaftlers? Durchaus, und doch nicht ganz: Sangay, der diese Bedenken äußert, ist Forschungsassistent in einem land- und forstwirtschaftlichen Forschungszentrum in Zentralbhutan. Sangay ist über 30 Jahre alt und in einer Zeit aufgewachsen, als der Zugang zu Bildung am Land noch weitaus schwieriger war als heute. Er besuchte drei Jahre lang die lokale Schule und arbeitete dann am Bauernhof der Eltern, später dann in dem besagten Forschungszentrum. Es ist dieser Bildungshintergrund, vor dem sich sein wissenschaftliches Verständnis als etwas Besonderes abzeichnet. Ermöglicht wurde dieses kleine Bildungswunder durch eine Partnerschaft zwischen der Forschungssektion im Ministerium für Landwirtschaft und Wald in Bhutan und dem Institut für Waldökologie an der Universität für Bodenkultur in Wien.

Diese Partnerschaft, die „Forest Research for Development Partnership" oder kurz FORED, wurde 1999 begonnen. Finanziert aus Mitteln der österreichischen Entwicklungszusammenarbeit, zielt sie auf eine Verbesserung der Lebensumstände der Menschen und eine Bekämpfung von Armut in Bhutan ab. Erreicht werden soll das durch die Gewährleistung der Nachhaltigkeit von Waldnutzung in Bhutan. Und diese Nachhaltigkeit soll eben durch die Ausbildung von WaldforscherInnen in Bhutan garantiert werden.

Trotz seiner Anstrengungen, die Lebensumstände der Menschen zu verbessern, zählt Bhutan noch zu den am wenigsten entwickelten Ländern der Erde, den sogenannten „least developed countries". Damit ist das Land mit anderen Berggebieten der Welt vergleichbar: Global sind Bergregionen überproportional von Armut betroffen und ärmer als die Flachländer. Österreich und andere Alpenländer sind hier eine hauptsächlich durch den Tourismus bedingte Ausnahme. Millenium Ecosystem Assessment, eine 2005 veröffentlichte Studie der Vereinten Nationen zu globalen Ökosystem-Dienstleistungen, hält fest, dass 90 % der 1,2 Milliarden BergbewohnerInnen der Welt in Entwicklungsländern leben. Davon sind rund 90 Millionen (und fast alle Menschen, die über 2500 m Seehöhe leben) von Armut betroffen. Die Gründe dafür liegen meist in den schwierigen Produktionsbedingungen, der oft fehlenden Infrastruktur und einer sich daraus ergebenden schlechten Marktanbindung.

Waldforschung gegen ländliche Armut in einer Bergregion

Was kann Waldforschung also zur Verbesserung dieser Situation in Ländern wie Bhutan leisten? Gerade die ärmsten der BergbewohnerInnen sind sehr stark vom Wald abhängig: Im Wald wird das Vieh geweidet und damit kann das Fehlen von eigenen Weideflächen kompensiert werden. Der Wald liefert mit seiner Streu Nährstoffe für die Landwirtschaft, wenn keine teuren Mineraldünger gekauft werden können und, nicht zuletzt, werden aus dem Wald Bauholz und Brennholz gewonnen und Nahrung und Medizinalpflanzen gesammelt. Diese Nutzungen ermöglichen das Überleben der BergbewohnerInnen. Das ist in Bhutan nicht anders als in den Alpen, wo diese Nutzungen ebenfalls vor nicht allzu langer Zeit ein karges Auskommen in den Bergen sicherten. Und wo sie teilweise, wenn sie zu intensiv waren, zu Erosion und langanhaltenden Nährstoffmängeln in den Waldböden geführt haben.

WaldforscherInnen in Bhutan haben hier die Aufgabe, solche Übernutzungen zu erkennen und gemeinsam mit den Bauern und Bäuerinnen nachhaltige Alternativen zu entwickeln. Aber auch die staatliche Forstwirtschaft steht auf dem Prüfstand: Obwohl die bhutanische Regierung sich sogar in der Verfassung verpflichtet hat, auf „immer und ewig" 60 % der Landesfläche als Wald zu erhalten, muss die Nachfrage nach Holz aus kleinen Forstbetrieben, die nur etwa 5 % der Waldfläche ausmachen, gedeckt werden. Und die Nachfrage ist riesig: Ein unbeschreiblicher Bauboom, der Bhutan seit etwa zehn Jahren erfasst hat, erzeugt einen derzeit kaum zu sättigenden Holzbedarf. Da ist es nötig, die Nachhaltigkeit der Nutzungen zu beachten und die Verjüngung der genutzten Wälder sicherzustellen. Das dazu nötige Wissen soll von den WaldforscherInnen bereitgestellt werden.

Darüber hinaus ist Bhutan rapiden sozio-ökonomischen Veränderungen ausgesetzt: Ländliche Erschließungsprojekte durch Straßen bringen den Bauern und Bäuerinnen die lang ersehnte Mög-

Nachhaltigkeit durch Ausbildung und autonome Arbeitsstrategie: Tsewang Dorje, ein Mitarbeiter der Forstbehörde, misst im Wald von Choekhor das jährliche Wachstum an markierten Bäumen, Provinz Bumthang.

Das Tal von Ha erstreckt sich im Westen Bhutans. Die Berge am Horizont bilden die Grenze zu Tibet, das nur einen Tagesmarsch entfernt liegt.

Rechts: Männer tragen kunstvoll geschichtete Nadeln aus den Wäldern ins Tal, die als Dünger für die Felder in Paro verwendet werden.

lichkeit, durch den Verkauf von landwirtschaftlichen Produkten etwas Einkommen zu generieren. Abwanderung in die Städte erzeugt Arbeitskräftemangel in der Landwirtschaft. Das traditionelle transhumante Viehzuchtsystem, in dem ein Teil der Familie im Winter aus den mittleren Lagen mit den Kühen in tiefere Lagen wechselt, wo es auch im Winter genug Futter gibt, wird zunehmend unpopulärer. Das erzeugt einen Bedarf für Winterfutter für die Kühe und eine Intensivierung der Landwirtschaft. Über all diesen Änderungen hängt das Damoklesschwert des Klimawandels. Besonders eine Abschwächung bzw. ein häufigeres Ausbleiben des Monsuns, das auch in der Vergangenheit zu sogenannten „Megadürren" geführt hat, wird als mögliche Konsequenz eines Klimawandels prognostiziert.

Bedarf nach neuem Wissen

Alte, traditionelle Methoden der Landbewirtschaftung stoßen also an ihre Grenzen und erzeugen einen Bedarf nach neuem Wissen. Und es ist dieser Bedarf nach Wissen im Bereich der Waldnutzung, der von den WaldforscherInnen in Bhutan gedeckt werden soll. In einem Land, in dem das Bildungssystem, wenn auch für die herrschenden Umstände vorbildlich, aber doch sehr jung ist, in dem eine Universität für nachwachsende natürliche Ressourcen erst seit drei Jahren existiert und erst wenige AkademikerInnen in diesem Bereich hat, ist das ein hoher Anspruch. Warum aber die Universität für Bodenkultur als Partner?

Die forstliche Ausbildung in Österreich blickt auf eine 200-jährige Geschichte zurück. Seit den Anfängen akademischer Forstausbildung waren Forstleute gezwungen, verschiedene Nutzungsinteressen zu integrieren. Die massiven Entwaldungen in Österreich im 19. Jahrhundert und die Naturkatastrophen, die sich daraus ergaben, haben zur Überzeugung geführt, dass „erfolgreiche Forstwirtschaft nur im Einklang mit der Natur möglich sei", wie es ein Vater der modernen Waldökologie, Gerhard Glatzel, in einem Artikel zur Geschichte der Waldökologie in Österreich ausdrückt. Eine lange universitäre Tradition in nachhaltiger Waldbewirtschaftung, eine ähnliche Geschichte der traditionellen Waldnutzung und, nicht zuletzt, die umfangreiche internationale Erfahrung in Bergwald-Bewirtschaftung machen die Universität für Bodenkultur in Wien zu einer geeigneten Partnerin für ein solches Vorhaben. Und weil Bhutan ein Schwerpunktland für die österreichische Entwicklungszusammenarbeit ist, gab es auch die nötigen Mittel zur Durchführung der notwendigen Maßnahmen.

Ist eine Zusammenarbeit von zwei Partnern, von denen einer eine lange Tradition des Wissens für sich reklamiert und beim anderen dieses Wissen noch sehr jung ist, nicht sehr unsymmetrisch? Also hier ein „Weiß-alles"- und dort ein „Muss-noch-alles-lernen"-Partner? Das Ungleichgewicht besteht zweifelsohne, auch weil die finanziellen Mittel ja aus Österreich kommen. Der Erfolg unserer Partnerschaft besteht aber darin, dass beide

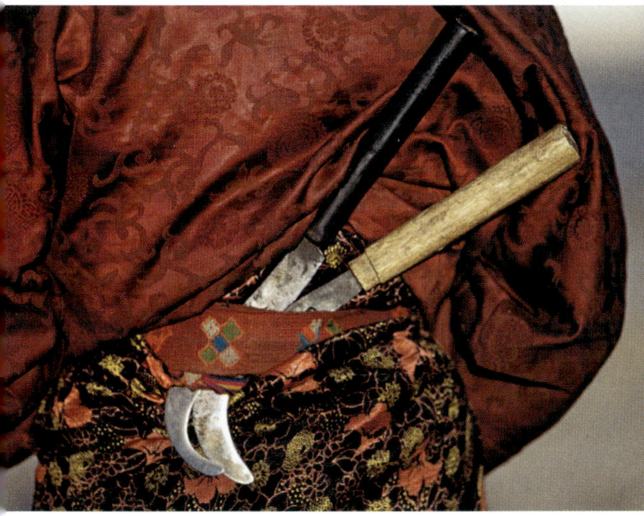

Bauholz aus den umliegenden Wäldern wird vor der Verwendung getrocknet. In mobilen Sägewerken werden Bretter und Balken aus den Stämmen geschnitten.

Links: Sicheln sind das Arbeitsgerät zur Lemongrasernte in Mongar. Das Zitronengras wächst in den Hochwäldern Ostbhutans und ist reich an ätherischem Öl.

PartnerInnen gewillt sind zu lernen. Fertige Konzepte können nicht von Österreich nach Bhutan transferiert werden, dazu sind die Kulturen und die ökologischen Voraussetzungen zu verschieden. Aber Methoden können ausgetauscht werden. Ohne eine enge Einbeziehung der Menschen mit ihren jeweiligen Lebenshintergründen, ihrer Kultur, ihrer Tradition und ihren Wünschen, ließe sich wohl keine einzige Maßnahme erfolgreich umsetzen. Und in Bhutan sind wir ÖsterreicherInnen die Lehrlinge – und das auch noch nach über zwanzig Jahren Erfahrung in diesem Land. Die wechselseitige Neugierde und die Bereitschaft, permanent zu lernen, machen den Erfolg dieser Arbeit aus – und auch den Spaß dabei.

Ausbildung auf vier Säulen

Die Partnerschaft der beiden Institutionen ruht auf vier Säulen: Durch gemeinsames Forschen, „learning on the job" also, werden wichtige Fähigkeiten geübt. Kurse, die von Universitätslehrern aus der ganzen Welt in Bhutan gegeben werden, schließen Wissenslücken bei ForscherInnen und Forstleuten. Mehrmonatige spezifische und eigens für die Zielgruppe entwickelte Kurse an der Universität für Bodenkultur ermöglichen den ForscherInnen den Erwerb von Wissen und Fähigkeiten, die über kurze Kurse hinausgehen. Es war ein solcher Kurs, in dem Sangay seine Kenntnisse in Statistik und wissenschaftlicher Methodik erwerben konnte. Und schließlich ermöglicht das englischsprachige Masterstudium „Mountain Forestry", das seit 2002 an der Universität für Bodenkultur angeboten wird und das international einzigartig ist, eine fundierte formelle Ausbildung in Bergforstwirtschaft. Seither haben rund zwanzig Forstleute und WaldforscherInnen aus Bhutan dieses Studium absolviert. Die Stipendien für diese jungen BhutanerInnen kommen aus Mitteln der österreichischen Entwicklungszusammenarbeit. Und das Geld ist gut angelegt: Die langfristige Partnerschaft ermöglicht hier eine Erfolgskontrolle – bis auf eine Ausnahme (ein begabter Student wurde hoher Verwaltungsbeamter) arbeiten alle BOKU-AbsolventInnen in ihren Bereichen. Sie leiten Nationalparks und Forstbetriebe, erstellen Gesetzesvorlagen und forschen im und am Wald. Ihre Masterarbeiten haben sie im Rahmen der FORED-Partnerschaft durchgeführt, so konnte garantiert werden, dass diese Arbeiten zu einem größeren Ganzen beitragen.

Das gemeinsame Forschen wurde im Rahmen einer sogenannten „autonomen Arbeitsstrategie" durchgeführt. Diese Strategie zielt darauf ab, eine möglichst hohe Identifikation mit der durchgeführten Arbeit bei den bhutanischen PartnerInnen und damit eine Nachhaltigkeit des Wissens zu erzielen. Erreicht werden konnte das durch eine Phasenabfolge von Präsenz- und Absenzzeiten der österreichischen PartnerInnen. Das erzeugt die Notwendigkeit von eigenen Problemlösungen bei einem gleichzeitigen fachlichen Austausch. Langfristig ist diese Strategie sehr erfolgreich und steht im Gegensatz zu einem bis dahin oft praktizierten Zugang, bei dem „der Experte, die Expertin alles weiß und alle Fragen löst". Dieser Zugang verhinderte oft eine Verankerung des Wissens im Land und verursachte eine fehlende Nachhaltigkeit der Interventionen. Wenn die „allwissenden" ExpertInnen weg waren, war auch das Wissen weg. Das konnte in diesem Projekt verhindert werden, und zwar – so paradox es klingen mag – eben durch wiederholte geplante Abwesenheiten der PartnerInnen aus Österreich und eine hohe Fehlertoleranz. Für den Bildungsauftrag des Projektes war es also zielführender, Fehler aus autonomer Arbeit zuzulassen und später zu korrigieren, als sie durch permanente Intervention zu verhindern. Und der Lerneffekt, den die eventuelle Wiederholung einer Erhebung in unwegsamem Terrain unter schwierigen Bedingungen erzeugt, ist groß …

Bedarfsorientierte Forschung und unerwartete Ergebnisse

Die Forschungsthemen wurden von den PartnerInnen in Bhutan definiert, und zwar in einem mehrstufigen Prozess, in dem jährlich LandnutzerInnen zusammenkamen und ihre Probleme und offene Fragen präsentierten. Es ist also nicht so (wie manchmal in wissenschaftlichen Kooperationen zwischen Nord und Süd), dass die WissenschaftlerInnen aus den entwickelten Staaten die Forschungsthemen diktieren, um damit vielleicht billig zu interessanten Publikationen zu kommen, sondern es sind die LandnutzerInnen in Bhutan, die die Themen vorgeben. Eines dieser Themen wurde von der Forstsektion vorgeschlagen: Es ging dabei um die Auswirkungen von Waldweide auf den Wald.

Die Bewirtschaftung der Nadelwälder in Bhutan basiert auf natürlicher Verjüngung, nach einem Nutzungseingriff soll sich der Wald also wieder natürlich, ohne Pflanzungen, verjüngen. Oft hat das nicht funktioniert, was die Nachhaltigkeit der Bewirtschaftung stark in Frage stellte und in den Gebirgswäldern Erosionsgefahr erzeugen konnte. Die „Täter" waren von den Forstleuten schnell gefunden: „Waldweide von Kühen und Yaks – das muss eingestellt werden! Bitte führt eine Untersuchung durch, die die schädlichen Auswirkungen dieser Waldweide zeigt, damit wir die Handhabe bekommen, diese Nutzung gesetzlich zu verbieten!" Wir begannen also mit einer mehrjährigen Untersuchung und konnten auch auf alte, von schweizerischen Kollegen angelegte Probeflächen zurückgreifen. Die Ergebnisse waren jedoch – nicht nur für die Forstleute – überraschend: In vielen Nadelwäldern findet sich ein natürlicher Unterwuchs von verschiedenen Bambusarten. Dieser Bambus ist häufig so dicht, dass er Baumverjüngung stark beschattet und zum Absterben der Bäumchen führt. Besonders nach Nutzungen kann der Bambusunterwuchs schnell das nun vermehrt vorhandene Licht nutzen und dichter wachsen. Dort allerdings, wo Waldweide in moderatem Ausmaß durchgeführt wird, dient hauptsächlich der Bambus als Futter, wird stark verbissen und genau das ermöglicht erst die Baumverjüngung.

Die Beweidung in moderatem Ausmaß ist hier also eine Maßnahme zur Förderung von Baumverjüngung. Es bedurfte einiger Exkursionen zu den Untersuchungsflächen, um dieses Ergebnis bei den Forstleuten zu verankern. „Seeing is believing" gilt auch hier. Dort, wo kein Bambus wächst, waren es zu große Kahlschläge, die zum Vertrocknen von bestimmten Moosarten führten, die wiederum ein wichtiges Keimbett für die Samen der dort wachsenden Himalaya-Hemlocktanne darstellten.

Das Problem lag also bei der Waldnutzung und nicht bei der Waldweide, die nur in zu hoher Dichte schädigend auf die Wälder wirkt. Ohne Nährstoffumverteilung aus dem Wald in die Landwirtschaft, unter anderem durch Waldweide, wären die derzeitigen Ernten in der bhutanischen Landwirtschaft nicht möglich. Dies konnte in einer anderen Studie ebenfalls quantifiziert werden. Ein Verbot dieser jahrhundertealten Nutzungsform, wie zunächst gefordert, ist also für das Land keine Option. Derzeit wird untersucht, wie viele Kühe die Baumverjüngung fördern und ab welcher Anzahl Schäden entstehen. Damit können Sachargumente in einen oft recht hitzig ausgetragenen Nutzungskonflikt getragen werden und Win-win-Situationen im Wald entstehen.

Ein weiteres Forschungsthema, das an uns herangetragen wurde, war die Auswirkung von Waldbränden in *Pinus-roxburghii*-Wäldern. Diese Kiefernwälder, die in einer Seehöhe von 900 bis 1800 Metern in trockenen Tälern in Bhutan zu fin-

Holzlager im Tal von Ha

Links: Khando Tshering im Büro der Forschungseinrichtung in Yusipang, Thimphu, wo die Messergebnisse verarbeitet werden

den sind, haben oft einen Unterwuchs von Zitronengras. Das auch bei uns aus der asiatischen Küche bekannte Gras stellt die wichtigste Einnahmequelle der armen Bauern und Bäuerinnen in Ostbhutan dar, wie wir in einer sozio-ökonomischen Studie herausgefunden haben. Es wird destilliert, und das so gewonnene Öl wird großteils für die kosmetische Industrie verwendet.

Feuer in Kiefernwäldern – ein heißes Thema

Die BewohnerInnen legen häufig Feuer, um das Wachstum des Grases zu fördern. Das hat zu großer Sorge um den Fortbestand der Wälder geführt und zu dem Auftrag, die Auswirkungen der Feuer zu beforschen. Feuer ist aber auch eine natürliche Störungsursache in diesen Wäldern und seine Unterdrückung führt zu einer Akkumulation von trockenem Gras, dürren Ästen und toten Bäumen, die schließlich zu starken Kronenfeuern mit katastrophalen Auswirkungen für Siedlungen führen können. Es ging also darum, das Feuer gezielt einzusetzen und durch umsichtig geplante Brände den Brennstoff zu reduzieren. Dazu führten wir Experimente durch, um herauszufinden, wie häufig und wie stark die Feuer sein sollen, um sowohl den Fortbestand des Waldes zu sichern, aber auch die Nutzung des Zitronengrases zu fördern.

Und wie es in Bhutan nicht anders zu erwarten war, in dessen buddhistischer Tradition der mittlere Weg gelehrt wird, waren es mittlere Feuerhäufigkeiten, die zu den höchsten Erfolgen bei der Baumverjüngung und den höchsten Zitralgehalten beim Zitronengras führen.

Wie geht es weiter?

Das Projekt FORED wurde offiziell Mitte 2012 nach dreizehn Jahren erfolgreich beendet. Warum, werden Sie, liebe Leser und Leserinnen sich fragen, ist dieser Beitrag dann in der Gegenwartsform geschrieben?

Die Antwort auf diesen Einwand liegt nicht (nur) im Wunsch, weiter in Bhutan zu forschen. Denn einerseits sind die Kontakte zwischen den Partnerorganisationen so vielfältig und stark, dass auch ohne finanzielle Mittel weiter ein Austausch besteht. Und andererseits wurde im Sommer 2013 ein neues Projekt, in dem es um Klimaschutz in Bhutan geht, aus der Taufe gehoben. Aus österreichischen Klimaschutzmitteln des Lebensministeriums finanziert, sollen die Anpassungspotenziale der bhutanischen Wälder an den Klimawandel untersucht werden. Im Rahmen dieses Projektes werden weitere acht bhutanische StudentInnen an der BOKU Mountain Forestry studieren und drei StudentInnen ein Doktoratsstudium an der Universität für Bodenkultur absolvieren.

In Wien wird also auch weiterhin Dzonkha gesprochen werden und Sangay wird sich weiterhin um Wiederholungen bei Experimenten bemühen. Dafür braucht er uns allerdings schon lange nicht mehr …

BergKultur

Darf's ein bisschen lauter sein, als wir es vor einigen Seiten bei BergSteigen hatten? 60 Jahre nach der Erstbesteigung des Mount Everest springt der russische Extremsportler Valery Rozov mit dem Wingsuit dort aus einer Höhe von 7220 Metern für seinen Sponsor in die Tiefe. Helmkamera und Newsticker inklusive. Denn die Medienaufmerksamkeit bestimmt den Marktwert der Marke. In diesem Kreislauf nimmt jeder seinen Platz ein: Profisportler und Sponsoren, Berichterstatter und Rezipienten. Wer verändert hier wen? Und bekommen alle, was sie erwarten? Wir laden ein zu spannenden Exkursen in einem unübersichtlichen Spiel.

© Visual Impact/Thomas Senf

Pride
adidas
RedBull

Was ist eine Nachricht wert?

Bergsteigen in den Medien. Untersuchung eines Phänomens

>> Franziska Horn

Höher, schneller, weiter – auch der Bergsport dreht sich um immer neue Leistungen und Rekorde. Davon lebt die Profiszene. Und die Sponsoren. Dabei geht es beim Extrembergsteigen um sehr viel mehr als um Höhenmeter und Muskelkraft: Am Berg potenzieren sich menschliche Träume, Dramen und Traumata – seismografisch aufgezeichnet an breiter Medienfront. Erst recht in Zeiten von Social Media und Egomarketing.

Granit, Gneis, Schiefer: Geologisch betrachtet sind Berge nichts als ein Haufen Steine. Für uns Menschen sind sie weit mehr: Für manche ein Turngerät. Für viele eine riesige Leinwand für Träume und Projektionen. Jenseits ihres Gipfelspitzen-Rankings besitzen die Riesen dieser Welt für uns einen imaginären, ideellen und vor allem emotionalen Wert. Man könnte ihn mit dem Wert einer Aktie vergleichen, die eigenen Marktgesetzen unterliegt: Gilt ein Berg als unbezwingbar hoch, weil zahlreiche Bergsteiger scheiterten, weil Menschen ihr Leben ließen, scheint seine Eroberung unendlich wertvoll. Als unsterblich gilt der, dem das scheinbar Unmögliche gelingt, der zuerst seinen Fuß auf den Gipfel setzt. Siehe Everest, siehe Hillary und Norgay, die die Grenzen menschlicher Leistungsfähigkeit erweiterten.

Unzählige Schlagzeilen feierten 1953 die „Eroberer". Damit fiel auch der Startschuss für eine neue Phase: der Everest als Trophäe im Tourenbuch. Bis irgendwann die erste Frau den Gipfel erreicht. Damit mutiert das Gestein zum „Frauenberg", die Trophäe verliert an Wert. Dann sterben erneut Alpinisten in seinen Flanken, stürzen ab, erfrieren, ersticken in Lawinen – reflexartig be-„schreiben" Mensch und Medien den Berg als *mont maudit*, als verfluchten Berg, als böse Übermacht, als Monster. Der Kurs der steinernen Ikone steigt, dokumentiert von Presse und Publikum. Bis 16- oder 80-Jährige, Beinamputierte oder Menschen mit Fahrrädern zum Gipfel kriechen, stets begleitet, gefeiert oder verrissen vom Echo der Gazetten. Dem Berg selbst ist das wurscht. Er hat nur den Wert, den wir ihm beimessen. Wir sind es, die bewerten, kreativ erfinden wir Rankings und Klassifikationen, Messlatten und Schwierigkeitsskalen – vordergründig, um den Berg einzuordnen.

Doch eigentlich geht es um: uns. *Wir* brauchen das Kräftemessen, den Wettkampf, den Leistungsabgleich, die Hierarchie, so nötig wie die Luft zum Atmen. So scheint es. Und die betreffende Dokumentation dazu. Dank Facebook, Twitter & Co kein Problem. „Ich steige, also bin ich!" Wir sind es, die Abenteuer suchen, manchmal auch Gefahren. Wir sind es, die sich selbst über- oder die Risiken der Natur unterschätzen. Der Berg ist und bleibt ein Schauplatz, eine Kulisse, eine Arena für die Projektionen des Menschen – die Medien bilden dieses Geschehen ab, tragen es weiter, stellen es dar, bündeln, spitzen zu, über- oder untertreiben, bis hin zum Verriss: Seit Menschen bergsteigen, schreiben sie darüber, quer durch die letzten Jahrhunderte und mit steigendem Output. Heute eben auf den Kanälen der Neuzeit.

Warum das so ist? Weil wir kommunikative Wesen sind. Weil wir uns mitteilen wollen. Weil wir beeindrucken wollen. Das gilt für Amateure wie Profis, in diversen Dosierungen. Die wenigsten Alpinisten suchen den Berg, um hernach im stillen Kämmerlein die Erlebnisse Revue passieren zu lassen. Erst im Darüber-Reden manifestiert sich die Leistung, wird greifbar. Und publik. Wir tun es zuerst einmal für uns, vielleicht – im zweiten Schritt aber, um davon zu erzählen. Und zwar (beinahe) jeder und ständig: eine wahre Informationsflut. Im Zeitalter von Egobranding und Social Media wird Aufmerksamkeit somit zum hoch gehandelten Gut. Es geht um nichts weniger als um Anerkennung. Und um Geld. Wer vom Bergsport leben will, braucht Bekanntheit und einen Marktwert. Er muss hervorstechen, sich durch ein spektakuläres Tourenbuch als Marke etablieren. Dann klappt's vielleicht auch mit einem Sponsor. Der internationale Zirkus der Medien ist die Arena dazu, in der jeder seine Funktion hat: Akteure und Journalisten, Marken und Medien.

Skandale im Olymp

Was aber ist eine Nachricht wert? Höher, schneller, weiter – auch am Berg brauchen Athleten immer neue Rekorde, Leistungen, Sensationen oder Schlagzeilen, um sich hervorzutun, um die Benchmarks zu verschieben. Davon lebt die Profiszene. Die Spitzenleistung von Mensch und Material scheint dabei beinahe ausgereizt: Was eine Kletterroute im 12. Grad nach UIAA-Skala oder eine 8000er-Begehung im Winter erfordert, ist für die Mehrheit kaum nachvollziehbar. Daher entscheiden manche Medien nach eigener Logik, was eine Nachricht wert ist. Der Tod eines Sherpas am Everest ist es nicht unbedingt – wenn zuvor in derselben Saison schon 15 westliche Bergsteiger ihr Leben dort verloren haben.

Dass es häufig Katastrophen-Meldungen sind, die den Medienmarkt beherrschen, hat weitere Gründe: Eine schlechte Nachricht verkauft sich bis zu zehnmal besser als eine positive Meldung, was evolutionsbiologische Gründe hat. Die hauptamt-

Aufgezoomt: „Wer wegen einer Kamera mehr Risiko eingeht, ist ein Trottel", meint der Zermatter Bergführer Michi Lerjen und wird damit vielen Kollegen aus der Seele sprechen. Im Bild Roger Schäli und Robert Jasper beim Making-off des Eigerbeitrags für die TV-Serie „Die sechs großen Nordwände der Alpen". Hinter der Kamera: Günther Göberl

© Heli Putz/outdoor-leadership

Wer ganz nach oben will, muss Meister der Selbstinszenierung sein – das verbindet Politiker und Spitzenbergsteiger: Jede Aktion wird professionell und strategisch auf ihre Medienwirksamkeit durchdacht.

Collage von Andreas Krauth und Simon Schels

lichen Schlagzeilenmacher des Boulevards sind darauf trainiert, die Bandbreite menschlicher Emotionen auszuloten. Auf Seiten der Leser führt das zu einer gewissen Gewöhnung – zwangsläufig dreht sich die Skandalschraube also immer höher.

Auch marketingstrategisch dreht sich das Rad beständig weiter. Um das Erfinden immer neuer Etiketten ist man da nicht verlegen. Der Eroberung des welthöchsten Bergs folgte das Besteigen aller 14 Achttausender („Himalayan Crown" genannt), getoppt durch das zweimalige Besteigen aller vierzehn 8000er. Unterdisziplin: mit oder ohne Flaschensauerstoff. Es folgten die Seven Summits, die Seven Second Summits, dann die Seven Triple Summits – Erster auf den 21 höchsten Bergen der Welt. Wer nicht bis in den Himalaya reisen will, kann alternativ die 82 Viertausender der Alpen erklimmen, vier Viertausender in vier Tagen, oder besser noch: in einem. Kaum zu schlagen scheint Aron Ralston, der alle 59 Viertausender von Colorado erkletterte, einige davon mit selbstamputierter Hand. Wofür? Für einen Platz in der Alpingeschichte, einen Film in Cinemascope, einen Eintrag ins Buch der Rekorde, einen Artikel im Leitmedium oder zumindest eine Erwähnung im heimatlichen Käseblatt.

diverser Gruppierungen. Und je nach Profil ziemlich dankbar für Nachrichten aus der Todeszone: Höhenrekorde, Helden oder Horrormeldungen verkaufen sich gut. Kein Zufall, dass gerade der Spitzenalpinismus im Medienfokus steht: Er spiegelt in konzentrierter Form menschliche Dramen und Schicksale wider. Das liegt in der Natur der Sache. In extremer Höhe sind Ressourcen und Kräfte knapp, Fehler oder Unfälle potenzieren sich schnell zu unlösbaren Hindernissen, die über Leben und Tod entscheiden können. Freud und Leid liegen nahe beieinander.

Auch Angst und Anerkennung, zwei der stärksten menschlichen Motive, sind hier besonders eng verknüpft. Das Überwinden des eigenen Selbst, der eigenen Schwäche, der Schwerkraft, der Höhenangst, das Erreichen eines Ziels, der Triumph, die großen Emotionen – darum geht es beim Bergsteigen, jenseits aller Höhenmeter und Zahlenspiele. Diese Emotionen sind es, für die sich die Menschen – und daher auch die Medien – interessieren. Es geht um Erfahrungen, die viele teilen können, auch ohne selbst bergzusteigen. Scheitern oder Gelingen, Truppenmoral oder Teamgeist, Egotrip oder Ehrgeiz – nicht zu vergessen das Naturerlebnis – das sind Emotionen, Eigenschaften, Erfahrungen, die jeder kennt. Erfolg oder Misslingen, Neid und Eifersucht – am Berg erscheint das alles größer und intensiver als im Tal.

Medien sind ***Lautsprecher*** *und drücken aus, was Menschen denken*

Noch ein Fakt: „Die Medien" als eigenes Lager, als von der Menschheit abgekoppelte Kommunikationszentrale vom anderen Stern, die gibt es so nicht. Das wäre zu einfach. Medien drücken aus, was Menschen denken: Bergsteiger und Nichtbergsteiger, Kenner und Laien. Natürlich bedient jedes Medium seine Zielgruppe, mit unterschiedlichem Anspruch an Qualität und Ehrenkodex, je nach Profil, ob Boulevard oder Fachorgan. Aber: Es gibt keine Macher ODER Empfänger, keine in Lager getrennte Parteien – keine blinde Masse, manipuliert von einigen wenigen Schreibern. Was es gibt, sind Wechselwirkungen. Und natürlich Lobbys, auf allen Seiten. Medien sind Lautsprecher

Einzig wahrer Alpinismus versus Alpinismus als Ware

Wie Medien das Höhenbergsteigen wahrnehmen, das thematisiert die Alpinszene zunehmend selbst: Der International Mountain Summit (IMS) in Brixen beleuchtet regelmäßig das teils gespannte Verhältnis zwischen Bergmensch und Berichterstatter. Im Oktober 2012 diskutierten Alpinisten und Autoren auf dem IMS über Spitzenleistungen, Skandale und Sponsoren.

Idole zum Anfassen mieten: Wer es nicht selbst auf die höchsten Gipfel der Welt schafft, kann zumindest einen Achttausender-Veteranen über heimische Hügel begleiten. Reinhold Messner im Fan-Gespräch bei einer Wanderung des Südtiroler International Mountain Summit (IMS)

© Manuel Ferrigato/IMS

Links: Florian Riegler (rechts) und Steve Swenson beim IMS Talk

© Piotr Drozdz/IMS

Wie nutzen Alpinisten die Medien, wie berichten Medien über die Berge? Wann lässt sich eine Berggeschichte gut verkaufen, wann hat sie das Potenzial für eine Titelstory? Ist gut geschwindelt besser verkauft? Ist das Scheitern spektakulärer als der Erfolg? Muss Leistung messbar sein, um verstanden zu werden? Wie müssen Berge sein, damit sie in Zeitung, Radio, Fernsehen Aufmerksamkeit erhalten? Was interessiert Leser, Hörer, Zuschauer wirklich? Und: Wann ist der Berg eine Nachricht wert?

Mit diesen Fragen stand Moderatorin und Medienwissenschaftlerin Marlis Prinzing vor einer komplexen Aufgabe. Sie ging es gründlich an und klärte erst einmal die Grundfunktionen von Journalismus: Wie ticken Pressevertreter eigentlich? Warum wird manches zur Story, anderes nicht? Während die einen Journalisten sich eher als investigative Wachhunde betrachten, bevorzugen andere die Rolle des nüchternen Nachrichtenvermittlers – beide Spezies folgen dabei Kriterien wie Aktualität, Relevanz, Tragweite, Identifikation oder Prominenz. „Sie entscheiden, warum eine Bergstory manchmal keine ist und manchmal eine ganz große", so Prinzing. Als Teilnehmer begrüßte Prinzing Fachjournalisten, PR-Vertreter und Alpinisten: Skyrunner Christian Stangl, der 2010 einen Gipfelsieg am K2 vortäuschte, seitdem um Glaubwürdigkeit kämpft und als Enfant terrible des Alpinismus gilt. Die Position des sich selbstkritisch hinterfragenden Berg-Aktivisten vertrat der Südtiroler Alpinprofi Hanspeter Eisendle, Weggenosse Messners und intimer Kenner der Alpinszene, der sich bewusst für ein Leben als Bergführer und abseits des Medienrummels entschied. Die Medienseite vertrat die Wiener Journalistin Eva-Maria Bachinger, flankiert vom italienischen Journalisten Marco Albino Ferrari („Meridiani Montagne") sowie von Christoph Engl, Direktor Südtirol Marketing.

Bergsteigen ist ein Produkt, das vermarktet werden muss

Die Runde kam schnell zur Sache. Warum das Lawinenunglück im August 2012 am Mont Blanc mit neun Toten weitaus mehr Schlagzeilen generierte, als Tausende Verhungerte in Afrika es tun, das stellte Prinzing als erste Überlegung in den Raum. Die Antwort vorneweg: Weil uns die Bilder von Helden und Verlierern, vom Gewinnen und Scheitern, von Mut und Aufgeben direkt(er) berühren und so alt sind wie die Menschheit. Weil Tod, Drama und Abenteuer uns faszinieren oder abstoßen, aber nicht kaltlassen. Und weil die Sensation dieser Themen wohl das schlechte Gewissen, das uns angesichts ausgemergelter Biafrakinder befällt, überlagert.

„Journalismus bildet nicht die Realität ab, sondern konstruiert eine Medienwirklichkeit", sagt Prinzing. Alpinisten und Journalisten seien in einer Win-win-Situation aufeinander angewiesen, so die Moderatorin. Was aber nicht auf Werbung hinauslaufen solle, sondern auf gut erzähltes „storytelling". „Das gibt es selten", sagt sie und: „Dass

Medien, Macher, Meinungen – der Markt verlangt ständig neue Nachrichten, neuerdings sogar als Tablet-Magazin (rechts), die Protagonisten liefern nach: Erstbegehungen, Rekorde, Bestleistungen. Doch bilden die Texte und Fotos jemals die Wirklichkeit ab? Die Antwort: Mal mehr, mal weniger. Im besten Falle erzählen sie eine gute Geschichte.

sich gute Storys meist um schwache Menschen statt um strahlende Helden drehen, ist ebenso eine Tatsache." Ein Journalist, der sich vor allem als Anwalt verstehe, werde jenseits reißerischer „Scoops" versuchen, eine Brücke zu schlagen zwischen Akteuren und Lesern – um vor allem Verständnis für den Alpinismus zu wecken. Auch gebe es kulturelle Kriterien, die über Tendenzen der Berichterstattung entscheiden: „In Italien ist zum Beispiel der Unterhaltungswert wichtiger als in Deutschland oder in Österreich", erklärt Prinzing.

Bei diesem Stichwort erhielt Alpinist Christian Stangl das Wort: „Als sogenannter Skyrunner war ich zehn Jahre lang Alleinunterhalter. Man muss eben ein Produkt auf den Markt bringen, das sich verkaufen lässt." Das klingt ökonomisch orientiert. Am entsprechenden Hype um seine Person gibt er einigen Medien die Mitschuld. „Ich weiß nicht, wie es zu einer derart hohen Aufmerksamkeit für meine Person gekommen ist, ich kann es nicht beantworten", sagt er, und: „Ich hab irgendwann festgestellt, dass ich in der Höhe recht gut funktioniere, ich hatte Erfolg und verdiente damit mehr als in meinem Beruf als Elektrotechniker. Die Sponsoren sind zu mir gekommen, nicht umgekehrt. Vielleicht lief es einfach zu gut bei mir. Am K2 war dann Schluss." Dass die Mechanik der Medien zum Pirouettendrehen auf internationalem Parkett provoziert, diese Dynamik ist nachvollziehbar. Doch gleichzeitig nimmt sich Stangl mit seinen Worten und der Weitergabe der Schuld ein Stück jener Eigenverantwortung und Selbsteinschätzung, die gerade für Extrembergsteiger so lebensentscheidend ist. Aktuell will Stangl übrigens die „Triple Seven Summits" vollendet haben, die höchsten 21 Berge der Welt – ein noch unverbrauchtes Etikett für alpine Großtaten. Daneben helfe er mit, noch unerforschte Gipfel zu vermessen und kartografieren. Die gibt es allenfalls noch auf dem Mars, könnte man da einwerfen. „Die Ziele und Rekorde gehen jedenfalls nie aus", sagt Stangl. Wohl aber der allgemeine Glaube an die Notwendigkeit dieser immer konstruierter wirkenden Etiketten.

„Alpinisten brauchen Sponsoren und daher Medieninteresse", stellte die Moderatorin sachlich fest. Hanspeter Eisendle zitiert sinngemäß hierzu erst einmal weise Worte des Münchner Regisseurs Herbert Achternbusch: „Solange es Berge gibt, gibt es keine Gerechtigkeit." Denn die liegt ja wohl vor allem im Auge des Betrachters. Zu Stangls Ausführungen meinte Eisendle knapp: „Jeder kriegt die Konsequenzen seines eigenen Tuns zu spüren." Manchmal leiden darunter auch andere, denn seit dem Lügenskandal um Stangls K2-Begehung fühlen sich viele Alpinisten selbst mit an den Pranger gestellt. Eisendle selbst begreift das Bergsteigen eher als Kunstform denn als vergleichbare Leistung. „Gelingen mir wirklich menschliche Grenzleistungen am Berg? Oder ende ich womöglich als Scharlatan, der versucht, Zahlen, Fakten und Erfolge vorzutäuschen?", fragte Eisendle sich einst selbst – und entschied sich konsequent gegen eine öffentliche Karriere in all ihrer Exponiert-

heit. „Mich interessieren persönliche Grenzgänge, die ich gerade noch selbst verantworten kann, die mein eigenes Können ausloten."

„Bergsteigen ist ein Produkt, das vermarktet werden muss", folgerte Prinzing. Gemäß dieser Logik teilt es das Schicksal der Warenwelt, die von Werbung, Anpreisungen und Superlativen lebt – diese bringen beim Bergsteigen jedoch entsprechende Risiken mit sich. Unfälle und Unglücke bleiben dabei kaum aus. Vor allem Boulevardmedien reagieren auf Katastrophenmeldungen gern mit Empörung, stempeln die einen zu Helden, die anderen zu Opfern, den Berg zum Monster. Qualitativer Journalismus sieht anders aus: Er hinterfragt, verzichtet auf Getöse und Einseitigkeit, er sucht nach Motiven und Tatsachen. „Nicht nur die Empörung ist ein Motiv, sondern auch das Scheitern und die Person, die dahintersteht. Mich interessiert der Preis, den jemand zahlt, der Schweiß, die Tränen, nicht das Perfekte und Vordergründige, nicht das Rauf-Runter einer Gipfelbesteigung", sagt Eva-Maria Bachinger, die für die Salzburger Nachrichten und die Wiener Zeitung schreibt. Mit diesem Statement zählt Bachinger zum – sicher überschaubareren – Kreis von Autoren kritischer Haltung.

Und was ist eigentlich mit dem Naturerlebnis, oder dem Bild vom Berg, genügt das denn nicht? „Berge an sich lassen sich nicht vermarkten", erklärt Christoph Engl, Direktor von Südtirol Marketing, „aber Geschichten über Menschen. Es geht um die Erfahrung, die man macht, um Erlebnisse, um Konfrontationen mit der Gefahr." Welche Bergbilder denn am meisten berühren, wird er gefragt: Matterhorn? Eiger? Everest? Seine Antwort überrascht: „Nicht die grausamen, wilden sind besonders gefragt, sondern die lieben, netten Berge, die sagen: Auch du kannst mich erreichen! Diese Art von Bergbildern hat am meisten Erfolg!" Sein Rezept: „Es geht um den Menschen, der mit dem Berg in Beziehung tritt. Gute Storys brauchen einen Helden, ein Scheitern, zum Schluss bleibt dann vielleicht die Erfahrung als Gewinn. Das will man lesen und daraus lernen, ohne die Erfahrung selbst machen zu müssen – das ist klassisch, aber nicht bergspezifisch. Es gibt Fragen, die uns alle interessieren: Wie komme ich einen Schritt weiter? Was ist eine Grenzerfahrung? Wie muss ich ein Risiko kalkulieren, damit ich nicht darin umkomme? All dies sind übertragbare Werte!"

Was ist wahrer Alpinismus?

Einer der Talk-Teilnehmer glänzte durch Abwesenheit: „Marketingalpinismus ist geistige Umweltverschmutzung. Darum komme ich erst gar nicht zur Diskussion", soll Heinz Mariacher als Grund für seine Absage geäußert haben. Damit outet sich der Tiroler Sportkletterer und Bergführer als Vertreter einer Fraktion von Alpinisten, die öffentliche Selbstdarstellung kategorisch ablehnen. Was den anwesenden Autor Marco Albino Ferrari zur Forderung bringt: „Der Alpinismus muss sich neu erdenken". Hanspeter Eisendle unterstützt ihn: „Kann man angesichts mancher Zeitungsartikel

Manchmal ist eine Portion Wahnsinn mit am Start: Als „verrücktester Slackliner der Welt" hat es der Amerikaner Andy Lewis, genannt „Sketchy Andy", auf das Werbeplakat (rechts) des European Outdoor Filmfestivals EOFT 12/13 geschafft.
© eoft.eu

überhaupt noch unterscheiden zwischen PR oder echter Story? Ich würde gerne eine Lanze brechen für jene Alpinisten, die ihre Projekte abseits der Öffentlichkeit im Stillen durchziehen." Er nennt auch gleich ein Beispiel: „Sandy Allans und Rick Allens Überschreitung des rund 10 Kilometer langen Mazeno-Kamms am Nanga Parbat 2012 war ein wahres Meisterstück – das ist wahrer Alpinismus. Der Rest ist zu 80 % Show."

Was denn eigentlich „wahrer Alpinismus" sei, fragte da folgerichtig die Schweizer Journalistin Andrea Kucera aus dem Publikum. Schnell entspann sich eine Diskussion um die – bedenkliche! – Moral mitteilungsbedürftiger Alpinisten und übereifriges Kommunizieren von Höhenmetern. Aber: Schmälert es eine Leistung, wenn man darüber spricht? Und: Kann die Mehrheit der Menschen alpine Spitzenleistungen überhaupt nachvollziehen oder bleiben diese abstrakt? Wie hilfreich sind dabei Bewertungen, Einteilungen, Klassifizierungen? Eisendle beantwortete das für sich: „Sagen wir es so: Es gibt erst-, zweit- und drittklassigen Alpinismus, nicht gut oder schlecht. Für mich geht es im Alpinismus um menschliche Tiefe, nicht um Rekorde, nicht um Helden. Es geht um Werte wie Glaubwürdigkeit und Vertrauen."

„Die Abhängigkeit von zu vielen Sponsoren macht unfrei", befürchtet Bachinger, die sich selbst keinesfalls in den Dienst von Hofberichterstattung oder Bewunderungsjournalismus stellen will. „Viele Bergsteiger behaupten, dass die Medien Geschichten inszenieren. Das kann man jedoch nicht so isoliert betrachten. Es gibt eine Bühne, Akteure, Publikum – dieser Zusammenhang ist wichtig." Eisendle geht noch einen Schritt weiter: „Nicht die Medien sollen die Alpinisten vor sich hertreiben, sondern umgekehrt. Die besten Bergsteiger sind eh unbekannt!" Dass es gar nicht auf Zahlenspiele ankomme, habe Messner bewiesen: „Er hat sein Leben lang Spitzenalpinismus betrieben, ohne die üblichen Marketingphrasen zu dreschen!"

Dass man heute am Selbstmarketing kaum vorbeikommt, wissen die Fraktionen nur zu gut. Es bietet Chancen wie auch Gefahren: „In Social-Media-Zeiten lassen sich PR-Erfolge nicht mehr so leicht kontrollieren oder steuern. Gerade hier liegt eine Möglichkeit für Alpinisten, aktiv zu werden", sagt Marketingspezialist Engl. Das Fazit kommt von IMS-Organisator Alex Ploner selbst. Er befürchtet: „Wir Journalisten sehen vor lauter Bergen die Berge nicht mehr." Den Durchblick und den Blick aufs Wesentliche zu behalten, darum geht es also – das gilt für Alpinisten gleichermaßen wie für Medienvertreter.

Bergsteigen im dritten Jahrtausend

Treiben Sponsoren und Medien den Alpinismus an? Oder etwa Alpinisten die Medien? Wer manipuliert hier eigentlich wen? Eine bodenständige Antwort auf die Frage nach gegenseitigen Manipulationen findet der Schweizer Bergführer Michi Lerjen im Rahmen der Filmdokumentation „Das letzte Wort hat der Berg – Pioniere am Matterhorn". Die hochwertige Doku entstammt der Serie „Die sechs großen Nordwände der Alpen" und wurde 2012 von Jochen Hemmleb, Tom Dauer und Gerald Salmina für den Privatsender ServusTV produziert. Für den Film versuchten Lerjen und sein argentinischer Partner Jorge Ackermann, vor laufender Kamera die „Gogna-Route", einen der anspruchsvollsten Anstiege durch die Matterhorn-Nordwand, zu wiederholen. Lerjens Kommentar: „Wenn man wegen einer Kamera mehr Risiko eingeht, ist man ein Trottel. Ob du einen guten oder einen schlechten Tag hast – du kannst nur abrufen, was du eben kannst. Ob eine Kamera dabei ist oder nicht – deswegen kannst nicht besser oder schneller klettern." Zum Bergsteigen gehöre das Nein-sagen-Können einfach dazu, findet er. „Deswegen ist der Alessandro Gogna ja auch noch unter uns, weil er wahrscheinlich die zwei, drei Mal mehr gewusst hat, wo Schluss ist, wann Zeit ist

*Treiben **Sponsoren** und Medien den Alpinismus an? Oder **Alpinisten** die Medien?*

Und manchmal schreibt das Leben andere Geschichten, als sie das Drehbuch vorsieht: Der Film über Stefan Glowaczs Expedition zum Mount Roraima ist auch eine Hommage an den 2010 verunglückten Seilpartner Kurt Albert.

© Copyright Red Bull Media House/MFA + FilmDistribution e. K.

zum Umdrehen. Es gibt andere, die das nicht getan haben. Die sind heute nicht mehr dabei."

Aber: Wächst der Beobachtungs- und Leistungsdruck durch Sponsoren und Medien nicht trotzdem ständig? Kann man sich dem entziehen? Man muss es wohl: „Das gibt es, dass du mal keinen guten Tag hast – das gehört zum Bergsteigen dazu. Aber da wird wohl kaum ein Film drüber gemacht, dass einer sagt: Das ist heut nicht mein Tag, ich kann die Route nicht klettern! Kostet vielleicht 300.000 Franken. Ist aber die Realität. Wenn man nicht hundertprozentig dabei ist, wenn es im Inneren nicht stimmt, geht es eben nicht. Weil es ist ja mein Leben, das auf dem Spiel steht." Man nimmt es Lerjen ab, auf ganzer Linie. Doch Lerjen kennt das Dilemma: „Wenn du Profi bist, musst du Leistungen bringen. Die sind aber schwer messbar und oft schlecht darstellbar. Das verleitet den einen oder anderen, eine Leistung teurer zu verkaufen, als sie es war." Dass schon allein die Präsenz der – meist aufwändig gesicherten Filmteams – die Ausgangssituation des Kletterers in der Wand beeinflusst, sorgte bereits wiederholt für Diskussionsstoff, egal wie unauffällig sich der Kameramann dabei in die Wand drückt. Auch, dass manche Stars der Szene ihre „stillen" Glanzleistungen publikumswirksam für die Kamera nachstellten. Aus Sicht der Puristen und Hardliner ist das ein No-go, da die inszenierten Szenen ein falsches Bild kolportierten, so argumentieren sie. Gleichzeitig verlangen die Beobachter des Leistungs-Alpinismus nach Beweismaterial in Form von Fotos: Auf einem Berg warst du eben erst, wenn es ein Foto davon gibt. Nach George Mallorys Kamera, 1924 beim Versuch der Everest-Erstbegehung verunglückt, wird bis heute gefahndet. Aber: Kann es das überhaupt geben, ein „authentisches" Bild, das nichts als die reine Wahrheit transportiert?

„Auf einem Berg warst du erst, wenn es ein Bild davon gibt." Damit dieses entsteht, ist buchstäblich höchster Einsatz gefragt, egal ob am Mount Roraima in Südamerika oder am Eiger (rechts) – das gilt für Technik, Know-how und alpinistisches Können.

© Klaus Fengler/MFA + Filmdistribution e. K. (links); Heli Putz/outdoor-leadership (rechts)

Bergsteigen 2.0 oder: Wie wirklich ist die Wirklichkeit?

Noch ein aktuelles Beispiel aus dem wahren Leben: Im Sommer 2012 erlebte Hans Kammerlander eine mediale Schlammschlacht, die mit harten Bandagen ausgetragen wurde, losgetreten von Journalist Andreas Lesti (Spiegel, FAZ). In diversen Artikeln sorgte Lesti sich um die Glaubwürdigkeit von Kammerlanders Besteigung der Seven Second Summits. Er stellte dessen Gipfelerfolg am Mount Logan massiv in Frage und rückte Kammerlander mehr oder weniger explizit in die Betrüger-Ecke.

Lesti argumentierte mit einem Abgleich von Gipfelfotos. Das scheint heute einfach wie nie: Die Vermessung der Welt ist abgeschlossen, jeder Handy-Besitzer mit Onlinezugang fühlt sich befähigt, von Hamburg oder Honolulu aus die Topografie der höchsten Erdengipfel via GoogleEarth beurteilen zu können. Offensichtlich reicht dies als Expertise, um ferndiagnostisch vom Schreibtisch aus Urteile zu fällen – selbstberufen als Schiedsrichter sozusagen.

Mit detektivischer Akribie verglich Lesti nach Profiler-Manier Fotoausschnitte und Sichtachsen, als handele es sich um die Indizien eines Strafprozesses. Der vermeintliche Scoop zog seine Kreise, Print- und Onlinemedien griffen ihn auf, schließlich postete ein User den Skandal anonym im österreichischen Bergsteiger-Forum bergsteigen.at. Weitere User schalteten sich ein. Von „Hexenjagd" war da die Rede, von Denunzianten, von künstlich konstruierten Skandalen. Jeder redete mit, schimpfte, polemisierte. Einmal mehr fiel der Name Christian Stangl (Kammerlanders Konkurrent im Rennen um den begehrten Seven-Summits-Titel), dazu der Verdacht, er habe Lesti und damit die Öffentlichkeit für eigene Zwecke instrumentalisiert.

Wie verbissen mag ein Kampf um Ruhm und Lorbeeren sein, wenn sich dessen Protagonisten Stück für Stück selbst demontieren? Schließlich schalteten Kammerlander und Lesti sich persönlich in die Diskussion ein, posteten Plädoyers, Beweise, Rechtfertigungen. Kammerlander nahm Stellung, räumte Unklarheiten ein, widerlegte böse Absichten. Doch da war es längst zu spät. Das Thema hallte ungebremst und medial vervielfacht aus allen Wänden der Alpen wider. Das Beispiel zeigt die Absurdität eines fehlgeleiteten Kampfes um Gipfeltrophäen, um Popularität, um Marktwert und um Schlagzeilen.

Bekanntheit bringt Marktwert bringt geldwerten Vorteil. Omnipräsenz ist lukrativ, das nutzen einige Spitzenalpinisten mit Strategie und Initiative: Proaktiv bedienen sie die gesamte Klaviatur der Social-Media-Kanäle wie Twitter, Facebook oder Youtube. Sie betexten ihre Homepages ta-

Am Everest kann man dank einer chinesischen Handy-Antenne auch noch über dem Vorgeschobenen Basislager auf 6550 Metern Höhe die neuesten Nachrichten vom Berg senden.

© Jochen Hemmleb

Links: Neue Bilder braucht das Land, das verlangt Kreativität und Spitzentechnologie: Bei David Lamas Expedition zum Trango Tower/ Pakistan im Rahmen des 150-Jahre-Jubiläumsprojektes von Mammut, 2012, liefern ferngesteuerte Drohnen nie dagewesene Perspektiven direkt aus der Steilwand.

© Mammut/Corey Richards

gesaktuell, posten in Foren, berichten live aus dem Basecamp, geben Radio-Interviews via Satellit aus der Steilwand. GoPro-Kameras verschaffen nie gesehene Aufnahmen der Speedabfahrt vom Manaslu ebenso, wie ferngesteuerte Drohnen die spektakuläre Kletterroute am pakistanischen Trango Tower illustrieren. Warum auch nicht? Der technische Fortschritt macht's möglich.

Sie drehen Filme, schreiben Bücher im Jahrestakt und feilen schon in den Hochlagern der 8000er an ihren Vorträgen. Unten im Tal boomen die Filmfestivals, immer mehr Outdoor-Marken touren mit eigenen Filmvorträgen durch die Lande, promoten Testimonials, pushen Produkte und polieren das Markenimage. Das Bild vom Berg – wird immer mehr geprägt durch mobile Film-Events wie die European Outdoor Film Tour (EOFT), die Reel Rock Film Tour oder Warren Miller's Filmclip-Stakkato namens „Wintervention": *Like there's no tomorrow*, so lautet das Motto, unter dem sich hippe Freerider seriell in Steilwände stürzen. Der Adrenalin-Kick muss her, am besten täglich, nur dazu bereisen die Protagonisten die Kontinente der Erde. Ob Kasachstan, Kanada oder Kaunertal, das spielt beim schnellen Konsum schneegefüllter Couloirs und Rinnen keine Rolle mehr.

Marketing in Reinform, das zelebriert wohl keine Firma so lupenrein wie Dietrich Mateschitz' Limolabel Red Bull. Während sich das Label anfangs ein Spektakel aus crazy Gigs, Gags & Stunts vor den Wagen spannte, agiert die Marke heute zunehmend als Medienunternehmen. Sie ergänzte den eigenen Sender ServusTV um eine Talk-Show („Hangar7"), ein wachsendes Zeitschriftenportfolio sowie jüngst um einen Verlag. Auch Bergfilmfestivals in Banff, Graz, Chamonix oder am Tegernsee schaffen den nötigen Raum für den facettenreichen Kosmos des Alpinismus. Dass jeder Film, jedes Bild, jeder Text (auch dieser) automatisch eine Interpretation mitliefert, ist Tatsache. Absolute Neutralität und Objektivität kann es kaum geben. Kein Bild kann wirklich authentisch sein.

Die Luft unterm Hintern

Sylviane Tavernier, erste Bergführerin der berühmten Elitetruppe der Guides de Haute Montagne aus Chamonix, antwortete auf die Frage, warum es denn noch keine Verfilmung ihres spannenden Lebens gäbe: „Weil keine Kamera der Welt abbilden kann, um was es wirklich geht am Berg – noch nicht mal die immense Menge an Luft, die wir beim Klettern unterm Hintern haben!" Kein Bericht, kein Bild, kann hundertprozentig objektiv sein. Aber das Bemühen um Objektivität und Sachlichkeit sollte Bild- und Textjournalisten ebenso wichtig sein wie den Kletterern in der Wand das eigene, unverfälschte Erlebnis.

Flüchtige Tiefblicke

Ein Nachdenken über psychologische, philosophische und religiöse Elemente in den Inszenierungen des Extremalpinismus

>> Dennis Cramer

Profialpinisten leben nicht zuletzt von ihrer Medienpräsenz. In Vorträgen, Filmen und Multimediashows erzählen sie dem Publikum von ihrem Tun und Denken – in der stillschweigenden gegenseitigen Annahme, dass sie aufgrund eines erweiterten Erfahrungshorizonts wertvolle Erkenntnisse weitergeben können. Doch inwieweit sind solche philosophische Überbauten überhaupt glaubwürdig und tragfähig? Welche Botschaften kommen tatsächlich an? Dennis Cramer hat genauer hingehört.

Die Idee zu diesem Essay kam mir bereits im November 2011. Ich sah damals eine Gestalt stürzen. Kopfüber. Tiefer und tiefer. Aber es war kein unkontrolliertes Stürzen, kein Poltern. Es war ein freies Fallen. Ein Fallen entlang einer senkrechten, ja teilweise überhängenden Felswand. Kurz vor dem Boden erst öffnete sich ein Schirm. Gott sei Dank!

Die Gestalt war Thomas Huber, die Felswand entpuppte sich als die 600 Meter hohe Nordwand der Großen Zinne, und ich saß mit offenem Mund in der „Schranne", einem mittelalterlichen Veranstaltungssaal in Dinkelsbühl. Mit seiner Multimedia-Show „Im Vakuum der Zeit" tourte der ältere der beiden „Huberbuam" durchs Land. Und wie der Titel des Vortrages es erahnen ließ, stürzte er sich in eben jener Filmsequenz nicht nur von der Zinne, sondern mit seinen Ausführungen zugleich in ebenso schwindelerregende philosophische Abgründe. Er liebe diese Augenblicke, in denen die Zeit scheinbar stehen bleibe, bekannte er, diese reine Gegenwart. Und allein diese sich am Berg wiederholende Erfahrung sei der Motor, der ihn immer wieder zu seinen alpinistischen Spitzenleistungen antreibe.

Fragen der Motivation

Was Huber hier philosophierend zu beschreiben versuchte, lässt sich wissenschaftlich als das Phänomen der erlebten Selbst- und Zeitvergessenheit im „Flow-Zustand" bestimmen. Mihály Csíkszentmihályi hat diesen Begriff schon 1975 in die Motivationspsychologie eingebracht und bezeichnete damit einen beglückenden Tätigkeitsrausch, der dann eintreten kann, wenn bei einem zielgerichteten Tun Anforderungen und Fähigkeiten in einem ausgewogenen Verhältnis stehen.

Trotz dieser wissenschaftlichen Entsprechung sah ich Hubers Behauptung an diesem Abend kritisch. Ich fragte mich, wie sich diese vermeintliche Triebfeder des extremalpinistischen Tuns vereinbaren lässt mit dem übrigen Inhalt des Vortrages. Schließlich ging es in der Show vorwiegend um das Speed-Klettern: Passen Stoppuhr und Zeitvergessenheit zusammen? Wenn es wirklich Hubers vorrangiges und erklärtes Ziel ist, möglichst oft einen Flow zu erleben, müsste er sich dann nicht konsequenterweise von störenden äußeren Einflüssen befreien? Müsste er dann nicht auf Zeitvorgaben oder filmende Kamerateams verzichten? Und weiter spann ich meine Gedanken: Steckt er womöglich in einem Dilemma, weil er sich einen solchen Verzicht auf Rekorde und Medienpräsenz als Profibergsteiger gar nicht leisten kann?

Vielleicht war ich mit meiner Analyse auch zu skeptisch. Denn wie sehr Thomas Huber beim Klettern die Umgebung ausblenden kann, bewies er noch im Vortrag selbst in einem geradezu magischen Moment: Mit einem Mal erlosch der überdimensionale Beamer und es wurde finster im

Saal. Finster, bis Hubers Stirnlampe aufleuchtete und einen schwenkenden Lichtkegel auf die Leinwand warf. Und nun begann er, die Grifffolge des äußerst schwierigen Quergangs an der Westlichen Zinne zu imitieren. Als sei die Leinwand der nächtliche Fels, wanderten seine Hände und deren Schattenbilder von links nach rechts, mit traumwandlerischer Sicherheit.

Nach diesem fulminanten Vortrag, den ich mit zwiespältigen Gefühlen erlebte, reizte es mich, zu erforschen, welche typischen psychologischen, philosophischen und/oder religiösen Elemente sich in der aktuellen Vortragslandschaft der Spitzenalpinisten noch entdecken lassen. Ich wollte genauer hinhören und prüfen, wie glaubwürdig diese „Tiefblicke" sind. Deshalb begab ich mich im Frühjahr 2013 auf Vortragstournee, allerdings nicht als Referent, sondern als kritischer Konsument.

Mit dieser „Brille" also, die die tieferen Schichten eines Vortrages sichtbar machen will, saß ich alsbald in der Nürnberger Meistersingerhalle. Dort gastierte Stefan Glowacz als ein „Abenteurer des 21. Jahrhunderts", der „mit Fingerspitzen die Welt erobern" möchte. Ich saß da und sah … zunächst gar nichts! Erst nach der Pause und mit der Reise ins eisige und von endlosen Stürmen heimgesuchte Patagonien sollten Charakter und Ton des Vortrages umschlagen, vom rein Humorvollen ins Ernsthaftere wechseln. Als Glowacz und seine Begleiter am Fuße des abgelegenen Cerro Murallon wochenlang im Zelt verharren mussten, quälten ihn Selbstzweifel. Die Zeit verging in lähmendem Tempo, das Team war mit nichts anderem beschäftigt, als wärmenden Tee zu kochen und die Gestänge des Zeltes von innen zusammenzuhalten. Doch Glowacz hielt an seinem Ziel unerbittlich fest. Er wollte dem Berg eine Erstbegehung im neunten Schwierigkeitsgrad abringen. Letztlich, im dritten Anlauf, glückte das Unternehmen tatsächlich. Und Glowacz „verstieg" sich nun, wie er selbst sagte, „zu der gewagten These, dass jeder erfolgreiche Mensch, sei es im Beruf oder im Privaten, auch ein Egoist sein" müsse. Er beispielsweise habe nicht auf die Stimmen gehört, die seine dreijährige Odyssee ans Ende der Welt in Frage gestellt hatten.

Entkleidet man diese Egoismus-These einmal ihres rhetorischen Gewands, so scheint sie mir weit weniger gewagt und innovativ, als behauptet wird. Welcher heutige Unternehmer würde dieser Behauptung denn widersprechen? Herrscht unter Führungskräften nicht weitgehend Einigkeit darüber, dass es maßgebender Persönlichkeiten und solcher mit eigenen Visionen bedarf, um ein Unternehmen erfolgreich führen zu können? Mehr kann Glowacz nach meinem Empfinden kaum gemeint haben, denn die Art und Weise, wie er seinen Vortrag hielt, wirkte ganz und gar nicht egozentrisch oder gar rücksichtslos. Unermüdlich nannte er stets die Namen aller Expeditionsteilnehmer und wer seine Biografie nicht kennt, der hätte an diesem Abend weder erfahren, dass er

Extremkletterer wie Thomas Huber oder Stefan Glowacz sehen sich als „Jäger des Augenblicks". Bleibt die Frage, ob im medialen Spiel der Jäger nicht zum Gejagten wird.

Vortragsplakat © huberbuam.de

Auch ein Individualist droht im Medien- und Eventbetrieb zu einem unter vielen zu werden.

Ende der 1980er-, Anfang der 1990er-Jahre dreimal den begehrten Rock Master in Arco gewonnen hat, noch dass er die dadurch gewonnene Prominenz zu nutzen wusste, indem er eine erfolgreiche Kletterschuhfirma gründete.

Doch Glowacz legte nach, schließlich hält er wie andere Spitzenalpinisten, die in diesem Beitrag noch genannt werden sollen, selbst in Chefetagen von Global Players Businessvorträge, in denen er den Fokus auf seine Erfolgsstrategien legt. Auch in diesem Unterhaltungsvortrag ließ er zwei weitere Schlüssel zum Erfolg durchblicken. Erster Schlüssel: Durch Versuch und Irrtum wird die Planung optimiert. Anstatt einmal mehr ein Expeditionszelt mitzunehmen, sägten die Unentwegten zu guter Letzt eine Eishöhle in den Gletscher, um ein verlässlicheres Basislager zu erhalten. Zweiter Schlüssel: Ein schlagkräftiges Team ist unerlässlich. Wertvoll sei die Erfahrung im Zweierteam gewesen, sich in den „emotionalen Windschatten" eines Partners begeben zu können, der gerade dann mental stark gewesen sei, als er selbst mit Motivationsschwächen zu kämpfen hatte oder ängstlich agierte.

Diesen Gedanken finde ich besonders interessant, steckt hinter ihm doch der von Niklas Luhmann geprägte kommunikationstheoretische Ansatz, wonach ein soziales System stets um Ausgleich bemüht ist und sich intern auch scheinbar festgelegte Rollen situationsabhängig austauschen können. Eine Expeditionsgruppe in der Abgeschiedenheit des Patagonischen Inlandeises darf sicher als ein mustergültiges Beispiel für ein solches soziales System gelten, da die Zahl menschlicher Einflüsse von außen denkbar gering ist und die Abhängigkeit voneinander zugleich sehr hoch. Ich hätte mir gewünscht, zu diesem zwischenmenschlichen Bereich noch weitere Erfahrungen von Glowacz zu hören.

Psychische Wechselspiele am Ende der Welt

Vielleicht kann das Bergsteigerehepaar Gerlinde Kaltenbrunner und Ralf Dujmovits hierüber weitere Auskünfte erteilen, dachte ich mir. Immerhin bestiegen die beiden sechs Achttausender gemeinsam, nachdem sie sich 2002 am Manaslu kennengelernt hatten. Und der doppeldeutige Titel ihres Vortrages versprach viel: „Leidenschaft 8000 – Tiefe überall". Meine Erwartung erfüllte sich teilweise in Filderstadt, beziehungsweise am K2, den die beiden 2011 von China her über den Nordpfeiler erreichen wollten und der Kaltenbrunners Achttausendersammlung komplett machen sollte. Am „Berg der Berge" divergierten sowohl die Risikowahrnehmung als auch die Risikobereitschaft der beiden. Während Kaltenbrunner von Anfang an „ein gutes Gefühl" bei dieser Expedition gehabt habe und deshalb den letzten Aufstieg auch bei widrigen Wetterverhältnissen, hüfttiefem Neuschnee und bei immenser Lawinengefahr wagte, kehrte Dujmovits um. Seine Vorsicht schob er auf sein Alter, er sei neun Jahre älter als sie. Außerdem sei er schon früher auf dem K2 gestanden, so dass er für sich mit der Besteigung nichts großartig Neues erreicht hätte. Vielleicht, so vermute ich, spielte aber neben diesem Motivationsunterschied auch eben dieser Ausgleich im System, der schon bei Glowacz anklang, eine Rolle: Weil Kaltenbrunner „Optimismus pur" ausstrahlte, musste Dujmovits eine bremsende, warnende Rolle im Beziehungsgefüge einnehmen. Und umgekehrt: Weil er zögerlich und skeptisch auftrat, konnte sie umso mehr als die treibende Kraft fungieren. Beide Haltungen bedingen sich gegenseitig, und wie Paul Watzlawick, ein weiterer Vater der systemischen Kommunikationspsychologie, mutmaßt, kann bei einer solchen Wechselwirkung zweier gleichwertiger Partner letztlich kaum geklärt werden, welche der beiden Grundhaltungen zuerst da war. Kaltenbrunner und Dujmovits trennten sich am K2, ihrer vorherigen Absprache zufolge, und fortan unterstützte er sie und das verbleibende Team am Berg wertvoll aus der Distanz, indem er Wetterinformationen und Geländeeinschätzungen weiterreichte.

Ines Paperts Auftritt im eng getakteten Messebetrieb der Sindelfinger Thermikmesse glich einer Stippvisite. Zwischen bunten Gleitschirmen konnte sie nur kurze Auszüge aus ihrer Show „In Fels und Eis" präsentieren. Nachdem sie sich vom Wettkampfsport verabschiedet habe, reize sie wieder verstärkt der Berg und Erstbegehungen „by fair means". Die Botschaft, die bei mir haften blieb, war eher eine philosophische denn eine psychologische und lautete schlicht: „Back to the roots!" Aber kann man eine solche These zum alpinistischen Selbstverständnis schon als „Philosophie" bezeichnen? Im Sinne einer „Liebe zur Weisheit" beginnt Philosophieren doch erst, wenn Antworten auf die Grundfragen des Lebens gesucht werden. Also erst dann, wenn die Überlegungen über den begrenzten Bereich des Alpinismus hinausreichen und auf andere Lebensbereiche übertragen werden.

Diesen Transfer auf größere Zusammenhänge vollzog Alexander Huber im Alten Theatersaal von Eichstätt. Wie sein Bruder Thomas fasste er alle seine Geschichten vom Berg (und einen beeindruckend griffigen und kurzweiligen Abriss über die Geschichte des Alpinismus) in einen philosophischen Rahmen. Er habe, so erzählte er, schon seit seinem Physikstudium ein Faible für das „Raum-Zeit-Kontinuum". Berge träten bekanntlich im dreidimensionalen Raum hervor; die Zeit, so werde allgemein gemutmaßt, bilde die vierte Dimension, und als „fünfte Dimension" habe er nun „die emotionale Beziehung zwischen Mensch und Berg" entdeckt. In vielfältiger Weise nehme er Kontakt zum Berg auf. Besonders augenfällig wird dies bei seinen spektakulären Free-Solo-Begehungen, etwa im Granit des Montblancmassivs, wo er ohne technische Hilfsmittel eine 8+ im Auf- und Abstieg meisterte. Es gelte die einzig gangbare Route durch eine glatte Wand zu entdecken, feste Griffe von lockeren zu unterscheiden und objektive Gefahren wie unvorhersehbare Wetterumschwünge intuitiv zu erspüren. Es sei ein Genuss zu spüren, wie man „allein von innen" an Sicherheit gewinne. Mentale Stärke sei bei solchen Unternehmungen noch wichtiger als das Kletterkönnen und die Fingerkraft. Bei seinen Touren ohne Seil und Haken folge er den philosophischen Überlegungen seines Klettervorbildes Paul Preuß, der schon vor 100 Jahren verkündet habe, dass die Kunst des Meisters im Verzicht liege. Mit Bildern aus der Antarktis und vom dort heimischen Schneesturmvogel, der bei bis zu minus 50 Grad Celsius seinen Nachwuchs großzuziehen vermag, schloss der Vortrag. Huber meinte, angesichts solcher Begegnungen habe er große „Ehrfurcht vor der Urkraft des Lebens". Nur wenn wir in den Bergen (oder allgemeiner: in der Natur) unterwegs seien, fühlten wir Menschen uns letztlich zu Hause. Und diese fünfte Dimension, diese beglückende Naturbeziehung, sei „so stark, dass sie uns durchs ganze Leben tragen" könne.

Naturbegegnung als religiöse Erfahrung

Mit diesem Epilog vertritt Alexander Huber eine pantheistische Position, wie sie schon von Goethe proklamiert wurde, als dieser über den Aufenthalt in der Natur dichtete: „Hier bin ich Mensch, hier darf ich's sein." Unter Pantheismus versteht man die Auffassung, das Göttliche sei eins mit der Natur und dem Kosmos. Gott lasse sich zwar in allen Dingen finden, existiere aber nicht als transzendentes Wesen außerhalb der Welt.

Wir sind bei der Frage angekommen, welcher religiöse Gehalt in den Vorträgen der Spitzenalpinisten steckt. Alexander Huber verwendete zuweilen religiöses Vokabular. Beim Anblick des Holtanna, der unvermittelt aus der antarktischen Eiswüste herausragt, zeigte er sich so ergriffen, dass er den Berg mit einer „Kathedrale" verglich und dessen Nordkante, die vermutlich schärfste Gratschneide der Welt, nannte er die „wahre Him-

Dürfen Grenzerfahrungen im Extremsport mit religiöser Erleuchtung gleichgesetzt werden? Momentaufnahme aus dem Film „Shapeshifter"

© Forge Motion Pictures, eoft.eu

melsleiter". Nicht nur Begrifflichkeiten, auch ganze Zitate werden zuweilen als religiöse Versatzstücke herangezogen. So etwa bei Yvonne Dathe, einer auch rhetorisch begabten Gleitschirmlehrerin, die auf der erwähnten Thermikmesse über das Mentale Training referierte und somit Einblicke in die Methoden gewährte, die wohl auch ein Alexander Huber anwenden dürfte, um seine mentale Stärke zu erreichen. In ihrem Vortrag „Aufwind im Kopf" schrak Dathe nicht davor zurück, Franz von Assisi zu zitieren: „Tu erst das Notwendige, dann das Mögliche und plötzlich schaffst du das Unmögliche." Der Einwand muss erlaubt sein, dass der christliche Philosoph und Ordensgründer diesen Satz sicher in einem ganz anderen Kontext verwendet hat! Dem Namensgeber des amtierenden Papstes dürfte es nicht um die Verbesserung der sportlichen Leistungsfähigkeit des Einzelnen gegangen sein, sondern eher um christliche Verantwortung und das, was wir heute als soziales und ökologisches Engagement bezeichnen.

Ein weiteres, besonders überspitztes Beispiel für den Einsatz religiöser Motive erlebte ich bei der European Outdoor Film Tour 2012/2013. Der als Eyecatcher fungierende Kurzfilm „Shapeshifter" von Skip Armstrong erzählte von Ben Marr, einem Wildwassergenie, der auf der Suche nach dem Flussgott sei: Man sieht die Umrisse dieses Mannes. Er schlägt sich im Dunkeln durchs Gehölz. Auf dem Rücken trägt er sein Kajak. Man hört seine Stimme, den pathetischen Satz: „Ich frage mich, ob es das Übernatürliche gibt." Dann plötzlich sieht man den reißenden, ungezähmten Strom. Und Mann und Kajak schießen durch diesen nächtlichen Wildfluss. Nein, es ist eher ein Gleiten: In extremer Zeitlupe wird jeder Wasserspritzer sichtbar und auf meine Netzhaut gebrannt, denn am Heck des Kajaks glüht ein alles erleuchtendes bengalisches Feuer. Es färbt das Wasser auf der Leinwand, jeden Tropfen, blutrot, als sei diese Wildwasserfahrt eine Reise durchs Ich, durch die pulsierenden Lebensadern des Körpers.

Der Film war von berauschender Ästhetik, wirksamer kann Extremsport nicht inszeniert werden. Als die Blendung meiner Augen und der Applaus in der Heilbronner „Harmonie" jedoch abklangen, stieg in mir der Verdacht auf, dass hier das Religiöse lediglich bemüht wurde, um die außergewöhnliche sportliche Leistung zu beglaubigen. Ich möchte angesichts einer solchen Instrumentalisierung des Religiösen nicht von Missbrauch reden, doch diesen Vorwurf müssen sich die Macher des Films gefallen lassen: Dass es gläubige Menschen – unabhängig von ihrer Religionszugehörigkeit – irritieren kann, wenn sie den Eindruck gewinnen, dass etwas nur des Effekts wegen und rein aus dramaturgischen Zwecken für heilig erklärt wird.

Als rhetorisches Ideenrepertoire scheint die Religion also beliebt zu sein. Ich frage mich, ob sich statt einer oberflächlichen Effekthascherei umgekehrt auch tiefgründige Betrachtungen zur Religiosität in der alpinen Vortragslandschaft finden lassen. Bei Kaltenbrunner war mir bereits am Rande ein christliches Bekenntnis aufgefallen. Wie in einem Videoclip zu sehen war, schickte sie am Gipfel des Lhotse ein kurzes „Danke" zum Himmel. Das war nicht viel, wirkte aber gerade wegen der Unaufdringlichkeit dieser Geste authentisch.

Möglicherweise bietet ja Hans Kammerlanders weltumspannender Reisebericht zu den „Seven Second Summits" in dieser Hinsicht etwas, das über das übliche Spiel mit der spirituellen Sehnsucht hinausreicht, dachte ich mir. Schließlich führt der Weg zu den zweithöchsten Gipfeln aller Kontinente durch zahlreiche Kulturen, in denen der Religion weit mehr Bedeutung zugemessen wird als in unserer säkularisierten westlichen Welt.

In der Tat erzählte Kammerlander in Iggingen voller Anerkennung von zahlreichen Einheimischen, etwa vom Koch seiner Expeditionsgruppe im Ozeanischen Regenwald. Dieser schlief nicht im Zelt, sondern verbrachte die Nächte kauernd im strömenden Regen. Beim felsigen Aufstieg zum Puncak Trikora sei er Kammerlander und seinem Begleiter sogar heimlich vorausgestiegen. Als der Koch am Ende aber den Gipfel mied, begrenzten sich Kammerlanders Worte auf den Kommentar: „wohl aus religiösen Gründen". Obwohl dem Südtiroler die Bergvölker am Herzen liegen und er sich (wie viele der anderen hier erwähnten Referenten) auch vorbildlich sozial für sie engagiert, vermisste ich auch bei ihm Näheres zu deren Religiosität. In einer Filmszene drehte Kammerlander Hunderte von Gebetsmühlen, die das buddhistische Heiligtum Bodnath in Kathmandu umringen – es fiel aber kein Wort darüber, welche Bedeutung hinter diesem Ritual steckt. Ebenso wenig deutete der Südtiroler seinen eigenen Reliquienkult: Er hat die Angewohnheit, von jedem großen Gipfel einen Stein mitzubringen, den er dann seiner Halskette hinzufügt.

Erfolg – ein zweifelhafter Wert

Meine Vortragsreise endet schließlich in den Sitzreihen der Sinsheimer Stadthalle. Der Besuch von „Passion for Limits" erweist sich als ein würdiger und auch inhaltlich äußerst passender Abschluss. Denn als anerkannter Altmeister der Szene spricht Reinhold Messner vieles von dem an, was ich bei den anderen Vorträgen bereits gehört und gesehen habe. Und: Er relativiert es.

Zwar kennt auch Messner den Flow, in dem man „förmlich selbst zu Fels wird". Er hütet sich jedoch vor einer Überschätzung solcher psychischer Phänomene und steht zu der These, wonach das Bergsteigen zwar subjektiv sinnstiftend sein könne, aber letztlich nichts weiter sei als „die Eroberung des Unnützen". Fragezeichen setzt Messner auch bei all jenen, die genau zu wissen meinen, warum sie denn erfolgreich seien. Erfolg beruhe immer auf vielen Faktoren, die man nicht alle erfassen könne. Beim Scheitern jedoch lerne man mehr über „die Menschennatur". So scheint es kein Zufall zu sein, dass Messner nicht nur von eigenen Erlebnissen erzählt, sondern auch von längst vergangenen Tragödien der Pionierzeit, etwa von Shackletons Versuch, die Antarktis bereits vor 100 Jahren zu durchqueren. Obwohl die Expeditionsteilnehmer kläglich scheiterten und, im Packeis gefangen, einen dreijährigen Überlebenskampf führen mussten, wurden sie nicht nur für Messner zu Helden. Alle 28 Mann überlebten und ihr Einsatz füreinander erscheint außergewöhnlich edelmütig. Das Phänomenale dieses Vortrags ist: Messner verwendet solche wertenden Attribute gar nicht, allein mit erzählerischen Mitteln gelingt es ihm, diese tiefer liegende Botschaft zu verkünden. Er referiert mit der Gründlichkeit eines Historikers und zugleich mit dem Charisma eines Wanderpredigers.

Messners vielfältige Alleingangerfahrung spricht auch gegen eine verklärte persönliche Beziehung zum Berg. Wer am Nanga Parbat im Ein-Mann-Zelt im Kreuzfeuer der Lawinen gestanden sei oder dort oben allein in Gipfeljubel ausbrechen wollte, wisse, dass Emotionen allein nur sehr begrenzt erlebbar sind. Ungeteilte Angst wiege doppelt, ungeteilte Freude sei nur halb so viel wert. Ein solcher Alleingang sei mehr Selbstversuch denn Zukunftsmodell. Er nütze zur Selbstvergewisserung frei nach dem Motto: „Wer es mit sich selbst nicht alleine aushält, ist anderen nicht zumutbar."

Im Gegensatz zu den anderen Referenten baut Messner auch religionskundliche Bausteine in seinen Vortrag ein. Wenn er auch nicht so ausführlich wie in seinem Vorgängervortrag „Am Limit" von der Mythologie und den Glaubensvorstellungen der Bergvölker berichtet, so hört man doch heraus, dass er sich in all den Jahren damit beschäftigt hat. Auf sein äußerst erfolgreiches Leben zurückblickend, resümiert Messner, er habe als Grenzgänger auch viel „Humbug" getan, erlebt und erfahren. Am Ende des Lebens zähle nicht, was wir hätten, auch nicht was wir an Wissen gesammelt hätten. Nicht einmal die persönliche Erfolgsgeschichte, „die Biografie", trage. „Am Ende des Lebens kommt es darauf an, was wir über die Menschennatur erfahren haben."

Über den Tod selbst und ein mögliches Jenseits redet Messner jedoch wenig. Hier steht er in einer Reihe mit allen anderen Spitzenalpinisten, die ich kenne. Nah-Tod-Erlebnisse stehen offenbar nicht auf der Liste der Vortragsinhalte, und das, obwohl unablässig von „Limit" und „Grenzerfahrung" die Rede ist. Allerdings bezeichnet Messner sich selbst als „horizontsüchtigen Wanderer", und er scheint damit zu signalisieren, dass er der zwangsläufig näher rückenden letzten Grenzüberschreitung mit einer gewissen Neugier entgegengeht.

Kennt die Welt der Berge und die der Medien und versteht es, auf deren Klaviatur zu spielen: Reinhold Messner

Hinsehen oder wegsehen?

Neue Bergfotografie zwischen Idylle, Inferno und Irritation

>> Axel Klemmer

Ursprüngliche Natur anzuschauen, ist ein Hauptmotiv des Bergsteigens. Aber was tun, wenn die Natur nicht mehr nur ursprünglich ist? Die zeitgenössische Bergfotografie gibt darauf sehr unterschiedliche Antworten. Anmerkungen zu drei aktuellen Bildbänden über die Alpen.

„From Drugs to Mugs" hieß eine Foto-Dokumentation aus den USA, die 2012 durch die Medien ging. Die deutsche Übersetzung – „Von Drogen zu Visagen" – ruinierte zwar den Reim, aber nicht die Wirkung. Eine Polizeidienststelle in Portland, Oregon, hatte Porträts von Menschen gegenübergestellt, die der synthetischen Droge Crystal verfallen waren: links vor dem Konsum, rechts geraume Zeit später. Crystal beziehungsweise Methamphetamin ist die Droge des Kapitalismus. Sie erlaubt es, besser zu *performen*, also schneller zu arbeiten, härter zu feiern und sich dabei toll zu fühlen. Jede Droge hat Nebenwirkungen. Eine starke Droge wie Crystal hat starke Nebenwirkungen. Süchtige verändern sich, und die Fotos beweisen, dass sie nicht hübscher werden. Schon nach wenigen Monaten sahen sie wie Zombies aus: mit irren Augen und grauer, aufgekratzter Haut, mit Pusteln und blutigen Ekzemen.

Auch Landschaft hat eine Haut. Oft nimmt man sie erst wahr, wenn sie, um besser zu *performen*, bebaut, besiedelt, kapitalisiert worden ist. Vorher-nachher-Ansichten haben darum auch in der Landschaftsfotografie ihren Sinn. Man kann auf diese Weise zum Beispiel den Rückgang der Gletscher dokumentieren. Man könnte aber auch die Gesichter von Berglandschaften fotografieren, bevor sie in den Suchtkreislauf des *Schnees,* des industriellen Skitourismus, geworfen wurden – und wie sie ein paar Jahre später aussehen. Aber das ist nicht der Job der Polizei, und die sogenannte Bergfotografie liefert traditionell nur die hübsche Ansicht; den hässlichen Gegenschuss überlässt sie einer Handvoll Aktivisten oder Künstlern. Doch es gibt zwischen beiden auch noch einen dritten Weg, von dem hier die Rede sein wird.

So schön – Bernd Ritschels „Wilde Alpen"

Bernd Ritschel ist ein Mensch, der sich viel freut, und zwar „wie ein Schneekönig". Er freut sich über das Licht im Gebirge, über das Draußensein in der Natur, über das Drinnensein zu Hause, über die vielen Zettel an seinem Archivschrank, auf denen er seine nächsten Projekte, Pläne und Ideen notiert hat. Als fleißiger Bild- und Fachbuchautor, als Werbefotograf, Vortragsreisender und begabter Outdoor-Fotolehrer ist er auf dem Markt der schönen Alpenfotografie seit über zwanzig Jahren ein Aktivposten. „Wilde Alpen" heißt sein Projekt für National Geographic, das im März 2012 erschien.

In den Kundenbewertungen bei Amazon bekommt das Buch fünf Sterne. Ein Käufer bemerkt: „Man muss sehr früh aufstehen oder sehr lange bleiben, wenn man die Lichtverhältnisse sucht, die Ritschel oft benutzt, um das Besondere, das sonst nie Gesehene zu zeigen." Ein anderer empfindet die hier inszenierte Natur „so unwirklich schön und erhaben, dass auch ein Nicht-Bergsteiger ins Schwärmen gerät". Und er fügt an: „Mir sind diese Erlebnisse aus erster Hand leider verschlossen – sowohl konditionell als auch aufgrund meiner Höhenangst." Die „Wilden Alpen" sind eine Einladung zum Fremdsehen, die gerne angenommen wird. Sie wollen überwältigen und zum Träumen anregen, und geschätzte 95 Prozent der Betrachter von Bergbildern wollen genau das: sich überwältigen und zum Träumen anregen lassen. Für den Fotografen fallen Lebens- und Geschäftsmodell zusammen. Ein Glücksfall.

Bernd Ritschel sucht und findet seine Motive jenseits der homogenisierten Tallandschaften, hinter den metastasierenden Siedlungs-, Industrie-, Gewerbe- und Verkehrsflächen. Er zeigt Sonnenauf- und -untergänge, weite Panoramen, Fels- und Wolkenskulpturen, Blumen. Im Lehrbuch „Fotografie, Berge – Landschaft – Outdoor – Action" und in seinen Workshops will er uns heranführen an »das perfekte Bild«. Punkt für Punkt optimieren wir unter seiner Anleitung das Zusammenspiel von Bildaufbau und Perspektive, Schärfe und Unschärfe, Farbe und Licht. Dabei handeln wir schon als Freizeitfotografen, geschult durch den Konsum anzeigenfinanzierter Fachmagazine, instinktiv richtig. Wir nehmen ein starkes Weitwinkel, damit die Flanke mit den Lawinenverbauungen noch weiter nach hinten rückt. Wir gehen in die Knie, damit der Wiesenbuckel die betonierte Wasserfassung verdeckt. Wir machen zwei Schritte nach links oder nach rechts, bis der Strommast hinter einem Baum verschwindet (die Leitungen kriegt man mit Photoshop weg). So hoffen wir, kleiner Irrtum, Bilder zu machen wie Bernd Ritschel.

Bernd ist der Mann fürs Schöne und er hat kein Problem damit. „Ich will das Unzerstörte, die Harmonie in der Natur sehen." Er sei eben ein positiver Mensch und betreibe „gewaltfreie Kommuni-

Welche Berge wollen wir – und wenn ja, wie viele? Der Fotograf Jörg Koopmann dokumentiert Menschen und Landschaften in den Zeiten der „Märkte".

© Jörg Koopmann für sight-seeing 2

Heile Bergwelt mit Schafen. Bernd Ritschels Bilder machen deutlich, warum für solche Szenerien früher einmal das Wort Schöpfung verwendet wurde.

Rechte Seite: Von Sonnenaufgang bis Sonnenuntergang. Ohne Menschen sind die „Wilden Alpen“ am schönsten. Oder eben am wildesten.

© Bernd Ritschel

kation“, mit und ohne Kamera. Auch in Regionen, die mit »harten« Angeboten das meiste Geld verdienen, fotografiert er sozusagen die „sanften“ Motive, und kein Touristiker braucht ihm zu sagen, dass er das tun soll. Einmal saß er zusammen mit diesem großen Seilbahnunternehmer in der Gondel. Bernd, habe der Mann gesagt, erst durch deine Fotos habe ich gesehen, wie schön es bei uns ist. Darauf angesprochen, will der Seilbahnunternehmer das allerdings etwas anders verstanden wissen – nämlich so: Bernd Ritschels Fotos bewiesen einmal mehr, dass es unendlich viel heile Natur neben den Seilbahnen und Pisten gebe; sie entkräfteten damit die Kritik an den Erschließungen, die ja in der Summe und verglichen mit dem unerschlossenen Gebiet kaum ins Gewicht fielen. Es handelt sich also, was der Erschließer aber nicht mehr sagt, um Alibi-Fotografie. Schöne Motive sind nicht nur geduldig, sondern auch authentisch, darum nützen sie allen Beteiligten. Alibi ist lateinisch und heißt übersetzt: anderswo. Und das ist schließlich der Kern des Bergsteigens: der Aufbruch – oder die Flucht – ins Anderswo.

So schrecklich – „Winter Wonderland“ von Lois Hechenblaikner

Harmonie ist sicher das Letzte, was Lois Hechenblaikner empfindet, wenn er das Stativ aufbaut. Würde der Fotograf aus dem Tiroler Alpbachtal seine Bilder nicht auch mit viel galligem Humor grundieren, es wäre kaum auszuhalten. Hechenblaikner zeigt uns in „Winter Wonderland“ (2012) das Gesicht der Berge, nachdem sie dem *Speed*, der Droge Schnee verfallen sind. Wir sehen eine Landschaft, die von allen guten Geistern verlassen ist. Und wir sehen, das ist noch unangenehmer, Konsumenten, die von allen guten Geistern verlassen sind. Wir sehen uns.

Diese Bilder sind scharf – schärfer, als es die technisch so anspruchsvollen Foto-Amateure eigentlich haben wollen. Hechenblaikner zeigt den Berg als Industrie- und Gewerbegebiet, mit Leitungen, Planierungen, technischem Gerät. Er dokumentiert die grellfarbige Topografie der Ski- und Après-Ski-Infrastrukturen, die Pipelines der Glühwein- und der Jagatee-Leitungen und darüber den Schaltkasten mit dem Aufkleber „Roman-

tik-Hütte". Er zeigt Menschen, die alle diese Angebote mit dem dafür vorgesehenen Spaß konsumieren. Die Dinge bis zur Kenntlichkeit entstellen, hat ein Kritiker das genannt. Auf Bernd Ritschels pixelsatten Voll- und Mittelformatbildern liegt im Vergleich ein Weichzeichner. Mit der analogen Großbildkamera liefert Lois Hechenblaikner nicht nur die brutalstmögliche Auflösung, er bietet auch eine Haltung, die jener seines bayerischen Berufs-

frei. Er will ein „Schmerzkörper" sein im Betrieb der kapitalintensiven Rundumbespaßung, was ihm nicht zuletzt deshalb so überzeugend gelingt, weil er das Geschäft kennt – und weil er den Tourismus grundsätzlich ebenso wenig ablehnt wie seine Heimat Tirol. Hechenblaikner wuchs in einem Gastbetrieb auf, er besitzt die Konzession, einen eigenen Gastbetrieb zu führen. Er sagt von sich: „Die Tourismusbranche hat mich hervorgebracht."

Schöne Motive, geduldig und authentisch: Landschaft als ***Fluchthorizont***

kollegen diametral entgegensteht. Er sagt: „Wenn Bernd Ritschel nur einen Tag seines Lebens so verbringen müsste, wie ich es tue, dann würde er seelisch erfrieren." Die Landschaft interessiert ihn nicht als Fluchthorizont, sondern als Benutzeroberfläche. Und in dieser legt er die Bruchlinien

Dabei hat er nicht immer so fotografiert. In der Blütezeit der Dia-Multivisionen, in den 1980er- und 1990er-Jahren, bediente er noch selber die große Traum- und Überwältigungsmaschinerie. Mit bis zu elf Projektoren, auf einer 15-Meter-Leinwand, zeigte er in großen Hallen schöne Bilder von

seinen langen Reisen durch Asien. Dieses frühere Werk hat Lois Hechenblaikner radikal ausgelöscht. Nichts auf seiner Website weist darauf hin, kein Bild aus früheren Zeiten ist zu googeln. Der Bruch begann im Jahr 1997, als eine Ausstellung seiner Bilder im Europa-Haus von Mayrhofen unmittelbar vor der Eröffnung verboten wurde. Warum? Hechenblaikner hatte beim Open-Air der „Schürzen-

einmal mehr bewiesen, dass man über guten Geschmack eben doch nicht streiten kann.

Ein letztes Mal trat er im Jahr 2000 auf die große Bühne, mit einer Leica-Multivision über Tirol, wieder begleitet von Störfeuern aus der Heimat. Seitdem widmet er sich als investigativ arbeitender Dokumentarist seinem „Lebensthema“: dem Massentourismus und was er mit Land und Leu-

Die Dinge bis zur **Kenntlichkeit** entstellen

jäger“ im Vorjahr die Kamera hingehalten. Seine Fotos von zugeparkten, zugemüllten Wiesen und peinlich aufgebrezelten, alkoholisierten Fans führten den Tiroler Event-Tourismus als alpine Freak Show vor: Dokumente des Fremdschämens, die

ten anstellt. Er erlernte die Arbeit mit der Großbildkamera und wechselte die Seiten – hinüber in die Welt der künstlerischen Fotografie, in der Namen wie Walter Niedermayr oder Peter Bialobrzeski gehandelt werden. Heute zeigt er seine Bilder

Muster der Erschließung: Der Tiroler Fotograf Lois Hechenblaikner inszeniert die neuzeitlichen Formen der alpinen Landnutzung, die eine Kulturlandschaft des neuen Typs hervorgebracht haben: das „Winter Wonderland". Man sollte es sich auch mal im Sommer ansehen.

© Lois Hechenblaikner

nicht bei National Geographic, sondern im ZEIT Magazin. „Winter Wonderland" wurde im angesehenen Steidl Verlag veröffentlicht. Das Somerset House in London, eine der wichtigsten Galerien für zeitgenössische Fotokunst weltweit, zeigte im Frühjahr 2013 einige seiner Bilder im Rahmen der Ausstellung „Landmark: The Fields of Photography" – eine Bestandsaufnahme der zeitgenössischen Landschaftsdarstellung.

Hechenblaikners touristische Tatortfotografie spricht eine Bildungsschicht an – kritische Zeitgenossen, die nicht erst die Schlachtfelder des alpinen Ballermanns betreten müssen, um zu wissen, dass es dort schrecklich ist. Der Fotograf und sein Publikum finden sich vor den Bildern in Ironie und Ekel vereint. Die anderen, die das Spektakel auf den Bildern veranstalten oder die daran teilnehmen, sehen gar nicht hin. Oder sie zucken mit den Achseln. Ein Dilemma.

So banal – „Sight Seeing" mit Jörg Koopmann und anderen

Anfang der 1990er-Jahre zeigte die Tirol Werbung in ihrer Kampagne „Starkes Land" ein Spiel mit fotografischen und touristischen Klischees auf einem Niveau, von dem sie sich in den Folgejahren immer weiter entfernte. 2010 dann ein neuer Versuch: Sieben Fotografen wurden angeheuert, sie sollten „die Spannung zwischen der festgefahrenen Bilderwelt der Touristikwirtschaft und dem ästhetischen Kodex in der zeitgenössischen Fotografie ergründen". Das schrieb Josef Margreiter, Chef der Tirol Werbung, die das Projekt „Sight Seeing" finanzierte, im Vorwort zum ersten der zwei Bände, der 2012 den Deutschen Fotobuchpreis in Gold erhielt.

„Bildwürdigkeit und Sehenswürdigkeit" versprach der Untertitel, und der von Bernd Ritschel geschulte Bergbetrachter erkannte darin weder

Die menschliche Perspektive: Jörg Koopmann, der urbane Flaneur mit der Kamera, entdeckt in den Bergen die Magie des Alltags.

© Jörg Koopmann für sight-seeing 2

das eine noch das andere. Wenn er denn überhaupt von diesen Bildern Kenntnis nahm.

Es sind die gewöhnlichsten Motive, einerseits; andererseits sind sie am unheimlichsten. Man sieht darauf oft Menschen, die in den Bergen ihrem geregelten Alltag nachgehen – als Hausrenovierer, Vorwärtseinparker, Schneeräumer, Rasenmäher, Milchviehtransportierer, Wanderwegbenutzer, Skipassbesitzer. Man sieht asphaltierte und geschotterte Verkehrsflächen, Wohn- und Nutzgebäude, Aufstiegshilfen und, ja, auch Grünland, Wald und Berge.

Fotografischer Leiter des Projekts war der an der Staatlichen Münchner Fachakademie für Fotodesign ausgebildete Jörg Koopmann, auf dessen Website Straßenszenen aus München, Berlin und Beirut neben Porträts von Ai Weiwei zu sehen sind, und der auf seinen Bildern aus den Tiroler Bergen so ziemlich alle Regeln verletzt, die einem der Autodidakt Bernd Ritschel in seinem Lehrbuch beibringt. Koopmann fotografiert nicht zur blauen Stunde der Abenddämmerung oder bei Sonnenaufgang, sondern bei hellem Tageslicht, in mittlerer Distanz und auf Augenhöhe. Statt „das Besondere, das sonst nie Gesehene" zu suchen, findet er die real existierende Banalität. Das ist die Zumutung.

Man will die Berge sehen wie bei National Geographic. Oder wie bei Red Bull, wo man mittlerweile das ganze Spektrum bedient – vom industriell gesponserten Ultra-HD-3D-Snowboard-PR-Porno „Art of Flight" bis zum anders expliziten Servus-Magazin, das die Alpen zum Freilichtmuseum mit lebenden Exponaten macht.

Die Motive in „Sight Seeing" wirken auf den ersten Blick, als seien sie mit dem Smartphone geknipst. Tatsächlich hat Jörg Koopmann aber im sperrigen Mittelformat 6x7 fotografiert, auf Analogfilm und nur mit der Standardbrennweite 50 mm (auf Kleinbild umgerechnet), allenfalls mit einem leichten Weitwinkel, 35 mm entsprechend. Bei ambitionierten Outdoor-Action-Fotografen sind 14 mm fast schon Standard, und am langen Ende geht es bei 200 mm wieder los. Die natürliche Perspektive des menschlichen Blicks irritiert auch, weil Koopmann dem Betrachter nicht vorgibt, wohin er schauen und was er darüber denken soll.

Selber sehen: *Ist die Realität nur banal oder schon monströs?*

Diese Bilder werden kaum Empörung wecken, viel öfter dagegen Achselzucken. Das will Kunst sein? Da pack ich doch gar nicht die Kamera aus ... Verirrt sich so ein Bild tatsächlich mal auf die Speicherkarte, wird es gleich gelöscht. „Sight-Seeing" erforscht die Banalitäten des Alltags in der Berglandschaft des 21. Jahrhunderts. Alles, was Jörg Koopmann uns zeigt, kennen wir, haben wir selbst schon hundertmal gesehen – und nicht für bildwürdig gehalten. Fast noch interessanter als die Motive selbst sind darum die Empfindungen, die ihre Betrachtung auslöst: Gleichgültigkeit, Langeweile, Ärger, Depression. Denn in seiner vordergründigen Haltungslosigkeit verrät der Blick des Fotografen Empathie. Er zeigt uns die Welt, in der wir leben. Die Welt, die wir unseren Kindern hinterlassen. Auf die wir stolz sein oder für die wir uns schämen können. Oder in der wir uns einfach so gut wie möglich einrichten. Für den Betrachter kann das ungewohnt und anstrengend sein, da er nicht mehr das Objekt einer positiven oder negativen Überwältigung ist, sondern als Subjekt angesprochen wird. Er muss sehen. *Selber* sehen.

So nötig – der eigene Blick

Der Erste ist begeistert, der Zweite ist entsetzt, und der Dritte wundert sich. Wem sehen wir lieber zu? Baute man aus den verkauften Exemplaren von „Wilde Alpen", „Winter Wonderland" und „Sight Seeing" jeweils einen Berg, hätte man ein seltsames Gebirge vor sich. Vom Umsatzgipfel der „Wilden Alpen" blickte man sehr tief hinab auf die beiden Nachbarberge. Die „Schönen Alpen", wie der National-Geographic-Band eigentlich heißen müsste, befriedigen ohne Zweifel das größte Bedürfnis. Überraschend ist das nicht. Bilder von schöner Natur wecken Sehnsüchte, bieten Fluchtvorlagen und generieren Kaufanreize, egal ob in der Tourismus- und Produktwerbung, in einschlägigen Magazinen oder Foto-Communities. Machen sich Fotografen deshalb schon der Unterlassung schuldig? Und kann das blanke Kunstschneeband auf brauner Wiese nicht ebenso zum Klischee werden wie der Sonnenaufgang im Naturreservat? Es kann – auch wenn an der Echtheit des Gezeigten in beiden Fällen kein Zweifel besteht. Gute Fotos leben von Emotionalität, spektakuläre Fotos dokumentieren Ausnahmezustände. Warm und kuschelig oder kalt und schmerzhaft: Wie gefällt es uns besser? Die „Sight Seer" um Jörg Koopmann stellen dagegen eine andere, beunruhigende Frage: Ist die uns allen vertraute Realität nur banal oder schon monströs? Sie zeigen, dass *alles* Alltag ist, auch in der sogenannten Freizeit. Im Kontext der zwischen Idylle und Heldenplatz pendelnden Bergfotografie kann das verstören.

Man sieht, was man sehen will. Man schaut hin oder man schaut weg. Und man vergisst so gern, dass jedes Hinschauen, ohne Ausnahme, immer auch zugleich ein Wegschauen ist. Es hilft nichts – oder besser gesagt: Niemand hilft uns. Wir können unsere Wahrnehmung nicht anderen überlassen.

Literatur:

Bernd Ritschel: Wilde Alpen, National Geographic 2012; Lois Hechenblaikner: Winter Wonderland, Steidl 2012; Wolfgang Scheppe (Hg.), Jörg Koopmann u. a.: Sight Seeing 1 (Sommer) und 2 (Winter), Hatje Cantz 2011 bzw. 2012.

Freund, du hast Zeit

Eine kulturwissenschaftliche Suche nach dem Verbleib von Erlebnis, Freiheit und Beschaulichkeit beim Bergsteigen

>> **Waltraud Krainz**

Stetige Beschleunigung und enormer Leistungsdruck prägen unsere spätmoderne Gesellschaft. Wie wirken sich diese gesellschaftlichen Dynamiken auf das Bergsteigen aus? Und: Gibt es Gegenentwürfe dazu?

Anfang der 1970er-Jahre ist die Kletterwelt noch in Ordnung für den legendären deutschen Bergsteiger Reinhard Karl. Fast atemlos vor Freude berichtet er den Arbeitskollegen von seinen Berg-Erlebnissen am Wochenende: *„Ihr wisst ja gar nicht, was es bedeutet, hochzuklettern.* Oben zu sein, *selbst wenn man Angst hat. Und die Endlosigkeit der unreparierten Autos, die alle auseinander genommen und wieder richtig zusammengesetzt werden müssen, die alle auf mich warten, und die Kunden und die Meister, dieses endlose Gewinde, das nie aufhört. Sie verdunkeln mein Leben nur noch fünf Tage der Woche, dann krieche ich wie der Luis Trenker der Preußen unter dem Auto hervor und fahr zum Battert, und da ist alles anders: Da sind die saubere Luft, der Fels, das Licht, die Wolken, die Sonne und die Sterne die über uns funkeln, wenn wir unter der Falkenwand im Freien schlafen – biwakieren."*[1]

Noch Zeit zum Atmen?

Ganz anders sieht es bereits einige Jahre später bei Reinhard Karl aus. Jetzt geht es ihm nicht mehr darum, am Wochenende in eine Gegenwelt aus Felsen, Licht und Sternen einzutauchen, er hat beschlossen, ein „guter Bergsteiger" zu werden, und geht auf „die Jagd" nach berühmten Routen und Wänden. *„Die 400 Meter senkrechte Wand, wie der Tofanapfeiler, die 750 Meter der Lalidererverschneidung oder die 1000 Meter der Courtes-Nordwand und wie sie alle heißen. Die Wände, die man alle gemacht haben musste, um als ein guter Bergsteiger zu gelten. Niemanden interessierte es, nicht mal richtig mich selbst. Ich war fremdbestimmt. Ähnlich wie ich früher Autos reparieren musste, so musste ich jetzt die Bergtour X, Y oder Z machen."*[2]

Naturerlebnis, Individualismus und Selbstbestimmung sind nun zugunsten des sportlichen Leistungsprinzips in den Hintergrund gerückt, der Bergraum wird zum Spiegelbild der Autowerkstatt. Damit einher geht eine enorme Beschleunigung des Tempos, sowohl während der einzelnen Tour als auch zwischen den Touren, die Reinhard keine „Zeit zum Atmen" mehr lässt.

„Auf dem Gipfel schaute ich zuerst auf die Uhr, um festzustellen wie lange wir für die Tour gebraucht hatten. Dann rasten wir wieder hinunter. Eigentlich war es verwunderlich, warum wir uns überhaupt da rauf verlaufen hatten. (...)"[3] *„Zum Nachdenken finde ich keine Zeit, nicht mal auf dem Gipfel, nicht mal nach Feierabend; dazu bin ich zu müde."*[4]

Der atemraubenden Begeisterung der Anfangszeit folgt eine Atemlosigkeit anderer Art: Seine Fokussierung auf das Leistungsprinzip bewirkt, dass der Bergsteiger Karl immer mehr unter das Diktat der Beschleunigung gerät: Ein Gipfel folgt auf den nächsten, eine Tour nach der anderen wird „abgehakt". Die Beschleunigung verhindert jede Auseinandersetzung mit dem Erlebten, Karl verliert so seinen Raum zum Erleben.

Was Reinhard Karl passierte, lässt sich heute vielfach beobachten: Beschleunigung und Fokussierung auf das Leistungsprinzip sind prägende Tendenzen sowohl im Bergsport als auch auf der gesellschaftlichen Ebene.

Dynamiken auf der Metaebene

Für die spätmoderne Gesellschaft sind aus soziologischer Sicht folgende Entwicklungen charakteristisch: a) Multioptionalität und Temposteigerung
b) Wettbewerbs- und Leistungsorientierung

a) Unsere Gesellschaft bietet einer großen Zahl von Menschen eine Fülle an Erlebnismöglichkeiten. Dies verführt einerseits dazu, die einzelnen Aktivitäten zu beschleunigen, anderseits deren Zahl und Häufigkeit zu steigern. Man will immer mehr erleben, dazu muss die persönliche Zeit immer enger getaktet werden, was zu einem regelrechten „Freizeitstress" führt und außerdem den Nachgeschmack hinterlässt, trotz aller Eile schöne Erlebnisse verpasst zu haben. Zusätzlich angeheizt wird die Temposteigerung durch technische Beschleuniger wie das Flugzeug, das eine breite Mobilität und die schnelle Erreichbarkeit ferner Destinationen in kurzen Zeiteinheiten ermöglicht.
b) Das Wettbewerbsprinzip und der engstens damit verbundene Leistungsgedanke – x ist schneller, y ist besser –, das in seiner reinsten Form im klassischen Wettkampfsport verwirklicht ist, be-

Ungetaktete Zeit: Alle Sinne spüren, sich selbst ausbalancieren, den eigenen Rhythmus finden

© Moritz Attenberger/ www.look-foto.de

1 Reinhard Karl: Erlebnis Berg: Zeit zum Atmen, hrsg. von DAV, München: Verlag J. Berg 1993 (Alpine Klassiker, Bd. XVIII), S. 51 ff.

2 Ebd.

3 Ebd.

4 Ebd.

ginnt nach und nach alle Sphären des Lebens zu durchdringen. Konkurrenz wird in immer stärkerem Maße zum dominanten Interaktionsmodus in der Gesellschaft, selbst Bereiche wie Wissenschaft, Kunst, Bildung und Gesundheit werden wettbewerbsförmig organisiert, Leistungs- und Effizienzzwänge verselbständigen sich dadurch.

Multioptionalität und Beschleunigung oder: Die Qual der Wahl

Über das verlängerte Wochenende auf den Mont Blanc – man verbraucht nur einen Urlaubstag, die Kinder sind leicht unterzubringen; im Frühjahr mit Freunden ins Tessin zum Bouldern; im Herbst nach Nepal zum Trekking, oder sollte man diesmal Patagonien ins Auge fassen? – Die Skitouren in Norwegen werden sich erst nächstes Jahr ausgehen; dazwischen noch eine Woche Klettern in Sizilien, mit einem Flug um Euro 99.– In den zwei Wochen Sommerurlaub im vollbepackten Van ab nach Südfrankreich, Klettersachen, Mountainbikes, Kajakausrüstung und Laufschuhe sind mit dabei.

Ein „Kult der Aktivität“[5] (Kocyba) hat auch die fernsten Bergräume erfasst. Statt sich auf eine Sportart zu konzentrieren, werden viele verschiedene Sportarten und Bewegungsformen parallel zueinander oder hintereinander ausgeübt. Werte wie Spaß, Freude, Individualität und Selbstbestimmtheit stehen dabei im Vordergrund. Darin zeigt sich eine kulturelle Maxime unserer „Erlebnisgesellschaft“ (Schulze), deren Motto lautet: Erlebe dein Leben! Nutze es, um dir möglichst viele „schöne“, das heißt aufregende, spannende, interessante Erlebnisse zu verschaffen![6]

Eine Vielfalt an Möglichkeiten und Optionen lockt, allein die Zahl der Outdoor-Sportarten ist in den letzten Jahrzehnten extrem angestiegen[7] und auch innerhalb der einzelnen Sportarten gibt es immer größer werdende Auswahlmöglichkeiten. Man geht nicht einfach klettern, sondern muss sich entscheiden zwischen alpinem Felsklettern, Sportklettern, Wettkampfklettern, Bouldern – in der Halle oder am Fels –, Dry-Tooling, Deep-Water-Soloing oder Speed-Klettern, um nur einige Varianten aufzuzählen.

Doch wer die Wahl hat, hat die Qual. Die ausufernden Wahlmöglichkeiten wirken wie ein Zwang. Denn gleichzeitig mit ihnen kommt die Angst, etwas zu verpassen, auf, was dazu führt, dass das Tempo der Handlungen erhöht wird: Man verkürzt den einzelnen Urlaub, um mehrere pro Jahr realisieren zu können, und/oder man verdichtet die Aktivitäten innerhalb des Urlaubs, um möglichst viele davon unterbringen zu können. Gleichzeitig werden Pausen und Phasen des Nichts-Tuns systematisch eliminiert.

Zusätzlich exponentiell vervielfältigt wurden die Möglichkeiten des Einzelnen durch die Verbilligung des Fliegens: Flogen 1971 nur 2 Millionen Passagiere pro Jahr weltweit, so waren es 1981 bereits 44 Millionen, heute sind zu jeder Tageszeit 500.000 Menschen gleichzeitig irgendwo im Flugzeug rund um den Globus unterwegs.[8]

Wir können in kürzester Zeit weit entfernte Orte erreichen, die Welt ist „klein“ geworden, der Raum quasi geschrumpft. Auch dies trägt zur Verknappung der Zeitressourcen bei und zum weitverbreiteten Gefühl der Zeitnot: Als Konsequenz daraus verdrängt Convenience Food aufwändiges Kochen, ersetzen schnelle Kurzurlaube langsamere Reiseformen, und werden Pauschal-Urlaube gebucht statt fremde Landschaften und Gegenden erkundet.

Zeitstrukturen, so der Soziologe Rosa, seien abhängig von der jeweiligen Kultur und daher immer kollektiver Natur. Der Einzelne könne über die Qualität, das Tempo und den Rhythmus der eigenen Zeit keineswegs so frei entscheiden, wie dies Zeitplanungssysteme suggerieren würden. Der allgemeinen Steigerung des Lebenstempos, wie sie für unsere spätmoderne Gesellschaft charakteristisch sei, unterliege man daher fast schon not-

5 *Vgl. Hermann Kocyba: Aktivierung, in: Glossar der Gegenwart, hrsg. von Ulrich Bröckling et al., Frankfurt/Main: Suhrkamp 2004, S. 17 ff.*

6 *Vgl. Gerhard Schulze: Die Erlebnisgesellschaft. Kultursoziologie der Gegenwart, Frankfurt/Main: Campus 2005, S. 51 ff., 207 ff.*

7 *Vgl. Gilbert Norden: Sportaktivität in der „Freizeitgesellschaft“: Entwicklung, Tendenzen, Szenarien, in: Hilscher, Petra, Gilbert Norden, Manfred Russo, Otmar Weiß: Entwicklungstendenzen im Sport. Wien: LIT Verlag 2007, S. 25 ff.*

8 *Vgl. Wolfgang Kaschuba: Die Überwindung der Distanz. Zeit und Raum in der europäischen Moderne, Frankfurt/Main: Fischer Taschenbuch 2004, S. 224, 240.*

gedrungen.[9] Auf der einen Seite gibt es, wie bereits aufgezeigt, eine Zunahme an Outdoor-Sportarten, bei denen Spaß und Freude an der Bewegung im Zentrum stehen, auf der anderen Seite steigt auch im Bergsportbereich die Bedeutung von Leistung und Effizienz, was sich sowohl in sportlichen Wettkämpfen und Wettkampf-Events, wie Bergläufen, Skitouren-Rennen und Multi-Disziplinen-Wettkämpfen wie dem „Dolomitenmann" als auch jenseits davon zeigt. So nahmen 2012 rund 800 Teilnehmer beim Berglauf auf den Großglockner teil, dies korrespondiert mit dem Boom an Groß-Events im Breitensport, wie Städtemarathons, Radrennen oder Triathlons.

Leistungs- und Wettbewerbsdenken oder: Schneller – höher – weiter

Als logische Konsequenz dieses allgemeinen Trends zur „Versportlichung"[10] lässt sich auch jenseits von offiziellen Wettkämpfen beobachten, dass die Bergräume zunehmend zu Trainingsorten und Ski- oder Bergtouren zu Konkurrenzveranstaltungen werden: Auf den 1200 Höhenmetern Anstieg soll die persönliche Bestmarke übertroffen werden, gleichzeitig wird die eigene Rekordzeit zur Benchmark für die langsamer Nachschnaufenden.

Das Regelwerk des traditionellen Wettkampfsports setzt sich in der breiten Masse der Bergsport-Treibenden weitgehend unhinterfragt durch: Zeiten werden verglichen, Höhenmeter gemessen; überlaufene, aber prestigeträchtige Gipfel müssen dieser Logik zufolge „gemacht" werden, weil es sich dabei um „herzeigbare" Leistungen handelt. Sie erinnern sich an Reinhard Karl, den Ausnahmebergsteiger? So mancher Bergsportler erliegt heute den gleichen Zeit- und Leistungszwängen wie dieser, was verwunderlich erscheint, da meistens *ohne* Aussicht auf objektive Höchstleistungen.

Die Versportlichung von Aktivitäten und der damit verbundene Leistungs- und Bewährungszwang lösen wiederum – wie die Multioptionalität – die bekannten Phänomene des Freizeitstresses aus. Denn man „besitzt" die mit der sportlichen Leistung verbundene Anerkennung niemals, sondern es besteht die Gefahr, diese auch wieder zu verlieren. Die Bewährung durch Leistung wird so zu einer Daueraufgabe. Der Bergsport spiegelt hier nur allgemeine Vergesellschaftungsmuster: Die Gewinner im gesellschaftlichen Wettbewerbszirkel sind gezwungen, so zu handeln, dass dies ihrer Konkurrenzfähigkeit zuträglich ist, und können niemals damit aufhören, ohne gleichzeitig etwas zu verlieren oder aufzugeben.[11]

Vom Lebensstil zum Wettkampfsport

Wie sehr das Leistungs- und Wettbewerbsprinzip, sobald es dominant wird, alternative Modi von Weltbeziehungen verdrängt, wird durch das folgende Beispiel illustriert:

„Man geht nicht nach *dem Klettern einen Kaffee trinken, sondern Kaffeetrinken* ist Teil *des Kletterns"*[12], meinte Wolfgang Güllich, einer der führenden Sportkletterer seiner Zeit. Ende der 80er-Jahre beschrieb er den Lebensstil des Sportkletterers folgendermaßen. Klettern, so Güllich, *„bietet die großartige Chance, jenseits der körperlichen Leistung eine phantastische Natur zu erleben, in interessante Länder zu reisen, mit Freunden im Café herumzuhängen und sich nicht von Trainern und Offiziellen sagen zu lassen, was man zu tun hat. Insofern wird der Sport auch zum Lebensstil (...) Es gilt also die nichtentfremdete Leistung als wesentliches Prinzip: über das Wie, Wann und Wo einer Aktivität entscheidet der Kletterer selbst."*[13]

Den ersten Sportkletterwettkämpfen, die noch an Naturfelsen ausgetragen wurden, begegnete er mit einer gehörigen Portion Skepsis, in welcher sich auch weitgehend das Unbehagen einer ganzen Generation von Kletterern und Kletterinnen daran ausdrückte. Folgende kritische Fragen stellte der Ausnahmekletterer Güllich in Bezug auf die Durchführung von Wettkämpfen in einem Artikel für das DAV-Jahrbuch 1989 in den Raum: Erhalte

9 *Vgl. Hartmut Rosa: Beschleunigung. Die Veränderung der Zeitstrukturen in der Moderne, Frankfurt/Main: Suhrkamp 2005, S. 199 ff., 213 ff., 279 ff.*

10 *Vgl. Waltraud Krainz: Riskante Bewegungspraxen, in: Sport Studies. Eine Einführung. Hrg. v. Matthias Marschik et al. Wien: UTB 2009, S. 239 ff.*

11 *Vgl. Hartmut Rosa: Weltbeziehungen im Zeitalter der Beschleunigung. Umrisse einer neuen Gesellschaftskritik, Frankfurt/Main: Suhrkamp 2013², S. 324 ff.*

12 *Tilmann Hepp: Wolfgang Güllich. Leben in der Senkrechten, Rosenheim: Rosenheimer 1993, S. 8.*

13 *Ebd. S. 11.*

durch die Konkurrenz und den direkten Vergleich nicht der *Leistungsgedanke eine zu starke Akzentuierung*? Schiebe er sich nicht in den Vordergrund, um *zum Maß aller Dinge* zu werden? Würden dadurch nicht Ideale wie Selbstverwirklichung, Kreativität, Selbstbestimmung, die den Lebensstil des Sportkletterns ausmachten, zweitrangig? Werde die subkulturelle Sportkletterbewegung durch das Austragen von Wettkämpfen nicht immer mehr zum *Spiegelbild der Gesellschaft*? Und last but not least: Bedeute die sich anbahnende Entwicklung zum Wettkampfsport – nicht mehr selbst über das Wann, Wo und Wie der Aktivität bestimmen zu können – nicht einen gravierenden *Verlust an Individualität* für jeden Kletterer?[14]

Vor rund 25 Jahren nahm Wolfgang Güllich bereits weitsichtig eine Entwicklung im Klettersport vorweg, die mittlerweile unhinterfragt Realität wurde: Kletterwettkämpfe sind alltäglich geworden und mit ihnen hat sich der Leistungsgedanke in den Vordergrund gedrängt; Selbstverwirklichung und Kreativität sind nachrangig geworden, schon die Allerkleinsten werden in Kindercups auf die spätere Wettkampftauglichkeit hintrainiert; der Verlust an Individualität wird nicht mehr reflektiert, die Berichterstattung ist dominiert durch Platzierungen und Ranglisten. Im Klettern hat sich das Wettkampfmodell durchgesetzt und den subkulturellen Lebensstil in kleine Biotope verwiesen; Sportklettern wurde dadurch mehr und mehr zu einem Spiegelbild der Gesellschaft.

Resonanzsphären oder: „Ich bin kein Aktivwanderer"

Während Beschleunigung und Wettbewerbsdenken die Möglichkeit verringern, sich Weltausschnitte in Erfahrungen anzueignen, bewirken „schöne" Naturerlebnisse das Gegenteil. Es sei die existenzielle Empfindung des Getragen- und Gehaltenseins in einer warmen und antwortenden Natur, welche eine Resonanzerfahrung ausmache, so der Soziologe Rosa[15]: Wenn man beispielsweise bei Sonnenaufgang auf einem Berggipfel ergriffen ist und die Welt „atmen" hört, oder wenn man auf einer Skitour spürt, wie sie der „Seele" guttut, oder beim Klettern eine „innige Verbindung" zu einer besonderen Route aufbaut und im Einklang mit dem Außen ist.

Einer, der auf die „Erschütterung *durch* Schönheit" aus ist, die erst in der „steten Natur-Betrachtung und Versenkung Form gewinnt"[16], ist der Schriftsteller Peter Handke. Er ist ein leidenschaftlicher Geher. Für ihn ist Gehen *„essentiell. Bergaufgehen vor allem. Ich gehe immer. Zuletzt im Friaul. Ich gehe. Das Wort ‚wandern' mag ich ja nicht. Aber gehen. Weit gehen. Weit muss es sein. Ohne das aber in Zahlen messen zu wollen. Weil das Leben kann man nie in Zahlen erzählen."* [17]

Wird der moderne Sport gekennzeichnet durch die exakte Vermessung von Raum und Zeit, wie sie sich in Stunden-, Kilometer- und Höhenangaben zeigt, so verachtet Handke diesen „Terror der Abstraktion"[18] (Assheuer), der alles kalkuliert und berechnet. Ihm liegt es fern, Modeberge oder berühmte Gipfel zu besteigen, die Wahl des Reiseziels hängt für ihn nicht „vom Prestige ab, das ihm anhaftet"[19]. Der Schriftsteller begeht „natürliche, alte Wege" in Spanien oder Südfrankreich, im Kosovo und in Serbien. Er erkundet Landschaften und Gegenden wie die Pyrenäen, „da kenne ich inzwischen fast alle Pässe und alle Täler", so Handke[20].

Beim gehenden Unterwegs-Sein und bei den Reisen zu Fuß wird der im Alltag als geschrumpft erfahrene Raum in der persönlichen Wahrnehmung „gedehnt" und der ansonsten fast schon verkümmerte „anthropologische Raumsinn"[21] (Kaschuba) wieder aufgewertet: *„Bergaufgehen ist sehr wichtig, Bergaufgehen ist gut für die Seele. Aber nicht unbedingt Klettern. Ich mag Landschaften, wo es bergauf und bergab geht. (...) Und ab und zu wirklich steil und dann wieder plateauhaft. (...) Es*

14 *Vgl. ebd. S. 95.*

15 *Vgl. Rosa 2013², S. 8 ff., 374 ff.*

16 *Peter Handke: Rede zur Verleihung des Franz-Kafka-Preises [1979], In: Peter Handke: Das Ende des Flanierens. Frankfurt/Main: Suhrkamp 1980, S. 157 f.*

17 *Peter Handke im Gespräch mit Hubert Patterer und Stefan Winkler, Graz: Edition KLEINE ZEITUNG 2012. S. 24.*

18 *Thomas Assheuer: Es regnet vergehende Zeit, in: Die Zeit, Nr. 35/2011, S. 54.*

19 *Peter Handke: Eine winterliche Reise zu den Flüssen Donau, Save, Morawa und Drina oder Gerechtigkeit für Serbien, Frankfurt/Main: Suhrkamp 1996³, S. 114.*

20 *Handke im Gespräch 2012, S. 42.*

21 *Vgl. Kaschuba 2004, S. 240.*

In die Landschaft eintreten und gehen, schauen, den Raum dehnen, sich Zeit geben: „das Hochgefühl der Freiheit“

© Moritz Attenberger

muss ein guter Rhythmus sein zwischen Besiedelung und Menschenleere.“[22]

Entfernungen würden durch das langsame Gehen wieder real werden, meint auch die italienische Höhenbergsteigerin Nives Meroi. Das Gute an den Reisen im Himalaya sei, dass man sie *„noch zu Fuß machen muss. (…) Die Langsamkeit erlaubt es dir, in die Landschaft einzutreten, deine Sinne in ihr zu spüren.“*[23]

Die Sinne vollkommen zu öffnen, um zu schauen, Eindrücke zu sammeln und auch das Unscheinbare hingebungsvoll wahrzunehmen – dies ist nur möglich in relativer Einsamkeit. Deshalb ist Handkes Zugang ein radikal individualisierter, er geht *„immer allein. Das ist entschieden. Ich sehe einfach nichts, wenn ich mit anderen gehe. Schauen ist eine Gnade. Ich bin kein Aktivwanderer.“*[24]

Die Lieblingsgegend seiner „jungen Jahre“ ist der Karst, die Hochfläche über dem Golf von Triest. Im Roman „Die Wiederholung“ beschreibt der Ich-Erzähler den Karst als seine persönliche Resonanzsphäre: *„Das Hochgefühl der Freiheit bei jeder neuen Ankunft kam von keiner Entrückung. Nicht losgelöst wusste ich mich, vielmehr verbunden, endlich.“*[25]

Es ist die Art der Raum-, Zeit- und Selbstwahrnehmung, die darüber entscheidet, ob eine Naturerfahrung zum Gefühl des Getragen-Seins und der Freiheit oder der Entfremdung und der Unfreiheit führt – dies wurde von Reinhard Karl prägnant beschrieben. Und dessen ist sich auch Handke bewusst, der immer wieder im Karst Gehende, der sich vom warmen Wind dort gleichsam befreien lässt: *„Woher kam, schon mit dem ersten Sich-Umblicken damals, diese Freiheit? Wie kann eine Landschaft überhaupt etwas wie ‚Freiheit‘ bedeuten? (…) Als Antwort fällt mir dazu nur der Karstwind ein (und vielleicht dazu noch die Sonne). (…) Der Karst-Wind ist nicht bloß, weil er unten vom Meer kommt, ein* Aufwind: *Er greift einem, ungeheuer sanft, unter die Achseln, so dass der Gehende, auch wenn er sich ihm entgegenbewegt, sich von ihm transportiert fühlt. (…) und mit ihm verflüchtigten sich die Grübeleien, und es kehrte sich wieder* jener große Gedanke, befreiend *wie nichts sonst, nach außen:* ‚Freund, du hast Zeit.‘“[26]

---

22 *Handke im Gespräch 2012, S. 45.*

23 *Erri De Luca: Die Krümmung des Horizonts. Mit einer Bergsteigerin im Himalaya, München, Wien: Carl Hanser Verlag 2006, S. 46.*

24 *Handke im Gespräch 2012, S. 44.*

25 *Peter Handke: Die Wiederholung. Frankfurt/Main: Suhrkamp Taschenbuch, 1992, S. 291.*

26 *Ebd. S. 272, 273, 282.*

Im Sommer 1914

Der Alpenverein am Beginn des Ersten Weltkriegs

>> Martin Achrainer

Der Rückblick auf den Alpenverein im Ersten Weltkrieg war und ist von den Kämpfen in den Bergen, vor allem in den Dolomiten, bestimmt: Zeitgenössische Berichte, erzählte und veröffentlichte Erinnerungen, historische Romane bis hin zu den einschlägigen Luis-Trenker-Filmen haben dieses Bild geprägt, Historiker haben es hinterfragt.[1] Wie stand der Alpenverein aber vor der Kriegserklärung Italiens im Mai 1915 zum Krieg, wie beeinflusste der Krieg das Geschehen und Denken im Verein?

Eine der wenigen Untersuchungen zu dieser Frage kommt zum Schluss, dass *„bei aller publizierten Kriegsunterstützung"* die alpinen Themen weiterhin so intensiv besprochen wurden, *„als ob der Krieg keinen fundamentalen Bruch im politischen und gesellschaftlichen Leben der Völker dargestellt hätte."*[2] In den Mitteilungen des Deutschen und Oesterreichischen Alpenvereins aus den ersten Wochen nach den Kriegserklärungen zeigt sich eine leicht ambivalente, vom grellen „Hurra-Patriotismus" aber deutlich entfernte Einstellung. Umso ernsthafter sind daher die unterschiedlichen Stimmen zu gewichten, die zu Wort kommen, und die Interpretationen, die sie dem Krieg geben, differenziert zu betrachten.

Allgemeine Mobilisierung

Margarethe Große, Bergsteigerin und Pionierin der Ballonluftfahrt, verbrachte die Sommerferien 1914 mit ihrer Schwester in der Rieserfernergruppe; ihr Ziel waren Hoch- und Wildgall. Am 1. August erreichten sie mit ihren beiden Führern die Kasseler Hütte:

„‚Allgemeine Mobilisierung Österreichs', so begrüßte, im Begriff, nach Sand hinunterzugehen, einer der wenigen Gäste unsere Führer. ‚Alles eingezogen von 18 bis 42 Jahren! Sind Sie nicht auch dabei?' Gottfried Hofer traf es. Kein Wort verlor er; aber ernst und schweigsam war er den Rest des Tages. Eine Frau und vier kleine Kinder hatte er daheim; es war wohl schwer, da so plötzlich herausgerissen zu werden! Trübselig schaute die Wirtschafterin der Hütte drein – ihr Mann und vier Brüder waren fort!"

Die Lust an weiteren Touren war den Damen vergangen, mit dem Führer Gottfried Hofer stiegen sie ins Tal ab: *„‚Statt auf die Berge zu gehen, werde ich nun Serben totschlagen', sagte er, inmitten der Bergesherrlichkeit mit etwas trübseligem Lächeln."* Unten im Tal wurden die Sorgen des Führers und der Wirtin rasch durch die täglich eintreffenden Neuigkeiten überdeckt. Über diese Tage bis zu ihrer Heimreise nach Meißen stimmte sich auch Margarethe Große in die überall auf sie einströmenden national-patriotischen Sprüche ein: *„Nun denn, wenn es sein mußte, Krieg gegen ganz Europa!"*[3]

Großes Beitrag erschien unter dem Titel „Erinnerungen aus den Sommerferien 1914" bereits im Septemberheft der Mitteilungen des Alpenvereins – der Sommer war in diesem Jahr Anfang August zu Ende gegangen.

So wie Margarethe Große, scheint es, hat sich auch der Alpenverein mit leichter Verzögerung in die „große Zeit" eingefunden. Zwar erschien in der Ausgabe der „Mitteilungen" vom 15. August ein patriotischer Aufruf des Zentralausschusses, und die Absage der Hauptversammlung sowie einzelner Hütteneröffnungen wurde vermerkt. Doch sonst und in der ganzen, mit 31. August datierten folgenden Nummer wurden rein alpine Themen abgehandelt. Erst Ende September erhielten die Mitglieder eine deutlich als „Kriegsnummer" erkennbare Folge der „Mitteilungen".

Es wird Fraktur geschrieben

Die „Kriegsnummer" der Mitteilungen erschien erstmals in Frakturschrift. Das war umso erstaunlicher, als im Vorjahr ein Antrag auf Umstellung der Vereinsschriften von Antiqua auf Fraktur abgelehnt worden war. *„Wohl bestehen auch heute noch alle rein sachlichen Gründe weiter, die uns im Vorjahre veranlaßten, eine zuwartende Haltung einzunehmen, sie müssen aber zurücktreten gegenüber den nationalen. Hat die Welt mit Staunen den unerhört gewaltigen Aufschwung deutscher Kraft gesehen, so wollen wir ihr nun auch unsere Gedanken und unsere Taten in jener Schrift künden, die nur uns eigentümlich ist."*[4]

So erklären Robert Grienberger und Josef Donabaum für den Verwaltungsausschuss des Alpenvereins das plötzliche Umdenken in dieser Frage. Seit in immer mehr Ländern die Fraktur-

Mobilisierung und Kriegserklärung lösten in Österreich und Deutschland große Begeisterung aus, wie hier am 1. August 1914 in Berlin.

Scherl/SZ-Photo/picturedesk.com

1 *Kurt Scharr: Wer die Berge liebt, wird sie dem Welschen Feinde wehren. Der Deutsch Österreichische Alpenverein und der Erste Weltkrieg. In: BERG 2004, Alpenvereinsjahrbuch Band 128, S. 80–89.*

2 *Ralph Rotte: Politische Ideologie und alpinistische Ideale. Die Wahrnehmung des Krieges gegen Italien im „Deutschen und Österreichischen Alpenverein" (1915–1918), in: Hermann J. W. Kuprian/Oswald Überegger (Hrsg.): Der Erste Weltkrieg im Alpenraum. Erfahrung – Deutung – Erinnerung/La Grande Guerra nell'arco alpino. Esperienze e memoria, Innsbruck 2006, S. 119–144, hier S. 130.*

3 *Margarethe Große: Erinnerungen aus den Sommerferien 1914, in: Mitteilungen des DuOeAV, September 1914, S. 235–239.*

4 *Mitteilungen des D.u.Oe.A.V. 1913, Nr. 17/18, S. 230.*

Wegetafeln aus unterschiedlichen Zeiten in Antiqua und Fraktur

Foto: Michael Kirchmayer (Pfeishütte)

schriften zurückgegangen waren, galt die Antiqua als international, die Fraktur dagegen zunehmend als „deutsche Schrift". Dementsprechend wurde sie immer mehr zu einem nationalen Symbol und mit den entsprechenden Emotionen beschwert. Der „Schriftenstreit" um Antiqua und Fraktur hatte 1911 sogar den deutschen Reichstag beschäftigt.[5] Analog dazu kann die Debatte auf der Hauptversammlung des Alpenvereins in Regensburg im Sommer 1913 betrachtet werden. Die Sektion Innsbruck hatte den Antrag gestellt, alle Druckschriften des Alpenvereins „in deutschen Buchstaben (Bruchschrift)" erscheinen zu lassen; das habe „möglichst" auch für Wegtafeln und sogar Landkarten zu gelten.[6]

Der Schriftenstreit wurde zwar auch auf sachlicher Ebene geführt, wichtiger und deutlicher war aber die national-politische Ebene der Frakturschrift als völkisches Symbol – sowohl im Reichstag als auch beim Alpenverein. Karl Forcher-Mayr (1875–1941), der Vorstand der Sektion Innsbruck, trat in der Hauptversammlung in Regensburg am 15. Juli 1913 als Hauptredner auf.

„Wir bitten, unseren Antrag wohlwollend zu würdigen, und zwar von einer höheren Warte aus, etwa von der Höhe der Befreiungshalle oder der Walhalla. Die Frage muß gelöst werden mit einer Auffassung, die Rücksicht nimmt auf deutschvölkische Erwägungen und auf den Zeitpunkt, in dem wir uns befinden, und die sich nicht durch Schwierigkeiten kleinerer Art abhalten läßt."

Der Antrag sei kein *„Ausfluß politischer Bestrebungen"*, sondern *„das Ergebnis deutsch-völkischen Empfindens"*.

„Wir standen gestern bei der Befreiungshalle und sangen dort das Lied ‚Deutschland, Deutschland über alles.' (…) Wir frischten im Geiste die Erinnerung auf an die Wiedergeburt Deutschlands vor hundert Jahren. (…) Wir haben gestern die Erinnerung gefeiert an die Befreiungskämpfe, verewigen wir heute die Feier durch die Befreiung von allem Undeutschen in Schrift und Wort. (…)"[7]

Der Besuch der Befreiungshalle war Teil des Festprogramms der Hauptversammlung und der Bezug zu den „Befreiungskriegen", als Napoleon 1813 bei der Völkerschlacht in Leipzig geschlagen wurde, war in weitesten Kreisen Österreichs und Deutschlands akzeptiert und in hundertjähriger Traditionspflege institutionalisiert. Die Umstellung von der Antiqua auf Fraktur dagegen als eine aktuelle, symbolische und politische Geste, ein Bekenntnis zu einer deutschnationalen Strömung, konnten die Vereinsführung und die Mehrheit der Delegierten nicht unterstützen.[8]

Die Zurückhaltung der Vereinsführung gegenüber deutschnationalen Strömungen, ohne sie explizit abzulehnen, hatte im Alpenverein eine gewisse Tradition, die sich noch in den ersten Nachkriegsjahren zeigen sollte. 1911 hatte sich Otto von Pfis-

5 Übersichtlicher Überblick zur Thematik bei Peter Rück: Paläographie und Ideologie. Die deutsche Schriftwissenschaft im Fraktur-Antiqua-Streit von 1871–1945, in Signo 1, 1994, S. 15–33; ausführlich Silvia Hartmann, Fraktur oder Antiqua. Der Schriftstreit von 1881 bis 1941, Frankfurt am Main ²1999.

6 Verhandlungsschrift der 44. (40.) Hauptversammlung des D. u. Ö. Alpenvereins zu Regensburg am 15. Juli 1913, Wien 1913. Ausführlich zu den Anträgen der Sektion Innsbruck Gebhard Bendler: Alpinismus, eine spezifisch deutsche Kunst? Deutschnationalismus und Antisemitismus in Innsbrucker Bergsteigervereinen 1869–1938, phil. Dipl., Innsbruck 2009.

7 Verhandlungsschrift der 44. (40.) Hauptversammlung des D. u. Ö. Alpenvereins zu Regensburg am 15. Juli 1913, Wien 1913.

8 Ebd.

ter in der Hauptversammlung in Koblenz von den Delegierten als Vorsitzender mit einer Warnung verabschiedet: Dem Alpenverein drohe Gefahr *„von nationalistisch-politischer Seite, welche unablässig bemüht ist, den Verein in ihre Bahnen zu lenken".*

Durch und durch deutsch

Der Alpenverein, so von Pfister, dürfe *„sich nicht der Gefahr aussetzen, als politischer Verein angesehen und je nach der herrschenden Strömung des Tags als solcher behandelt zu werden".* Das *„bloße Dasein des Alpenvereins mit seinem moralischen und finanziellen Gewicht"* komme *„mit Naturnotwendigkeit dem Deutschtum in den Alpen zugute"*[9] – mit diesem Gedanken gaben sich die Deutschnationalen aber nicht zufrieden.

„Der Alpenverein ist seinem Wesen nach ein durch und durch deutscher Verein", hatte Karl Forcher-Mayr in seinem Diskussionsbeitrag 1913 gesagt. Immer und immer wieder wurde das „deutsche" Wesen des Vereins hervorgehoben, das in merkwürdigen Beziehungen zu den politischen Ereignissen stand. Für Karl Hofmann, den Mitbegründer des Deutschen Alpenvereins, der in der Schlacht bei Sedan ums Leben kam, wurde in einer „Sedan-Feier" am 1. September 1871 auf der Franz-Josefs-Höhe am Großglockner eine Gedenktafel errichtet. Diese feierte ihn als „Kämpfer für Deutschlands Ehre und Einigung"[10] – jene Einigung Deutschlands, die ein Deutsches Reich ohne die Deutschen Österreichs bedeutete und als „kleindeutsche Lösung" von den nationaleren Deutschen der Habsburger-Monarchie zutiefst bedauert wurde, so sehr sie auch das neue, zweite Deutsche Reich begrüßten!

Als der seit 1862 bestehende Oesterreichische Alpenverein und der 1869 in München gegründete Deutsche Alpenverein im Jahr 1873 ihre Verschmelzung beschlossen, galt diese Verbindung vielen Menschen im Deutschen Reich, vor allem aber den „Großdeutschen" in Österreich, als Vorbild für die ersehnte politische Vereinigung. Großdeutschland war aber keineswegs der politische Weg der Vielvölker-Monarchie; die Deutschnationalen, wie sie etwa ab den 1880er-Jahren bezeichnet wurden, standen in deutlicher Opposition zum Haus Habsburg.

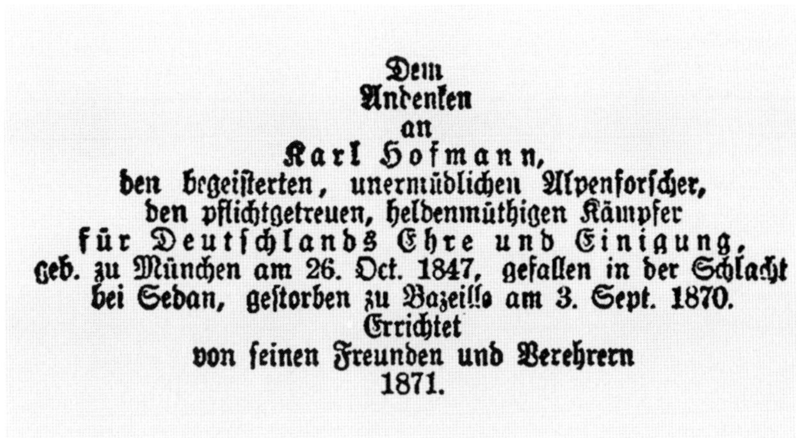

Dem
Andenken
an
Karl Hofmann,
den begeisterten, unermüdlichen Alpenforscher,
den pflichtgetreuen, heldenmüthigen Kämpfer
für Deutschlands Ehre und Einigung,
geb. zu München am 26. Oct. 1847, gefallen in der Schlacht
bei Sedan, gestorben zu Bazeills am 3. Sept. 1870.
Errichtet
von seinen Freunden und Verehrern
1871.

Text der Tafel für Karl Hofmann auf der Franz-Josefs-Höhe

Ausschnitt aus der Neuen Freien Presse, 26. 9. 1871

Der ständig zunehmende Nationalitäten- und Sprachenkonflikt in der österreichischen Monarchie sollte sich auch auf den Alpenverein auswirken. Insbesondere an den in den Alpenregionen gelegenen Sprachgrenzen und gemischtsprachigen Gebieten – im Süden der Steiermark, Kärntens und Tirols – traten zunehmend Konflikte auch im alpinen Gebiet auf.

Alpine Nationalitätenkonflikte

Insbesondere die Società Alpinisti Tridentini (SAT) sowie der slowenische Alpenverein Slovensko planinsko društvo (SPD), 1893 in Laibach ins Leben gerufen, wurden als Organisationen nationalistischer Bewegungen wahrgenommen und stießen als solche auf Widerstand im Alpenverein.

Zunächst war der SPD noch in seinem Gründungsjahr der Sektion Austria als Mitglied beigetreten[11], wie es zum Zweck des Schriftentauschs und als Symbol freundschaftlicher Beziehungen üblich war.

Bald kam es jedoch zu Arbeitsgebiets-Streitigkeiten – konkret zwischen der Alpenvereinssektion Cilli und der Sektion Sannthal des Slowenischen Alpenvereins.[12] Nach nur zwei Jahren trat der Slowenische Alpenverein im Herbst 1895 aus der Sek-

9 Verhandlungsschrift der 42. (38.) Hauptversammlung des D. u. Ö. Alpenvereins zu Coblenz am 24. Juli 1911, München 1911.

10 Neue Freie Presse, 26. 9. 1871.

11 Sektion Austria (Adamek) an Central-Ausschuss Berlin, 21. 4. 1893. Archiv OeAV, SE 12.305, Sektion Austria: Verschiedenes.

12 Akten dazu unter Archiv OeAV, HÜW 10.4, Arbeitsgebietsstreit S. Cilli – S. Sannthal des SPD.

Verein Südmark in Graz

Akad. Sektion Wien

des deutschen u. österr. Alpenvereines

ist auf Grund des erlegten
Gründerbeitrages von 25 Gulden
unter die Gründer des Vereines „Südmark"
aufgenommen; zur Urkunde dessen wird
ihr dieser Gründerbrief ausgestellt.

Gegeben zu Graz am 30. Jänner 1896.

Für die Vereinsleitung

Dr. Hofmann v. Wellenhof
Obmann

Beitrittsurkunde des Vereins Südmark für die Akademische Sektion Wien, 1896
Archiv der Akademischen Sektion Wien

tion Austria aus und kam damit einem Ausschluss zuvor, den die Sektion Krain beantragt hatte.[13]

Letztlich entstand innerhalb eines einzigen Jahrzehnts eine Situation völliger gegenseitiger Abneigung – und Trennung: „Konkurrenzhütten" und sogar „Konkurrenzwege" auf den noch wenig erschlossenen südlichen Alpengebieten waren die Folge. Die Sektion Krain entwarf *„Abwehrmaßregeln gegen den Slowen. Alpenverein"*, die sie der *„Vertreterversammlung der südmärkischen A.V.-Sektionen zu Aßling am 31. Mai 1908"* vorlegte.[14]

Im italienischsprachigen Teil Tirols stieß der Alpenverein ebenfalls auf Ablehnung; die Società Alpinisti Tridentini betrachtete das Trentino als ihr alleiniges Arbeitsgebiet.

Alpenverein und Schutzvereine

An den Sprachgrenzen und in Sprachinseln waren die sogenannten Schutzvereine tätig, von denen der „Deutsche Schulverein", 1880 in Wien gegründet, der größte und wichtigste war. Sein Pendant im Deutschen Reich war der „Allgemeine Deutsche Schulverein" (ab 1908 „Verein für das Deutschtum im Ausland"). Größere Bedeutung erlangte schließlich noch der 1889 gegründete Verein „Südmark" in Graz, der die Aufgaben und Tradition des „Schulvereins für Deutsche" (1886 gegründet, 1889 verboten) übernahm, einer deutschnationalen und antisemitischen Abspaltung des „Schulvereins" und damit einer politischen Konkurrenz zu ihm.[15]

Der „Schulverein" förderte deutschsprachige Schulen, Kindergärten und berufsbildende Lehrgänge in den gemischtsprachigen Gebieten, während die „Südmark" ihren Schwerpunkt auf die Siedlungspolitik, den Ankauf von Grundstücken zur Ansiedlung deutscher Bauern und Handwerker sowie Darlehen für diese legte. In der praktischen Arbeit und in der Werbung ergaben sich Überschneidungen mit den Sektionen des Alpenvereins – nicht zuletzt auch personelle.

Wehrschatzmarken des Vereins Südmark zu 2 Heller

Privatbesitz M. Achrainer

Die „Südmark" ersuchte im Jahr 1907 den Alpenverein förmlich um seine Unterstützung *„im Stillen"*, *„z. B. durch öfteren Hinweis auf unser erfolgreiches Wirken in Kärnten, Krain, Küstenland, Südtirol und Südsteiermark"* oder durch das Aufstellen von Sammelbüchsen und den Kauf von Südmark-Zündern und Wehrschatzmarken.[16]

Auch hier verhielt sich die Vereinsleitung, der Central-Ausschuss, neutral: freundlich und unverbindlich.[17] Den Alpenvereinssektionen blieb es freigestellt, Sammelbüchsen der „Südmark" aufzustellen, wie es der Tiroler Sektionentag befürwortete.[18] Einzelne Sektionen unterstützten „Schulverein" und „Südmark" auch durch ihre Mitgliedschaft. So legte etwa die Sektion Bozen ihren politischen Standpunkt offen:

„In nationaler Hinsicht vertreten wir, soweit es die alpinen Interessen erheischen, die Interessengemeinschaft des Deutschen Schulvereins, des Tiroler Volksbundes und der Südmark. Um auch eine kleine, materielle Beisteuer den völkischen Schutzvereinen zu widmen, stellten wir in unseren Schutzhäusern Sammeltürme auf; auch fassten wir einen Beschluss, alle aus der Kanzlei auslaufenden Schrift-

---

13 SPD an Sektion Austria, 13. 11. 1895, Abschrift, und weitere Belege in Archiv OeAV, SE 252.1008: Sektion Krain, Verhältnis zum Slowenischen Alpenverein.

14 Bericht der Sektion „Krain" über „Abwehrmaßregeln gegen den Slowen. Alpenverein in der Vertreterversammlung der südmärkischen A.V.-Sektionen zu Aßling am 31. Mai 1908. Archiv OeAV, SE 202.301, Sektion Villach: Verschiedenes.

15 Grundlegend dazu Lothar Höbelt: Kornblume und Kaiseradler. Die deutschfreiheitlichen Parteien Altösterreichs 1882–1918, München 1993.

16 Verein Südmark an Präsidium des DuOeAV, 16. 2. 1907. Archiv OeAV SE SE 223.302: Sektion Wien, Verschiedenes.

17 Pfister an Südmark, 21. 3. 1907, ebd.

18 Bendler: Alpinismus, eine spezifisch deutsche Kunst? S. 48.

Unentgeltlich zu beziehen durch die Buchhandlung JOH. HEYN in KAGENFURT

Deutsche und deutschfreundliche

Gaststätten in Südösterreich

(Südkärnten, Untersteiermark, Krain, Küstenland, Triest und an der dalmatinischen Küste)

Vierte durchgesehene Ausgabe 1910

Auflage 5000

Dieses Verzeichnis ist **kein Geschäftsunternehmen**, es wird von einem Ausschuß deutscher Vertrauensmänner herausgegeben und will deutschen Reisenden Anhaltspunkte bieten, wo sie einkehren sollen, dann aber auch den deutschen und deutschfreundlichen Gastwirten, welche sich um den Fremdenverkehr entsprechend bemühen, die verdiente Förderung bringen. – Wir bitten die deutschen Reisenden, sich an die hier angegebenen Gaststätten zu halten und sich dabei auf die Empfehlung in diesem Verzeichnis zu berufen.

Wegweiser

durch die

Karawanken, Julischen und Sanntaler (Steiner) Alpen.

Im Auftrage des Fremdenverkehrs-Ausschusses der deutschen Volksräte für die Alpenländer herausgegeben von

Ludwig Jahne

Im Buchhandel zu beziehen durch die Buchhandlung Joh. Heyn in Klagenfurt.

Preis 20 Heller.

Buchdruckerei Gutenberghaus, Klagenfurt

„Deutsche und deutschfreundliche Gaststätten in Südösterreich" als Beilage zum „Wegweiser durch die Karawanken, Julischen und Sanntaler (Steiner) Alpen", herausgegeben vom Obmann des Gaues Karawanken der Sektion Klagenfurt, Ludwig Jahne, 1910. OeAV-Archiv.

stücke mit völkischen Wehrschatzmarken zu beschweren."[19]

Mit diesen Wehrschatzmarken, die zu ganz geringen Spenden abgegeben wurden, und anderen Kleingegenständen wie zum Beispiel Zündhölzern erzielten die Schutzvereine einen guten Teil ihrer Einnahmen.

Die Abnehmer hinterließen mit den Wehrschatzmarken zugleich ihr Bekenntnis und eine Werbung für die deutschnationale Sache. Dass sich dieser Brauch in die alpinen Regionen ausbreitete, zeigt eine kleine Diskussion in den „Mitteilungen" des Alpenvereins im Jahr 1906. Karl Arnold (1853–1929), einer der Pioniere des Alpenvereins, sah die alpinen Sitten den Bach hinunterschwimmen. Am Rande seiner ausführlichen Kritik bemerkte er, *„weder zur Verschönerung der Fremdenbücher noch der Wände der Schutzhütte trägt deren Bekleben mit gedruckten Vereinsmarken bei"*[20] – und stieß damit auf Widerspruch:

„Ich habe im Gegenteile mit Freuden wahrgenommen, daß die von unseren völkischen Schutzvereinen (...) aufgelegten ‚Wehrschatzmarken' (...) von vielen Touristen (leider nur deutsch-österreichischen) in den Fremdenbüchern als ‚Anmerkung' aufgeklebt werden, und ich bin auch selbst gerne diesem Beispiele gefolgt (...)"[21], schrieb ein Mitglied der Sektion Austria, und Rudolf Marschner von der Sektion Linz (in der NS-Zeit deren Vorsitzender) trat für die Schutzvereine in die Bresche: *„Möchten doch auch die Sektionen unseres Vereins darauf sehen, daß in unseren Schutzhütten ausschließlich nur nationale Wirtschaftsgegenstände wie Zünder, Zahnstocher, Tinte u. dgl. gebraucht und solche von deutschfeindlichen Kampfvereinen nicht zugelassen werden!"*[22]

Folgerichtig brachte die „Südmark" im Jahr 1911 eine neue Serie von Wehrschatzmarken zu zwei Hellern mit *„Abbildungen mehrerer im gemischtsprachigen Gebiet gelegenen Schutzhütten"* heraus.[23]

Von den Behörden wurde die Tätigkeit der Schutzvereine häufig misstrauisch beobachtet; der Tiroler Statthalter Spiegelfeld schrieb 1912 in einem Lagebericht dazu: *„Angriffe auf die Nationalität treiben die Massen in's radikale Lager, befestigen sie in der Idee, dass für die Italiener in Österreich keine Möglichkeit der ruhigen nationalen Existenz gegeben sei, während Ruhe auf dem nationalen Gebiete die Gemüter wieder besänftigt und mässigt."*[24]

Vor diesem Hintergrund ist die bereits zitierte Warnung des scheidenden Alpenvereinspräsidenten Otto von Pfister in der Hauptversammlung von 1911 zu verstehen. Er lehnte nicht die Arbeit der Schutzvereine ab, sondern den Versuch *„von national-politischer Seite"*, den Alpenverein als Ganzes *„in ihre Bahnen zu lenken"*.[25]

Die „Kriegsnummer" der Mitteilungen

Mit der „Kriegsnummer" der Mitteilungen trat der Alpenverein dagegen in eine Phase ein, in der er sich durch symbolische Taten – wie eben der Einführung der Fraktur – dieser deutschnationalen politischen Richtung näherte.

„Vor bald einem halben Jahrhundert haben sich Deutsche und Österreicher begeistert in der Liebe zu unseren Alpen vereint im Deutschen und Österreichischen Alpenverein: heute kämpfen die Völker beider Reiche Schulter an Schulter gegen den gemeinsamen Feind."[26]

Schon im ersten Aufruf des Hauptausschusses in den Mitteilungen vom 15. August 1914 war das Bild des Alpenvereins als Bündnis der Deutschen beider Reiche gezeichnet worden. In der „Kriegsnummer" findet es in einem schwülstigen „Bundeslied" von Richard Schaukal den Platz auf dem Titelblatt.

---

19 Jahresbericht der Sektion Bozen des Deutsch. u. Oesterr. Alpenvereins für das XXXVIII. Vereinsjahr 1907. Erstattet in der ordentl. Generalversammlung am 24. Jänner 1908, S. 17 f.

20 Karl Arnold, Über die Nützlichkeit und Notwendigkeit eines „Alpinen Knigge", in: Mitteilungen des DuOeAV Nr. 15/1906, S. 182–185, hier S. 185.

21 Mitteilungen des DuOeAV Nr. 17/1906, S. 213.

22 Mitteilungen des DuOeAV Nr. 24/1906, S. 298.

23 Mitteilungen des DuOeAV Nr. 24/1911, S. 297.

24 Promemoria über die politische Lage im italienischen Landesteile Tirols vom 29. 9. 1912, zitiert nach Oswald Überegger: Der andere Krieg. Die Tiroler Militärgerichtsbarkeit im Ersten Weltkrieg, Innsbruck 2002, S. 354.

25 Verhandlungsschrift der 42. (38.) Hauptversammlung des D. u. Ö. Alpenvereins zu Coblenz am 24. Juli 1911, München 1911.

26 „An unsere Mitglieder!", Mitteilungen Nr. 15/15. 8. 1914, S. 202.

Die besondere Eignung des Bergsteigers für den Krieg ist ein in den kommenden Jahren immer wiederkehrendes Motiv: *„Die Kraft und Gewandtheit eines geschmeidigen Körpers, die Abhärtung gegen Wind und Wetter, die Anspruchslosigkeit und Entbehrungsfähigkeit, die zähe Ausdauer und das kluge Haushalten mit allen Kräften, das scharfe Auge und die geschärfte Aufmerksamkeit, die Umsicht und die klare Besonnenheit, die sich auch in den schwierigsten Lagen zurechtfindet, und das Höchste von allem, die Fähigkeit rascher und klarer Entschließung und unbeirrten Handelns unter eigener Verantwortung – das ist viel und alles von größtem Wert für den Kämpfer."* [27]

Dazu kommen aber erst noch „die Ideale". Die Schlussfolgerung des Grazer Geografen Robert Sieger, Verfasser von geopolitischen Schriften ebenso wie des hier zitierten Beitrages „Unseren Kämpfern!", lautet kurz und bündig: *„Es ist Kulturarbeit hier wie dort"* – in den Alpen wie im Krieg.

Karl Hofmann

Wer könnte all diese Sinnbilder, Zuschreibungen, Erwartungen, Hoffnungen besser in sich vereinen als Karl Hofmann? Der jugendliche Held – 23-jährig im Deutsch-Französischen Krieg gefallen – hatte zuvor in den wenigen Jahren, die ihm gegeben waren, ein Ausmaß alpiner und literarischer Leistungen hervorgebracht, das noch viel versprechen ließ. Als Mitbegründer des Deutschen Alpenvereins war er wie geschaffen, um Krieg und Alpinismus, Alpinismus und stürmische Nationalitätsromantik zu verkörpern. Ein bereits 1871 erschienenes Porträt Karl Hofmanns aus der Feder von Johann Stüdl, für die „Mitteilungen" im September 1914 nur neu eingeleitet und gekürzt, bildet den Kern dieser „Kriegsausgabe".[28]

Schon die Freundschaft zwischen Johann Stüdl (1839–1925), dem Prager Kaufmannssohn, und Karl Hofmann (1847–1870), dem jungen Münchner Studenten, wirkte im Rückblick von 1914 wie die Allegorie des Deutschen und Oesterreichischen Alpenvereins. Hofmann hatte sich freiwillig an die Front versetzen lassen – *„Im vollsten Bewußtsein, daß er einem blutigen Ringen entgegengehe, (...) gefaßt auf alles, selbst den Tod (...)."* An Stüdl hatte er geschrieben: *„Muß es aber nun auch für ewig geschieden sein – ich scheide gern, wenn es der Ehre und dem Ruhm meines deutschen Vaterlandes gilt."* Karl Hofmann erinnerte Stüdl an eine Gestalt aus den Befreiungskriegen: *„Seine jugendlich schlanke Gestalt, sein blaues Auge, sein blondes Haar, das Feuer seiner Begeisterung, das sich in seinem ganzen Wesen ausprägte, mahnte unwillkürlich an die Zeit der Befreiungskriege, an jene Gestalten, wie sie in Körners Liedern verherrlicht sind."*

Karl Hofmann (1847–1870). Photographischer Pressendruck als Frontispiz zum Sonderdruck „Wanderungen in der Glockner-Gruppe" aus der Zeitschrift des DAV 1871. OeAV-Archiv

Damit war der Weltkrieg in eine Reihe gestellt mit den anti-napoleonischen Befreiungskriegen und dem Deutsch-Französischen Krieg. *„Der Fuß, der so manchen kühnen Pfad beschritten",* schrieb Stüdl 1871 in einer letzten Metapher, *„konnte keinen stolzeren Weg mehr gehen, als den Weg zum Sieg und zum Heldentod. In der Morgendämmerung der Wiedergeburt Deutschlands brach sein Blick (...)".*[29]

Dieser überschwänglich pathetische Stil war nach mehr als vierzig Jahren neuerlich aktuell. In der „Kriegsnummer" traten wortgewaltige Deutungsmuster des Krieges an die Stelle der von den „Mitteilungen" gewohnten trockenen, schmucklosen, auf das Detail versessenen Beschreibungen alpiner Erlebnisse.

Hatte der Alpenverein mit dieser Ausgabe der „Mitteilungen" nur seinen vaterländischen Pflichten Tribut gezollt, wie er es etwa auch mit den Kriegsspenden an das Rote Kreuz getan hat, oder neue Wege eingeschlagen?

Die Ausweitung des Kriegsschauplatzes auf das Gebirge an der Tiroler und Kärntner Südgrenze sollte schon im nächsten Jahr die bisherige Beschäftigung des Vereins mit dem Krieg völlig verändern – dabei waren die Niederlage, der Verlust Südtirols, das politische Ende der beiden Reiche noch lange nicht absehbar.

---

27 Robert Sieger, Unseren Kämpfern! Mitteilungen Nr. 17/18, Sept. 1914, S. 230 f.

28 Johann Stüdl, Ein Gedenkblatt für Karl Hofmann. Mitteilungen Nr. 17/18, Sept. 1914, S. 232–234.

29 Ebd.

Autorinnen und Autoren

Achrainer, Martin, geb. 1968; seit 2006 ist der in der Wildschönau aufgewachsene Zeitgeschichtler und Politikwissenschaftler im Archiv des Oesterreichischen Alpenvereins tätig. Er hat unter anderem am Buchprojekt „Berg Heil! Alpenverein und Bergsteigen 1918 – 1945" mitgearbeitet und die Wanderausstellung „bergauf" zum 150-Jahr-Jubiläum des Alpenvereins konzipiert.

Auferbauer, Günter, geb. 1940, engagiert sich als Bergsteiger, Autor und freier Mitarbeiter verschiedener Tageszeitungen und Berg-Magazine seit Jahrzehnten für das Thema „Bergsteigen, Wandern, Wintersport mit Bus und Bahn". Seit 20 Jahren ist er freiberuflich für die Steirische Verkehrsverbundgesellschaft tätig. Er lebt mit seiner Frau Luise in Graz.

Bayerle, Georg, Dr., ist Spezialist für Berge und Umwelt in Hörfunk und Fernsehen beim Bayerischen Rundfunk. Über Berge, alpine Kultur und Natur sind von ihm über hundert Filmbeiträge und zahlreiche Radioreportagen und Features erschienen. Neben einem Buch über Bergliteratur hat er an mehreren Wander- und Bergführern mitgearbeitet.

Beste, Nils, geb. 1982, wuchs auf 31 Meter über NN in Dorsten am Rand des Ruhrgebiets auf. Bereits fast nur noch Klettern im Kopf, zog es ihn zum Studium der Politik-, Wirtschafts- und Rechtswissenschaften nach Heidelberg und Lausanne. Inzwischen arbeitet er als Journalist und PR-Mitarbeiter in München, ist im Redaktionsteam Knotenpunkt der JDAV tätig, und steckt jede freie Minute in Kletterreisen und die Ausbildung zum staatlich geprüften Berg- und Skiführer.

Bolland, Max, geb. 1976, staatlich geprüfter Berg- und Skiführer und Diplom-Sportwissenschaftler, lebt in Brannenburg im Inntal. Der Profibergführer verbringt auch seine Freizeit am liebsten in den Bergen der Welt, mit besonderer Vorliebe für Rissklettern in Utah, Nicht-Klettern in Patagonien, Abenteuerrouten in den Alpen oder auch kontemplative Stunden mit einem guten Buch in der Hand.

Cramer, Dennis, geb. 1970, studierte Deutsch, Evangelische Theologie und Sport an der PH Ludwigsburg sowie Vergleichende Religionswissenschaften in Tübingen. Heute ist er als Realschulleiter und zuweilen als Referent tätig. Er lebt mit seiner Frau und drei Kindern bei Schwäbisch Hall. Seit 1994 publiziert er literarische Miniaturen und Essays zu alpinen Themen.

Dauer, Tom, geb. 1969, wuchs in Mexico City und München auf. Als Autor und Filmemacher arbeitet er am liebsten in den Gebirgen der Welt, weil er dort Leidenschaft und Beruf miteinander verbinden kann. Er lebt mit seiner Familie auf einem Einödhof südlich von München, wo er immer öfter bei der Stallarbeit hilft. 2012 wurde er mit dem Reisejournalismuspreis „BergWelten" der Tirol Werbung sowie der Kamera Alpin in Gold des Internationalen Berg- und Abenteuer-Filmfestivals in Graz ausgezeichnet.

Ebert, Philip, geb. 1976 in Heidelberg, lebt seit über zehn Jahren in Schottland und arbeitet dort an der Universität Stirling als Senior Lecturer in Philosophie. Er verbringt seine Freizeit gern in den schottischen Highlands zum Trad- und Sportklettern sowie im Winter auf einsamen Skitouren.

Erlacher, Rudi, geb. 1949, Dipl.-Physiker, aufgewachsen in Kreuth am Tegernsee und dort gerne in den Bergen unterwegs, lebt in München. Geschäftsführender Vorsitzender des Vereins zum Schutz der Bergwelt (VzSB), Mitautor der Ausstellung „Schöne neue Alpen" der Gesellschaft für ökologische Forschung (1998), Mitglied im AK Alpen des Bund Naturschutz in Bayern und im Bundesausschuss Natur- und Umweltschutz des DAV.

Fitzthum, Gerhard, Dr., geb. 1955; ausgebildeter Philosoph, der nach seiner Promotion über Ökologische Ethik (1991) auf die freie Wildbahn wechselte: als Wanderführer und Journalist. Spezialisiert auf die Themen Wandern und Radfahren schreibt er vor allem für das Reiseblatt der „F.A.Z.", aber auch für andere deutsche und internationale Tourismusmedien. Darüber hinaus arbeitet er als Autor für den Rundfunk, vorzugsweise für das Format „Radioessay" des Südwestfunks (SWR II).

Friedl, Karl, Dr., geb. 1957 in Kapfenberg, arbeitete in seiner Dissertation über die Alpine Erschließung des Hochschwabs. Er betreibt Alpine Wüstungsforschung am Hochschwab und ist Mitgestalter des Hochschwabmuseums in St. Ilgen sowie Kurator auf Burg Oberkapfenberg.

Funk, Gaby, geb. 1957, studierte Germanistik, Romanistik sowie Journalismus, organisierte und führte Aktiv- und Bildungsreisen im In- und Ausland. Nach mehrjähriger redaktioneller Tätigkeit als Reiseredakteurin und Textchefin bei Printmedien arbeitet sie seit 2003 als freie Berg- und Reise-Journalistin, Buch-Autorin und Übersetzerin. Sie lebt in Oy-Mittelberg im Allgäu. www.gabyfunk.de

Gantzhorn, Ralf, geb. 1964, Diplom-Geologe, freischaffender Fotograf und Autor mehrerer Führer und Bildbände, lebt mit seiner Familie in Hamburg. Trotz norddeutscher Wurzeln ist er seit über 30 Jahren im Gebirge unterwegs.

Gratzer, Georg, Professor am Institut für Waldökologie an der Universität für Bodenkultur, hat 1990 im Rahmen seiner Diplomarbeit begonnen, in Bhutan zu forschen, 1995 und 1996 seine Dissertation dort durchgeführt und hat seit 1999 die „Forest Research for Development Partnership" geleitet. Seine Forschungsschwerpunkte sind Walddynamik, Verjüngungsökologie und Forschung für Entwicklung.

Haßlacher, Peter, leitet die von ihm aufgebaute Fachabteilung Raumplanung-Naturschutz des Oesterreichischen Alpenvereins seit 1980; Hauptarbeitsgebiete: Alpine Raumordnung, Nationalpark/Schutzgebiete, sanfter Tourismus, Alpenkonvention; Begründer des OeAV-Projekts Bergsteigerdörfer. Vizepräsident des österreichischen Umweltdachverbandes (bis Juni 2013), Vorsitzender von CIPRA Österreich, Mitglied zahlreicher Fachausschüsse und Beiräte; Konrad-Lorenz-Staatspreisträger für Umweltschutz.

Heydeck, Elisabeth, studierte Germanistik, Medienkommunikation und Psychologie, sie ist als mehrfach ausgezeichnete freie Kultur- und Reisejournalistin und Fernsehautorin mit den Schwerpunkten Kultur, Kulinarik und Reisen u. a. für ZDF, 3Sat, Arte, Servus TV tätig. Zum „Hirnauslüften" ist sie seit Jahren in den Bergen unterwegs, weil man in der Senkrechten die vielen Buchstaben im Kopf verlieren und sich selber finden kann.

Höbenreich, Christoph, Dr., geb. 1968 in Innsbruck, Geograf, Sportpädagoge und staatlich geprüfter Berg- und Skiführer, verbrachte auf zahlreichen Expeditionen und Polarreisen über eineinhalb Jahre in Eis und Schnee der Arktis und Antarktis: Nordpol, Trans-Grönland, Antarktische Halbinsel, Franz-Josef-Land- und Südgeorgien-Durchquerung, Dronning Maud Land, Vinson Massiv (fünfmal am Gipfel) und leitete die US-Basis Vinson Basecamp. Heute Mitarbeiter der Sportabteilung im Amt der Tiroler Landesregierung.

Hohenester, Georg, geb. 1961 in Traunstein/Oberbayern, lebt mit Familie in München. Nach Germanistik- und Hispanistik-Studium, Zivildienst und einigen Jahren Lektoratstätigkeit in Buchverlagen kam er zum Deutschen Alpenverein und leitet dort seit 2007 die Redaktion. Der nebenberufliche Alpinbuch-Autor und passionierte Ganzjahres-Bergsportler mit Faible für konditionelle Herausforderungen ist bevorzugt in heimischen Gefilden unterwegs und beobachtet dabei die touristische Entwicklung mit zunehmender Skepsis.

Horn, Franziska, geboren 1966, Dipl.-Designerin und ausgebildete Redakteurin, lebt in München. Mit einem Bein in den Bergen aufgewachsen. Nach Stationen als Redakteurin und Chefredakteurin schreibt sie seit 1996 als freie Journalistin über Kulturthemen, Outdoor- und Alpinsport, für Tageszeitungen wie „Frankfurter Allgemeine Zeitung", „Süddeutsche Zeitung", „Der Standard" sowie für Magazine („Alpinwelt", „Panorama") und Bücher (Merian).

Klemmer, Axel, geb. 1963 in Berlin, lebt seit 1968 in München und Umgebung. Seit dem Abschluss seines Geografie-Studiums beschäftigen ihn die Berge auch beruflich: als Redakteur der Zeitschriften „Bergsteiger" und „BERGE", als Lektor sowie als freier Autor für Fernsehen, Zeitungen und Magazine. Er überstand verschiedene alpinistische Dummheiten ohne äußere Schäden und zieht geneigtes Gelände – egal ob grün, grau oder weiß – dem senkrechten Fels unbedingt vor.

Krainz, Waltraud, Dr., Kulturwissenschaftlerin; wohnt in Kärnten, mit freiem Blick auf die Grenzberge zu Slowenien; kletterte 1994 als erste Kärntnerin im 9. Grad und nahm bei Sportkletterwettkämpfen teil; gründete in dieser Zeit Courage, den ersten österreichischen Bergsportverein für Frauen; Dissertation, diverse Publikationen und Vorträge zum Thema Berg und Bergsteigen.

Renzler, Robert, Jahrgang 1956, seit 2002 Generalsekretär des Oesterreichischen Alpenvereins, staatlich geprüfter Berg- und Skiführer, leidenschaftlicher Allroundalpinist und ein ob der ökologischen und wirtschaftlichen Entwicklungen zutiefst besorgter Erdenbürger.

Robertson, Simon, ist als Lecturer in Philosophie an der University Cardiff in Wales, GB tätig. Er verbringt viel Zeit in den Bergen, sei es zum Klettern, Wandern oder Snowboarden, und hat eine Schwäche für lange Kletterrouten und Biwakieren.

Runggaldier Moroder, Ingrid, geb. 1963, aus Gröden, studierte Germanistik und Anglistik in Innsbruck und ist als Übersetzerin ins Ladinische und als freie Publizistin tätig. Sie lebt mit ihrer Familie in Bozen. Mehrere Radio- und Fernsehproduktionen, Mitglied des Organisationskomitees des Internationalen Bergfilmfestivals von Trient, langjährige Kulturreferentin im Alpenverein Südtirol, Mitbegründerin und Mitherausgeberin der ladinischen Frauenzeitschrift „GANA. La Usc dles Ladines", Autorin des Buches „Frauen im Aufstieg".

Steinbach Tarnutzer, Karin, geb. 1966 und bei München aufgewachsen, war von Kindheit an in den Bergen unterwegs. Die Literatur- und Kommunikationswissenschaftlerin arbeitete in fünfzehn Verlagsjahren in München und Zürich mit zahlreichen Alpinisten und Bergbuchautoren zusammen. Seit 2001 lebt sie als freischaffende Journalistin (u. a. für „Panorama", „Neue Zürcher Zeitung"), Buchautorin und Lektorin in St. Gallen. Zuletzt veröffentlichte sie zusammen mit Caroline Fink den Band „Erste am Seil. Pionierinnen in Fels und Eis" (2013).

Steiner, Robert, geb. 1976, Bergsteiger, Schriftsteller, Lehrer. Lebt in Oberschwaben und geht gern mit Russen bergsteigen. Wiederholungen und Erstbegehungen schwieriger Routen auf dem Gebiet der ehemaligen Sowjetunion. Von ihm erschienen u. a. die Bücher „Selig, wer in Träumen stirbt", „Stoneman" und „Allein unter Russen" (alle Panico Alpinverlag).

Wolkinger, Franz, Univ.-Prof. i. R., Dr. phil., geb. 1936 in St. Peter am Ottersbach/Südoststeiermark; 1967–1969 Studium an der Universität Freiburg/Breisgau; 1971 Habilitation für Anatomie, Physiologie und Ökologie der Pflanzen; bis 1997 Leiter der Abteilung für Ökologie und Naturschutz an der Universität Graz; 1973 bis 1990 Leitung des Instituts für Umweltwissenschaften an der Österreichischen Akademie der Wissenschaften; Präsident der Internationalen Clusius-Forschungsgesellschaft Güssing; Ehrenvorsitzender der OeAV-Sektion Graz.

Wolny, Lene, geb. 1977 in Graz, hat in London Publizistik studiert und dabei erkannt, dass sie ohne Berge nicht leben kann. Nach einigen Jahren in Innsbruck zog es sie in den Himalaya. Heute ist sie mit dem Sherpa und Bergführer Karma Lama verheiratet und lebt in Graz. Gemeinsam organisieren sie für die Alpenvereinssektion Edelweiss Trekkingreisen in Ladakh und Nepal. Hauptberuflich ist Lene Wolny derzeit Mutter, wenn der Sohnemann schläft, werkt sie als freie Journalistin.

Wörz, Ulrich, geb. 1974, ist seit Abschluss des Studiums der Politikwissenschaft als Möbelbauer, Designer, Alm-Senner und Vater tätig. Als typischer Tiroler von Kindheit an Bergsteiger, Skifahrer und Kletterer, vor allem aber auch begeisterter Leser von Alpin- und Expeditionsliteratur. Publikationen zu alpinistischen und geisteswissenschaftlichen Themen, u. a. Autor des Lebensbildes von Herbert Tichy im Buch „Herbert Tichy. Das Leben als Reise" (2012).

Walter Würtl, geb. 1969 in Kitzbühel, hat Alpinwissenschaften studiert, ist Bergführer und gerichtlich beeideter Sachverständiger für Alpinistik und Lawinenschutz. Nach mehreren Jahren als hauptberuflicher Ausbildungsleiter des Oesterreichischen Alpenvereins ist er seit 2012 wieder selbstständig als Bergführer, Redakteur der Magazine „Analyse:Berg" und „bergundsteigen" sowie als Sachverständiger tätig. Seit kurzem arbeitet er mit Peter Plattner am Projekt up.grund.

Die Deutsche Nationalbibliothek verzeichnet diese Publikation in der
Deutschen Nationalbibliografie; detaillierte bibliografische Daten sind im Internet
über http://dnb.d-nb.de abrufbar.

Herausgeber: Deutscher Alpenverein, München, Oesterreichischer Alpenverein, Innsbruck und Alpenverein Südtirol, Bozen
Jahrbuchbeirat: Georg Hohenester (DAV), Friederike Kaiser (DAV), Franz-Josef van de Loo (DAV), Gerold Benedikter (OeAV), Oskar Wörz (OeAV), Vera Bedin (AVS)

Inhaltliches Konzept, Text- und Bildredaktion: Anette Köhler, Tyrolia-Verlag, Innsbruck
Grafisches Konzept: Gschwendtner & Partner, München
Digitale Gestaltung: Studio HM, Hall in Tirol
Coverabbildungen: Kleiner Festlbeilstein/Hochschwab (Abb. oben), Foto: Günter Auferbauer; DAV Familienbergsteigen (Abb. unten), Foto: Lena Behrendes; Umschlagrückseite: Fleischer-Biwak/Hochschwab, Foto: Herbert Raffalt
Seite 2/3: Blick vom „Schwaben" nach Süden auf Karlhochalm, Festlbeilsteine und Trawiestal, Foto: Rudi Lindner
Seite 8/9 (BergFokus): Fiss/Tirol. Aus der Serie „BergWerk" von Lois Hechenblaikner
Seite 60/61 (BergWelten): Die Westwände von Beilstein und Stangenwand im Hochschwab, Foto: Rudi Lindner
Seite 98/99 (BergSteigen): Mazeno-Grat/Nanga Parbat, Foto: Lhakpa Rangdu Sherpa
Seite 150/151 (BergMenschen): © Piotr Drodzd
Seite 182/183 (BergWissen): Skitourengeher im Vereina Tal/Schweiz, Foto Baschi Bender
Seite 214/215 (BergKultur): Valery Rozov beim ersten BASE Jump am Mount Everest, Foto: visualimpact.ch, Thomas Senf
Lithografie: Artilitho, Trento (I)
Druck und Bindung: L. E. G. O., Vicenza (I)

MIX
Papier aus verantwortungsvollen Quellen
FSC® C023419

Dieses Buch wurde auf FSC-zertifiziertem Papier gedruckt. FSC (Forest Stewardship Council) ist eine internationale Non-Profit-Organisation, die sich für eine ökologische und sozialverantwortliche Nutzung der Wälder unserer Erde einsetzt.

Der Mitgliederausgabe liegt die Alpenvereinskarte „Hochschwabgruppe" im Maßstab 1:50.000 bei (ISBN 978-3-937530-62-8).

Alleinvertrieb für Wiederverkäufer: Tyrolia-Verlag, Exlgasse 20, A-6020 Innsbruck, www.tyrolia-verlag.at

ISSN 0179-1419
ISBN 978-3-7022-3296-2